ÉTUDES

SUR

LA SIGNIFICATION HISTORIQUE DE LA PHILOSOPHIE DE LEIBNIZ

DU MÊME AUTEUR

Chez le même éditeur :

IBN GABIROL. — *La Source de Vie. Livre III.* Traduction, introduction, notes et index. 1950.

ÉTUDES

SUR

LA SIGNIFICATION HISTORIQUE DE LA PHILOSOPHIE DE LEIBNIZ

PAR

Fernand BRUNNER

DOCTEUR ÈS LETTRES

PARIS

LIBRAIRIE PHILOSOPHIQUE J. VRIN

6, Place de la Sorbonne (Ve)

1950

AVANT-PROPOS

Qu'il me soit permis de remercier ici mes professeurs et mes amis pour leur enseignement, leurs conseils ou leur appui. M. Arnold Reymond, professeur honoraire à l'Université de Lausanne, correspondant de l'Institut de France, a toujours été pour moi un maître éclairé et généreux dont l'affection m'est extrêmement précieuse, et M. Henri-L. Miéville, professeur honoraire à l'Université de Lausanne, me réserve depuis de longues années le plus bienveillant accueil. Sur la proposition de M. René Bray, professeur à l'Université de Lausanne, à l'enseignement duquel j'ai tant d'obligation et à qui s'adresse aussi ma profonde reconnaissance, j'ai bénéficié d'une bourse d'études à Paris offerte par le gouvernement français.

Que M. M. Guéroult, professeur à la Sorbonne, veuille bien agréer l'expression de ma gratitude : j'ai eu le privilège d'assister à son cours de l'année 1946-1947 et l'intérêt qu'il a porté à mon travail dès le début a été pour moi le plus précieux encouragement. M. René Le Senne, membre de l'Institut, professeur à la Sorbonne, m'a prodigué sans compter ses conseils et son aide et je dois à sa bienveillance affectueuse plus que je ne saurais dire. J'éprouve aussi une vive gratitude à l'égard de M. Emile Bréhier, membre de l'Institut, professeur honoraire à la Sorbonne, et de M. Etienne Gilson, membre de l'Académie Française, professeur au Collège de France; leurs cours et leurs conseils ont éclairé au plus haut point mon travail.

Enfin ce livre sans doute serait tout autre si je n'avais pas rencontré M. François Mégroz, professeur à Lausanne, chez le sculpteur Simecek, de vénérée mémoire.

F. B.

INTRODUCTION

Considérant le monde continuellement changeant, Platon demande : « Comment acquerrait-on une connaissance ferme d'un objet dépourvu de toute fermeté [1] ? » Selon Platon, il n'y a donc de connaissance suffisante que de l'Etre véritable, au-dessus du devenir cosmique. A ce sentiment, s'oppose Kant : « Toute connaissance des choses, dit-il, tirée uniquement de l'entendement pur ou de la raison pure, n'est qu'illusion ; il n'y a de vérité que dans l'expérience [2]. »

En face de l'auteur du *Banquet*, dont la pensée domine la philosophie antique et médiévale, se dresse Kant, en qui triomphe une intellectualité nouvelle. D'une part, rattaché aux Idées divines, le monde est défini à partir de son origine même; d'autre part la pensée développe dans le monde une connaissance proprement humaine. Kant marque ainsi la frontière entre deux cantons de la philosophie : avant lui l'univers est déduit de sa cause et la pensée va des principes aux effets; après lui le monde est connu *a posteriori* et une partie mène à une autre partie [3].

Certes, la philosophie critique n'est pas un événement sans origine; elle est un fruit qui a commencé par mûrir. L'objet des présentes études est de montrer un moment de cette transformation en considérant la philosophie de Leibniz non pas dans l'influence effective qu'elle a exercée sur tel ou tel penseur, mais dans la signification générale et comme idéale qu'elle peut avoir au sein de l'évolution intellectuelle occidentale.

---

1. *Philèbe*, 59 b. — Le lecteur trouvera à la fin du volume la liste des ouvrages cités.

2. *Prolégomènes à toute métaphysique future*, trad. Gibelin, p. 171.

3. Sur Platon, cf. P. FRUTIGER, *Les mythes de Platon;* P. THÉVENAZ, *L'âme du monde, le devenir et la matière chez Plutarque*; R. SCHAERER, *La question platonicienne. Etudes sur les rapports de la pensée et de l'expression dans les « Dialogues »* ; et du même auteur, *Dieu, l'homme et la vie d'après Platon.*

Respectueux des anciens et de la théologie chrétienne, Leibniz, contemporain ou à peu près de Bacon, dont le nom figure en tête de la *Critique de la raison pure,* et de Descartes, ne laisse pas de penser qu'il abandonne un âge barbare pour l'ère de la « philosophie réformée ». Il tente ainsi d'unir les temps anciens et les temps nouveaux dans un puissant effort de conciliation dont il a parfaitement conscience. Pourtant la rupture entre les anciens et les modernes va bientôt être consommée puisqu'il suffit de quelques dizaines d'années pour mesurer le temps de la paix leibnizienne : huit ans après la mort de Leibniz, naît Kant. Pourquoi un pacte si fragile, et pourquoi avec Kant déjà cette condamnation radicale : « La philosophie de Leibniz... a donc assigné à toutes les recherches sur la nature et sur l'origine de notre connaissance un point de vue tout à fait faux... [1] ? »

C'est que Leibniz introduit dans ce qu'on appelle alors la « philosophie nouvelle », les considérations de la métaphysique ancienne [2]. Il est donc fatal que la pensée moderne se débarrasse bientôt des questions dont la solution lui échappe, et qu'au nom de la science nouvelle, la métaphysique leibnizienne soit condamnée.

Ce sort d'ailleurs n'est pas propre à la philosophie de Leibniz : les systèmes de cette époque se présentent tous comme les défenseurs de la religion ou de la véritable piété ; ils cherchent tous à rattacher la science nouvelle aux principes de la métaphysique. Cependant, la marche des temps et des idées est assez puissante pour que ces penseurs soient entraînés là précisément où ils ne veulent pas aller : entre la « philosophie nouvelle » et les manières anciennes de penser, l'accord que le XVIIe siècle établit, répond aux besoins du temps et n'est que provisoire ; le moment vient où va naître une philosophie proprement moderne, c'est-à-dire identifiant l'idéal de la connaissance en général avec l'idéal exclusivement humain de la physique et des mathématiques modernes.

Pourtant, le système leibnizien est un cas privilégié, puisqu'il se donne formellement comme une entreprise de conciliation ; Leibniz défend les thèses religieuses et métaphysiques des auteurs anciens, et il est aussi l'un des principaux instruments du progrès des con-

---

1. *Crit. de la r. pure,* trad. Tremesaygues et Pacaut, p. 69.

2. A moins que le contexte ne fasse entendre qu'il s'agit de l'antiquité proprement dite, nous désignons par « métaphysique ancienne » à la fois les ensembles doctrinaux platonico-aristotélicien et augustino-thomiste, par opposition, chez les anciens, à l'atomisme, et chez les modernes, à Descartes et à Kant.

naissances nouvelles ; il est théologien aussi bien que physicien : le problème des rapports de la pensée humaine avec la pensée divine se présente donc chez lui d'une manière délicate. Très proche souvent des platoniciens, au moins dans les termes qu'il emploie, Leibniz cependant est assez voisin de Kant, au moins dans le temps, pour que sa doctrine ait été souvent comparée avec la philosophie critique. Il est évident qu'il est à la fois particulièrement ancien et particulièrement moderne, et que l'examen de sa doctrine à ce double point de vue peut être instructif [1].

C'est dans l'admiration que nous éprouvons pour le système de Leibniz qu'il faut chercher l'origine de ce travail. Nous croyons en effet que la philosophie a beaucoup perdu en renonçant à l'ambition métaphysique qui animait encore les doctrines du XVIIe siècle et qu'elle gagnerait souvent à retrouver les thèses leibniziennes. Nous nous livrons cependant à certaines réserves, puisque la doctrine de Leibniz appartient déjà à cette pensée moderne. Partagé entre l'admiration et la réserve, c'est pour admirer plus librement que nous avons tenté les observations qu'on va lire.

Ce n'est pas d'ailleurs que nous condamnions purement et simplement l'intellectualité nouvelle qui s'affirme en philosophie chez Descartes et chez Kant. Nous la condamnons dans la mesure où, partie, elle se prendrait pour le tout, et dans la mesure où, contingente, elle se considérerait comme nécessaire ; nous la condamnons dans l'ignorance où elle pourrait être de ses limites et dans sa part de néant. Nous ne condamnons donc rien : nous cherchons à mettre à leur place les différents ordres de pensées [2].

En un sens, nous sommes tout à fait kantien, puisque nous croyons que Kant a remis la chose en soi au niveau de profondeur qui lui

1. Il est entendu que la doctrine de Leibniz a connu une période de formation. Mais selon W. KABITZ (*Die Philosophie des jungen Leibniz*, pp. 127-134), les intentions fondamentales de Leibniz n'ont pas varié. Cf. UEBERWEG, *Grundriss der Geschichte der Philosophie*, t. III, pp. 303-304 ; G. GRUA, *Optimisme et piété leibnizienne avant 1686*, dans *Revue philosophique*, octobre-décembre 1946, pp. 410 sqq. Sur les périodes que l'on peut cependant distinguer dans la pensée leibnizienne, voir la lettre de Leibniz à Burnett du 8 (18) mai 1697, la lettre à Remond du 10 janvier 1714 ; etc. Cf. K. FISCHER, *Geschichte der neuern Philosophie*, t. III, p. 308 ; A. HANNEQUIN, *Etudes d'histoire des sciences et d'histoire de la philosophie*, t. II, p. 228.

2. Sur les limites de la science moderne, voir H.-L. MIÉVILLE, *Science et philosophie*, dans *Etudes philosophiques ;* et sur l'insuffisance de la connaissance conceptuelle ordinaire, du même auteur, *Vers une philosophie de l'esprit ou de la totalité*, *passim*.

convenait, et qu'il a dissocié correctement l'intelligence humaine et l'intelligence divine, étant donné l'ordre d'intelligence qu'il considérait dans l'homme. Ici, nous adressons donc à Leibniz les mêmes critiques que Charles Secrétan [1]. En un autre sens, nous sommes aussi peu kantien que possible, puisque nous croyons que la connaissance véritable et seule suffisante est la connaissance du noumène, laquelle est à la portée de l'homme s'il est disposé à respecter les conditions nécessaires pour l'atteindre ; la première de ces conditions étant la soumission parfaite de la pensée à l'idée en elle-même du Principe dont dépendent le monde et toute pensée. Ici, nous croyons avec Vinet que l'homme retrouve sa nature véritable dans l'union avec Dieu [2].

L'étude que nous entreprenons suppose donc certains présupposés doctrinaux. Il était impossible peut-être qu'il en fût autrement puisque toute affirmation relève finalement d'une certaine conception du monde. Pour prendre de grands exemples, le Leibniz de Russell ne ressemble pas à celui de Baruzi ; l'explication de cette différence réside dans le fait que Russell est l'auteur des *Principles of Mathematics,* et Baruzi, celui de *Saint Jean de la Croix et le problème de l'expérience mystique* : ces deux auteurs avaient une prédisposition délibérée à mettre en relief tel aspect de la pensée leibnizienne [3]. De même, personne ne trouve étrange que Buffon admire chez Leibniz la hiérarchie continue des êtres vivants [4], tandis que Brunschvicg y loue le calcul infinitésimal ; on ne s'étonne point que Pichler oppose le leibnizianisme au catholicisme, que Cassirer rapproche Leibniz de Kant, et qu'il y ait quelqu'un pour dé-

---

1. Cf. *La philosophie de Leibnitz*, pp. 107-121.

2. Cf. *Cours de philosophie pratique du christianisme, Philosophie religieuse,* pp. 353-354.

3. Au chapitre premier de *La philosophie de Leibniz,* RUSSELL, après avoir déclaré qu'il traiterait d'abord de l'aspect logique de la doctrine leibnizienne, et finalement de l'âme, de Dieu et de la morale, ajoute : «...Quoique les sujets traités dans les cinq derniers chapitres tiennent une large place dans les écrits de Leibniz, ils sont moins intéressants et seront examinés plus brièvement que les premières et plus originales parties de son argumentation. A cela il y a encore une autre raison : c'est que ces sujets sont moins fondamentaux et moins difficiles que les sujets des premiers chapitres. » (P. 6.)

4. Cf. F. PAPILLON, *De la rivalité de l'esprit leibnizien et de l'esprit cartésien au XVIIIe siècle,* pp. 12-13.

crire le leibnizianisme dans les termes de la phénoménologie [1]. La plupart des critiques définissent un auteur par rapport à eux-mêmes ou à leur formation intellectuelle, et cette attitude peut être considérée comme légitime sinon comme inévitable.

Mais cela ne signifie pas que la vérité, dans l'étude des idées d'un auteur, doive être abandonnée aux contradictions inéluctables des tendances individuelles. S'il est impossible de ne pas adopter une certaine conception du monde ou un certain point de vue dogmatique, il convient de chercher le point de vue le meilleur, c'est-à-dire le plus vrai. Seule la vérité est « objective », seule elle possède la vertu d'apparaître comme « objet », c'est-à-dire d'une façon irréfutable, immuable et nécessairement identique pour tous les individus. C'est donc par rapport à elle que l'impartialité doit être définie : un observateur sera d'autant plus « objectif » que la science en lui sera plus universelle et plus adéquate.

Mais il importe de donner ce nom de vérité à ce qui le mérite vraiment. La vérité dans le monde ne peut être définie que d'une manière formelle. Comme l'a montré Arnold Reymond, elle consiste dans une certaine position unique de la pensée vis-à-vis d'un certain « donné ». Demain, mon information s'étant enrichie, mon jugement pourra changer, quoiqu'il doive garder, s'il reste vrai, ce caractère formel de la vérité : l'unicité du jugement vrai [2]. Il n'y a pas de vérité dans le monde dont le contenu puisse être déclaré immuable. On y rencontre au contraire une multitude de domaines restreints, dont la vérité provisoire est définie par rapport à certaines règles d'étude et de vérification, mais dont la vérité intrinsèque vous échappe complètement. La vérité proprement dite est au-dessus des vérités

---

1. Cf. H. ROPOHL, *Das Eine und die Welt. Versuch zur Interpretation der Leibniz'schen Metaphysik*. H. HEIMSOETH (*Die Methode der Erkenntnis bei Descartes und Leibniz*) rétablit la distance entre Leibniz et Kant, réduite par Cassirer. Sur les diverses interprétations de la pensée de Leibniz, voir F. OLGIATI, *Il significato storico di Leibniz*. Cet ouvrage examine les interprétations religieuse, logique et idéaliste (*i. e.* Leibniz comme précurseur de Kant et des postkantiens), et conclut en remarquant que si le concept de développement est devenu le concept essentiel de l'idéalisme, dont le point culminant est le système hégélien, le mérite doit en être attribué pour une bonne part à Leibniz. Sur l'interprétation idéaliste, consulter surtout G. E. BARIÉ, *La spiritualità dell' essere e Leibniz*. — Voir aussi K. HUBER, *Leibniz und wir* dans *Zeitschrift für philosophische Forschung*, I, 1, pp. 32-33.

2. Cf. *Les principes de la logique et la critique contemporaine*, pp. 36-44; *Philosophie spiritualiste*, t. I, pp. 104-206; particulièrement, pp. 115-116 et 142-150.

relatives à nous-mêmes et situées au niveau du monde; elle est la vérité intrinsèque ou l'Inconditionné (selon l'expression d'Arnold Reymond), c'est-à-dire Dieu même.

On pense communément que ce qui n'est pas l'objectivité restreinte de tel ou tel domaine particulier de recherche, ne peut être que subjectif. En réalité, ceux qui se contentent de l'objectivité formelle sont les vrais subjectivistes. Il leur suffit de l'entente actuelle et contingente des esprits relativement à certains domaines de recherche et aux méthodes qui leur conviennent; il leur suffit des effets sensibles de leurs efforts, la valeur et la signification objective de ces effets n'étant pas mises en question.

Loin donc de recommander le sommeil dogmatique, nous pouvons dire que nous avons été conduit à notre attitude par un scepticisme plus grand que l'ordinaire. Nous nous sommes demandé si l'idéal de connaissance issu des XVIIe et XVIIIe siècles devait être considéré comme suffisant; nous avons constaté qu'il s'agissait là d'une opinion difficile à prouver, et que, dogmatisme pour dogmatisme, mieux valait s'élever d'abord vers la racine de tout dogme et l'origine de toute pensée. Il serait faux de dire que nous avons cherché ce qui « satisfait » le plus l'intelligence, en entendant par là que nous cherchions finalement notre intérêt. Une réflexion de ce genre se fait en l'homme assez profondément pour que la partie de lui-même qui s'inquiète de ses intérêts y reste étrangère.

Assurément, notre intention ne garantit pas la valeur de nos résultats. L'importance des questions de doctrine soulevées, les difficultés que présente en elle-même la philosophie de Leibniz, sans parler de la dispersion incroyable de cette œuvre, dont les éditions se succédaient sans réunir le contenu des éditions précédentes [1], tout cela nous interdit de nous faire illusion. C'est donc à la bienveillance du lecteur que nous soumettons la thèse suivante : en étudiant l'œuvre de Leibniz, la pensée communique en un seul effort d'attention avec toute la philosophie occidentale : le platonisme, l'aristotélisme, le stoïcisme, l'atomisme, les philosophies augustinienne, thomiste, scotiste et ockhamiste, le cartésianisme et les doctrines ésotériques, il

1. Cf. l'étonnement déjà de l'*Encyclopédie*, t. IX, p. 379 B, art. « Léibnitzianisme ». Voir les précieux travaux de É. RAVIER, *Bibliographie de la philosophie de Leibniz* et *Bibliographie des œuvres de Leibniz*.

n'y a rien qui n'ait marqué la pensée leibnizienne. On peut relever cependant l'importance de l'influence platonicienne. Chez Leibniz en effet l'âme, rattachée à plus grand qu'elle, transforme en métaphysique la logique et les mathématiques : le monde sensible, devenu comme transparent, donne accès à l'intelligible et le hasard, la matière, le mal, semblent s'évanouir comme des ombres nées de l'ignorance ; telle est l'intelligence du monde déduite ici de la perfection divine. Cependant, Leibniz établit avec Descartes dans la matière première scotiste le mécanisme des modernes ; de plus il greffe sur la philosophie nouvelle le thème de l'universelle animation. Il s'ensuit un idéalisme d'un type nouveau et proprement moderne [1], relatif à la pensée humaine et non plus à Dieu. Le monde, qui était chez Platon l'image de Dieu, va se suspendre maintenant à la pensée humaine, comme on le verra chez Kant.

La distinction de l'idéalisme platonicien et de l'idéalisme issu de Descartes et de Kant est fondamentale. « L'indépendance, l'aséité, la suffisance de la pensée », voilà des traits qu'ils ont en commun ; mais ils diffèrent radicalement dans l'intelligence et l'intelligible qu'ils considèrent [2]. L'idéalisme platonicien et l'idéalisme critique sont ici, comme pour une épure, les deux plans de référence. En examinant quelques aspects de la philosophie leibnizienne, nous indiquerons qu'elle garde le souvenir d'un idéalisme tout en en préparant un autre. L'analyse que nous faisons ainsi d'un moment de l'histoire en fonction d'attitudes doctrinales si différentes et si éloignées dans le temps n'est arbitraire qu'en apparence, s'il est vrai que la vérité n'a pas d'âge et que les doctrines sont en tout temps présentes les unes dans les autres. D'ailleurs, de même que les mathématiciens modernes se réclament de Leibniz, de même l'idéalisme contemporain se réclame de Platon [3]. Les rapprochements que nous faisons sont donc autorisés dans une certaine mesure par l'usage.

1. Il s'agit ici du sens philosophique et non du sens vulgaire du mot idéalisme ; il est question de l'*idée*, à quoi le réel est assimilé, et non de l'*idéal*, qu'on oppose à la réalité. Notons d'autre part que l'idée de rapprocher et d'opposer à la fois l'idéalisme ancien et l'idéalisme moderne n'est pas neuve : voir les remarques de A. Darbon dans le *Vocabulaire* de A. LALANDE, Supplément, pp. 64-67 ; 5e éd., pp. 1223-1226.

2. Le présent ouvrage, qui est en somme une discussion sur la nature de l'être pensant et de l'objet pensé, s'en tiendra à la considération de la νόησις νοήσεως, sans s'élever à l'ἐπέκεινα τῆς οὐσίας.

3. Cf. H COHEN, *System der Philosophie*, I, pp. 10-15 ; P. NATORP, *Platos Ideenlehre* ; du même auteur, *Die logischen Grundlagen der exacten Wissenschaften*, pp. 12-13 ; etc. — Pour l'étude détaillée des similitudes entre Leibniz et l'idéalisme kantien et néokantien, voir le précieux ouvrage de H. SCHMALENBACH, *Leibniz*.

Nous en avons assez dit, croyons-nous, pour qu'on voie déjà en quoi notre point de vue ressemble à celui des critiques qui nous ont précédé et en quoi il en diffère. Nous avons à leur égard la plus grande obligation, en particulier à l'égard des auteurs les plus récents [1]. Nous les citerons chemin faisant.

1. Voir dans D. MAHNKE, *Leibnizens Synthese von Universalmathematik und Individualmetaphysik*, une analyse poussée des interprétations du leibnizianisme données depuis 1900.

CHAPITRE PREMIER

L'héritage platonicien

Dans les *Regulae,* Descartes recommande de lire les ouvrages des anciens pour s'approprier leurs découvertes et pour apprendre où il est nécessaire de conduire encore la recherche [1]. Mais une vingtaine d'années plus tard, dans la préface de l'édition française des *Principes,* il enseigne que jusqu'à présent, à ce qu'il semble, il n'y a pas eu de philosophes à qui le dessein ait réussi de déduire, des premières causes et des vrais principes, les raisons de tout ce qu'on est capable de savoir ; Platon, ajoute-t-il, « suivant les traces de son maître Socrate, a ingénument confessé qu'il n'avait encore rien pu trouver de certain, et s'est contenté d'écrire les choses qui lui ont semblé être vraisemblables, imaginant à cet effet quelques principes par lesquels il tâchait de rendre raison des autres choses... » [2].

Quant à Leibniz, l'autorité des anciens auprès de lui demeura grande, quand bien même, au début de sa carrière, après la célèbre délibération « dans un bocage auprès de Leipzig » [3], il prit parti pour le mécanisme des modernes. On peut expliquer ce fait en opposant la franchise de Descartes à la souplesse leibnizienne ; on peut remarquer que l'initiateur est naturellement plus violent que ceux qui suivent une voie toute tracée. Mais il faut mentionner surtout les divergences d'intention dans les doctrines.

1. Cf. *Reg.*, III, A. T., t. X, p. 366.
2. Cf. A. T., t. IX, 2e partie, pp. 5-6.
3. Cf. lettre de Leibniz à Remond, 10 janvier 1714, éd. Gerhardt (*Die philosophischen Schriften von Gottfried Wilhelm Leibniz*), t. III, p. 606 — ce qui sera indiqué dans la suite par G. III, 606. Cf. à Burnett, 8 (18) mai 1697, G. III, 205.

La raison chez Descartes et chez Leibniz n'a pas ou ne s'attribue pas la même portée. Descartes définit une occupation d'hommes « purement hommes », réservant la théologie (non seulement la théologie révélée, mais encore une bonne partie de la théologie naturelle), à ceux qui jouissent « de quelque extraordinaire assistance du ciel » [1]. A tort ou à bon droit, la raison chez Leibniz assume une responsabilité plus grande, puisque la *Théodicée* n'est pas autre chose qu'un traité sur les perfections divines. Du *Discours de la méthode* au *Discours de métaphysique*, on pénètre dans un monde différent : la place que tiennent chez Descartes les considérations sur la physique et la physiologie, est occupée chez Leibniz par l'étude des rapports des actions de Dieu avec celles des créatures ; aux premiers mots fameux de Descartes : « le bon sens », correspondent les mots suivants chez Leibniz : « la notion de Dieu ».

Sans doute, à bien des égards, Descartes est-il encore un «ancien». Il considère Dieu, d'une certaine manière, comme le fondement de la science et il condamne vivement Pierre Petit, à qui l'idée d'un être tout parfait semble résulter « de la préoccupation d'esprit qui nous vient de l'éducation et des violentes impressions que nous ont données ceux qui nous ont élevés ; ou même de la politique et société des hommes qui en interdit la négative » [2]. Cependant, si éloignée que soit la pensée chez Descartes d'exclure la méditation de Dieu, elle ne laisse pas de limiter son objet à des considérations garanties par Dieu plutôt que proprement divines. En s'adaptant (selon Descartes) aux forces humaines, elle s'oppose aux doctrines antérieures, dont l'audace était plus grande. L'auteur des *Principes*, tenant pour vaines les prétentions de la métaphysique ancienne à la connaissance universelle, rassemble la pensée sur certains de ses pouvoirs en vue d'une activité plus efficace. A mesure donc que s'affirmaient en lui les exigences propres de la pensée moderne, il se montrait plus sévère à l'égard des anciens. Leibniz, décidé à conserver leur point de vue et leurs ambitions, tout mécaniste qu'il était, n'avait pas à montrer à l'égard des anciens la même hostilité.

---

1. Cf. *Discours de la méthode*, I, A. T., t. VI, pp. 3 et 8.

2. Cité par Ch. Adam et G. Milhaud, *Correspondance* de DESCARTES, t. II, p. 268.

Parmi les lectures du jeune Leibniz dans la bibliothèque de son père, figurent les ouvrages de Platon, avec ceux de Plotin [1]. A trente ans, Leibniz compose un résumé du *Phédon* [2]; au temps de sa maturité, il cite Platon longuement au centre du *Discours de métaphysique* (§ XX), et à la fin de sa vie, il écrit à Bourguet, à propos de l'accueil favorable réservé à la *Théodicée* par deux platoniciens : «...De tous les anciens philosophes Platon me revient le plus par rapport à la métaphysique. » (22 mars 1714, G. III, 568.) Sans mépriser Aristote, Leibniz lui préfère Platon : les opinions d'Aristote, dit-il, s'accordent davantage avec les opinions populaires, « au lieu que Platon va plus au fond ». Ce passage du *Discours* (§ XXVII) en préfigure plusieurs autres semblables des *Nouveaux Essais* (cf. Avant-propos, éd. Boutroux, pp. 118-119; 120; etc.) Les Pères, dit-il encore dans le *Discours,* « ont toujours été plutôt pour Platon que pour Aristote ». Ecrivant à Huet, en mars 1679, il condamne ceux qui traitent Aristote et Platon de malheureux sophistes, et il ajoute : ...*Nam doctrina Platonis metaphysica et moralis quam pauci ex fonte hauriunt, sancta est rectaque...* (Ed. de l'Académie prussienne des Sciences [3], série II, t. I, p. 467, 10-11.)

L'objet du présent chapitre est de relever chez Leibniz certaines thèses platoniciennes ou néoplatoniciennes, en faisant entendre déjà, pour préparer les discussions des chapitres suivants, que le plus souvent elles n'ont plus tout à fait leur sens ancien.

Ces thèses n'ont pas été professées seulement par Platon et par les néoplatoniciens : on les rencontre fréquemment chez les chrétiens. Platon d'ailleurs ne s'est jamais flatté de les avoir inventées. Disons aussi que nous croyons à l'unité profonde de la pensée de Platon, et à la fidélité de Plotin à l'inspiration de son maître. Pour ne parler que de Platon, dans les dialogues « critiques » — le *Parménide* et le *Sophiste* — ni la méthode, en fin de compte, ni l'objet n'ont changé: Platon y proclame la nécessité de la κάθαρσις de l'âme, dont la plus grande pureté et la plus grande beauté fondent la béatitude

---

1. Cf. *Vita Leibnitii a se ipso breviter delineata,* FOUCHER DE CAREIL, *Nouvelles lettres et opuscules inédits de Leibniz,* p. 381; à Remond, 10 janvier 1714, G. III, 606. Sur Leibniz et Plotin, voir G. RODIER, *Etudes de philosophie grecque,* pp. 338-351; J. JALABERT, *La théorie leibnizienne de la substance,* pp. 108 et 264-265.

2. Cf. F. de C., *op. cit.,* pp. 44-97. On trouve à la suite un abrégé semblable du *Théétète.*

3. Nous désignerons cette édition par le signe : Pr. Ak. Les chiffres qui suivent (après une virgule) l'indication de la page, désignent les lignes du texte.

(καθαρώτατον καὶ κάλλιστον ἔπρεπε τὸν ὄντως ἐσόμενον εὐδαίμονα εἶναι, *Sophiste*, 230 e), et dit du philosophe, comme dans les autres dialogues, qu'il est constamment attentif, dans ses raisonnements, à l'idée de l'être (τῇ τοῦ ὄντος ἀεὶ διὰ λογισμῶν προσκείμενος ἰδέᾳ, *Soph.*, 254 a [1]).

Leibniz a précisé plus d'une fois les points de doctrine qu'il admirait chez Platon. Ainsi, le 3 janvier 1684, écrivant à Ludwig von Seckendorf qu'il a lu souvent le *Phédon* et d'autres écrits de Platon *magno animi assensu,* il mentionne la doctrine de la réminiscence ou, dit-il, ce qui revient au même, la doctrine des vérités éternelles ne dépendant pas des sens (*de notitia aeternarum veritatum ex sensibus non pendentium*), la doctrine de la mutabilité et de la phénoménalité des choses matérielles (*de fluxa ac minime substantiali natura materiae ac rerum materialium*), et la doctrine de l'âme comme principe de mouvement (*ac* περὶ τῆς αὐτοκινήσεως, Pr. Ak., II, I, 537, 9-13).

Dans un texte concernant la *scientia generalis* (G. VII, 127-156), Leibniz cite les mêmes thèses platoniciennes, qu'il qualifie de tout à fait excellentes; l'activité de l'âme : Platon fit de l'âme une substance qui se meut, une substance libre et spontanée (*liberam ac sese excitantem, sive principium actionis*) ; le caractère phénoménal de la matière : il reconnut que la matière au contraire est dépourvue d'action et qu'elle est peu réelle (*et quodammodo indeterminatam ac plus apparentiae quam realitatis habentem*) ; la connaissance des essences éternelles : Platon affirma qu'il n'y a de science que des réalités éternelles, que les universaux ou les essences éternelles ont plus de réalité que les choses singulières, et qu'il n'y a pas de stabilité dans la matière ; notre science, selon lui, est réminiscence, et notre perfection consiste dans une certaine participation à Dieu (*denique perfectionem nostram ad quandam Dei participationem referendam*). Leibniz conclut en disant qu'en ces matières, il place la philosophie de Platon au-dessus de toutes les autres [2].

Pour examiner avec Leibniz ces questions de plus près, il convient de remonter au principe qui domine la pensée prékantienne, celui de la perfection divine. C'est là, dit Leibniz, la notion de Dieu la

1. Bien entendu, cela ne signifie pas que l'au-delà de l'être soit nié : le Bien de la *République* se retrouve dans la première hypothèse du *Parménide*.

2. G. VII, 148.

plus reçue et la plus significative que nous ayons, mais on n'en considère pas assez les suites [1]. En disant « la plus reçue », il ne pense pas à un accord tout extérieur et purement humain des hommes entre eux, mais à l'accord de ceux que Dieu inspire — je crois, dit-il plus loin, « qu'on trouvera une infinité de passages de la divine Ecriture et des Saints-Pères, qui favoriseront mon sentiment » — ou, plus généralement, à l'accord naturel des âmes entre elles, qui sont toutes marquées par Dieu d'un penchant inné à le reconnaître [2]. En ajoutant : « la plus significative », il réunit l'intuition et la tradition, ce qui est fort naturel, s'il ne peut y avoir d'intuition véritable que de l'Immuable. L'intuition est vie, et toute vie est tradition.

Il n'y a rien hors de Dieu qui ne dépende de Dieu ; Dieu est incapable de limite et contient autant de réalité qu'il est possible. D'où il s'ensuit que Dieu est absolument parfait [3]. Que la perfection divine soit posée comme le principe d'où découle l'explication, comme on le voit dans l'ensemble de la *Théodicée,* ou qu'elle soit inférée des perfections bornées et contingentes des créatures, comme on le voit aux paragraphes 36 à 38 de la *Monadologie,* c'est là, selon Leibniz, des méthodes qui s'accordent : la méthode *a posteriori* est la plus commune ; la méthode *a priori* ou par les causes, est la meilleure, mais ce n'est pas la plus aisée, elle demande trop d'attention et les hommes ordinairement donnent leur attention aux choses sensibles [4]. On reconnaît ici la confiance platonicienne dans le pouvoir de l'intellect : nous connaissons Dieu dans la conscience approfondie que nous prenons de penser. C'est parce que nous avons en nous l'idée de nécessité, que nous comprenons que les choses « n'ont rien en elles qui rendent leur existence nécessaire » [5], et si la rigueur du raisonnement nous impose de dépasser le contingent, c'est qu'il est en quelque façon déjà dépassé en nous. Dans la méditation du nécessaire, dit Leibniz, nous nous élevons aux « actes réflexifs » ; en pensant à nous, nous pensons à l'être, à l'immatériel et à Dieu même [6]. Pour aimer Dieu, continue-t-il, il suffit d'envisager les perfections divines, dont nous trouvons en nous les idées [7].

1. Cf. *Discours,* § 1.
2. Cf. *Nouv. Ess.,* Av. prop., BOUTR., 120, I, I, § 4, *ibid.,* 174-176.
3. Cf. *Monad.,* §§ 40-41.
4. Cf. Examen du jugement de Locke sur Malebranche, G. VI, 577.
5. Cf. *Théod.,* § 7, G. VI, 106.
6. Cf. *Monad.,* § 30. Voir le commentaire de Boutroux à cet article, pp. 155-156 de son édition de la *Monadologie.*
7. Cf. *Théod.,* Préface, G. VI, 27.

Dieu ne saurait être infini comme le nombre, comme l'espace, ou comme le temps, car ces infinis-là sont synonymes d'inachevé : « ils ne sont pas susceptibles du dernier degré ». Rien ne peut être ajouté à Dieu [1], et c'est dans ce sens qu'il est infini. Les perfections de Dieu sont donc de nature qualitative : il n'y a pas d'être dont l'extension soit infinie, *sed datur tantum ens maximum intensione perfectionis, seu infinitum virtute* [2]. L'Infini n'est point composé de parties : il n'est autre que l'Absolu [3]. La science et la puissance, comme dit le paragraphe premier du *Discours*, ou l'entendement, la volonté et la puissance, comme dit la *Théodicée*, peuvent être comptées au nombre des perfections, car la plus grande science et la toute-puissance n'enferment point d'impossibilité.

Quoique les « actes réflexifs » dont parle Leibniz, puissent faire songer à Descartes, Leibniz reste proche de Platon en ce sens que le Dieu parfait chez lui n'est pas seulement le garant de la vérité humaine, mais aussi le principe immédiat du raisonnement métaphysique. De là le caractère platonicien de l'univers dans lequel Leibniz nous introduit.

Si Dieu, dit-il, est dépourvu de limite, la créature est au contraire le limité. Il y a quelque chose en elle par quoi la perfection lui est refusée, et c'est une part de néant, puisque Dieu est la toute-réalité. Ce que les créatures ont de perfection, elles le reçoivent du fait positif ou de Dieu, et ce qu'elles ont d'imperfection ou de limite, elles le reçoivent du fait négatif ou du néant [4] : *Alle Geschöpfe sind von Gott und Nichts; ihr Selbstwesen von Gott, ihr Unwesen von Nichts.* (Guhrauer, *Leibnitz's Deutsche Schriften*, t. I, p. 441.) Si l'on pouvait démontrer parfaitement la possibilité des choses, on irait *usque in Deum et nihilum* [5].

Ainsi s'explique l'emploi symbolique que Leibniz fait de son arithmétique binaire : ce système de numération ne se sert en effet que des chiffres 0 et 1, le 2 de la numération par dix devenant 10, le 3 devenant 11, le 4 s'écrivant 100, etc.; tous les nombres y nais-

---

1. La création n'ajoute rien à la perfection de Dieu : voir *Discours*, § XXXV; *Théod.*, § 109, G. VI, 163; § 217, G. VI, 248; *Propositiones*, G. VII, 74.
2. Cf. *De ipsa natura*, § 11, G. IV, 511.
3. Cf. *Sur l'Essai de l'entendement humain*, G. V, 17; *Nouv. Ess.*, II, XVII, G. V, 144-146; à des Bosses, 11 mars 1706, G. II, 305; *Examen des principes du R. P. Malebranche*, DUTENS (DUT), *G. G. Leibnitii opera omnia*, t. II pars 1, p. 212. Voir aussi F. DE C., *Nouv. lettres*, Notes de l'Introduction, p. 406.
4. Cf. *Remarques sur Weigel*, F. DE C., *Nouv. lettres*, p. 167.
5. Cf. COUTURAT (COUT.), *Opuscules et fragments inédits de Leibniz*, p. 431.

sent de l'unité et du zéro, « remarquable analogie de la création des choses sorties de Dieu et du néant » [1]. Dans la lettre au duc de Braunschweig-Wolfenbüttel Rudolf August du 2 janvier 1697, Leibniz décrit le projet d'une médaille représentant la naissance des nombres à partir de 1 et de 0, et portant les inscriptions suivantes, en haut : *Omnibus ex nihilo ducendis sufficit unum,* et en bas : *Imago creationis inven G.G.L. ann. chr. MDCXCVII.* (Guhr., *loc. cit.*, I, 401-407 [2].) Leibniz retrouve ainsi la formule scolastique citée déjà dans la *Disputatio metaphysica de principio individui* [3] : *...Die Wesen der Dinge sind gleich den Zahlen.* (Guhr., *loc. cit.*, I, 411.) On sait que le nombre comme symbole désignait chez Aristote la rigoureuse détermination de l'essence et le rapport hiérarchique des essences entre elles : *...Ut Philosophus dicit* [4], rapporte saint Thomas, *formae vel species rerum sunt sicut numeri, quibus quidquid subtrahitur, vel additur, speciem variat.* (*Quaest. disp. de an.*, a. I, 3 [a] obj.) Chez les platoniciens et les kabbalistes, les nombres symbolisaient très souvent la dépendance des êtres à l'égard du Principe : chaque nombre était considéré, dans son unité propre et dans les unités qui le composaient, comme un reflet de l'unité primitive, racine de toutes choses :*...Ista realis et radicalis unitas sive identitas,* écrit Robert Fludd, *in qua res omnes manent potentialiter seu complicite, idque more abstrusissimo : et, ob hanc rationem sapiens ait : Deo omnia sunt cognita, antequam crearentur.* (*Philosophia Moysaica,* fol. 70 A-B.)

La « limitation essentielle et originale » [5] est propre à toute créature, quelle qu'elle soit : *Kein Geschöpf kann ohne Unwesen sein...* (Guhr., *loc. cit.*, I, 411.) Dieu ne pouvait tout donner à la créature sans en faire un Dieu : il fallait donc qu'il y eût différents degrés dans la perfection des choses et des limitations de toute sorte [6] : *...Quod limitatione careret, non creatura, sed Deus foret.* (*Causa Dei,* § 69, G. VI, 449.) Ni les anges ni les saints n'échappent à cette nécessité : Dieu seul est un pur acte, exempt de matière, et toute substance créée agit et pâtit; il n'y en a point qui soit séparée de la matière. Les anciens philosophes platoniciens, dit Leibniz, et les Pères de l'Eglise ont donné des corps aux génies ou aux anges [7]. Sauf

---

1. Cf. *Remarques sur Weigel,* F. DE C., *Nouv. lett.*, 166.
2. Cf. DUT., III, 346-348. Sur l'arithmétique binaire en général, voir COUTURAT, *La logique de Leibniz,* pp. 473 sqq.
3. G. IV, 26.
4. Cf. *Met.*, VIII, 1043 b — 1044 a.
5. Cf. *Monad.*, § 42; *Principes,* § 9, G. VI, 603; etc.
6. Cf. *Théod.*, § 31, G. VI, 121.
7. Cf. à Jaquelot, 22 mars 1703, G. III, 457.

Dieu, il n'y a pas d'âme tout à fait séparée, ni de forme pure. Les esprits sont toujours non pas corporels mais incorporés [1].

En effet, les philosophes qui se réclament de Platon, partant de Dieu en quelque sorte, définissent toute réalité autre que Dieu par la présence en elle de la matière. Les aristotéliciens, au contraire, partant des formes données dans le monde, finissent par les envisager en elles-mêmes et dans leur perfection. Mais Leibniz est-il vraiment platonicien et sa philosophie appartient-elle même au complexe doctrinal platonico-aristotélicien ? Veut-il insister avec Platon sur la transcendance divine, et affirmer avec Aristote la perfection et l'immortalité de l'intelligence seulement ?

C'est dans la limitation essentielle de la créature que doit être cherchée, selon Leibniz, la cause du mal : si la créature n'était pas marquée de ce vice métaphysique, *patet malum non fuisse oriturum* [2]. Puisque les chrétiens dérivent tout être de Dieu, le mal n'est pas une réalité, sinon Dieu serait mauvais. Dieu est la cause des perfections dans la nature et dans les actions des hommes, et c'est la limitation dans la réceptivité des créatures qui provoque les défauts qui leur sont propres. Le fleuve cause le mouvement du bateau, tandis que la charge, qui enfonce le bateau, limite la vitesse qu'il peut recevoir. « Ainsi les platoniciens, saint Augustin et les scolastiques ont eu raison de dire que Dieu est la cause du matériel du mal, qui consiste dans le positif, et non pas du formel, qui consiste dans la privation... » (*Théod.*, § 30, G. VI, 120.) Le mal, l'ignorance, l'erreur, la malice, consistent formellement dans une espèce de privation : une tour carrée, vue de loin, paraît ronde, mais il suffit à l'observateur de s'avancer pour voir ce qui en est ; s'il ne le fait pas, il se prive de quelque chose, et l'erreur en résulte. De même la mauvaise volonté n'est qu'une intention inférieure, bornée « aux plaisirs des sens ou à d'autres, au préjudice de plus grands biens » [3].

Pour le platonisme, la matière introduit dans le monde l'imperfection et la ruine, étant elle-même le néant et la mort. Elle est insaisissable en soi et n'est perçue qu'indirectement dans les composés de matière et de forme que nous connaissons, c'est-à-dire les choses

---

1. Cf. à la reine Sophie Charlotte, G. VI, 506 ; *Remarques... sur un petit livre intitulé Seder Olam*, F. DE C., *Leibniz, la philosophie juive et la Cabale*, p. 50 ; *Monad.*, § 72.

2. Cf. à Molanus, 2 (12) février 1698, P. SCHRECKER, *Lettres et fragments inédits* de Leibniz, p. 83.

3. Cf. *Théod.*, § 33, G. VI, 122.

matérielles ou corps. A cause d'elle, les corps sont en perpétuel écoulement et fuient la permanence de l'être (οὐσίαν) [1]. Leibniz adopte cette doctrine en ceci que pour lui la matière n'est pas un être et que les corps sont dans un flux continuel : « Je vois maintenant, déclare Théophile dans les *Nouveaux Essais,* ce que Platon entendait, quand il prenait la matière pour un être imparfait et transitoire... » (I, I, éd. Boutr., 165.) Platon, écrit Leibniz à Arnauld, « a fort clairement montré que la matière ne suffit pas pour former une substance » (28 novembre [6 décembre] 1686, G. II, 76). Quelques mois plus tard, il écrit au même correspondant, à propos du fragment de Démocrite où il est dit que les qualités sensibles existent seulement *opinione, lege,* νόμῳ, que « Platon est dans le même sentiment à l'égard de tout ce qui est purement matériel » (Avril 1687, G. II, 101). Manquant de stabilité, de réalité, d'unité, la matière est en même temps indéterminée et passive : elle peut devenir indifféremment ceci ou cela et n'est pas la cause de ce qui se passe en elle. Ainsi les corps, en tant qu'êtres physiques, ne constituent pas des substances : *semper fluunt, nunquam sunt* [2]; il en est tout autrement des âmes, qui sont les substances véritables.

Cette doctrine de la matière est liée à la conception ancienne du monde et il est très remarquable de voir Leibniz la conserver. En considérant l'étendue, l'intelligence nouvelle convertissait en un certain sens la matière en intelligible ; mais le prix de cette opération était élevé, puisqu'il fallait accepter comme un absolu une nature opaque à l'intelligence : l'étendue comme chose. On voit ici distinctement cette espèce de retrait de la pensée sur de nouvelles positions, dont nous avons parlé en commençant ce chapitre. La physique mathématique devenait possible, mais en même temps, le problème de la nature profonde de la corporéité était laissé en suspens.

Pour constituer la nature corporelle, Leibniz complète la matière par un principe actif : l'âme. Rapportant une fois de plus le sentiment de Platon, Leibniz note : *Mentem statuit esse substantiam se moventem.* L'âme fait la réalité du corps : elle est en effet tout ce que la matière n'est pas : active, déterminée, permanente [3] et une.

1. Cf. PLOTIN, *Enn.*, I, VIII, 4, trad. Bréhier, t. I, p. 118.

2. Cf. *Théod.*, § 382, G. VI, 342 ; à des Maizeaux, 8 juillet 1711, G. VII, 535 ; *Entretien de Philarète et d'Ariste*, G. VI, 586 ; etc.

3. Sur cette qualité de la substance leibnizienne et le rapprochement qu'elle impose avec la pensée précartésienne, voir J. JALABERT, *La Théorie leibnizienne de la substance.*

La forme ou l'âme, dit Leibniz, a l'avantage sur la matière d'avoir en soi le principe du mouvement et du changement, au lieu que la matière est seulement passive et a besoin d'être poussée à agir : *agitur, ut agat*. Active par elle-même, l'âme n'est pas de soi absolument indifférente à l'action et trouve en elle de quoi se déterminer [1]. Ainsi Platon n'a pas seulement dénoncé l'inconsistance des choses matérielles en elles-mêmes, il a indiqué ce qu'il y avait en elles de réel [2].

Cet état de dépendance à l'égard de l'âme où se trouvent les choses matérielles, nous assure que la nature ne déroule pas ses phénomènes au hasard ou selon la pure nécessité; il est certain en effet, puisque l'âme en est le principe actif et ordonnateur, que les apparences de la nature sont en harmonie parfaite avec les sphères supérieures de l'être. Leibniz peut déclarer que « les lois du mouvement, étant fondées dans les perceptions des substances simples, viennent des causes finales ou de convenance » et que, « si la matière était substance, elles viendraient de raisons brutes ou d'une nécessité géométrique, et seraient tout autres qu'elles ne sont » (à Remond, G. III, 623). Dieu comme auteur de la nature est en même temps Dieu comme auteur des âmes; l'Architecte du monde est aussi notre Maître. Les causes efficientes ne sauraient s'opposer aux causes finales, ni la nature à la grâce : le monde des causes efficientes est l'instrument et l'expression du monde des fins. *Ita fit, ut efficientes causae pendeant a finalibus, et spiritualia sint natura priora materialibus*... (A Bierling, 12 août 1711, G. VII, 501.)

On sait que sur ce point l'autorité favorite de Leibniz c'est le *Phédon*, à l'endroit (97 c sqq.) où Socrate distingue la cause réelle de sa présence en prison au pouvoir des bourreaux — qui est le refus d'échapper à la justice — et la cause secondaire ou instrumentale de sa présence en ces lieux — qui est la composition d'os, de chairs et de nerfs qui définit le corps. Leibniz fait allusion très souvent à ce « passage mémorable » hostile aux « philosophes trop matériels » [3], où Socrate « soutient que les causes finales sont les plus importantes en physique » [4]. Il arrive qu'il en donne le contenu en quelques mots [5], ou qu'il développe assez son résumé pour faire parler Socrate à la première personne [6], ou encore qu'il transcrive

1. Cf. *Théod.*, § 323, G. VI, 308.
2. Cf. à Arnauld, septembre 1687 (9 octobre 1687), G. II, 118-119.
3. Cf. *Discours*, § XX, sommaire.
4. Cf. *Il y a deux sectes de naturalistes*..., G. VII, 335.
5. Cf. *Réponse aux réflexions*, G. IV, 339.
6. Cf. *Lettre de M. L. sur un principe général*, G. III, 54-55.

le passage entièrement [1]. Dans la lettre à Jacob Thomasius du 19 (29) décembre 1670, où il utilise pour la première fois ce texte — *Memini me in Platone legere...* (Pr. Ak., II, I, 73, 14 sqq.) — il s'élève contre les physiciens modernes qui, cherchant les causes matérielles, négligent les causes rationnelles, alors que l'horloge du monde manifeste avec éclat la sagesse du créateur, dans l'harmonie suprême et universelle vers laquelle s'avancent toutes choses comme par nécessité [2]. Que les physiciens ne se contentent pas de la géométrie, mais qu'ils sachent voir dans la science de la nature *quandam civilem scientiam,* car le monde est comme une grande république dans laquelle chaque créature a son rôle déterminé. De même, Leibniz écrira plus tard que les maximes les plus utiles à l'homme sont celles qui mettent la félicité dans la vertu et qui font tout venir du principe de la perfection; aussi les découvertes utiles à la vie ne sont-elles souvent que des corollaires des lumières plus importantes, et il est encore vrai ici que ceux qui cherchent le Royaume de Dieu, trouvent le reste en leur chemin [3].

Le propre des philosophes platoniciens était, disait-on, de se représenter Dieu comme prenant soin du monde (*curantem rerum*) et comme présent à l'intérieur des choses (*intra mundum* [4]), comme le pilote au gouvernail. Ainsi pour Leibniz, l'inépuisable diversité des choses manifeste l'inépuisable diversité des raisons. Or, en chaque raison se trouvent présentes en quelque façon toutes les autres: aucune d'entre elles ne peut exclure les autres radicalement, puisqu'elles dépendent toutes d'une même pensée. La connexion des choses est telle, qu'il y a eu de tout temps dans l'âme d'Alexandre les traces de tout ce qui se passe dans l'univers [5]. L'âme d'Alexan-

1. Cf. *Discours,* § XX; *Il y a deux sectes de naturalistes...,* G. VII, 334-336. On trouve d'autres allusions à ce passage du *Phédon* aux endroits suivants : Sur la *scientia generalis,* G. VII, 71; à Philippi, 1679, G. IV, 281; *Principium quoddam generale,* GERHARDT, *Leibnizens mathematische Schriften,* t. VI, pp. 134-135; à Remond, 22 juin 1715, G. III, 645.

2. ...*Cum tamen in eo potissimum eluceat sapientia auctoris, ita instituisse horologium mundi, ut cuncta deinde, velut necessitate quadam ad summam omnium harmoniam consequerentur.* On voit combien s'annoncent déjà les thèmes postérieurs.

3. Cf. *Tentamen anagogicum,* G. VII, 271.

4. Le mot *intra* n'implique ici aucun immanentisme, comme le montre assez la comparaison qui suit, et qui désigne communément le rapport platonicien de l'âme avec le corps, par opposition à l'hylémorphisme aristotélicien : la forme est liée à la nature du marbre, tandis que le pilote est supérieur au navire, dont il est le chef.

5. Cf. *Discours,* § VIII.

dre donne les raisons des actions d'Alexandre en corrélation avec celles des soldats de son armée, des généraux ennemis, etc., et il en va de même de toutes les raisons ou âmes qui sont répandues dans le monde.

Il y a une identité de genre et une continuité parfaite entre ce qui est appelé *in viventibus anima* et *in aliis forma substantialis.* Chez Aristote, les raisons sont conçues par rapport aux choses : la forme du végétal est ce qu'est le végétal, et la forme de l'animal, ce qu'est l'animal; mais ici les raisons sont condidérées dans leur nature générale de raison et comme des effets plus ou moins éloignés de la Raison divine. Le monde est donc organisé de haut en bas, de telle sorte que les raisons les plus hautes enveloppent les plus humbles, le bas de la hiérarchie étant occupé par les derniers reflets de la pensée divine, et le sommet par Dieu même. L'âme humaine n'est pas, comme dans l'aristotélisme, la forme unique du corps humain; elle est la raison dominante de la multitude de raisons qui constituent la vie et la réalité de toutes les parties du corps. Quoique l'âme ait un corps composé de parties animées par des âmes à part, l'âme ou forme du tout n'est pas pour cela composée des âmes ou formes des parties [1] : les âmes sont naturellement présentes les unes aux autres sans que leur unité soit brisée et sans que leur hiérarchie en soit affectée. Les raisons pénètrent donc l'univers entier, et la vie est partout. A la *vis insita* leibnizienne correspond *vis illa seminibus inclusa per naturas omnium* [2] des platoniciens. Leibniz recueille « la philosophie vitale des kabbalistes et hermétiques qui mettent du sentiment partout » (*Eclaircissement des difficultés que Monsieur Bayle a trouvées dans le système nouveau,* G. IV, 523-524). « Tout est plein d'âme, lit-on dans le *Corpus hermeticum* : πάντα δὲ πλήρη ψυχῆς ; tous les êtres sont en mouvement, et ce qui est en mouvement est aussi en vie [3]. »

Tout être, en tant qu'âme et raison, est déjà en quelque façon ce qu'il sera. La science du maître est déjà dans le disciple : il suffit de l'éveiller. Le choc des corps entre eux rend visible ce qui est déjà interne [4]. Toutes les propriétés d'un être, selon Plotin, sont, à l'état indivis, dans la semence [5]; ce qui peut être pris d'une façon

---

1. Cf. à Arnauld, avril 1687 (30 avril 1687), G. II, 100.
2. Cf. APULÉE, *De mundo*, cap. XXXVI, *Opera*, pars II, p. 425.
3. Cf. Traité XI, éd. Nock et trad. Festugière, t. I, p. 150; Traité XII, *ibid.*, t. I, p. 181.
4. Cf. *Réponse aux réflexions*, G. IV, 557.
5. Cf. *Enn.*, V, IX, 6, éd. Bréhier, t. V, p. 167.

tout à fait générale, en considérant l'état premier de l'univers : ...*Quaecumque nascendo ad oculos nostros exeunt,* écrit saint Augustin, *ex occultis seminibus accipiunt progrediendi primordia... Ista quippe originaliter ac primordialiter in quadam textura elementorum cuncta jam creata sunt; sed acceptis opportunatibus prodeunt.* (*De Trinitate,* III, VIII, 13, Migne, *Patr. lat.*, t. 42, coll. 876 et 877-878.)

Si l'âme est une image de la raison divine, et si elle est un principe de vie qui a existé « depuis le commencement des choses », l'ordre et la raison veulent qu'elle ne finisse pas non plus; ce qui n'a de commencement que par création, ne peut avoir de fin que par annihilation [1]. Si l'âme est une, il est aussi impossible de faire deux âmes d'une seule qu'une seule âme de deux : «...Le nombre des substances naturellement n'augmente et ne diminue pas... [2] » (*Discours,* § IX.) Contrairement à l'opinion de Simmias, dans le *Phédon,* et contrairement à celle d'Epicure, de Hobbes et de Spinoza [3], Leibniz soutient que l'âme est indivisible et non sujette à la dissolution [4]. L'âme, dont la fonction est d'exprimer Dieu et l'univers, ne saurait périr qu'avec l'univers lui-même. C'est pourquoi elle est « absolument à couvert de toutes les choses extérieures » et les changements dans « cette masse étendue qui est appelée le corps » correspondent à des changements de perception en elle, mais ne sauraient supprimer la faculté même de percevoir, puisque la pensée, loin de dériver du corps, en fonde au contraire la réalité.

On peut reconnaître sans crainte, selon Leibniz, cette indestructibilité de l'âme en général. En effet cette doctrine n'impose pas l'attribution de l'immortalité aux animaux eux-mêmes, car il faut distinguer l'immortalité et l'indestructibilité : l'immortalité convient aux êtres seuls qui sont capables de réflexion et qui, pouvant dire « ce *moi* qui dit beaucoup », peuvent « faire le même personnage » (*Discours,* § XXXIV [5]). C'est la doctrine contraire qui paraît à Leib-

1. Cf. *Considérations sur la doctrine d'un esprit universel unique,* G. VI, 533; projet d'une lettre à Arnauld, G. II, 72; à Arnauld, 28 novembre (8 décembre) 1686, G. II, 75; *Discours,* § IX; *Théod.,* § 90, G. VI, 152; *Monad.,* § 3; *Principes,* § 2, G. VI, 598.

2. Cf. le premier argument du *Phédon* : 72 a.

3. Cf. à Bayle, G. III, 68.

4. Cf. Projet d'une lettre à Arnauld, G. II, 72; à Arnauld, septembre 1687 (9 octobre 1687), G. II, 116-117.

5. Cf. *Considérations sur les principes de vie,* G. VI, 542.

niz dangereuse : en effet, c'est donner prise à l'erreur des monopsychistes que de professer que les âmes capables de sentiment, mais incapables de raison, sont mortelles, car lorsqu'on accorde une fois que ce qui est capable de sentiment peut périr, il est difficile de soutenir l'immortalité de nos âmes [1]. Leibniz voit une grande inconséquence dans la doctrine «des thomistes et d'autres bons philosophes» à reconnaître l'immatérialité et l'indivisibilité de toutes les âmes sans en vouloir avouer l'indestructibilité. Si les faux atomes d'Epicure et de Gassendi sont conçus comme indestructibles, pourquoi ne pourrait-il en être de même des atomes véritables de la nature, des substances simples et indivisibles ? En faveur de sa thèse, Leibniz invoque Scot Erigène qui « était pour la conservation de toutes les âmes », et Pythagore qui avait raison de dire en général chez Ovide :

Morte carent animae [2].

Remarquons cependant que chez saint Thomas l'âme humaine triomphe de la mort parce qu'elle est douee d'intellect, c'est-à-dire d'une activité indépendante du corps. De même chez les platoniciens, l'âme est impérissable en tant qu'intelligente, ou en tant qu'elle participe à l'intelligence, laquelle est « séparée » du corps. Or l'intelligence dont il s'agit chez Leibniz n'est pas cette intelligence-là seulement ; il s'agit aussi chez lui de l'intelligence de la « philosophie nouvelle », qui n'est pas véritablement séparée du corps, quelle que soit l'apparence provoquée par l'artifice du doute.

Quoi qu'il en soit, Leibniz a souvent rapproché la science des vérités éternelles, telle qu'il la conçoit, de la science platonicienne.

La chaleur, le froid, la couleur, dit-il, sont plutôt des phénomènes que de vraies qualités. C'est donc avec raison que Platon dirigea la pensée *ab his confusis ad puras notiones*. Les sens affligent (*inficere*) l'esprit de passions diverses, tandis que seule la connaissance pure des vérités éternelles le détache de la matière et le rend à lui-même (*perficere*) [3]. Résumant le *Théétète*, Leibniz note que si les choses sont pour chacun telles qu'elles lui apparaissent, et si la sensation est la science, ceux qui rêvent et les fous posséderaient la connaissance aussi bien que quiconque. Chaque individu est juge en ce qui

1. Cf. *Théod.*, Discours préliminaire, § 10, G. VI, 56 ; *Monad.*, § 14.
2. Cf. *Théod.*, § 89, G. VI, 151-152.
3. Cf. G. VII, 148.

concerne la perception des qualités sensibles ; mais si l'on en vient à la considération de l'utile, du juste, de l'honnête, du saint, on hésite à déclarer que l'apparence soit un critère suffisant. La sensation est une science, si l'on veut, mais qui nous est commune avec les bêtes. La science de l'homme commence avec le raisonnement, la comparaison réfléchie, la recherche de l'être et de la vérité. Or, ce qu'on trouve de commun aux choses sensibles, les distinctions auxquelles on est amené entre l'être et le non-être, la ressemblance et la dissemblance, l'identité et la différence, l'unité et la pluralité, à qui les doit-on, si ce n'est à l'âme elle-même ? C'est de l'âme comme telle, et non de l'âme comme faculté de toucher, de voir, etc., que relève la science chez l'homme [1].

Ainsi les idées sont supérieures aux images sensibles ; Leibniz les appelle *principia vinculaque etiam rerum imaginabilium* et voit en elles l'âme de la connaissance humaine (*velut animam cognitionis humanae*). Voilà, selon lui, ce que remarquèrent excellemment Platon et Aristote, loin de se ranger aux opinions des atomistes [2]. Parlant de ses méditations sur le calcul universel, qui doit servir non seulement dans les mathématiques, mais encore dans les autres sciences, il écrit à Arnauld, en janvier 1688, qu'il a déjà des définitions, axiomes et problèmes fort remarquables de la coïncidence, de la détermination (ou *de unico*), de la similitude, de la relation en général, etc. [3]. A la fin de sa vie, il déclare à Remond qu'en suivant les traces de Platon et de quelques autres grands hommes, il a atteint, jusqu'à un certain point au moins,

Edita doctrina sapientum templa serena.

« C'est sur les vérités générales, ajoute-t-il, et qui ne dépendent point des faits, mais qui sont pourtant encore, à mon avis, la clé de la science qui juge des faits. » (10 janvier 1714, G. III, 605.)

Il n'est pas sans intérêt de voir Leibniz invoquer Platon, et non seulement Descartes, à propos de son projet de « spécieuse générale, où toutes les vérités de raison seraient réduites à une façon de calcul». En effet, Leibniz accorde aux vérités éternelles une signification tout autre que Descartes. La vérité, chez Descartes, est certaine, parce que sa nature est d'être accessible à l'homme ; ainsi,

1. Cf. F. DE C., *Nouv. lett.*, 109 ; 117 ; 124-127 ; PLATON, *Théétète*, 186 c.

2. Cf. COUT., *Opusc.*, 341.

3. Cf. G. II, 134.

la vérité est proprement humaine, et n'a plus de commune mesure avec la pensée divine. De même que Descartes élimine les causes finales de la physique, il considère les vérités éternelles comme créées librement par Dieu : l'une et l'autre doctrines marquent chez lui la distance qu'il y a de nous à Dieu. Il est aussi absurde pour Descartes de définir les desseins de Dieu dans le monde que d'affirmer que Dieu raisonne comme nous raisonnons sur les nombres ou sur les lignes de la géométrie. La raison chez Descartes, écrit E. Bréhier, « cherche non pas à remonter vers un modèle divin dont elle serait la trace, mais à progresser vers des vérités nouvelles » (*La philosophie et son passé,* p. 124). Descartes, selon Leibniz, n'a pas connu la nature profonde de la vérité, et c'est pourquoi sans doute il s'est arrêté en physique à la considération de l'extension (*intimam veritatis atque certitudinis rationem ei non intellectam. Quae ratio est etiam, si quid judico, cur ad veram analysin non pervenerit,* à Fabri, G. IV, 258). La raison leibnizienne au contraire veut pousser l'analyse assez loin ; elle se veut métaphysique et théologique. Descartes, écrit Leibniz, en admettant que l'impossible même soit au pouvoir de Dieu, comme par exemple que le corps étendu ne soit pas nécessairement en un seul lieu à la fois ou que le cercle ne soit pas la figure qui enveloppe la plus grande surface de toutes celles qu'on peut délimiter avec une ligne donnée ; en admettant que Dieu accorde cette propriété au cercle par un décret arbitraire, comme un roi concède un privilège à un sujet, et comme si aujourd'hui Dieu pouvait transporter cette propriété au carré [1], Descartes se contente d'une notion de la vérité tout extérieure ; la pensée est séparée de son objet le plus profond et coupée de sa racine.

Le volontarisme cartésien, selon Leibniz, ruine la théodicée et la religion. Si l'on ne peut dire que Dieu est bon, puisqu'il a librement créé l'idée de bonté, comment l'aimer ? A l'entrée de la *Théodicée,* Leibniz proclame que son but est « d'éloigner les hommes des fausses idées qui leur représentent Dieu comme un prince absolu, usant d'un pouvoir despotique, peu propre à être aimé, et peu digne d'être aimé » (§ 6, G. VI, 106). Car la piété consiste non seulement à craindre Dieu, mais encore à l'aimer sur toutes choses, « ce qui ne se peut sans qu'on en connaisse les perfections capables d'exciter l'amour qu'il mérite ». Le *Discours* disait déjà (§ II) que si les choses n'étaient bonnes par aucune règle de bonté, mais par la seule volonté de Dieu, on détruirait sans y penser « tout l'amour de Dieu et toute sa gloire ». Pourquoi attendre de Dieu les biens plutôt que

1. Cf. à Fabri, G. IV, 258.

les maux, s'il choisit les événements par une impulsion aveugle sans aucune raison, c'est-à-dire par la seule volonté ? Dieu ne serait même plus un tyran, car un tyran est encore raisonnable : si vraiment la nature des choses et les vérités dépendent du vouloir divin, on ne voit pas comment attribuer à Dieu la science et même la volonté, car la volonté est toujours accompagnée de raison, et l'on ne saurait vouloir *nisi sub ratione boni* [1]. Le Dieu de Descartes n'a pas de volonté ni d'entendement, puisqu'il n'a pas le bien pour objet de la volonté, ni le vrai pour objet de l'entendement. Déclarer qu'en Dieu la volonté vient avant l'entendement, c'est priver Dieu d'intelligence et même de volonté : c'est faire de Dieu une force aveugle, une nécessité brute [2]. Ce n'est plus Descartes, c'est déjà Spinoza.

Leibniz appuie donc directement la pensée humaine sur la pensée divine : « Le droit universel est le même pour Dieu et pour les hommes... » (*Théod.*, Discours préliminaire, § 35, G. VI, 70 [3]), et Dieu est lui-même « un esprit et comme un d'entre nous » [4]. Aussi Leibniz n'a-t-il jamais donné au doute la même importance que Descartes.

Il est en notre pouvoir, dit-il en 1675 déjà, de nous détromper sur beaucoup de choses et au moins sur les plus importantes, et l'on n'a nullement besoin d'un Dieu qui nous garantisse d'être trompés [5]. Les sceptiques, disent les *Nouveaux Essais*, portent leur doute trop loin en l'étendant jusqu'aux expériences immédiates et jusqu'aux vérités géométriques [6]. Il ne faut pas recommander aux gens de douter de tout, ni de s'étudier à douter ; il suffit de recommander de ne pas croire témérairement ce que le vulgaire des hommes ou des auteurs avance, mais de se demander à soi-même des preuves de ce qu'on soutient et de tâcher de se fonder en raison [7]. Les vérités nécessaires sont pour Leibniz absolument à l'abri du doute : il écrit en 1679 à Conring que « les démonstrations géométriques seraient non moins évidentes pour le dormeur que pour l'homme éveillé, s'il arrivait que le dormeur vînt à y penser ; c'est pourquoi elles ne dé-

1. Cf. à Fabri, G. IV, 259.

2. Cf. lettre de 1679 (?), Pr. Ak., II, I, 501.

3. Cf. *Réflexions sur l'ouvrage que M. Hobbes a publié... de la liberté*, G. VI, 398-399.

4. Cf. à Arnauld, septembre (9 octobre) 1687, G. II, 125.

5. Cf. à Foucher, Pr. Ak., 249, 25-27.

6. Cf. IV, II, § 14, G. V, 355 ; G. IV, 327.

7. Cf. Préceptes pour l'avancement des sciences, G. VII, 164.

pendent pas du témoignage des sens, mais des idées » [1], de ce que le *Discours* appellera « les idées toutes pures » [2]. *Les Nouveaux Essais* sont fondés sur une perception profonde, parente de la perception augustinienne, de la nécessité des idées, par quoi la pensée a la vision de « quelque chose de divin et d'éternel » [3]. Les mathématiques sont autre chose qu'une spéculation toute gratuite : Leibniz indique souvent que Locke professait une doctrine insuffisante de l'idée, parce qu'il était étranger aux mathématiques et qu'il n'avait point assez médité sur les vérités nécessaires [4].

Leibniz rencontre ici la réminiscence platonicienne qui, dit-il, « a beaucoup de solidité » [5], et qui rend sa doctrine « un peu plus platonicienne » que celle de Locke [6]. Il parle volontiers de l'esclave du *Ménon,* à qui l'on fait découvrir des vérités de raisonnement en se contentant de le questionner [7]. Il faut, il est vrai, purger la doctrine de la réminiscence « de l'erreur de la préexistence » : il n'est pas nécessaire que l'âme de ce jeune esclave ait su consciemment avant cette vie tout ce qu'elle découvre maintenant [8] ; il suffit de penser que ses connaissances, cachées et enveloppées, vinrent au jour avec l'éveil de la raison. Quoi qu'il en soit, on peut dire, en s'inspirant de Platon : *Sunt... in nobis semina eorum quae discimus, ideae nempe, et quae inde nascuntur, aeternae veritates...* (A Hansch, *De enthusiasmo Platonico,* 25 juillet 1707, Dut., II, I, 223.)

Certes, il y a aussi un innéisme cartésien ; mais la pensée de Descartes ne laisse pas d'être marquée dans la suite de ses démarches par le doute qui constitue son point de départ : le doute l'a installée dans un domaine proprement humain, dont elle ne sort pas. Au contraire, dans la pensée antérieure, que Leibniz ne méprise point, le but de la recherche étant la Vérité, au sens plein de ce terme, la voie descendante ne garde pas trace des vicissitudes de la montée. Avec les modernes, l'idée change donc de nature, et il est normal que change en même temps sa situation par rapport à Dieu.

---

1. Février (?), Pr. Ak. II, I. 457, 21-24.
2. Cf. § XIII.
3. Cf. *Nouv. Ess.,* Av.-prop., BOUTR., 121.
4. Cf. à Remond, 14 mars 1714, G. III, 612 ; à l'électrice Sophie, 12 juin 1700, G. VII, 553 ; *Echantillon de réflexions sur le livre I,* G. V, 22.
5. Cf. *Discours,* § XXVI.
6. Cf. à Burnett, 8 (18) mai 1697, G. III, 204.
7. Cf. *Discours,* § XXVI ; COUT., *Opusc.,* 568 ; *Nouv. Ess.,* I, I, § 5, BOUTR., 178.
8. Cf. *Discours,* § XXVI ; *Nouv. Ess.,* I, I, § 5, BOUTR., 180.

Pour résumer les rapprochements qu'on peut faire entre Leibniz et les anciens, disons que la connaissance du «système de l'univers», chez Leibniz, ne se sépare pas de la connaissance de Dieu. La dernière résolution des lois de la nature mène aux principes de l'ordre et de la perfection, qui marquent que le monde est l'effet d'une puissance intelligente universelle. Cette connaissance est le fruit principal des recherches humaines ; sans parler de Pythagore et de Platon, dit Leibniz, Aristote même tendait dans ses ouvrages, et particulièrement dans sa Métaphysique, à démontrer un premier moteur [1]. La découverte des sciences, suivant lesquelles Dieu a réglé les choses *pondere, mensura, numero* [2], nous révèle le calcul divin, car « tout effet exprime sa cause » (*Discours,* § XXVIII), *omnis effectus integer repraesentat causam plenam* : les actes de chacun représentent son âme, *et mundus ipse quodammodo repraesentat Deum* (*Quid sit idea,* G. VII, 264). C'est pourquoi Leibniz parle toujours, non pas simplement de la connaissance de l'univers, mais de la connaissance « de Dieu et de l'univers » : les esprits, dit-il, sont « capables de connaître de grandes vérités à l'égard de Dieu et de l'univers » [3]. Le but théorique de la philosophie de Leibniz, écrit A. Boehm, est de considérer la sagesse divine dans l'ordre des choses, et son but pratique est de nourrir la piété et de nous élever à Dieu [4].

Dieu, qui est la réalité véritable, est plus proche de nous que le corps : *Gott ist mir näher angehörig, als der Leib. ...Die leiblichen Dinge sind nur Schatten, so dahin fliessen, Blicke, Gestalten, wahrhafte Träume. Die wesentliche Wahrheit ist allein im Geist.* (*Abhandlung von der wahren Theologia mystica,* Guhr., *Deutsche Schr.,* I, 412.) L'âme est un « petit monde » [5], qui « porte en quelque façon le caractère de la sagesse infinie et de la toute-puissance de Dieu » [6], *eine Unendlichkeit,* dit le texte cité ci-dessus, *ein Fusstapf, ein Ebenbild der Allwissenheit und Allmacht Gottes* (*ibid.,* 411). Si notre pensée inévitablement reconnaît Dieu, pour peu qu'elle soit disposée à méditer, Dieu l'a créée pour réfléchir sa perfection : en chacun de nous «la gloire de Dieu est redoublée» [7]. *Haec... intelligentia suprema alias mentes condidit a quibus glorificaretur...* (*Systema theologicum,* éd. Lacroix, p. 4.)

1. Cf. *Tentamen anagogicum,* G. VII, 270.
2. Cf. *Principes,* § 14, G. VI, 604.
3. Cf. *Discours,* § XXXV.
4. Cf. *Dict. de théol. cath.,* t. IX, 1, art. *Leibniz,* col. 177.
5. Cf. *Nouv. Ess.,* II, I, § 1, G. V, 99. *Discours,* § XVI.
6. Cf. *Discours,* § IX.
7. Cf. *Discours,* § IX.

***

On le voit, en face de Hobbes ou de Descartes, Leibniz adopte une position fort remarquable. Cependant, si frappant que soit ainsi son accord avec les platoniciens et les philosophes apparentés, il est possible cependant de faire certaines réserves. Lui-même, d'ailleurs, marque son indépendance : lorsqu'il mentionne avec éloge les doctrines de Platon, il ajoute souvent une formule de ce genre : « ces paroles peuvent recevoir un bon sens » ; ou bien : « voilà qui est très juste, *si recte interpreteris* ». De là deux problèmes : n'y a-t-il pas chez Leibniz une certaine complaisance à l'égard des autorités philosophiques établies et des opinions reçues ? Quelle est d'autre part l'interprétation erronée de Platon que vise Leibniz ?

En ce qui concerne la première question, nous nous attacherons à ce que peut avoir de légitime l'habitude leibnizienne de relier sa pensée à celle des anciens. Nous rappellerons la phrase fameuse sur la part de vérité que contient chaque système, et l'importance que Leibniz attribuait à la *perennis philosophia*. Si Leibniz envisageait l'histoire d'une façon si généreuse, c'est qu'il avait une conception très élevée de la philosophie, car ce qu'il y a de *perennis* dans la pensée des hommes est certainement ce qu'il y a de plus haut, ce qui « nous élève à ce qui est éternel, au lieu que cette vie est très courte ».

Le recours aux anciens n'est donc pas seulement chez Leibniz un procédé polémique ou un acquiescement docile ; c'est aussi la conviction que « la vérité est plus répandue qu'on ne pense » (à Remond, 26 août 1714, G. III, 624). La vérité étant présente en toute pensée avec la pensée même, comment croire qu'elle se manifeste aujourd'hui seulement ? Loin de séparer les hommes, la pensée est au contraire ce qu'ils ont en commun, la seule chose qui les réunit. C'est pourquoi une science générale et une caractéristique universelle sont possibles. Cherchant à rendre la vérité plus recevable en la retrouvant dans les opinions admises, Leibniz travaille à l'édification et à l'utilité publiques, plutôt qu'à sa gloire personnelle qui, dit-il, serait mieux assurée par la nouveauté et les paradoxes [1]. Si l'union des hommes doit se faire dans la pensée, la pensée ne peut varier selon les lieux et les temps. Le mépris que la philosophie cartésienne professe à l'égard des anciens est un signe défavorable pour elle [2].

1. Cf. *Eclaircissement sur les natures plastiques*, G. VI, 552.

2. Cf. à Jakob Thomasius, 20 (30) avril 1669, Pr. Ak., II, I, 21, 26-27.

Théophile, au contraire, décrit avec joie l'effet sur lui de ce système dont il a lu quelque chose dans les journaux de Paris, de Leipzig, de Hollande, et dans le *Dictionnaire* de M. Bayle, et qui réunit tout ce qu'on avait vu avant lui [1].

Le deuxième problème nous inquiète davantage : quelle est l'interprétation erronée que Leibniz écarte ?

Leibniz reproche assez souvent à Platon d'avoir donné de sa doctrine des démonstrations insuffisantes : *Tametsi agnoscam Platonem plerumque in probandi conatu deficere*... (A Ludwig von Seckendorf, 3 janvier 1684, Pr. Ak., II, I, 537, 13-14.) Il s'étonne de voir les Grecs, après de telles réussites en géométrie, déchoir à ce point en philosophie : il n'y a pas d'ombre de démonstration, dit-il, dans Platon et dans Aristote (excepté dans ses *Analytiques premiers*) [2], et il se flatte de pouvoir porter à la démonstration des vérités que Platon n'a fait qu'avancer [3]. La « mise en système » de Platon rendrait un grand service au genre humain, « et l'on verrait, dit-il, que j'y approche un peu » [4]. Ailleurs il prétend avoir établi démonstrativement dans la *Théodicée,* quoiqu'en les exposant d'une façon populaire, les principes métaphysiques qu'il faut opposer à ceux des matérialistes, et dont Pythagore, Platon, et en partie Aristote, ont eu quelque connaissance [5].

Au lieu de démonstrations, Platon s'est contenté de fables à la portée des hommes de son temps (*passim fabulas illorum temporum captui accomodatas admiscere,* Pr. Ak., II, I, 537, 14-15). Il y a chez Platon des « hyperboles » qui ne se vérifient qu'à condition de prendre les choses d'une certaine manière [6]. On ne sait par quel sort, écrit Remond à Leibniz, « le plus sage des philosophes n'a guère fait que des fous principalement depuis J.-C. » [7]. Déjà dans ses notes au texte de Nizolius (Mario Nizzoli) qu'il réédite en 1670, Leibniz

1. Cf. *Nouv. Ess.*, I, I, BOUTR., 164-171. Allusions aux mérites des anciens : *Discours,* §§ X-XI ; à Foucher, 1686, G. I, 380 ; *Système nouveau*, G. IV, 481 ; *Théod.*, § 335, G. VI, 314 ; § 361, G. VI, 329 ; etc.

2. Cf. *Nouv. Ess.*, IV, II, § 12, G. V, 352. Il lui est arrivé d'être plus indulgent : cf. à Hesenthaler, 1671, Pr. Ak., II, I, 200, 20 sqq ; au dauphin, fin 1675 (?), *ibid.*, 252, 15-17.

3. Cf. à Remond, 10 janvier 1714, G. III, 605.

4. Cf. à Remond, 11 février 1715, G. III, 637.

5. Cf. à Clarke, 2e écrit, G. VII, 355.

6. Cf. à Remond, 14 mars 1714, G. III, 611.

7. 2 septembre 1714, G. III, 627.

distingue Platon de ses interprètes : Nizolius (lib. IV, cap. VII, p. 345) se déclarait prêt à louer Platon autant qu'on voudrait comme orateur ou comme poète en prose, mais quant à voir en lui un grand philosophe et un quêteur de vérité, il n'en avait guère envie ; Leibniz lui répond en conseillant au lecteur de s'adresser, non pas aux interprètes, même anciens, gonflés souvent de sotte éloquence, mais d'aborder directement le *Parménide* et le *Timée* ; le premier ouvrage, dit-il, raisonne admirablement de l'Un et de l'Etre, c'est-à-dire de Dieu, et le second explique la nature des corps par le mouvement et la figure seulement, doctrine si bien accueillie, et sans doute avec raison, chez les nouveaux philosophes [1]. Dans les textes postérieurs, Leibniz s'exprime avec autant de netteté : Ficinus (Marsile Ficin) et Patritius (Francesco Patrizzi), écrit-il à Foucher en 1686, « se sont jetés sur les pensées hyperboliques, et ont abandonné ce qui était plus simple et en même temps plus solide. Ficinus ne parle partout que d'idées, d'âmes du monde, de nombres mystiques et choses semblables, au lieu de poursuivre les exactes définitions que Platon tâche de donner des notions » (G. I, 380). Dans le texte déjà souvent cité, G. VII., 147-149, on retrouve les mêmes noms : Patritius, lit-on, dont l'esprit n'était pas à mépriser, se l'est corrompu par la lecture des pseudo-platoniciens. (On sait que Patrizzi traduisit en latin, entre autres choses, Proclus et les écrits placés sous les noms de Zoroastre et d'Hermès Trismégiste, comme Ficin, outre Platon, traduisit Plotin, Jamblique, Denys l'Aréopagite, etc.) Il faut éviter de passer par l'intermédiaire de Plotin ou de Marsile Ficin, dit Leibniz, car ces auteurs ont voulu parler de choses étonnantes et cachées, altérant ainsi la doctrine de Platon (*mira semper et mystica affectantes dicere, tanti viri doctrinam corrupere*), ce qui, chose curieuse, a été peu remarqué par les savants (*quod miror ab eruditis parum animadverti*). Ce n'est pas sans admirer la vanité humaine, continue-t-il, que j'ai observé que les platoniciens postérieurs ont laissé dans l'ombre les précieux, savants et solides enseignements du maître sur les vertus et la justice, sur la république, sur l'art de définir et de diviser, sur la science des vérités éternelles et sur les connaissances

1. *Qui specimen profundissimae Platonis philosophiae cupit is legat non interpretes, etiam veteres, magnam partem in turgidum ampullosumque sermonem ineptientes, sed ipsum Parmenidem et Timaeum, quorum ille de uno et Ente, id est de Deo, (nam nulla creatura est ens sed entia) admiranda ratiocinatur, hic naturas corporum solo motu et figura explicat, quod hodie tantopere novis nostris philosophis merito sane probatur.* (KORTHOLT, *Leibnitii epistolae ad diversos*, t. IV, p. 110.) Autres allusions au « mécanisme » du *Timée* : à Conring, 8 février 1671, Pr. Ak., II, I, 80, 24. *Antibarbarus physicus*, G. VII, 342.

innées à notre esprit; au contraire, ce qui lui échappa d'ambigu et d'hyperbolique, lorsque dans les banquets il se livrait à la poésie, sur l'âme du monde, sur les idées subsistant hors des choses, sur l'expiation des âmes et le Pyriphlégéthon, sur la caverne sombre des images et autres choses semblables, tout cela fut saisi avidement par ces excellents disciples, rendu plus mauvais, et aggravé de nombreux songes nouveaux. Plotin, Jamblique, Porphyre, Philostrate, Proclus, et d'autres pythagoriciens et platoniciens de ces temps-là, étaient ouvertement adonnés aux superstitions. Passer de ces auteurs à Platon, c'est retrouver avec joie, outre la sublimité des pensées, la clarté et la simplicité. Il faut donc déplorer qu'une doctrine tellement élevée et juste, soit demeurée si longtemps enveloppée et ensevelie dans des contes ridicules (*ut dolendum sit profecto tam excelsa, tam recta dogmata, tamdiu nugis quibusdam involuta et sepulta jacuisse*).

Là-dessus, Cassirer remarque que Leibniz est le premier penseur en Europe qui se soit débarrassé de l'idée du platonisme que l'Académie florentine avait conçue, et qui, à nouveau, ait regardé Platon de ses propres yeux. Cassirer observe deux courants dans l'influence platonicienne depuis la Renaissance : d'une part, Marsile Ficin, Pic de la Mirandole, Cudworth, Henry More; d'autre part, Képler, Galilée, Leibniz. Chez les premiers, il s'agit avant tout de la doctrine platonicienne de l'amour et du beau, et de philosophie religieuse; chez les seconds, où l'influence platonicienne agit *klarer und reiner*, il s'agit de la doctrine de la connaissance, et de philosophie scientifique. D'un côté, le *Banquet*, le *Phèdre* et le *Timée*; de l'autre, le *Ménon*, le *Théétète* et le *Sophiste* [1].

Peut-être est-il historiquement injustifié et dialectiquement impossible d'opérer chez Platon la dissociation dont il s'agit ici : il y a dans le *Timée* plus de connaissance qu'il ne semble, et dans le *Théétète*, plus de religion; seulement, il ne s'agit pas de connaissance et de religion au sens moderne et dissocié de ces termes.

Quoi qu'il en soit, il n'est pas sans intérêt de voir l'attitude de Leibniz à l'égard du fondateur de l'Académie, se renouveler à l'égard des platoniciens et des kabbalistes ses contemporains. Leibniz a rencontré quelques-uns d'entre eux, en particulier Knorr de Rosenroth et François-Mercure van Helmont : *Sulzbaci multum mihi fuit colloquium cum Amplissimo Knorrio.* (A Job Ludolf, 30 août

1. Cf. *Die Platonische Renaissance in England*, pp. 108-109.

1688, Dut., VI, 1, 92.) *De Cabala Hebraeorum,* écrit-il plus tard, *multum olim locutus sum cum Domino Knorrio p. m. Consiliario intimo Principis Sulzbacensis, auctore « Cabalae denudatae »*... (G. III, 546.) Knorr, dit-il à Bourguet, qui a été de mes amis, a voulu réduire la Kabbale en système, et son ouvrage mérite d'être lu [1]. Mêmes relations avec van Helmont : de Hanovre, le 27 mars 1696, il écrit à Placcius : *Fuit hic per dies aliquot Franciscus Mercurius Helmontius, cum quo mihi fuere quotidiani sermones.* (Dut., VI, I, 70 [2].) Le 20 (30) janvier 1699, il annonce à Burnett la mort de ce personnage en ajoutant qu'on lui demande une épitaphe [3].

Van Helmont et Knorr, non seulement se connaissaient, mais collaborèrent. Van Helmont d'autre part séjourna en Angleterre auprès de Lady Conway, où il rencontra Henry More, lequel était lié d'amitié avec Cudworth. More enfin, que Huet appelait *acutissimum Anglum* et *malleum Cartesianorum* [4], collabora également à l'ouvrage de Knorr. La liaison était ainsi établie entre Allemands et Anglais de tendances semblables, et Leibniz pouvait ne rien ignorer des préoccupations des uns et des autres.

Or, le jugement de Leibniz est toujours le même : à l'éloge du caractère de ces hommes, et de leur érudition, s'ajoutent des réserves : la conversation de van Helmont était très instructive « pour ceux qui en savaient profiter » [5]; c'était un « homme singulier » [6], qui avait des « opinions bien extraordinaires » [7] : *darunter viel Gutes, aber auch viel Wunderliches* (Guhr., *Deutsche Schr.,* II, 176). Quant à Knorr, il est accusé de donner un peu dans les opinions de van Helmont [8]; il avait un disciple, Moses Germanus (Johann Peter Speeth), *sed ad pejora defecerat* (G. III, 546). Il s'agit donc, d'après Leibniz, de personnages très remarquables et très savants, mais aux vues étranges, de rêveurs chez qui manque le souci des dé-

1. 3 janvier 1714, G. III, 563. Sous le nom de Christophorus Pegantius, Knorr traduisit en allemand l'*Hypothesis physica nova* en 1680. (Cf. JAUCOURT, *Histoire de la vie et des ouvrages de M. Leibnitz,* p. 213.) Notons que les kabbalistes actuels approuvent tout à fait le jugement de Leibniz : voir PAUL VULLIAUD, *Traduction intégrale du Siphra di-Tzeniutha,* Préface, pp. 44 et 118.

2. Cf. à Burnett, 7 (17) mars 1696, G. III, 176; GUHR., *Deutsche Schr.,* II, 176; STEIN, *Leibniz und Spinoza,* Inedita, XVI, Auszüge aus der Correspondenz mit und über van Helmont, pp. 331 sqq.

3. Cf. G. III, 252-253.

4. Cf. *Censura philosophiae cartesianae,* p. 198.

5. Cf. *Jugement sur les œuvres de M. le comte de Shaftsbury,* DUT., V, 43.

6. Cf. G. VI, 625.

7. Cf. à Burnett, 7 (17) mars 1696, G. III, 176.

8. Cf. G. VI, 625.

finitions claires. A propos d'un kabbaliste rencontré à Berlin, Leibniz écrit : *Die Leute haben keine distinctos conceptus, schleppen sich mit terminis metaphoricis, als lumine, spiritu und dergleichen.* (*Guhr.*, II, 176 [1].)

A l'égard des auteurs plus anciens, comme Cardan en Italie, Valentin Weigel et Boehme en Allemagne, le sentiment de Leibniz est analogue. Devant la richesse de l'œuvre de Cardan et l'alternance en elle des pensées lumineuses et des pensées dépourvues de sens, Leibniz souhaite que quelqu'un donne un Cardan expliqué (*enucleatum* [2]). *Nimis enthusiastice,* dit déjà de Weigel le *De arte combinatoria* (G. IV, 78) ; « homme d'esprit, et qui en avait même trop », dit la *Théodicée* [3]. Ecrivant à Bourguet, Leibniz traite Boehme fort rudement ; il sait sans doute que son correspondant ne le contredira pas (*ut scribis,* dit-il), mais cela ne change rien au fond des choses : lorsque les demi-savants, dit Leibniz, en viennent à la contemplation d'objets plus sublimes, ils perdent le contrôle de leur imagination; Jacob Boehme en est un exemple : après la lecture d'ouvrages métaphysiques, mystiques, alchimiques en langue vulgaire, il se mit à inventer d'admirables sottises, qui parurent de grands mystères aux nombreuses dupes de l'apparence. Ces visions de l'imagination sont mises en fuite par l'usage de la raison ou art de penser ; que les hommes se souviennent des leçons d'Aristote et de Descartes, et n'admettent rien qui ne puisse être justifié par la raison, sachant que les songes agréables, loin d'éclairer l'esprit, le corrompent [4].

Leibniz pense que les hommes apprirent déjà de Pythagore que de très grands mystères étaient cachés dans les nombres. Pythagore sans doute avait fait passer cette idée (et beaucoup d'autres) d'Orient en Grèce [5]. Mais comme la vraie clé de ces mystères restait cachée, les hommes, dans leur curiosité excessive, sont tombés,

1. Quant à Spinoza, que Leibniz traite bien autrement, c'est un cas à part puisqu'il s'agit d'un cartésien : outrant la doctrine de Descartes, il a abusé de la Kabbale en employant ses formules en toute conscience dans le sens le plus défavorable. Cf. G. III, 545 ; *Théod.*, § 393, G. VI, 350 ; § 372, G. VI, 336 ; etc.

2. Cf. G. VII, 67,

3. Cf. Discours préliminaire, § 9, G. VI, 55. Sur Valentin Weigel, voir A. KOYRÉ, *Un mystique protestant, Maître Valentin Weigel.*

4. 11 avril 1710, G. III, 551 ; cf. *Nouv. Ess.*, IV, XIX, § 16, G. V, 489-490, A propos de Poiret et de Boehme, Leibniz écrit : « ...Sans la présence d'un ami qui me donne en peu de mots la clé de ces auteurs, je perds trop de temps à les étudier, et j'avance bien mieux par mes propres méditations... » (BARUZI, *Leibniz*, p. 344.)

5. Même rôle attribué à Pythagore : au dauphin, fin 1675 (?), Pr. Ak., II, I, 252, 9-11 ; à von Seckendorf, 3 janvier 1684, *ibid.*, 537, 1-9.

selon lui, dans les niaiseries et les superstitions d'où est née une certaine kabbale vulgaire, bien éloignée de la véritable, et dans les inepties multiples d'une certaine magie à la fausse réputation [1]. En 1669, distinguant les différents courants de la « philosophie réformée », Leibniz déclare ne se ranger ni à l'opinion téméraire (*audax*) de ceux qui, à la manière de Descartes, méprisent les anciens, ni à l'opinion déraisonnable (*stolida*) des philosophes, tels que Paracelse et van Helmont, hostiles à Aristote; la philosophie véritable, dit-il, considère Aristote comme un grand homme qui, le plus souvent, dit vrai [2].

Aussi Leibniz prend ses distances aussi bien à l'égard des spéculatifs tels que les platoniciens italiens et anglais, tels que les kabbalistes ou les théologiens allemands, dont on peut voir en Weigel un descendant, qu'à l'égard des écoles plus soucieuses d'applications pratiques, telles que celle de Paracelse. Leibniz, qui éprouve une certaine sympathie pour tous ces penseurs — contrairement à beaucoup de modernes — ne rompt cependant ni avec Descartes, ni avec la scolastique.

En disant plus haut que nous ne considérons pas comme heureuse la dissociation que tend à opérer Leibniz dans l'œuvre de Platon, et la distinction corrélative de Platon et de ses commentateurs, nous n'affirmions point du tout que Leibniz eut tort de ne pas accepter en bloc tout ce que son temps lui proposait sous le nom de platonisme. La question est en effet très délicate. Dans quelle mesure la méfiance de Leibniz l'a-t-elle empêché d'apercevoir la vérité de certaines doctrines ? Dans quelle mesure cette méfiance était-elle justifiée ? Voilà certes des questions que nous ne nous chargerons pas de trancher. Est-il juste de qualifier Weigel de « quiétiste » [3] ? Les méditations de Cardan sont-elles si souvent *inanes ?* Gassendi a-t-il traité « comme il faut » [4] la philosophie « fanatique » [5] de Robertus Fluddus

1. Cf. RASPE, *Œuvres philosophiques latines et françaises de feu M. de Leibnitz*, p. 535.
2. Cf. à Jakob Thomasius, 20 (30) avril, Pr. Ak., II, I, 21, 24-28.
3. Cf. *Considérations sur la doctrine d'un esprit universel unique*, G. VI, 530.
4. Cf. à Bourguet, 5 août 1715, G. III, 581.
5. Cf. *Nouv. Ess.*, Av.-prop., BOUTR., 158. Cf. *Petri Gassendi theologi epistolica exercitatio, in qua principia philosophiae Roberti Fluddi, medici reteguntur, et ad recentes illius libros, adversus R. P. F. Marinum Mersennum... respondetur...* Dans une lettre préliminaire, Mersenne indique fort clairement les thèses de Fludd qu'il rejette — ce sont celles mêmes que vise Leibniz, par exemple : *Deum... esse formam omnium rerum, et ita agere omnia, ut caussae secundae per se nihil agant.*

(Fludd) ? En tout cas, si l'accord ne fut pas total entre Leibniz et les philosophes ses contemporains de type platonicien, il y a lieu de croire que les torts doivent être cherchés des deux côtés.

D'une part en effet on retrouve chez Leibniz le ton de la revendication cartésienne du raisonnable. Certes, le dérèglement de l'imagination est un grand défaut, mais il peut être fâcheux de montrer trop d'impatience à l'égard des termes métaphoriques : s'il arrive qu'ils soient mal employés, leur emploi en lui-même n'en est pas moins nécessaire, car l'image concentre non seulement une multitude immense de raisonnements, mais encore des états de la pensée que les raisonnements peuvent préparer, mais qu'aucun raisonnement ne peut saisir. Les appels à la justification rationnelle et à la conquête de l'idée distincte, peuvent être entendus en un mauvais sens. Mais Leibniz ne l'ignorait point, puisqu'il a usé de métaphores pendant toute sa carrière : la monade, disait-il, est un miroir de l'univers. Au temps de Leibniz déjà, cette expression irritait certains esprits [1]; un siècle plus tard, Condillac verra en elle quelque chose de très peu clair et de très peu raisonnable : « La méprise de ce philosophe en cette occasion, dira-t-il en parlant de Leibniz, c'est de n'avoir pas fait attention que des termes, qui dans le propre ont une signification précise, ne réveillent plus que des notions fort vagues, quand on s'en sert dans le figuré.» (*Traité des systèmes*, p. 196.) Dans quelle mesure Leibniz lui-même n'a-t-il pas participé au mouvement d'idées qui allait donner naissance à la philosophie du XVIIIe siècle

D'autre part, ce que Leibniz trouvait chez les platoniciens et chez les philosophes apparentés [2], était de nature assez complexe. Il trouvait partout sans doute la préoccupation de l'unité du monde, la vie et la perception logées en toutes choses; la volonté de considérer la raison de chaque chose à l'intérieur de celle-ci et par rapport à toutes les autres : «...Chacune, écrit Bruno, comprend *tout* l'être, mais non pas *totalement*, parce qu'à côté de chacune d'elles il y en a d'infinies autres. » (*Cause, Principe, Unité*, trad. Namer, p. 197.) Partout il rencontrait cette primauté de l'intelligence, qui caractérise le platonisme. Partout il était dit que le monde était le mi-

1. Voir la réponse de Leibniz à l'un d'eux : G. VI, 624 sqq.

2. Cf. G. FRIEDMANN, *Leibniz et Spinoza*, pp. 232-240. Les correspondances entre les doctrines anciennes et la pensée leibnizienne, sont indiquées dans J. POLITELLA, *Platonism, aristotelianism, and cabalism in the philosophy of Leibniz.*

roir de Dieu [1], que l'âme était un petit monde, que le monde était fait *pondere, mensura, numero,* que Dieu était l'Architecte suprême, la Lumière des intelligences, le Centre universel [2], la Monade [3]. En adoptant ces idées, ces intentions et ce langage, Leibniz se trouvait en communication avec le monde ancien et le platonisme véritable.

Mais si l'aristotélisme au XVIIe siècle était en décadence, la situation pouvait être encore plus grave pour le platonisme, plus éloigné lui-même du « bon sens », et délaissé depuis plus longtemps. Il pouvait en effet ne s'agir parfois que de pensées vagues derrière un langage désuet, que le naturalisme moderne pouvait utiliser à son profit. Le platonisme ne laissait pas d'être l'un des moyens d'expression des idées nouvelles, une arme dans les mains des modernes décidés à se débarrasser d'Aristote et du moyen âge, une arme, finalement, contre Platon lui-même, dont la pensée, plus ou moins directement, n'avait jamais cessé de dominer le moyen âge. Comment la doctrine des « idées séparées » pouvait-elle renaître dans sa pureté, au moment où le naturalisme s'affirmait ? Les effets moraux du nominalisme allaient-ils s'effacer comme par enchantement ? François Bacon est hostile à Aristote, mais il a de la sympathie pour Telesio ; et Leibniz n'est pas le premier mécaniste à se réclamer du *Timée* :

---

1. ...*Natura est imago ipsius Verbi Divini...* (FLUDD, *Clavis philosophiae et alchymiae fluddanae,* fol. 77.)

2. ...*Centrum ubique...extremum nusquam.* (BRUNO, *De triplici minimo,* p. 10.)

3. Au sens propre, le mot convient à Dieu : cf. HERMÈS TRISMÉGISTE, trad. Patrizzi, pp. 177 sqq. ; FLUDD, *Phil. Moys.,* fol. 70 A ; BRUNO, *De Monade.* Le sens second s'introduit comme on le voit dans le passage suivant :

Ergo discrevit propriis natura figuris
Cuncta sigillatim, constanti cunctaque lege
Fontibus e paucis deduxit principiorum,
Ut species, monadis lucisque imitamina primae,
In rerum vultu clueant, vigeantque profundo.
(BRUNO, *De Monade,* p. 328.)

Voici un passage du recueil de Knorr de Rosenroth concernant les Sephiroth (comparables aux Idées platoniciennes), qui montre à quel point les expressions de Leibniz se retrouvent chez les auteurs non scolastiques et non cartésiens : *Istae Sephirae sunt productae ab uno simplici, manifestantes bonitatem ejus infinitam : specula veritatis ejus, et analogia essentiae eius celsissimae : Ideae sapientiae ejus, et repraesentationes voluntatis ejus,... radii divinitatis ejus, per quos omnia illustrantur et manifestantur : formae et ideae, per quas omnia producuntur : animae et potentiae, per quas omnibus datur essentia, vita et motus : ordo temporum, quo omnia dimensurantur : loca incorporae, quae intra se comprehendunt omnia : monades supernae, ad quas reducuntur omnia multa... (Kabb. den.,* t. I, pars II, Dissert. sept., cap. VIII, pp. 147-149.) Mais il s'agit ici d'êtres transcendants ; ce n'est pas le cas chez Leibniz.

Galilée déjà, *als überzeugter Platoniker,* avait placé le mouvement dans le monde des idées [1]; puisqu'il l'avait mis en équations, ne l'avait-il pas converti en intelligible ?

Le platonisme, au temps de Leibniz, souvent adapté aux tendances nouvelles, constitue un point de vue typique que l'on discute, une collection de thèses à la mode à l'aide desquelles on résout les problèmes de l'époque avec plus ou moins de bonheur [2]. On peut distinguer dans ce complexe d'idées une certaine transformation de la doctrine ancienne : d'une part, l'attention du penseur se porte souvent sur l'hypostase Ame plutôt que sur l'hypostase Intelligence : la diversité de ces deux niveaux s'atténue, comme tend à disparaître la primauté ontologique de l'un par rapport à l'autre — et c'est ce qui constitue l'aspect « psychiste » ou panthéiste de la philosophie moderne; d'autre part et corrélativement, la raison discursive tend parfois à s'isoler du νοῦς et à se considérer comme suffisante et suprême — et c'est l'aspect rationaliste de cette même philosophie.

1. Cf. CASSIRER, *Individuum und Kosmos in der Philosophie der Renaissance,* p. 182.

2. Voir l'amusante histoire de la philosophie, contée dans le style militaire de César et de Tive-Live, que Leibniz adresse au dauphin, fin 1675 (?), Pr. Ak., II, I, 251-253.

CHAPITRE II

Le moderne

Les réserves que nous avons faites au cours du chapitre précédent ont montré que Leibniz, malgré le bagage platonicien dont il a chargé sa doctrine, appartient néanmoins au monde moderne. Dans un texte concernant la « science générale », après avoir mentionné avec bienveillance Cardan, Patrizzi, Telesio, Campanella, *aliosque id genus,* Leibniz ajoute : *Sed ante omnes eminent Galilaeus, Gassendus et Cartesius* ; Galilée et Descartes surtout, dit-il, ont accompli vraiment de grandes choses et le genre humain leur est bien redevable : *Uterque sectam reliquit, ille in Italia, hic in Batavis Galliisque...* (G. VII, 67-68.) Nous devons presque autant à Galilée et à Descartes en matière de philosophie, écrit Leibniz à Philipp, qu'à toute l'antiquité [1].

De fait, on a l'habitude de considérer Leibniz comme un cartésien, quoique son jugement sur le célèbre philosophe soit variable : élogieux, comme on vient de le voir, son hostilité ailleurs peut dérouter. C'est que Leibniz, outre les motifs sérieux et sincères qu'il a de se séparer de son devancier, ne peut souffrir l'« ambition » de Descartes [2], ou son comportement de scolarque autoritaire : l'école cartésienne, aveuglément fidèle aux opinions du maître et incapable

1. Janvier 1680, G. IV, 283.

2. Cf. la lettre de 1679 (?), Pr. Ak., II, I, 504, 3 ; *Remarques sur l'abregé de la vie de M. Descartes,* G. IV, 320 ; *Réponse aux réflexions qui se trouvent dans le 23e Journal des Savants,* Beilage, G. IV, 345.

d'inventer ou de recevoir de nouvelles raisons, l'a toujours irrité. Lorsque Leibniz s'élève contre les sectes, c'est neuf fois sur dix aux cartésiens qu'il pense. Rendant compte à Malebranche des *Conversations chrétiennes* qu'il vient de lire, il déclare : « Je voudrais que vous n'eussiez pas écrit pour les cartésiens seulement, comme vous avouez vous-même. Car il me semble que tout nom de secte doit être odieux à un amateur de la vérité...» (Janvier 1679, Pr. Ak., II, I, 455, 12-14.) Donner absolument dans les sentiments d'un auteur, dit-il encore, c'est non seulement montrer sa faiblesse et sa servitude, mais c'est encore se rendre suspect d'erreur : que Descartes soit seul exempt de défaut considérable, c'est là une supposition qui pourra être vraie, mais qui n'est pas vraisemblable [1]. Pour secouer cette inertie de la scolastique cartésienne, Leibniz emploie contre Descartes toutes ses ressources polémiques : l'insinuation [2], le doute [3], l'ironie [4], l'indignation [5], le paradoxe [6], les jugements contrastés [7], les jugements à double entente [8], etc.

Mais lorsqu'il parle par-dessus les têtes du commun des philosophes, Leibniz exprime la plus haute estime pour Descartes. Tout en réservant toujours son jugement sur plusieurs points de doctrine importants, il reconnaît que l'auteur des *Principes* était un « grand génie » [9], et que le genre humain a fait en lui une perte considéra-

1. Cf. la lettre de 1679 (?), Pr. Ak., II, I, 499, 20-25.

2. *V. g.* : « ...Cette méthode n'était pas aussi parfaite qu'il était bien aise de faire croire aux gens. » (A Nicaise. 5 juin 1692, G. II, 535.)

3. « Je ne veux pas aussi parler de son arc-en-ciel, quoique les expériences de M. Newton fassent douter si M. Descartes a bien expliqué la nature des couleurs. » (A Malebranche, juin [2 juillet] 1679, Pr. Ak. II, I, 473, 19-20.)

4. Après avoir énuméré les erreurs de Descartes en physique et en médecine, Leibniz ajoute : « Et par un grand malheur pour la physique et pour la médecine , M. Descartes a perdu sa vie, en se croyant trop habile en médecine... » (Lettre de 1679 [?], Pr. Ak., II, I, 503, 26-28.)

5. « ...Descartes a abusé de ces grands mots de l'existence de Dieu et de l'immortalité de l'âme... » (*Ibid.*, 501, 33-34.)

6. « La géométrie est ce que j'estime le moins en M. Descartes... » (A Malebranche, 22 juin [2 juillet] 1679, Pr. Ak. II, I, 474, 32.)

7. « Il faut avouer qu'il était grand homme, et s'il avait vécu, peut-être serait-il revenu de quelques erreurs (si son arrogance l'avait pu permettre). » (Lettre de 1679 [?], Pr. Ak., II, I. 503, 28-30.)

8. « ...Il était très savant, et avait plus lu que ses sectateurs ne s'imaginent. » (A Pellisson, 19 nov. 1691, PELLISSON, *De la tolérance des religions*, Additions, pp. 57-58.) Entendez : Descartes est un imposteur. Leibniz, comme Huet, ne manque jamais de rappeler que chez Descartes le doute vient de l'Académie, le *cogito* de saint Augustin, l'algèbre de Viète, les tourbillons de Leucippe, la réfraction de Snellius, l'anatomie de Harvey, la morale des stoïciens, etc. (Cf. G. IV, 347-348.)

9. Cf. lettre de 1679 (?), Pr. Ak., II, I, 500, 12.

ble [1]. « Il y a peut-être peu de gens, dit-il à Malebranche, qui s'aperçoivent aussi bien que moi de la grandeur de son esprit [2]. » Il avoue que «la lecture de Descartes est très utile et très instructive», qu'il aime mieux sans comparaison avoir affaire à un cartésien qu'à un homme sorti d'une autre école [3], qu'enfin il conseillera toujours à un amateur de la vérité d'approfondir ce système : tout imparfaite qu'elle est, la physique de Descartes doit être considérée «comme un admirable modèle et échantillon de ce qu'on pourrait et devrait bâtir maintenant sur des principes plus solides que les expériences nous ont fournis depuis » [4].

Leibniz, qui condamne chez Descartes le mépris des anciens, ne condamne pas absolument le moderne en lui. Il repousse la création des vérités éternelles, mais il conserve l'idéal de l'idée distincte; il réintroduit les formes substantielles, mais il reste mécaniste. Si l'obstination de la foule cartésienne l'irrite, c'est qu'il ne serait pas fâché d'être traité par elle avec bienveillance; il se sent si peu un « ancien » seulement, un défenseur pur et simple de l'Ecole, qu'il réclame en somme des philosophes nouveaux l'estime à laquelle il a droit comme successeur de Descartes plus heureux que lui en mathématiques et en métaphysique : la secte nouvelle ne sait pas voir que la distance entre l'inventeur du calcul infinitésimal et Descartes est aussi grande qu'entre Descartes et Apollonius [5].

Mais Descartes n'est pas le premier moderne que Leibniz ait connu : en effet, l'auteur du *Discours de métaphysique* commença à méditer alors qu'il n'était « pas encore imbu des opinions cartésiennes »[6] ; le nom de Hobbes apparaît dans la correspondance avant celui de Descartes [7], et lorsqu'il parle de l'avènement de la philosophie moderne, Leibniz cite toujours, outre Descartes, Bacon, Galilée, Képler, Gassendi, Hobbes, Digby, etc. Ces auteurs, à qui l'on doit *specimina melioris philosophiae*, expliquant les choses corporelles *per*

1. Cf. *Remarques sur l'abrégé*, G. IV, 324.
2. 22 juin (2 juillet) 1679, Pr. Ak. II, I, 474, 13-14.
3. Cf. à Philipp, G. IV, 282.
4. Cf. à Nicaise, 5 juin 1692, G. II, 535.
5. Cf. G. IV, 277.
6. Cf. à Fabri, G. IV, 247 ; à Foucher, 1675, Pr. Ak., II, I, 247, 9-15 : « Bacon et Gassendi me sont tombés les premiers entre les mains... » ; à Malebranche, 22 juin (2 juillet) 1679, B, *ibid.*, 479, 10-12.
7. Cf. à Thomasius, 2 (12) septembre 1663, Pr. Ak., II, I, 3, 22 ; au même, 16 (26) février 1666, *ibid.*, 4, 24. Dans son ouvrage sur la « première philosophie » de Leibniz, Hannequin a insisté sur l'influence de Hobbes. Jamais, dit-il, Leibniz n'a suivi de si près la doctrine d'un autre.

magnitudinem figuram et motum mechanice ohne fictitiis entibus [1], frappèrent son esprit au point que, transporté dans un autre monde, il lui sembla voir devant lui à portée de voix (*coram intueri et compellare sibi visus est*), Aristote, Platon, Archimède, Hipparque, Diophante, et d'autres maîtres du genre humain ; reconnaissant que chaque siècle avait ses grands hommes doués de la force d'âme et du jugement nécessaires pour les grandes entreprises, il décida de poursuivre ses efforts en vue de la réforme des connaissances humaines, malgré l'avis de tous ceux auxquels il s'était ouvert de son projet [2].

On remarque dans les lettres de jeunesse une ardeur et une impatience d'intelligence sans pareille. Ayant énuméré pour Thomasius les efforts et les projets des savants d'Allemagne, de France et d'Angleterre, il conclut : *Si ita pergitur, habebimus propediem philosophiam ad usum generis humani reformatam.* (26 septembre [6 octobre] 1668, Pr. Ak., II, I, 10, 11-22.) Raei [3] a montré suffisamment, dit-il plus loin, que les ténèbres d'Aristote *a scholistico fumo esse,* tandis qu'Aristote lui-même s'accorde étonnamment (*mire*) avec Galilée, Bacon, Gassendi, Hobbes, Descartes et Digby [4]. Erhard Weigel, que Leibniz entendit à Iéna, était du même sentiment que Raei [5]. C'est vraiment *ad libertatem* que Leibniz aspire, suivant l'exemple de Bacon et de tous ceux qui, depuis le début du siècle, secouaient le joug de l'Ecole, *scholasticae studiorum rationis pertaesi* [6]. *Coepimus viri esse,* s'écriera Leibniz plus tard, et le jugement venu, nous avons déposé le hochet avec la prétexte : comme si le monde, depuis sa renaissance de la barbarie, avait crû peu à peu en âge et en sagesse (*perinde ac si mundus ex quo a barbarie revixit, paulatim annis sapientiaque crevisset,* G. VII, 325).

En 1669, à 23 ans, en réponse à sa lettre d'avril, Leibniz reçoit de son ancien maître à l'Université de Leipzig [7], un aveu d'incompétence : « A vrai dire, écrit Thomasius, je ne sais, à la réflexion, s'il est prudent de ma part d'entrer en lice avec toi, ...du moment sur-

1. Cf. au duc Johann Friedrich, 2e moitié d'octobre (?) 1671, Pr. Ak., II, I, 163, 16-19.

2. Cf. *Guilielmi Pacidii plus ultra,* G. VII, 52-53.

3. Elève de Régius. Voici le titre de la seconde édition de l'ouvrage auquel Leibniz fait allusion : *Clavis philosophiae naturalis Aristotelico-Cartesiana. Editio secunda aucta opusculis philosophicis varii argumenti quibus errores scholarum passim deteguntur ac veritas philosophiae, quam cartesianam vocant, confirmatur...,* Amstelodami, 1677.

4. Cf. lignes 23-25.

5. Cf. à Thomasius, 20 (30) avril 1669, Pr. Ak., II, I, 19, 5-10. Sur Weigel, cf. *Remarques sur Weigel,* F. DE C., *Nouv. lett.,* 146 sqq. ; COUT., *Opusc.,* 179-180 ; *Théod.,* § 384, G. VI, 343.

6. Cf. à Conring, 19 (29) mars 1678, Pr. Ak., II, I, 400, 2-4.

7. Lettre du 6 (16) mai 1669, Pr. Ak., II, I, 25, 9-15.

tout que la question demande une grande connaissance des mathématiques, terrain où je ne pourrais m'opposer à toi sans folie. » Il continue en félicitant le jeune homme d'apparaître au moment où la victoire est près d'être remportée, alors que lui consuma sa jeunesse dans les ruines d'un âge barbare, dont il dut se contenter de se dégager à peine pour atteindre comme il put quelques connaissances nouvelles [1].

Leibniz apparaît donc comme le héros destiné à cueillir les fruits de la victoire naissante sur l'ignorance séculaire ; héritier de Képler, il va être pour l'Allemagne un Bacon, un Galilée ou un Descartes ; il amènera son pays au niveau intellectuel des autres pays de l'Europe. C'est bien en effet ce qui eut lieu, si l'on songe à la place que tint Leibniz parmi les savants de son temps, si l'on songe à la création par lui en 1682 des *Acta eruditorum* de Leipzig et au rôle qu'il joua dans la création de la Société des Sciences de Berlin. Sans être rigoureusement un « moderne », puisqu'il veut prendre de tout côté ce qu'il y a de bon — « les péripatéticiens me tiennent pour un cartésien, écrit-il à Philipp, et les cartésiens s'étonnent que je ne me rends pas à toutes leurs lumières prétendues » (janvier 1680, G. IV, 286) — Leibniz s'est trouvé en relations directes et naturelles avec les représentants les plus en vue et les plus caractéristiques du monde moderne. Bayle fut pour lui « l'auteur du plus beau des dictionnaires » [2], et l'espoir de correspondre avec Locke l'incita à « employer quelques semaines » à rédiger les *Nouveaux Essais* [3]. Appartenant au même siècle que Descartes, Locke et Bayle, il sera marqué lui-même sans doute de certains traits communs à ces auteurs et à leur temps.

C'est l'attache de la pensée leibnizienne au monde moderne, qui nous intéresse présentement. Nous énumérerons ici quelques caractères qui définissent dans une certaine mesure une orientation de pensée nouvelle par rapport aux doctrines dominées par Platon et Aristote, et dans laquelle on peut voir la cause du sens nouveau que prend souvent chez Leibniz le vieux langage.

---

1. Cf. Kant : « ...Le jugement mûr d'un siècle qui ne veut pas se laisser bercer plus longtemps par une apparence de savoir... » (*Crit. r. pure*, Préface de la première édition, trad. Trem. et Pac. pp. 6-7.) On rencontre plus d'une fois chez Leibniz l'expression « moyen âge » (ou *medium aevum, medium saeculum*) ; cf. COUT., *Opusc.*, 225 ; à Bayle, III, 71 ; G. VI, 546, note ; sur l'histoire de cette expression, cf. LOT, PFISTER et GANSHOF, *Histoire du moyen âge*, t. I, p. 1, note 2.

2. Cf. *Nouv. Ess.*, Av. prop., BOUTR., 134.

3. Cf. à Coste, 16 juin 1707, G. III, 392.

Le XVIIe siècle est le siècle de la méthode. Avec ses contemporains, Leibniz souhaite la découverte d'une voie sûre dans la recherche de la vérité. Cette voie, selon lui, la pensée doit la trouver en elle-même, dans l'ordre logique. La logique dans toute son étendue, dit-il, est tout à fait ignorée ; il n'y a qu'un domaine où elle est pratiquée : les mathématiques [1]. Il n'est pas douteux, aux yeux de Leibniz, que la métaphysique ne constitue une science, comportant une suite de vérités nécessaires. Or, « toute vérité nécessaire dont on comprend la nécessité peut être réduite en démonstration sans distinction de mathématiques ou d'autres sciences. » (*Réponse aux réflexions qui se trouvent dans le* 23e *Journal des Savants*, Beilage, G. IV, 345.) Il existe en effet dans la nature des choses, qu'il s'agisse de physique ou de théologie, une structure rationnelle que notre esprit peut suivre comme Thésée suivit dans le labyrinthe le fil d'Ariane. Il suffirait de trouver les caractères ou signes propres à exprimer toutes nos pensées, aussi nettement que l'arithmétique exprime les nombres, pour instituer une manière universelle de raisonner en toute rigueur, comme on raisonne chez Euclide. «L'unique moyen de redresser nos raisonnements est de les rendre aussi sensibles que le sont ceux des mathématiciens, en sorte qu'on puisse trouver son erreur à vue d'œil... » (Cout., *Opusc.*, 176.) En mettant des caractères à la place des choses, on fixerait le raisonnement, on l'obligerait à laisser « comme des traces visibles sur le papier en petit volume » ; ainsi l'on pourrait raisonner à peu de frais [2]. A chaque concept simple conviendrait un nombre caractéristique, de telle sorte que les opérations sur les concepts se réduiraient à des opérations sur des nombres et seraient susceptibles de démonstrations et de vérifications rigoureuses : *Numeris autem characteristicis plerarumque notionum semel constitutis habebit genus humanum organi genus novum*... (*Historia et commendatio linguae characteristicae universalis,* Raspe, 538.)

Sans doute, cette méthode des nombres caractéristiques, exposée par Couturat et Kabitz [3], supposant un univers-totalité que les idées et leurs rapports représenteraient adéquatement, rappelle la pensée ancienne : *Das ist ganz platonisch-aristotelisch gedacht,* écrit Kabitz [4]. Cependant, la volonté de démonstration mathématique

1. Cf. COUT., *Opusc.*, 153.

2. Cf. COUT., *Opusc.*, 98-99.

3. Cf. COUT., *La logique de Leibniz*, pp. 39-40, 49-50, etc. ; W. KABITZ, *Die Philosophie des jungen Leibniz*, pp. 14-21.

4. *Op. cit.*, p. 19.

qui se manifeste ici n'a pas le même caractère que précédemment : alors que chez les anciens, la pensée elle-même du nombre et de la ligne ne se sépare pas de la méditation métaphysique, les mathématiques du temps de Leibniz se sont constituées en science indépendante et en univers particulier de rationalité. Le nombre en général chez les anciens peut exprimer l'idée d'ordre, de régularité, de mesure, c'est-à-dire la détermination des choses et la Sagesse déterminante. *Intuere coelum et terram et mare,* écrit saint Augustin, *et quaecumque in eis vel desuper fulgent, vel deorsum repunt vel volant vel natant : formas habent, quia numeros habent: adime illis haec, nihil erunt.* Et plus loin : « Observe à présent la beauté des statues : les nombres sont retenus dans l'espace ; observe la beauté des corps en mouvement : les nombres sont répandus dans le temps. Songe à l'art dont procèdent ces nombres, tu ne trouveras plus ni temps ni lieu ; mais le nombre sera toujours présent. Les artistes néanmoins vivent dans l'espace et dans le temps, car c'est avec le temps qu'ils deviennent plus habiles. Elève-toi donc au-dessus de l'âme de l'artiste pour apercevoir le Nombre éternel : la Sagesse alors, de l'intérieur de sa demeure, t'illuminera de ses rayons... » (*De libero arbitrio,* II, XVI, 42, Migne, *Patr. lat.*, t. 32, coll. 1263-1264.) Ainsi, la science des nombres, qui est celle des formes, est ici la science universelle, et la rigueur mathématique est en même temps la rigueur métaphysique. L'évidence ou la nécessité logiques d'une part, et la perception de la réalité et de la vérité absolues d'autre part, sont simultanées et s'identifient.

Au contraire, chez les modernes, ces deux aspects tendent à se dissocier : les mathématiques se constituent en science particulière, où la pensée s'exerce sans autre souci que celui de la non-contradiction, et dans la seule intention de pousser plus loin ses connaissances dans ce domaine particulier. Le jugement de vérité se distingue alors de la perception du vrai en soi ; un univers d'évidence se constitue, qui n'est pas celui de la connaissance absolue ; la vérité ne se définit plus que par rapport à certaines règles particulières de pensée, et la méthode prime l'objet.

Dans ces conditions, il y a quelque inconvénient à recommander l'application de l'exactitude mathématique à la morale et à la métaphysique : en passant des mathématiques en elles-mêmes à leur application à la science universelle, on risque de ne pas opérer la transposition nécessaire, de se retrouver dans le même esprit de spéculation, avec la même ouverture de pensée et le même intérêt intellectuel limité. On ne manquerait pas alors de poser de faux problèmes, d'affirmer des exigences inopportunes, et de s'interdire l'accès de ce domaine plus vaste de pensée. Il y a une certitude plus ou moins technique et formelle, et il y a une certitude métaphysique, qui concerne la pensée tout entière, en tant qu'elle pose (correctement s'entend) les problèmes relatifs à sa nature, à son origine et à sa fin.

Mais le cas de Leibniz n'est pas simple. Alors que chez Descartes, le critère subjectif de l'évidence est primordial et que la vérité est créée pour l'homme, Leibniz insiste plutôt sur le critère objectif de la nécessité et rattache les vérités éternelles à l'entendement divin. De plus, il considère que l'un des buts de l'étude des mathématiques doit être de connaître *harmoniae ac pulchritudinis velut ideam* [1]; il rappelle que le monde est fait *mensura, pondere, numero* et qu'il est dû au « calcul » de Dieu [2]. Cependant Leibniz reste plus près de Viète et de Descartes que de Pythagore et de Platon. Lorsqu'il compare les « démonstrations » que nous avons en géométrie aux « conjectures » que nous avons sur l'âme ; lorsqu'au milieu de ses joies de mathématicien, le souvenir d'une « science plus divine » sollicite son esprit et qu'il déplore de ne retrouver là « ni la même clarté ni le même ordre » [3], il est possible, malgré les nobles sentiments qui l'animent [4], qu'il tolère une certaine contamination de la métaphysique par la preuve mathématique comme telle. Le procédé des « nombres caractéristiques » ne garde plus rien de la science ancienne des nombres : l'idéal technique de la démonstration s'interpose entre la pensée et son objet métaphysique. De même, les exemples du « calcul de Dieu », c'est la philosophie nouvelle qui est chargée de les fournir ; ne lit-on pas, dans un opuscule intitulé *Von dem Verhängnisse,* la phrase suivante : ...*Alles ist in der Natur mit Zahl, Mass und Gewicht oder Kraft gleichsam abgezirkelt* ? (Guhr., *Deutsche Schr.,* II, 48.) La glose *Kraft* introduit dans le *Livre de la sagesse* une allusion à la physique leibnizienne, laquelle s'appuie sur les travaux de Galilée. C'est notre siècle surtout, écrit Leibniz, qui s'est mis en frais pour obtenir des démonstrations : Galilée « a rompu la glace dans sa nouvelle science du mouvement » ; suivent les noms de Képler, Snellius, Descartes, Hobbes, etc. [5].

---

1. Cf. G. VII, 325.
2. Cf. *Dialogus,* août 1677, G. VII, 191, note.
3. Cf. G. VII, 323.
4. La source de la misère humaine, écrit Leibniz, est dans l'indifférence à l'égard des problèmes fondamentaux (*de summa vitae*) ; l'homme est semblable à un marchand qui a négligé son livre et qui, devant l'accumulation des écritures, redoute l'ordre et la lumière, au lieu de tout reprendre à l'origine. (Cf. G. VII, 324.)
5. Cf. COUT., *Opusc.,* 178.

On voit quelle rencontre se produit ici : la pensée ancienne se démontre par Galilée. C'est que Leibniz est encore un « ancien ». Mais le temps n'est pas loin où la collision se produira, que Leibniz a voulu éviter : l'évidence et la nécessité modernes s'apercevront qu'elles n'enveloppent pas autre chose qu'elles-mêmes et condamneront ce qui les dépasse. Que l'on songe à l'importance qu'aura chez Kant l'idée d'une science déduite de certains principes à la manière des mathématiques, et l'on verra que le souci leibnizien de démonstration rigoureuse même en métaphysique est dans l'ordre de l'histoire. La « métaphysique qui se présentera comme science » ne sera plus la métaphysique, puisqu'elle sera limitée à un certain idéal intellectuel. Déjà Madame du Châtelet, dans ses *Institutions de physique*, d'inspiration wolffienne, remarquant qu'il nous manque un calcul pour la métaphysique pareil à celui que l'on a trouvé pour la géométrie, note que M. de Leibniz « avait là-dessus des idées qu'il n'a jamais par malheur communiquées à personne » ; d'ailleurs, quand même on trouverait ce calcul, ajoute-t-elle, il y aura sans doute des inconnues dont on ne trouvera jamais l'équation [1]. Plus loin, à propos des monades, le même auteur déclare : « ...Soit qu'on les admette, ou qu'on les réfute, nos recherches sur la nature des choses n'en seront pas moins sûres ; car nous ne parviendrons jamais dans nos expériences jusqu'à ces premiers éléments qui composent les corps, et les atomes physiques..., quoique composés encore d'êtres simples, sont plus que suffisants, pour exercer le désir que nous avons de connaître. » (P. 151.)

Ainsi la pensée moderne, chez les leibniziens déjà, s'apprête à renoncer à la connaissance absolue pourvu que la certitude soit atteinte dans tel ordre particulier de connaissance.

Le rationalisme s'accompagne nécessairement du recours à l'expérience, car la raison, telle qu'il la définit, ne peut suffire à tout : « ...Comme la méthode de raisonner, écrit Leibniz, n'a pas encore atteint toute la perfection dont elle serait capable, ...je tiens qu'il faut se défier de la raison toute seule... » (Préceptes pour avancer les sciences, G. VII, 173.) C'est une des gloires des temps nouveaux, selon Leibniz, que de savoir le prix de l'expérience : *Agnovimus quantopere generis humani intersit, naturam ipsam consuli*... (Sur la vraie méthode, G. VII, 325.) L'un des torts de Descartes est de ne l'avoir pas compris suffisamment, de s'être trop fié à ses pensées, sans pren-

1. Cf. pp. 13-14.

dre garde aux phénomènes [1]. Descartes, dit Leibniz, ne raisonne pas avec assez de patience sur les choses sensibles; sans ce penchant excessif à donner dans l'invisible, il aurait peut-être jeté les fondements de la vraie physique [2]. C'est volontiers à la médecine cartésienne que s'en prend Leibniz : il accorde à Baillet que Descartes s'est appliqué de temps en temps à la médecine, mais il ajoute qu'il devait montrer « plus d'attachement aux observations qu'aux hypothèses ». D'ailleurs la médecine est toujours restée pour Leibniz, la science la plus éloignée de la perfection déductive : elle avait besoin plus qu'une autre à ses yeux de « recueil d'observations et de répertoires » [3].

Selon Leibniz, l'expérience, qui est un instrument de découverte, est en même temps un moyen de vérification. Elle est en physique ce qu'est la preuve en mathématique. Mais ici la preuve ne coûte rien que de l'encre et du papier et peut se faire sans difficulté, tandis que là elle est difficile et coûte beaucoup. Il y a un domaine où la situation est plus délicate encore, c'est en métaphysique; après bien des raisonnements, l'expérience en physique réfute souvent la conclusion sans redresser le raisonnement; « en métaphysique et en morale, c'est bien pis, souvent on n'y saurait faire des expériences sur les conclusions que d'une manière bien vague, et en matière de métaphysique l'expérience est quelquefois tout à fait impossible en cette vie » (Cout., *Opusc.*, 176 [4]).

Evidemment, le souci de la vérification expérimentale n'est pas en soi plus blâmable que celui de la vérification logique. Il est normal d'exiger, outre la cohérence logique, l'accord de nos pensées sur la réalité avec la réalité elle-même. Mais de même qu'il y a une séduction du logique comme tel, ou une séparation de la pensée formelle d'avec la pensée elle-même, de même, corrélativement, il y a une séduction de l'expérimental : ne cherchant plus en elle-même la suffisance et la nécessité de la Cause universelle, la pensée porte son attention en dehors d'elle dans l'univers de la contingence. L'expérience donne alors des « faits », c'est-à-dire quelque chose dont la nature et la raison échappent à la pensée, alors même qu'elle pour-

---

1. Cf. *Discours*, § XVII.

2. Cf. lettre de 1679 (?), Pr. Ak., II, I, 504, 2-5; à Thomasius, 20 (30) avril 1669, *ibid.*, 15, 12-14.

3. Cf. COUT., *Opusc.*, 409; *Discours touchant la méthode de la certitude*, G. VII, 179. Voir PAPILLON, *Leibniz, naturaliste, physiologiste et médecin*, pp. 30 sqq.

4. Cf. *ibid.*, 154.

rait les relier entre eux de façon satisfaisante. Il est clair, dans ces conditions, qu'il ne peut y avoir d'expérience en métaphysique, puisque la métaphysique est d'abord la connaissance intérieure de la nécessité d'une cause universelle [1]. Ainsi, en vantant les recherches expérimentales, Leibniz s'accordait avec les modernes sur l'intérêt de ce moyen de connaissance, et en regrettant que l'expérience ne fût pas toujours possible en métaphysique, il rapprochait deux ordres de pensée et préparait Kant.

Leibniz cependant rattache encore la nature à la pensée divine. A ses yeux, en effet, les expériences (*naturae experimenta*) doivent faire admirer le créateur, « qui traça dans le monde sensible une image du monde idéal » [2]. Mais on peut rester sceptique devant le langage platonicien dont il use. La glace, qui a été rompue par Galilée, a livré le passage à des doctrines ou à des intentions doctrinales bien nouvelles : le monde ne se cherchera plus dans son modèle, mais en lui-même ; la pensée, au lieu de se concentrer dans son principe, s'attachera aux effets contingents ; et l'ordre que l'homme verra dans le monde, deviendra l'image de l'homme plutôt que celle de Dieu. Quand donc la pensée, dominée par la volonté de « consulter la nature », ne verra plus devant elle que le monde extérieur et contingent, la métaphysique, dépassant toute expérience possible, sera rayée du nombre des connaissances spéculatives.

Kant et Leibniz ne s'opposent pas absolument : Kant admet que l'objet de la métaphysique est réel, quoique inaccessible. En refusant de compter la métaphysique au nombre des connaissances qu'il considère comme possibles, il lui rend hommage : il refuse de confondre la pensée métaphysique avec la pensée des faits, telle qu'elle s'affirme dans le monde moderne ; en ce sens, il est donc lui-même un « ancien ». Leibniz, d'autre part, en accueillant la physique nouvelle et en la considérant comme l'objet naturel et nécessaire de la pensée, accepte le postulat commun de la philosophie réformée de Descartes et de la philosophie critique de Kant.

Pour mieux situer la pensée de Leibniz dans son temps, approchons deux des auteurs que Leibniz mentionne avec prédilection : Hobbes et Digby.

---

1. Cette connaissance intérieure peut être appelée expérience, si l'on entend désigner par là, comme Arnold Reymond, le caractère de réalité et de positivité véritables de l'objet de la métaphysique, et si le fait inconditionné qu'est Dieu, dont nous dépendons, se distingue nettement des faits contingents, qui nous sont soumis.

2. Cf. *Sur la vraie méthode*, G. VII, 325.

Pour Hobbes, que Leibniz appelle, dans le *De arte combinatoria*, *profundissimus principiorum in omnibus rebus scrutator* [1], l'instrument de la pensée philosophique, c'est le raisonnement ou le calcul. Penser, c'est additionner et soustraire, et il n'y a pas à chercher ici de pouvoirs d'une autre sorte. Au début du *De corpore* [2], le lecteur est averti que la philosophie dont il s'agit dans l'ouvrage, n'est pas celle où l'on trouve les « pierres philosophiques », ni celle que font connaître les manuscrits métaphysiques, mais que l'ouvrage concerne la raison humaine naturelle : *rationem humanam naturalem per omnes res creatas sedulo volitantem, et de earum ordine, causis et effectibus ea quae vera sunt renuntiantem.* Voici la suite : « La philosophie, fille de ton esprit et du monde tout entier, est en toi-même. » (Allusion au « connais-toi toi-même ».) « Sans doute n'est-elle pas encore formée, mais elle est semblable à notre père le monde, tel qu'il était dans le principe informe. » (Allusion à la *Genèse.*) « Il faut donc faire sur toi ce que font les sculpteurs qui, en enlevant la matière superflue, ne créent pas la statue, mais la découvrent. » (Allusion à la comparaison célèbre que l'on trouve par exemple chez Plotin, *Enn.* I, 6, 9 ; IV, 7, 10.) « Ou bien imite la création : sur l'abîme chaotique de tes pensées et de tes expériences, établis ta raison. » (Nouvelle allusion à la *Genèse.*) On voit donc bien à quoi Hobbes s'oppose ou ce qu'il veut remplacer. Cette intention, dont l'affirmation se renouvelle le long de l'ouvrage — *philosophi...*, lit-on, *quibus a ratione naturali discedere non licet* (pars 2, cap. VIII, 20, p. 71) — l'amène à transformer radicalement la nature de la *philosophia prima.* Elle traite, dit-il, *de loco et tempore, de corpore et accidente, de causa et effectu, de potentia et actu, de eodem et diverso, de quantitate, etc...* La substitution dans cette liste de *corpus* à *substantia* peut déjà surprendre ; mais on sera beaucoup plus étonné si l'on cherche dans le texte à quoi correspondent les termes aristotéliciens et les termes platoniciens que cette liste comprend. La puissance et l'acte, dit Hobbes, sont la cause et l'effet : *Causae atque effectui respondent potentia et actus.* (Pars 2, cap. X, 1, p. 77.) Toute puissance active consiste dans le mouvement (local) [3]. Voilà pour Aristote. Quant au problème platonicien *de eodem et diverso* (du même et de l'autre), qui est au centre de la métaphysique, puisqu'il traite des rapports de Dieu et du monde, il est résolu de la façon suivante : « C'est une propriété commune à tous les

1. G. IV, 64.
2. Cf. *Ad lectorem.*
3. Cf. pars 2, cap. X, 6, p. 79.

corps d'être distinguables ou différents des autres corps. On dit que deux corps diffèrent entre eux, lorsque de l'un d'eux on peut dire quelque chose qu'on ne peut dire de l'autre au même moment [1]. » De la philosophie ancienne ne subsistent donc que des mots. Si les problèmes métaphysiques n'existent plus, on remarque en revanche une fermeté logique et une sûreté d'entendement très grandes.

Si maintenant nous ouvrons l'ouvrage du Chevalier Digby le plus étranger possible au monde moderne, celui que Leibniz excuse et néglige [2], le petit livre sur la « poudre de sympathie » qui guérit les plaies « sans qu'on y touche et même sans qu'on voie le blessé » [3], nous constatons qu'il s'agit de corpuscules, d'atomes, et de tuyaux ; que l'auteur utilise un laboratoire et les services d'un opérateur ; qu'il cite non seulement ses observations de voyageur, mais de véritables expériences. Sans doute, il peut nous paraître encore crédule, mais il fait un grand effort d'explication claire et simple. La lumière est comparée à la balle d'un jeu de paume : elle frappe le miroir comme la balle le mur, et saute de là *ad angulos aequales* par une autre ligne droite, jusqu'au moment où, lassée d'avoir tant « bricollé » ici et là, elle s'éteint [4]. Battant à plomb sur le corps qui lui est opposé, elle ne peut manquer d'y faire quelques petites incisions, et les rayons emportent avec eux quelques petites particules ou atomes, comme la balle emporte avec elle quelque humidité des murailles contre lesquelles elle a frappé [5]. Rien en tout cela qui ne soit vérifiable, du moins en droit. Tout surnaturel est impitoyablement chassé. Celui qui examinera les expériences comme il faut, écrit Digby, « observant tout ce qui s'y fait, sans omettre aucune circonstance », verra « qu'il n'y a rien de plus naturel », et qu'il était impossible « qu'il arrive autrement ». Et cela est valable pour « tous les plus profonds mystères » et pour les « secrets les plus cachés de la nature » [6]. Enfin Digby termine son ouvrage par le vers d'Horace que Leibniz citera à son tour [7] :

Nec Deus intersit, nisi dignus vindice nodus inciderit [8].

---

1. Pars 2, cap. XI, 1, p. 80.
2. ...*Mirabiles narratiunculas libelli sympathetici non moror*... (*Antibarbarus physicus*, G. VII, 343.)
3. *Discours... touchant la guérison des plaies par la poudre de sympathie... « Fœlix qui potuit rerum cognoscere causas. » Virg.*
4. Cf. pp. 28-29.
5. Cf. pp. 30-31.
6. Cf. p. 76.
7. Cf. *Confessio naturae*, G. IV, 106 ; à Arnauld, septembre (9 octobre) 1687, G.II, 113.
8. P. 195.

On voit donc dans ce livre comment la pensée moderne exclut de la réalité ce qui ne correspond pas à son idéal de connaissance. Cette projection de la pensée sur les choses est d'ailleurs inévitable et aucune pensée n'y échappe; c'est pourquoi la pensée connaît le monde d'autant plus parfaitement qu'elle est elle-même plus parfaite, et c'est pourquoi le monde est à connaître dans le Modèle ou relativement à lui, plutôt qu'en soi-même.

Vérifions ce que nous avons dit plus haut des conséquences possibles des préoccupations leibniziennes touchant la méthode, en examinant le thème de la « fin des discussions ».

On voit tous les jours, dit Leibniz, agiter avec ardeur des questions philosophiques qui sont de conséquence dans la religion, dans la morale et dans la science naturelle, sans qu'on cherche vraiment les moyens de finir la dispute [1]. Deux hommes qui disputent lui paraissent semblables à deux marchands, débiteurs plusieurs fois l'un de l'autre, qui, au lieu d'en venir à l'examen d'un même bilan, se rappelleraient réciproquement leurs créances en les exagérant [2]. Dans les écoles et les disputes publiques, on y tend « plutôt à se surprendre qu'à apprendre la vérité » [3], à soulever les difficultés plutôt qu'à y mettre fin [4]. Leibniz cite le mot de Casaubon devant une vieille salle de la Sorbonne, où l'on disputait, lui disait-on, depuis trois cents ans : «Qu'a-t-on décidé ?» répondit le grand érudit; « et c'est justement ce qui nous arrive dans la plupart de nos études, continue Leibniz en s'adressant à Burnett; votre grand Bacon a fait la même remarque » (1 [11] février 1697, G. III, 192 [5]).

Leibniz montre assez souvent une certaine impatience et une certaine irritation d'intelligence : il faut sortir de la confusion des disputes, dit-il, et trouver, même en religion, une méthode qui conduise « à la fin » et donne « un moyen assuré de conclure » [6]; nous n'avons pas de « métaphysique assurée » [7]; la métaphysique fait hor-

1. Cf. *Discours touchant la méthode*, G. VII, 183.

2. Cf. *Historia et commendatio linguae characteristicae*, BASPE, 539.

3. Cf. au Landgraf Ernst von Hessen-Rheinfels, début 1681, Pr. Ak., II, I, 513, 16-17.

4. Cf. *De primae philosophiae emendatione*, G. IV, 468.

5. Cf. *Théod.*, § 353, G. VI, 325. Sur les disputes de l'Ecole, cf. DESCARTES. Préface des *Principes*, A. T., t. IX, 2, p. 18.

6. Cf. *Projet... pour finir les controverses de religion*, F. DE C., *Œuvres de Leibniz*, I, 459.

7. Cf. COUT., *Opusc.*, 153.

reur au mathématicien parce qu'il s'attend à n'y trouver que ténèbres : *Video plerosque, qui mathematicis doctrinis delectantur, a metaphysicis abhorrere, quod in illis lucem, in his tenebras animadvertant.* (*De primae philosophiae emendatione*, G. IV, 468.) On nous donne pour des définitions lumineuses de misérables distinctions (*distinctiunculae*), pour des axiomes vraiment universels, des règles que les faits ne vérifient pas. On parle de la cause, de l'action, de la relation de la similitude, sans savoir de quoi on parle. (*Ibid.*) Si l'on cherche si telle chose est substance ou accident, il faut définir d'abord la substance; or, dit Leibniz, « je ne trouve cette définition nulle part, et j'ai été obligé d'y travailler moi-même » [1]. Quoi d'étonnant si la métaphysique, cette reine des sciences, la philosophie première, qu'Aristote appelait *desiderata seu quaesita*, est aujourd'hui encore un sujet de recherche ?

Notons certes qu'il est beau et légitime de dire que la vérité est la fin des discussions (*veritas est finis ratiocinationis*) ; et c'est une haute conviction que de croire qu'il est en notre pouvoir de mettre un terme aux controverses (*est etiam in potestate nostra ut controversias finiamus* [2]). Mais il importe que la volonté d'aboutir ne devienne pas une fin en soi, qu'elle consente à tenir compte de la nature des problèmes à résoudre en évitant de convenir de certaines choses sans toucher le fond des questions : « Toutes les disputes viennent des dogmatiques, écrit Hobbes, les mathématiciens n'en font aucune. » (*De la nature humaine*, trad. d'Holbach, titre d'un par. [3].) Kant lui aussi veut « finir les discussions » : *infiniti erroris finis et terminus legitimus*; à ces mots de l'épigraphe correspond la dernière phrase de la *Critique de la raison pure* : Kant y demande au lecteur de juger si « ce que tant de siècles n'ont pu exécuter ne pourrait pas être accompli avant la fin de celui-ci, c'est-à-dire si l'on ne pourrait pas satisfaire entièrement la raison humaine dans une matière qui a toujours, mais inutilement jusqu'ici, occupé sa curiosité » (trad. Trem. et Pac., p. 571).

Moins les problèmes deviennent essentiels, plus il est facile de s'entendre à leur sujet. Il n'y a là rien d'étonnant : si Dieu se démontrait avec autant d'aisance que deux plus deux égalent quatre, il ne s'agirait plus de Dieu. L'universel, qui domine tout être, est ce qu'il y a de plus commun, et c'est en même temps ce qu'il y a de

---

1. Cf. à Foucher, 1686, G. I, 384.
2. COUT., *Opusc.*, 185 et 417.
3. Texte, pp. 156-157 ; cf. pp. I-II.

plus difficile à atteindre. C'est là seulement que s'éteignent les disputes. Sans doute, elles peuvent cesser également dans la multitude des domaines particuliers dont on peut convenir, mais il ne s'agit pas alors d'universalité, puisque l'entente est relative à certaines circonstances intellectuelles limitées. C'est donc être trop pressé de satisfaire le désir légitime de vérité que de se contenter, d'une manière ou d'une autre, de l'universalité nominale des spéculations rationnelles modernes; il faut finir les discussions, mais sans convenir arbitrairement d'une réalité telle qu'on puisse aisément s'entendre à son sujet.

En fait, c'est bien un peu ce qui a lieu au temps de Leibniz. Chez notre auteur lui-même, cette régression des prétentions de la pensée est visible.

Elementa veritatis universae, opus sine exemplo novum [1], tel est l'objet des méditations leibniziennes. Que sont ces éléments ? S'il s'agit vraiment de la science universelle et de l'Esprit de vérité (*Spiritus s. est spiritus veritatis* [2]), ces éléments devront être définis par rapport à la nature même de Dieu, origine de toutes choses. C'est pourquoi Leibniz songe à remonter, dans l'analyse métaphysique, jusqu'aux attributs de Dieu. Mais s'il y pense, c'est pour dire aussitôt qu'une telle connaissance semble impossible : *nunc quidem definire non ausim*. Leibniz nous invite dans ces conditions à recourir à l'expérience : *plerumque contenti sumus, notionum quarundam realitatem experientia didicisse* (*Meditationes de cognitione*, G. IV, 425) et à établir au moins ce que nous pouvons connaître *ex datis* ou par ce qui est donné ou connu. Si nous ne possédons pas la connaissance absolue, grâce à la caractéristique nous pourrons toujours déterminer ce qui est le plus vraisemblable, et savoir si ce qu'on demande est trouvable ou non par les moyens que nous avons [3].

Ainsi, nous sommes renvoyés, semble-t-il, de la science divine à la science humaine et limitée, qui est d'une nature tout à fait différente, comme Descartes et Kant l'ont soutenu. Cependant, il s'agit toujours chez Leibniz des « éléments de la vérité éternelle » ; Dieu est invoqué en tête des tables de définitions [4], et la caractéristique doit servir aussi à la propagation de la foi [5]. Notre connaissance limitée

1. COUT., *Opusc.*, 185.
2. *Ibid.*
3. Cf. G. VII, 25-26.
4. Cf. COUT., *Opusc.*, 509.
5. Cf. G. VII, 26 ; COUT., *Opusc.*, 3 ; 95 ; RASPE, 539.

n'est pas séparée de la vérité divine, car elle a en Dieu son explication et son achèvement. « Il est certain, écrit Leibniz, que sont déterminées dans la nature des choses et dans l'intelligence universelle de Dieu, leur auteur, non seulement toutes les vérités, mais encore toutes les connaissances que nous pouvons avoir actuellement soit d'une manière absolument certaine, soit avec la plus grande certitude possible (*sed etiam determinatum esse quid a nobis ex notitiis quas jam habemus colligi possit, sive absoluta certitudine, sive maxima quae ex datis haberi possit probabilitate,* Cout., *Opusc.*, 416-417).

Mais comment savons-nous cela ? Si la pensée peut établir ce lien entre la connaissance humaine et la connaissance divine, c'est qu'en quelque façon elle se meut encore dans l'absolu. Or, il est évident qu'on s'éloigne ici de l'absolu en renonçant à rattacher la science en fait aux attributs de Dieu, en s'adressant à l'expérience, et en insistant sur la nécessité d'acquérir au moins une connaissance partielle certaine. C'est en effet à une espèce de renoncement que nous invite la doctrine leibnizienne : il ne faut pas s'imaginer, dit Leibniz, que nous puissions toujours pousser l'analyse à bout jusqu'aux premiers possibles : cela n'est pas nécessaire pour la science, quoiqu'en ce cas elle serait accomplie [1]. « Le meilleur, lit-on encore, serait de réduire tout aux premières vérités ; mais en attendant il sera toujours bon de prendre les secondes qu'on attrape en chemin. » (A Foucher, 17 [27] octobre 1692, G. I, 410.)

S'il en est ainsi, il n'y a pas lieu de s'étonner de l'importance que prennent l'hypothétique et le probable. On lit que même si nous établissions bien des choses sur quelques suppositions, cela ne laisserait pas d'être utile, car au moins nous saurions qu'il ne nous reste à prouver que ce petit nombre de suppositions pour parvenir à une pleine démonstration, et en attendant, nous aurions au moins des vérités hypothétiques [2]. Le philosophe lui-même, « qui fait des hypothèses pour la fabrique de son monde imaginaire » [3], ne raisonne pas autrement. Quant au probable, il exprime de façon démonstrative toute la vérité que l'on peut tirer de certaines expériences données. Sans doute, il ne change pas l'incertain en certain lorsqu'il n'y a pas *data sufficentia,* mais les avantages et les désavantages mis en ligne

1. Cf. à Foucher, G. I, 392.

2. Cf. au même, 1686, G. I, 381-382 ; Préceptes pour avancer les sciences, G. VII, 165.

3. Cf. *Discours,* § V.

de compte, il permet de raisonner au moins sûrement *ex datis* [1]. On ne peut donc s'excuser de ne pas argumenter en philosophie avec rigueur, car on ne manque point de démonstrations ni en morale, ni dans les matières qui paraissent les plus incertaines, comme le montrent les travaux de Pascal, de Huyghens, et d'autres [2]. Il faudrait que les philosophes et les mathématiciens, dit Leibniz, examinent les matières de pratique où ce calcul peut intervenir, au lieu de s'arrêter « à leurs spéculations abstraites toutes seules » ; mais « leur défaut est de vouloir creuser là où il ne faut que sonder le fond » [3].

Il est clair qu'avec tout cela, la pensée se trouve à un tournant. Alors que son intention était primitivement de s'élever jusqu'à la réalité proprement dite qui est Dieu, où devait se trouver la raison de toutes choses, elle se contente maintenant des possibilités de connaissance qu'elle constate immédiatement en elle, et s'applique sans tarder à la connaissance du monde. Par conséquent, l'idée, qui est « la clé de la science qui juge des faits », change de nature : alors que, dans la pensée qui s'était élevée à Dieu, sa nécessité s'identifiait à la nécessité même de Dieu, elle va n'exprimer plus que le caractère inévitable de certaines conceptions humaines. Chez Leibniz, la nécessité dans la pensée rappelle Dieu, mais en même temps caractérise la raison humaine ; les vérités éternelles, chez lui, dirigent la pensée vers l'éternité de Dieu, mais l'invitent aussi à l'établissement des « connaissances solides ». Entre l'idée transcendante et l'idée transcendantale, la pensée de Leibniz est comme en équilibre. Le platonicien et le kantien qui l'observent, sont aussi admiratifs et aussi réservés l'un que l'autre, quoique pour des raisons opposées. Le kantien, cependant, est tranquille : il songe que le temps travaille pour lui ; tandis que le platonicien demande à Leibniz où il veut en venir et quelles garanties il peut lui donner. En tout cas, les circonstances ont voulu en effet que les termes primitifs de Leibniz « sinon absolument du moins à notre égard », devinssent primitifs à notre égard tout court ; elles ont fait que la connaissance des « merveilles de Dieu » par les expériences, devînt l'étude expérimentale de la na-

1. Cf. à Jean Berthet (?), 1677, Pr. Ak., II, I, 384 ; COUT., *Opusc.*, 156.

2. Cf. Préceptes pour avancer les sciences, G. VII, 167 ; à Bourguet, 22 mars 1714, G. III, 569-570.

3. Cf. COUT., *Opusc.*, 227.

ture; et que la science, qui chez Leibniz enveloppait toutes les matières « autant qu'elles étaient sujettes au raisonnement », éliminât la considération de Dieu et de l'âme, qui était autrefois le fondement même du raisonnement.

Ainsi Leibniz, accordant les modernes avec les anciens, adaptait tout autant les anciens aux modernes. « Je considère les sciences, écrit-il à Nicaise, comme un puissant instrument pour exalter la gloire de Dieu. » (5 juin 1692, G. II, 536.) De même, à la fin de l'opuscule intitulé : *Causa Dei asserta per justitiam ejus, cum caeteris perfectionibus... conciliatam,* il rappelle comment « dès cette vie la lumière même de la nature nous révèle de plus en plus la beauté du théâtre du monde corporel, depuis que les systèmes du macrocosme et du microcosme ont commencé à se découvrir grâce aux inventions des modernes » [1]. Il lui semble que le but principal du genre humain doit être la connaissance et le développement de l'ouvrage admirable de Dieu, et que c'est pour cela que l'homme possède l'empire de ce globe : des hommes comme Archimède, Galilée, Képler, Descartes, Huyghens et Newton, vont de pair pour le moins, dit-il, avec des législateurs estimés dont le but a été de mener les hommes à ce qui est véritablement bon et solide [2]. Leibniz a le sentiment que les modernes, grâce à leurs découvertes, sont mieux placés que les anciens pour connaître Dieu : la philosophie des anciens, non seulement manquait d'observations (*mondum satis observationibus instructa* [3]), ce qui l'amenait à certaines erreurs de physique et d'astronomie, mais encore se faisait « de petites idées des ouvrages de Dieu » ; « saint Augustin, faute de savoir les découvertes des modernes, était bien en peine quand il s'agissait d'excuser la prévalence du mal » (*Théod.*, § 19, G. VI, 113 [4]). Leibniz invite donc les ordres religieux à recevoir la philosophie nouvelle [5]. Il voudrait faire pénétrer dans les cloîtres « une sage curiosité » ; il voudrait qu'une partie de la piété consiste à « découvrir tous les jours de nouvelles merveilles dans la nature, pour pouvoir tous les jours chanter à la sagesse de Dieu de nouveaux cantiques » ; si les moines accordaient leur concours à l'œuvre publique de la science, à l'exploitation, pour ainsi dire, des «mines inépuisables de la gloire divine»,

1. Cf. § 143, G. VI, 460.
2. Cf. à Burnett, G. III, 261.
3. Cf. G. VII, 259.
4. Cf. G. VII, 270-271.
5. Voir J. BARUZI, *Leibniz et l'organisation religieuse de la terre*, pp. 447-455.

« on ferait plus de progrès en dix ans qu'on ne ferait autrement en plusieurs siècles » [1]. Leibniz regrette que Pascal, esprit très mathématique et très métaphysique en même temps, se soit affaibli de bonne heure « par certains travaux trop opiniâtres, et puis par trop d'application à des ouvrages théologiques » ; Pascal « donna dans des austérités qui ne pouvaient être favorables aux méditations relevées». Dans le même passage, une antithèse apparaît entre les pénibles travaux théologiques, qui pouvaient procurer à Pascal « l'applaudissement d'un grand parti », et l'*Essai sur les coniques*, dont la publication aurait conservé à son auteur « l'honneur d'original en des choses qui en valaient la peine » [2].

Ainsi l'idée de progrès s'affirme chez Leibniz fort nettement. Il n'en pouvait être autrement étant donné l'ordre de pensée qu'envisageait le monde nouveau. Si l'on prend garde à l'existence dans le monde d'un être quelconque, l'idée de progrès ou d'évolution s'impose, puisque cet être se modifie avec le temps. Mais si l'on considère dans cet être ce qui fait qu'il est un être, l'idée de progrès n'a plus de sens. Personne ne nie que Diogène marche ; mais on peut penser que les actions de Diogène n'enveloppent pas en elles-mêmes la réalité de Diogène. Le monde est en mouvement ; sa nature le veut ainsi. Mais si le monde a une raison, cette raison est immobile ; si la vérité existe, elle ne change pas. Ici Platon et Aristote s'accordent. Si donc la pensée cherche la vérité dans le monde, quoi d'étonnant si la vérité se modifie ? Autrefois, l'objet de la pensée était Dieu ou son image dans le monde, et il ne s'agissait pas des progrès de la science, mais des progrès de l'homme par rapport à la science. Avec la philosophie nouvelle, la science de la nature considérée en elle-même s'établit et, avec elle, les progrès de la science.

La première démarche, dans l'effort de progrès, selon Leibniz, c'est le rassemblement des connaissances déjà acquises. Il faut pour cela séparer *spinas a rosis, usum ab abusu*, garder certaines choses, en négliger d'autres [3]. Leibniz respecte les anciens, mais c'est pour tirer d'eux « le plus conforme au goût de notre siècle » [4], c'est pour mettre dans tout leur jour les vérités qu'ils n'ont fait qu'entre-

1. Cf. à Magliabechi, [ÉMERY], *Pensées de Leibniz sur la religion*, t. II, pp. 422-423. Sur les moines, voir : à Burnett, 4 juillet 1706, G. III, 386 ; à Nicaise, 5 juin 1692, G. II, 536.

2. Cf. à Remond, 14 mars 1714, G. III, 612-613.

3. Cf. lettre de 1697, DUT., V, 570.

4. Cf. à Foucher, 1686, G. 380.

voir. La vérité, selon lui, est très souvent fardée, enveloppée, mal digérée, affaiblie, mutilée, corrompue ; il s'agit de tirer l'or de la boue, le diamant de sa mine, et la lumière des ténèbres [1]. Leibniz s'intéresse au Koran [2], à la religion des Chinois [3], aux anciens livres des brahmanes et des Perses [4]. Le monde entier doit être repensé d'après les normes nouvelles. L'Europe du moyen âge se suffisait à elle-même parce que sa pensée était tournée vers l'universel intrinsèque et réel ; l'Europe moderne, en quittant cet état de concentration, devient nécessairement cosmopolite.

Leibniz apprécie grandement l'érudition de son temps : l'histoire sacrée et profane, dit-il, est si éclaircie, qu'il est possible souvent de découvrir les fautes des auteurs qui traitaient pourtant des choses de leur époque. « On ne saurait considérer sans admiration cet amas prodigieux des restes de l'antiquité, ces suites des médailles, cette quantité des inscriptions, ce grand nombre de manuscrits, tant européens qu'orientaux... » (*Discours touchant la méthode,* G. VII, 175 [5].) « ...Quoique ce qu'on peut tirer des Grecs et des Latins, dit-il ailleurs, ne soit pas encore entièrement épuisé, ...on peut néanmoins assurer que le principal est éclairci. » (Cout., *Opusc.,* 225.)

Mais le point de départ une fois déterminé, la vérité, ensevelie et dissipée dans les différentes sectes des philosophes, une fois déterrée, il faut travailler à l'avancement des connaissances. Leibniz se présente à la fois comme le restaurateur de la vérité oubliée, et comme l'ouvrier de la science à venir. Il expose en de courts articles d'une netteté d'intelligence insurpassable ce que les mathématiques lui doivent [6], et il invite les hommes avec vivacité à travailler à la construction du « grand bâtiment de la science » [7]. C'est presque une honte pour le genre humain, s'écrie-t-il, de voir le petit nombre de ceux qui ont travaillé véritablement à faire des découvertes [8]. Il

---

1. Cf. à Remond, 26 août 1714, G. III, 624-625 ; à Arnauld, septembre (9 octobre) 1687, G. II, 116-117 ; à Foucher, janvier 1692, G. I, 406.

2. Cf. à Basnage, commencement d'octobre 1693, G. III, 102 ; au même, 3 (13) février 1697, G. III, 134-135 ; à Nicaise, 29 septembre (9 octobre) 1693, G. II, 545 ; etc.

3. La plupart des textes sont réunis dans DUT., IV, pars I.

4. Cf. G. III, 546-547.

5. « Nous sommes... dans un temps où les dictionnaires se multiplient beaucoup. » (Basnage à Leibniz, 12 septembre 1698, G. III, 139.)

6. *V. g. Considérations sur la différence qu'il y a entre l'analyse ordinaire et le nouveau calcul des transcendantes,* DUT., III, 301.

7. Cf. à Burnett, G. III, 261-262. Sur la vraie méthode, G. VII, 325.

8. Cf. COUT., *Opusc.,* 334.

faut reculer nos frontières, passer les colonnes d'Hercule, imiter Descartes en faisant des découvertes, ce qui est « la véritable manière de suivre les grands hommes et de prendre part à leur gloire sans leur rien dérober »[1]. Que l'on se rassure : il ne s'agit pas nécessairement de grands ouvrages, mais au moins d'une petite découverte ; chacun est responsable de son talent [2] devant Dieu et devant les hommes : « il y a tant d'habiles gens dont on pourrait attendre beaucoup » [3]. Comme le grand nombre d'expériences que nous sommes à portée de faire nous peut fournir des *data* plus que suffisants, nous ne manquerons pas de faire des progrès considérables dans l'explication des choses. « ...Que de conquêtes ne ferions-nous pas sur la nature ? » (Préceptes pour avancer les sciences, G. VII, 161.) Le XVIIe siècle sera peut-être marqué un jour dans l'avenir du nom de « siècle d'inventions et de merveilles » [4].

Lorsqu'il s'agit non pas de la vérité expérimentale ou purement mathématique, dont l'objet est insaisissable sinon dans le mouvement même de la recherche, mais de la vérité métaphysique, le langage ne change guère. C'est non seulement chez Eudoxe et chez Archimède que Leibniz a déterré la vérité, mais aussi chez Aristote, les scolastiques, Platon, Plotin, et il pense y avoir ajouté quelque chose de lui-même « pour faire quelques pas en avant » [5]. Il écrit à Bossuet que bien souvent il trouve qu'on a raison de tout côté et qu'il n'aime pas tant à « réfuter et à détruire, qu'à découvrir quelque chose et à bâtir sur les fondements déjà posés » [6]. Bâtir ! Veut-il « bâtir » la science de l'âme et de Dieu comme il a « bâti » les mathématiques ? La métaphysique est-elle comprise dans la *scientia generalis de instauratione et augmentis scientiarum* ? Quoi qu'il en soit, Bayle écrit dans la deuxième édition de son Dictionnaire, que le système de Leibniz est « une conquête d'importance, qui recule les bornes de la philosophie » [7] — pas assez cependant pour empêcher d'Alembert d'écrire plus tard au sujet de la philosophie du XVIIe siècle : « Quel progrès n'a-t-on pas fait depuis dans les sciences et dans les arts ? Combien de vérités découvertes aujourd'hui qu'on n'entrevoyait pas alors ? La vraie philosophie était au berceau... » (*Discours préliminaire, Encyclopédie*, t. I, p. XXXIV.)

1. Cf. G. IV, 309.
2. Cf. à Burnett, G. III, 261 ; *Nouv. Ess.*, I, I, § 27, BOUTR., 197.
3. Cf. Préceptes pour avancer les sciences, G. VII, 161.
4. Cf. *ibid.*, 163.
5. Cf. à Remond, 10 janvier 1714, G. III, 606.
6. Cf. lettre du 13 juillet 1692, F. DE C., *Œuvres de Leibniz*, t. I, p. 301.
7. Cité par Leibniz, *Extrait du Dictionnaire*, G. IV, 533.

La philosophie leibnizienne possède en commun avec la « vraie philosophie » le goût pour le résultat pratique et pour la preuve aisée et publique.

Galilée « s'attachait davantage au solide et à l'utile » que Descartes [1]. Le premier et le second éléments cartésiens sont en effet difficiles à manier : pourra-t-on jamais exécuter une formule comme celle-ci : *Recipe libram unam secundi elementi, unciam semis corporis ramosi, drachmam materiae subtilis, misce ; fiat aurum* [2] ? Descartes « n'a jamais rien trouvé d'utile à la vie qui tombe sous les sens et qui serve dans la pratique des arts » [3]. « L'usage et même la marque de la véritable science consiste... dans les inventions utiles, qu'on en peut tirer. » (A Malebranche, 22 juin [2 juillet] 1679, Pr. Ak., II, I, 473, 26-27.) Grâce à la caractéristique, un petit nombre d'hommes pourront faire de grandes choses pour l'avancement des sciences utiles à la vie [4], et si l'on voulait bien d'abord rassembler toutes nos connaissances, on aurait un véritable trésor public « qui serait d'un usage incomparable dans tous les besoins de la vie » [5]. L'encyclopédie que conçoit Leibniz enveloppe non seulement toutes les sciences, mais aussi toutes les techniques [6] ; ainsi l'Académie de Berlin devra s'occuper aussi des métiers et de tout ce qui concerne l'industrie et le commerce ; ce sera même là un trait qui la distinguera des Académies de Paris, de Londres et de Florence [7]. Mais surtout, outre les « commodités de la vie », la caractéristique nous apportera les moyens de conserver notre santé et de prolonger notre vie. Leibniz, avec Descartes [8], retrouve ici le thème antique et médiéval du rajeunissement ou de la « longue vie ». Une transformation importante est intervenue cependant : il s'agit maintenant de la prolongation dans le temps de la vie corporelle, alors qu'autrefois, au delà des images temporelles dont on usait, il s'agissait de la vie de l'âme.

---

1. Cf. à Malebranche, 22 juin (2 juillet) 1679, Pr. Ak., II, I, 474, 19-20.
2. Cf. *ibid.*, 473,33-474,2.
3. Cf. lettre de 1679 (?), *ibid.*, 500, 2-5.
4. Cf. COUT., *Opusc.*, 95.
5. Cf. Préceptes pour avancer les sciences, G. VII, 158.
6. Cf. à des Billettes. 11 (21) octobre 1697, G. VII, 455.
7. Cf. *Denkschrift über die Errichtung einer Churfürstlichen Societät der Wissenschaften*, GUHR., *Deutsche Schr.*, II, 268.
8. Cf. *Entretien avec Burman*, pp. 126-129.

Leibniz pouvait adopter tous les tons : on sait qu'en Allemagne il usait du langage de l'Ecole, à Paris et en Hollande du style des cartésiens, et que les derniers opuscules, la *Monadologie* et les *Principes,* sont écrits pour ceux qui ne sont pas trop accoutumés au langage des savants [1]. Il y a des choses qu'il ne communique pas facilement à tout le monde [2], et les méditations du *Système nouveau* ne sont « nullement populaires » [3]. Mais l'entreprise des modernes est une *terminorum technicorum ad populares reductio* [4], et si les philosophes qui avaient raison n'ont pu faire recevoir leurs arguments de tout le monde, c'est, selon lui, qu'ils ont manqué de « preuves aisées dont tout le monde fût capable » [5]. Bayle pense que s'opposent à la foi des arguments dont on ne peut trouver le dénouement; ce dénouement est tout trouvé, répond Leibniz, et il n'est pas même des plus difficiles : il suffit d'obéir rigoureusement à la raison [6].

Ainsi le monde est devenu « raisonnable et libre » [7], et l'objet de la raison, proportionné à la raison commune, peut être démontré aisément et publiquement. Que l'on passe maintenant de la clarté de la science cartésienne, de cette règle II d'après laquelle il ne faut s'occuper que des objets dont notre esprit paraît capable d'avoir une connaissance certaine et indubitable, à l'évidence et à la rigueur merveilleuses de la *Théodicée* leibnizienne; un peu plus loin, on rencontrera ce « libre et public examen » auquel, selon Kant, doit se soumettre tout objet de pensée sous peine d'exciter contre lui de graves soupçons [8].

Venu après Bacon [9] et Boyle [10], Leibniz reconnaît que c'est à son temps et à lui qu'il appartient de fonder l'édifice des connaissan-

1. Cf. à Remond, 26 août 1714, G. III, 624. Comparer en effet le *De emendatione* et le *De ipsa natura* d'une part, avec le *Système nouveau* de l'autre.

2. Cf. à Remond, G. III, 624.

3. Cf. *Système nouveau,* G. IV, 477.

4. Cf. *Dissertatio praeliminaris,* G. IV, 154.

5. Cf. COUT., *Opusc.,* 155.

6. Cf. *Théod.,* § 27, G. VI, 66.

7. Cf. au Landgraf Ernst von Hessen-Rheinfels, début 1681, Pr. Ak., II, I, 513, 27.

8. Cf. *Crit. de la r. pure.* Préface de la première édition, p. 6, note.

9. Voltaire écrit du *Novum organum,* qu'il est « l'échafaud (échafaudage) avec lequel on a bâti la nouvelle philosophie » (*Lettres philosophiques,* XII, *Œuvres,* t. I, p. 118).

10. D'Alembert affirme de Boyle, dont Leibniz parle souvent avec éloge, qu'il est le « père de la physique expérimentale » (*Discours préliminaire, Encyclopédie,* t. I, p. XXVIII.)

ces humaines ; mais il rattache encore ces connaissances à Dieu plutôt qu'à l'homme : *scientia generalis,* dit-il, *a divina luce ad humanam felicitatem.* C'est Kant, héritier de Bacon et de Leibniz, qui pourra dater de lui-même la naissance de la philosophie, après l'avoir organisée systématiquement en fonction de la science nouvelle.

Mais chaque ordre de pensée n'est compétent que dans son domaine propre. Comment Kant peut-il condamner la métaphysique (en quoi, de son point de vue, il a raison), et prétendre en même temps fonder la métaphysique véritable ? Cette assimilation de l'universel au particulier, de la métaphysique à la philosophie nouvelle, évitée par Descartes, visible chez Leibniz, est achevée par Kant. La *Critique de la raison pure* est présentée comme une contribution à l'accroissement des sciences, et l'ouvrage est dominé par le souvenir d'une métaphysique qui piétinait sur place, tandis que les sciences progressaient sans arrêt. Cette étrange science, dit Kant de la métaphysique, n'a plus guère de partisans, car ceux qui en ont la force vont briller ailleurs, là où on ne peut donner le change, où le vrai et le faux se distinguent en toute sûreté [1]. Fermant un livre de métaphysique, Kant se demande : « Cet auteur a-t-il fait avancer la métaphysique d'un pas [2] ? » L'observation de la révolution brusque qu'ont subie au cours de l'histoire, pour se constituer comme sciences, les mathématiques et la physique, invite Kant à opérer sur la métaphysique la même transformation libératrice [3]. Ma méthode, dit-il, est empruntée aux physiciens, et consiste à rechercher les éléments de la raison pure dans ce qu'on peut confirmer ou rejeter au moyen de l'expérimentation [4]. La *Critique* entière, enfin, est écrite pour assurer à la science nouvelle des fondements dans notre esprit suffisamment solides. Un siècle après Leibniz, Hobbes et Digby, ce qui s'appellera « philosophie moderne » sera la philosophie de Kant.

Comme nous le disions en terminant le chapitre précédent, le rationalisme moderne, dont nous venons d'évoquer l'image dans la philosophie de Leibniz, est frère du panthéisme. Pour peu en effet que la raison purement humaine prétende saisir l'univers dans sa totalité, elle s'assimile à Dieu. Ce danger n'existe pas chez Descartes

1. Cf. *Prolégomènes à toute métaphysique future,* p. 8.
2. Cf. *ibid.,* pp. 160-161.
3. Cf. *Crit. de la r. pure,* Préface de la seconde édition, pp. 18-19.
4. Cf. *Crit. de la r. pure,* Préface de la seconde édition, p. 19, note.

(ou Kant) chez qui la pensée purement humaine consent à considérer son domaine comme limité; il est réel au contraire chez Leibniz, aux yeux de qui la distance cartésienne de l'homme à Dieu et de la raison à la foi ne subsiste pas. Ainsi la volonté de Leibniz de conserver le rapport classique entre la pensée humaine et la pensée divine, dans laquelle nous pouvions voir précédemment un caractère « ancien », peut être interprétée maintenant d'une manière opposée. Si c'est vers Dieu que la pensée s'est tournée en respectant les conditions nécessaires pour s'élever à lui, il est normal qu'elle s'accorde avec la pensée divine; mais s'il en est autrement, si peu que ce soit, cet accord ne peut plus être affirmé sans erreur. L'âme alors, qui pénètre toutes choses et qui doit introduire partout le reflet de la pensée divine, laisse plutôt la trace de l'homme et la nature se suffit [1].

Mais notons encore un trait caractéristique de la philosophie moderne, c'est-à-dire l'importance que prend le sentiment moral [2].

Il n'est pas surprenant qu'une philosophie où les relations purement logiques et les opérations techniques jouent un grand rôle, accorde une place considérable aux préoccupations morales. La logique comme telle laisse échapper en effet l'expérience intérieure, laquelle *sub ratione temporis* constitue la vie morale. Dès que la pensée se situe au niveau du temps et de l'action progressante, la morale prend chez elle une place capitale. Il est vrai que les termes de « bien » et de « bon » sont employés légitimement au sujet de Dieu qui est éternel. Mais penser Dieu comme bon, c'est penser la bonté par excellence, qui transcende toute bonté. Il n'y a pas de bonté chez les hommes qui soit inaltérable, sans réticence et sans mélange. Dieu dépasse toute limite et l'idée de sa bonté en elle-même est bien au-dessus des préoccupations morales dont nous parlons présentement.

Comme la physique nouvelle est soucieuse en général d'intérêts spéculatifs proprement humains, ainsi la morale concerne des intérêts affectifs limités à la considération de l'homme. De même que la vérité humaine, la vertu morale ne peut jamais se saisir totalement: elle est à chaque instant relative aux circonstances de l'action. C'est pourquoi, comme elle encore, elle ne peut être définie universellement que d'une manière formelle. Enfin, de même que la vérité expérimentale s'impose à nous sans raison et comme malgré nous — ce qui nous donne l'illusion de l'objectivité véritable — ainsi le sentiment

---

1. Sur le naturalisme chez Leibniz, cf. H. RITTER, *Histoire de la philosophie moderne*, t. II, pp. 380 sqq.
2. Cf. É. BOUTROUX, *La philosophie allemande au XVII*e *siècle*, p. 157.

moral s'impose à nous malgré nous — ce qui peut donner à penser qu'il vient directement de Dieu. La métaphysique ancienne au contraire dépasse l'anthropomorphisme de la raison ou de l'obligation, en quête de l'Objet, seul Sujet Véritable.

La distinction de la raison pure et de la raison pratique chez Kant est le résultat de la séparation entre le logique ou le rationnel d'une part, et le réel ou le métaphysique de l'autre, qui s'est opérée avant lui dans l'histoire. Avant Descartes, le vrai et le bien s'identifient dans la connaissance absolue : Dieu commande notre pensée et notre vie simultanément. Chez Descartes, la morale prend une place à part, parce que la science purement humaine étant toujours perfectible, à côté du problème du vrai, demeure « en attendant » celui du bien, qui ne souffre point de délai. Comme Leibniz veut atteindre la réalité dernière des choses et qu'il ne se contente point de leur attribut principal, on peut croire qu'avec lui l'unité du vrai et du bien se rétablit. Mais cela n'est vrai qu'à demi, car la substance leibnizienne laisse intact le mathématisme cartésien, et les formes substantielles qui s'ajoutent à la physique cartésienne ne sont plus tout à fait les formes d'autrefois. Chez Aristote, l'apparence de la chose était entièrement dépassée par le principe d'explication métaphysique ; l'intelligence n'était arrêtée par rien et se portait tout entière vers la réalité métaphysique de la chose. Chez Leibniz, l'intelligence est séduite par la connaissance discursive de l'apparence mécanique et l'explication métaphysique tend à s'effacer derrière ce premier plan phénoménal. Ainsi l'apparence se sépare de la réalité. Corrélativement, l'unité du vrai et du bien n'est plus garantie : le vrai peut s'attacher à la surface discursive indéfiniment extensible, tandis que le bien peut s'isoler dans les impératifs moraux.

Il est facile d'opposer la vérité chez Leibniz à l'action chez Kant, le théorique chez l'un au pratique chez l'autre. Pour Kant, « tout intérêt est pratique » [1], alors que pour Leibniz tout intérêt est spéculatif et tient à notre nature de « miroirs de l'univers des créatures » et d' « images de la divinité » : l'étude des ouvrages de Dieu fait naître selon lui le sentiment de la perfection divine, l'amour du créateur, qui est un avant-goût de la félicité future, et par là l'idée des actions qu'il faut accomplir [2]. Leibniz ne connaît donc pas le devoir pur ni l'obligation en soi telles que Kant les définit [3].

1. Cf. *Crit. de la r. pratique*, trad. Picavet, p. 131.
2. Cf. *Théod.*, Préface, G. VI, 27 ; *Principes*, § 18, G. VI, 606.
3. Cf. D. NOLEN, *La critique de Kant et la métaphysique de Leibniz* ; L. LE CHEVALLIER, *La morale de Leibniz*, pp. 212 sqq.

Le rationalisme leibnizien a cependant un caractère moral évident. Les âmes supérieures, qui peuvent dire « moi », douées de raison et de conscience réfléchie et appelées « esprits », constituent le « monde moral » ; la perfection morale, qui est la perfection naturelle des esprits, est comprise dans la perfection universelle, et la morale doit être jointe à la métaphysique car les actions de Dieu sont parfaites « non seulement au sens métaphysique, mais encore moralement parlant » [1].

Le moral complète donc le métaphysique. En prenant les choses d'une autre façon, on peut dire qu'il s'y oppose, que pour corriger les erreurs de Spinoza, la « nécessité morale » s'oppose à la « nécessité métaphysique et brute » : dominée par l'idée du meilleur, l'action divine et l'action humaine sont réglées par un principe moral. De là une certaine parenté entre la doctrine leibnizienne et celle de Kant [2] : les notions morales ont leur fondement en Dieu même ; elles ont passé du plan humain (où elles se maintenaient chez Descartes) à celui de la réalité absolue et le monde est tout entier dominé par elles.

Leibniz nous invite à agir selon la connaissance que nous pouvons avoir de la perfection morale de Dieu, de sorte qu'en travaillant au bien général nous travaillions à la gloire de Dieu. Newton tardant à publier son « ouvrage des couleurs », Leibniz prie Burnett d'entreprendre une ambassade auprès de lui pour lui rappeler son devoir à l'égard du bien public ou de la gloire de Dieu [3]. « Rien ne sert plus à la solide dévotion, écrit-il au même correspondant, que la véritable philosophie, qui fait connaître et admirer les merveilles de Dieu... Mais le but de tout est la pratique des vertus morales pour le bien public, ou (ce qui est la même chose) pour la gloire de Dieu. » (A Burnett, 24 août 1697, G. III, 218.) Le bien se manifeste donc dans l'ordre admirable des faits matériels et dans le gouvernement général de Dieu sur le monde ; il est l'ordre physique et l'ordre juridique à la fois, et sa réalisation dans l'univers glorifie Dieu. Rien de plus « ancien », si l'on veut, qu'une telle domination de l'idée d'ordre. Mais d'autre part rien ne l'est moins, si le vrai n'est plus seulement l'intelligible en soi mais aussi la raison scientifique, et si le bien n'est plus seulement la source de l'être, mais peut-être aussi le bien moral.

---

1. Cf. *De rerum originatione radicali*, G. VII, 306 ; *Discours*, §§ I et XXXV.
2. Cf. E. CASSIRER, *Leibniz' System*, pp. 429-430.
3. Cf. G. III, 261. Sur le bien général et la gloire de Dieu, voir J. BARUZI, *Leibniz*, pp. 338-341 et 372 (textes inédits) ; du même auteur, *Leibniz et l'organisation religieuse de la terre*, conclusion.

En théologie comme ailleurs Leibniz ne rompt pas avec le passé. C'est ainsi que la vertu n'est pas définie chez lui indépendamment de la connaissance de Dieu : soit par tempérament, soit par coutume ou par un heureux préjugé, un athée peut être homme de bien, moralement parlant ; mais, dit Leibniz, « c'est une doctrine étrange, que de dire qu'on peut vivre saintement sans connaître Dieu. Je veux croire qu'on peut avoir une vertu apparente, qui n'ait aucun rapport à Dieu, mais la sainteté renferme, proprement parlant, ce rapport des vertus à celui qui est la source de toute pureté et de toute perfection » (à La Croze, [Emery], *Pensées de Leibniz,* II, 377-378). Cependant la pensée leibnizienne accepte nettement la prédominance des idées morales. Que chacun prenne sa part, dit Leibniz, de la perfection de l'univers, heureux dans la mesure de sa vertu et de sa volonté de contribuer au bien commun (*pro mensura virtutis propriae et ejus quae affectus est ergo* [1] *commune bonum voluntatis*) ; c'est à cela que se réduit ce que nous appelons charité et amour de Dieu, en quoi seul consiste la force et la vertu même de la religion chrétienne (*in quo uno vis et potestas etiam christianae religionis ex judicio sapientum etiam theologorum consistit* [2]). Il s'étonne que les jésuites, au lieu d'avoir résisté avec tant d'éclat et d'animosité à Copernic, à Galilée, à Descartes et à d'autres novateurs, et d'avoir ainsi gravement compromis la réputation de leur ordre, n'aient pas été eux-mêmes « chefs et fondateurs d'une philosophie digne de ce siècle éclairé, et ressuscitateurs d'une morale pratique, digne du siècle d'or de la primitive Eglise et des vrais disciples de Jésus » [3]. Il rappelle ailleurs que Jésus-Christ « ne prêchait que la vertu et ce qui avait déjà été enseigné par la raison naturelle et les prophètes » [4]. Enfin, annotant le livre de John Toland, *De christianismo mysteriis carente,* il écrit que l'auteur, d'une science et d'un talent au-dessus de l'ordinaire, sans doute (*ut arbitror*) bien intentionné, voulut, à ce qu'il semble (*mihi libenter persuadeo*), amener les hommes de la théologie théorique à la théologie pratique, des disputes sur la personne du Christ au désir d'imiter sa vie ; si la méthode de cet auteur n'est pas toujours heureuse, il reste vrai cependant que la théologie chrétienne véritable est une théologie pratique, et que le premier but du Christ fut plutôt de sanctifier la volonté,

1. Il faut, semble-t-il, *erga.*

2. Cf. *De rerum originatione,* G. VII, 307.

3. Cf. au Landgraf Ernst von Hessen-Rheinfels, début de 1681, Pr. Ak., II, I, 513, 27-34.

4. Cf. *Nouv. Ess.,* IV, XIX, § 16, G. V, 491.

que de communiquer à l'intellect la connaissance de vérités cachées (*primarium Christi scopum fuisse potius inspirare voluntatis sanctitatem, quam intellectui immittere notiones veritatum arcanarum* [1]).

Il convient de remarquer qu'il est erroné en effet de perdre de vue, par goût pour l'abstraction et la dispute, la nécessité d'être chrétien de fait et pratiquement. Mais, comme le disait Leibniz plus haut, la vertu véritable ne va pas sans la connaissance de Dieu. Le danger qu'il y a dans le langage que tient ici Leibniz, c'est d'inviter certains à quitter la méditation de Dieu, dont la nature est cachée, au profit des choses et des actions visibles; de chercher avec moins de persévérance d'où nous venons et où nous allons, pour nous contenter de ce que nous croyons être. Il est vrai que l'idée n'est rien si elle est pure spéculation, mais l'action n'est rien non plus sans l'idée.

D'après ce qui précède, il est facile de deviner quel sera le sentiment de Leibniz à l'égard des philosophes et des théologiens « mystiques » : *Philosophia etiam mystica,* écrit-il, *ut Platonis et Pythagorae, habet usus suos, ut theologia mystica apud nos, inservitque animis fortius movendis.* (A Bierling, 7 juillet 1711, G. VII, 497 [2].) Suit un éloge de Pythagore, l'inventeur ou presque des mathématiques et de la science des êtres incorporels. Deux ans auparavant, Leibniz avait déjà écrit à Bierling qu'il ne fallait pas rejeter toute la théologie mystique : elle est en effet, à la théologie ordinaire, disait-il, ce qu'est la poésie à l'éloquence : *movet magis,* elle émeut davantage; *sed est modus in rebus,* il faut de la modération en tout [3]. On se souvient de l'obscurité que Leibniz se plaignait de rencontrer dans ce domaine; il reconnaît en tout cas que les mystiques ont ordinairement «de belles allégories, ou des images qui touchent» et que « cela peut servir à rendre les vérités plus acceptables, pourvu qu'on donne un bon sens à ces pensées confuses » [4].

Ce *movet magis* peut étonner. Jusqu'à quel point Leibniz veut-il dire que les mystiques — tels que Platon — ne diffèrent des autres penseurs que par leur pouvoir d'émotion ? Quoi qu'il en soit, il y a là une idée à relever. L'émotion en elle-même ne concerne pas l'essence de la philosophie mystique, du moins dans le cas de la philoso-

1. Cf. *Annotatiunculae subitaneae ad Tolandi librum,* DUT., V, 142. Voir E. ZELLER, *Geschichte der deutschen Philosophie seit Leibniz,* pp. 145-147.

2. Cf. à Remond, 4 novembre 1715, G. III, 659.

3. Cf. lettre du 24 octobre 1709, G. III, 487; à Placcius, 25 juin 1695, DUT., VI, 1, 56.

4. Cf. à Bourguet, 3 janvier 1714, G. III, 562.

phie platonicienne. L'émotion est un état humain, défini par rapport à l'homme et dans l'homme. Elle est un événement intérieur dans la vie pratique. Par rapport à la vie théorétique, elle est une distraction de l'homme par l'homme, un divertissement. Sans doute la pensée peut s'exprimer d'une manière émouvante et se servir d'images; mais l'intérieur même de la pensée n'a rien de commun avec l'émotion ou avec l'imagination, puisqu'il est la connaissance de l'en soi et de l'invisible.

Leibniz domine presque tous ses contemporains. La parfaite variété de ses talents lui permet d'embrasser le monde comme aucun autre homme. La hauteur de ses vues assure à sa doctrine, si on la considère dans sa force vivante et personnelle, une unité et une majesté exceptionnelles. Loin de s'irriter des travaux des anciens, il montre par les expressions et les doctrines qu'il leur emprunte qu'il vient à la vérité après eux et avec eux.

Cependant, il n'est pas impossible de constater que la pensée au temps de Leibniz se limite à certaines de ses possibilités, que l'objectivité absolue s'oublie au profit de certains domaines particuliers d'objectivité, théoriques ou pratiques, où la pensée ne trouvera jamais de satisfaction parfaite, puisqu'elle est plus vaste qu'eux.

CHAPITRE III

La possibilité

Les conceptions nouvelles « propres à éclairer des difficultés très grandes », qu'au début de 1686 Leibniz affirmait avoir sur les questions de la grâce, du concours de Dieu avec les créatures, de la nature des miracles, de la cause du péché et de l'origine du mal, de l'immortalité de l'âme, des idées, etc. [1], étaient liées à cette proposition « de très grande importance » [2] : « la notion individuelle de chaque personne enferme une fois pour toutes ce qui lui arrivera à jamais » [3]; autrement dit : chaque être réel peut être considéré comme possible, la « notion » d'un être enveloppant l'idée de toutes les pensées et de toutes les actions de cet être.

L'examen de la possibilité leibnizienne peut jeter une certaine lumière sur la signification de la doctrine de notre auteur [4].

On sait comment Arnauld, à qui cette proposition était soumise avec une trentaine d'autres, accueillit les thèses leibniziennes : il y vit tant de choses effrayantes et choquantes, en particulier la proposition concernant la notion individuelle de chaque personne, qu'il

1. Cf. au Landgraf Ernst von Hessen-Rheinfels, 1 (11) février 1686, G. II, 11.

2. Cf. *Remarques sur la lettre de M. Arnauld*, G. II, 46; à Arnauld, juin (14 juillet) 1686, G. II, 48.

3. Cf. le sommaire du *Discours*, § 13, G. II, 12.

4. Cf. K. GADEMANN, *Zur Theorie der Möglichkeit bei Gottfried Wilhelm Leibniz.*

déclara ne pas comprendre l'utilité d'un écrit qui apparemment serait rejeté de tout le monde ; il dit la douleur qu'il éprouvait à l'idée que Leibniz était retenu par de telles opinions en dehors de l'Eglise catholique, et il exprima le souhait de le voir quitter ces vaines spéculations métaphysiques pour songer à son salut [1].

Comme on le pense bien, la réplique de Leibniz fut vive. D'où vient cette réponse «étrange», demande-t-il ; n'est-elle pas « absurde» et « ridicule » ? Faut-il chercher la cause de ce « jugement précipité » dans l'indisposition dont parle Arnauld — « je suis présentement si enrhumé », disait-il — ou dans sa « mélancolie », ou son « humeur bilieuse » ? Quelle « prévention » l'anime ? A-t-il « perdu une partie de ses lumières » ? Ou je suis présentement incapable de voir la difficulté, dit Leibniz, ou je n'en vois aucune. Tout le monde demeure d'accord que Dieu a réglé de toute éternité toute la suite de l'univers. Si Dieu agissait autrement, il n'agirait point en Dieu. Il faut donc parler de l' « impiété » du sentiment contraire : Arnauld serait-il « socinien » ? Concevrait-il Dieu comme un homme qui prend des résolutions selon les occurrences [2] ?

La position de Leibniz en effet semble très forte, et l'on ne voit pas d'abord quel mal il peut y avoir à soutenir des opinions telles que les siennes, puisqu'elles semblent en accord avec l'Ecriture, les Pères et les Docteurs : *Omnia in sapientia fecisti...* (Ps. 103, 24.) *...Nec temporibus variatur voluntas tua...* (Saint Augustin, *Conf.*, XII, XI, 11.) *Quaecumque igitur possunt per creaturam fieri, vel cogitari, vel dici, ...omnia cognoscit Deus, etiamsi actu non sint.* (Saint Thomas, *Sum. Theol.*, I, 14, 9, ad *Resp.*) Il y a donc dans l'hostilité d'Arnauld un mystère qu'il faut déchiffrer.

Le 13 mars 1686, le célèbre théologien, ayant appris avec quel dépit son correspondant reçut le conseil de renoncer à la métaphysique, adresse à Leibniz ses excuses : il reconnaît s'être servi de termes « trop durs » et proteste devant Dieu de sa sincérité. Rien n'est plus éloigné de mon caractère, ajoute-t-il, que le chagrin qu'il plaît à quelques personnes de m'attribuer [3]. Il expose ensuite en détail les raisons pour lesquelles il a désapprouvé la proposition que nous avons citée au début de ce chapitre. Arnauld, bien entendu, ne nie pas la prescience divine ; il demeure d'accord que la connaissance que Dieu a eue d'Adam enfermait celle de tout ce qui est arrivé et

1. Cf. lettre du 13 mars 1686, G. II, 15-16.

2. Cf. les deux lettres au Landgraf Ernst von Hessen-Rheinfels du 12 avril 1686, G. II, 16-24.

3. Cf. G. II, 25-26.

doit arriver encore à sa postérité ; il n'avait pas compris que Leibniz entendait parler de la notion individuelle ou spécifique en tant qu'elle est dans l'entendement divin [1]. Cependant, si les sentiments de Leibniz deviennent pour lui plus compréhensibles, puisque nous savons que Dieu connaît toutes choses, Arnauld n'est pas encore satisfait. Il soulève deux difficultés : la première concerne l'intervention libre de Dieu, qu'une liaison intrinsèque dans la notion d'Adam entre Adam d'une part et toute sa postérité de l'autre, semble supprimer ; une infinité d'événements humains sont arrivés par des ordres très particuliers de Dieu, comme la religion judaïque et chrétienne, et surtout l'Incarnation [2]. La seconde difficulté concerne la liaison qu'il y a entre les prédicats d'une nature individuelle et cette nature elle-même : Leibniz, à tort, établirait là un rapport de nécessité ; il semble à Arnauld que s'il s'était marié et s'il avait eu plusieurs enfants, il serait demeuré le même individu : l'état de théologien ou de père de famille n'est pas compris dans la notion individuelle qu'il a de lui-même, quoique Dieu sache d'avance la vérité de toutes choses [3].

On n'est pas accoutumé, remarque Arnauld, à considérer la notion spécifique d'une sphère par rapport à ce qu'elle est dans l'entendement divin, mais par rapport à ce qu'elle est en elle-même ; c'est pour cela qu'il s'est mépris sur la portée que Leibniz donnait à sa « notion individuelle » [4]. Aussi a-t-il peine à croire que ce soit bien philosopher que de chercher dans la manière dont Dieu connaît les choses ce que nous devons penser des notions spécifiques ou individuelles. L'entendement divin est la règle de la vérité des choses *quoad se ;* mais il ne paraît pas que dans cette vie il puisse en être la règle *quoad nos*. Nous savons que Dieu connaît toutes choses ; en d'autres termes, nous sommes assurés qu'il doit en être ainsi ; mais le comprenons-nous ? « ...Ne devons-nous pas reconnaître que quelque assurés que nous soyons que cela est, il nous est impossible de concevoir comment cela peut être ? » La connaissance et la volonté de Dieu se confondent avec son essence même : comment le nécessaire et l'immuable connaît-il le contingent ? Comment la volonté essentielle de Dieu veut-elle et a-t-elle voulu de toute éternité des choses qu'elle aurait pu ne pas vouloir ? Il y a beaucoup d'incertitudes dans la manière dont nous nous représentons l'action de Dieu :

1. Cf. G. II, 28.
2. Cf. G. II, 28-29.
3. Cf. G. II, 30-31.
4. Cf. G. II, 29.

nous « imaginons » avant la création une infinité de choses possibles qui seront les unes choisies, les autres rebutées ; Arnauld avoue de bonne foi n'avoir aucune idée de ces substances purement possibles, c'est-à-dire que Dieu ne créera jamais : il est fort porté à croire que ce sont des chimères, car non seulement elles sont inconcevables, sinon sous l'idée de l'une de celles que Dieu a créées, mais encore on ne voit pas comment Dieu, qui est un pur acte, pourrait souffrir en lui aucune possibilité. En dehors des choses que Dieu a créées ou qu'il doit créer, il n'y a nulle possibilité passive, mais seulement une puissance active et infinie [1].

Arnauld conclut de tout cela que ce n'est point en Dieu, qui habite à notre égard une lumière inaccessible, qu'il faut chercher les vraies notions des choses, mais que c'est dans les idées que nous en trouvons en nous. Nous trouvons en nous la notion spécifique de la sphère et nous n'avons qu'à la consulter pour savoir ce qui y est enfermé ; on voit ainsi qu'une sphère ne serait plus une sphère si elle n'avait tous les points de sa circonférence également distants du centre. Nous trouvons de même en nous la notion de nature individuelle, ou de *moi,* avec son rapport nécessaire à la pensée. Mais que la sphère ait un pied ou dix pieds de diamètre, ou que je fasse tel voyage ou non, cela peut arriver, et Dieu sait d'avance ce qu'il en sera, mais je ne puis le trouver ni dans la notion que j'ai de la sphère, ni dans ma notion individuelle. C'est là, semble-t-il, qu'on en doit demeurer, sans avoir recours à la connaissance de Dieu pour savoir ce que renferme la notion individuelle de chaque chose [2].

Ainsi, après avoir vu en Leibniz sans doute une sorte de spinoziste, Arnauld, devant les protestations de son correspondant, se reprend, mais ne lui montre pas moins le danger et l'inutilité de ses spéculations : la science est de l'homme et la religion de Dieu. Ce n'était donc pas en socinien qu'il s'opposait à Leibniz, bien au contraire : c'était en homme pour qui l'opération de « mise entre parenthèse » de la théologie effectuée par Descartes, comportait une signification positive, à savoir l'affirmation de l'autonomie et de la transcendance de la science divine. Arnauld semble voir en Leibniz un cartésien qui outrepasserait les limites fixées par Descartes à la pensée humaine. Il dénonce chez lui une immixtion de l'idée humaine dans le mystère divin. Percevant profondément l'infinité de Dieu (« une puissance active et infinie », disait-il, « une lumière inaccessible »), il mesure le danger des thèses leibniziennes, qui tendent

1. Cf. G. II, 31-32.
2. Cf. G. II, 33.

à porter trop haut la curiosité humaine. Plutôt que de placer en Dieu l'idée claire des choses futures, ce qui introduirait dans le monde une nécessité radicale et supprimerait la domination immense et cachée de Dieu sur les hommes, il préfère interdire toute conception de l'inconcevable.

Après ce jugement sur les vues de Leibniz, bien digne de sa haute réputation et de l'estime où l'ont tenu ses contemporains — et Leibniz en particulier, qui le choisissait comme le premier arbitre de ses pensées [1] — Arnauld conclut en s'excusant encore de sa vivacité et en invitant Leibniz de nouveau, mais très discrètement cette fois, à songer à son salut : « Je ne puis douter que vous ne me fassiez l'honneur de m'aimer. Vous m'en avez donné trop de marques. Et pour moi, je vous proteste que la faute même que je vous supplie encore une fois de me pardonner, n'est que l'effet de l'affection que Dieu m'a donnée pour vous, et d'un zèle pour votre salut, qui a pu n'être pas assez modéré. » (G. II, 33-34.)

La réponse leibnizienne fut préparée avec soin puisqu'on en trouve deux rédactions. Celle qui fut soumise à Arnauld date de juin (14 juillet) 1686.

Leibniz sans doute avait prévu que le docteur janséniste ne se laisserait pas traiter de socinien et qu'il reconnaîtrait ouvertement que Dieu prévoit toutes choses. Or Leibniz n'en demandait pas davantage. Il semble en effet que pour lui la question se pose de la façon suivante : Dieu, oui ou non, connaît-il l'avenir ? Si l'on répond négativement, on contredit le dogme; si l'on répond oui, on tombe dans la doctrine proposée. Leibniz relève donc la profession de foi d'Arnauld (« la connaissance que Dieu a eue d'Adam lorsqu'il a résolu de le créer, a enfermé celle de tout ce qui lui est arrivé, et de tout ce qui est arrivé et doit arriver à sa postérité » [2]), et identifiant le dogme et l'explication qu'il en donne, il annonce la solu-

1. Cf. au Landgraf, 1 (11) février 1686, G. II, 11; à Arnauld, 1er août 1687, G. II, 104. Au moment de la dispute d'Arnauld et de Malebranche, en 1684, Leibniz écrit à Tschirnhaus : « Je n'ai pas encore vu leurs écrits opposés; mais autant que j'en puis juger par leurs autres ouvrages, le Père Malebranche a beaucoup d'esprit, mais M. Arnauld écrit avec plus de jugement. » (Pr. Ak., II, I, 541, 32-542, 1.) A la mort d'Arnauld, il écrit à Nicaise : « J'y perds, car je lui voulais envoyer à examiner la suite de mes pensées philosophico-théologiques, comme j'avais fait il y a quelques années quand nous avons échangé plusieurs lettres là-dessus, où des matières d'importance sont éclaircies. » (1 [11] octobre 1694, G. II, 551.)

2. Cf. G. II, 28; cité par Leibniz, G. II, 49.

tion de la difficulté relative au rapport qu'il y a entre une nature individuelle et ses prédicats, en s'écriant : il faut bien qu'on la puisse résoudre, puisqu'il existe une notion complète d'Adam dans l'entendement divin, comme vous venez d'accorder. Arnauld déclarait : « Dieu connaît l'avenir ; l'homme ne peut rien dire de plus. » Mais c'est là pour Leibniz renoncer à comprendre, et il n'y songe pas. Pour lui, si la proposition « Dieu connaît l'avenir » a un sens, il faut bien qu'elle soit concevable. Il est vrai que je resterai moi-même soit que je fasse ou que je ne fasse pas tel voyage projeté ; mais Arnauld reconnaît que Dieu sait d'avance ce que je ferai ; par conséquent, il doit y avoir quelque connexion entre ma notion individuelle et l'événement — et voilà la difficulté d'Arnauld immédiatement surmontée [1]. A la prudente piété du théologien, s'oppose l'audace sûre d'elle-même du philosophe.

Quant à l'autre difficulté, Leibniz la résout en plaçant « quelque milieu » entre un univers dépendant du seul entendement de Dieu (liaison intrinsèque des événements), et un univers dépendant de sa seule volonté (liaison extrinsèque). Le lien qu'il conçoit entre Adam et les événements du monde, n'est pas nécessaire indépendamment des décrets libres de Dieu, parce que « les décrets libres de Dieu, pris comme possibles, entrent dans la notion de l'Adam possible... » (G. II, 51 [2]). Il faut donc distinguer d'une part les notions spécifiques, qui ne comprennent que des vérités nécessaires ou éternelles ne dépendant point des décrets de Dieu mais de son seul entendement, et d'autre part les notions des substances individuelles, qui seules sont complètes et capables de distinguer entièrement leur sujet, enveloppant les vérités contingentes ou de fait, les circonstances du temps et du lieu, et par conséquent les décrets libres de Dieu, pris aussi comme possibles [3]. Ainsi les possibilités des individuels ou des vérités contingentes enferment dans leur notion la possibilité de leurs causes, savoir des décrets libres de Dieu » (G. II, 51 [4]), et le monde est fait de contingence et de nécessité à la fois : il est possible de parler de la notion individuelle d'Adam, comprenant non seulement tout ce qui arrivera à Adam, mais encore tout ce qui arrivera dans le monde, sans introduire une relation de nécessité proprement dite entre les événements du monde.

1. Cf. G. II, 52.
2. Cf. G. II, 40.
3. Cf. G. II, 39-40 ; 49-52.
4. Cf. G. II, 40 : «...Je soutiens que les notions individuelles possibles enferment quelques décrets libres possibles.»

Cette réponse de Leibniz, développée avec une aisance merveilleuse, ne voyant dans les réflexions d'Arnauld que de simples difficultés et non des objections de principe, ne pénètre pas jusqu'au fond les intentions du célèbre théologien. Alors qu'Arnauld distinguait fortement les idées que l'homme trouve en lui-même et le mystère de la pensée divine, alors que pour lui les notions en elles-mêmes étaient celles que nous trouvons en nous, Leibniz écrit : « Pour moi, j'avais cru que les notions... sont représentées dans l'entendement divin, comme elles sont en elles-mêmes. » (G. II, 48-49.) Ainsi disparaît la distinction cartésienne entre la pensée humaine et la pensée divine. Dans une lettre postérieure adressée au Landgraf Ernst von Hessen-Rheinfels, Leibniz écrit de même : « Peut-on nier que chaque chose... a une notion accomplie, selon laquelle *Dieu* la conçoit, ...c'est-à-dire une notion qui enferme ou comprend tout ce qu'*on* peut dire de la chose... » (G. II, 131.) Ce « on » ne désigne-t-il pas l'homme ? D'ailleurs, dans notre lettre de juin (14 juillet) 1686, le concept de notion individuelle est établi d'une façon toute logique, c'est-à-dire sans avoir égard à la pensée divine proprement dite. La connexion qu'il y a, dit Leibniz, entre ma nature individuelle et la pensée en général, ne suffit pas à me définir dans ma singularité; puisque tout prédicat est compris dans le sujet, il faut que se trouve en moi ce qui me distingue des autres sujets, c'est-à-dire tout ce qui m'est arrivé et m'arrivera, quoique je n'en aie qu'une expérience confuse [1]. Leibniz affirme même formellement qu'on pourrait montrer la possibilité de la notion individuelle sans faire mention de Dieu : sans poser que Dieu, considérant Adam, voit en lui tous les événements qui lui arriveront, on pourrait toujours prouver qu'il faut qu'il y ait une notion complète d'Adam, qui contienne tous ces événements [2]. Si la considération de Dieu en cette matière n'est pas inutile, puisqu'on exprime plus fortement la vérité de la notion individuelle en tirant cette notion de la connaissance divine comme de sa source, cependant il n'est pas nécessaire de s'enfoncer dans la science divine pour résoudre cette question [3]. Point n'est besoin d'entrer dans les difficultés dont Arnauld fait mention, comme de concilier la simplicité de Dieu avec ce que nous sommes obligés d'y distinguer, ou de savoir comment Dieu, qui est nécessaire, est libre de vouloir [4].

1. Cf. G. II, 52-53.
2. Cf. G. II, 43-44.
3. Cf. G. II, 53.
4. Cf. G. II, 44.

Mais alors, s'il n'est pas nécessaire, dans cette question des possibles, de s'enfoncer dans la recherche de la science divine, on comprend mal l'intérêt de considérations sur l'origine des choses, qui négligeraient l'essentiel. En voulant rassurer Arnauld, il se peut que Leibniz l'inquiète davantage. Que va répliquer le théologien ?

Dans sa lettre du 28 septembre 1686, il remercie Leibniz d'avoir reçu ses excuses avec autant d'obligeance, et il se déclare satisfait de la manière dont son correspondant a expliqué ce qui l'avait choqué d'abord, touchant la notion de nature individuelle. Ce qui l'a frappé surtout, c'est l'appel de Leibniz à l'évidence de la règle : *praedicatum inest subjecto* [1]. Leibniz a-t-il donc gagné la partie ? Point du tout. Arnauld ajoute immédiatement qu'il ne lui reste de difficulté que « sur la possibilité des choses », c'est-à-dire sur l'application à la théologie du concept de notion individuelle. Ainsi, en se déclarant satisfait des explications de Leibniz, il n'accordait rien d'autre que la notion purement logique et humaine de nature individuelle : cette difficulté sur la possibilité des choses, dit-il, « ne fait rien proprement à la notion de nature individuelle ». Ce que Leibniz veut unir, Arnauld le sépare; si Arnauld accepte qu'on puisse parler de notion individuelle sans la faute qu'il y voyait d'abord, c'est-à-dire sans la suppression de la liberté en l'homme aussi bien qu'en Dieu, il n'admet pas qu'on puisse porter cette notion dans la pensée divine. Mais pour s'expliquer sur ce point, et dire ce qu'il reproche aux pensées des autres, qui lui paraissent indignes de Dieu, il lui faudrait, écrit-il, trop de réflexion : que Leibniz veuille bien lui pardonner son silence. Là-dessus, Arnauld porte la discussion sur des questions plus extérieures [2]. Dans la suite de leur correspondance, il ne s'agira plus de Dieu, mais de la nature [3].

Qu'on ne se trompe pas sur la cause de ce silence : Arnauld a conscience de la force de sa position et de la divergence profonde des vues de Leibniz et des siennes. Il ne cède pas : il renonce à poursuivre la discussion. D'ailleurs, Leibniz sait à quoi s'en tenir, puisqu'il demande au Landgraf, dans la dernière lettre qu'il lui adresse,

1. Cf. G. II, 63-o

2. Cf. G. II, 64.

3. Voici la réponse de Leibniz : « Je me doutais bien que l'argument pris de la nature générale des propositions, ferait quelque impression sur votre esprit... Je souhaiterais fort d'être instruit de vos méditations touchant la possibilité des choses, qui ne sauraient être que profondes et importantes, d'autant qu'il s'agit de parler de ces possibilités d'une manière qui soit digne de Dieu. Mais ce sera selon votre commodité. Pour ce qui est des deux difficultés, etc. » (28 novembre [8 décembre] 1686, G. II, 73-74.)

d'obtenir d'Arnauld un nouvel examen de sa thèse. Arnauld semble redouter en Leibniz l'impatience et comme l'indiscrétion de la raison de la philosophie nouvelle. Dans la lettre de juin (14 juillet) 1686, Leibniz, faisant allusion au principe : *praedicatum inest subjecto,* ajoutait : « Il est vrai que les suites d'un dogme si manifeste sont paradoxes, mais c'est la faute des philosophes qui ne poursuivent pas assez les notions les plus claires. » (G. II, 43.) De même dans le texte définitif : « On voit que du principe susdit je tire des conséquences qui surprennent, mais ce n'est que parce qu'on n'a pas accoutumé de poursuivre assez les connaissances les plus claires.» (G. II, 57.)

***

La Renaissance pose d'une façon nouvelle les problèmes relatifs à l'intelligence — la méthode, la nature et l'origine des idées, etc. — et favorise le développement d'un intellectualisme nouveau. Ainsi le XVIIe siècle, très « ancien » par sa volonté d'embrasser le monde dans l'unité d'un système, est marqué cependant de caractères qui le distinguent nettement.

Le platonisme était un intellectualisme, parce qu'il était une doctrine de l'intelligence; mais cette intelligence était le Principe des choses ou l'Etre, qui subsistait au-dessus d'elles dans sa divinité. Le platonisme n'était donc pas autre chose que la soumission entière de la pensée à la méditation de Dieu.

On retrouve le même caractère dans l'aristotélisme; mais l'intelligible y est perçu dans les choses, la connaissance saisissant l'Idée divine non pas en elle-même, mais sous une forme imparfaite, dans ses effets, en l'abstrayant du composé existentiel qu'elle forme avec la matière. L'aristotélisme apparaît ainsi comme un aspect du platonisme; il s'achève d'ailleurs d'une certaine manière en platonisme : c'est dans l'Acte pur que se trouve la vérité de l'idée, et c'est là finalement qu'il faut la connaître; telle est la fin dernière de l'homme.

Même caractère encore dans le scotisme; mais l'intelligible cette fois n'est situé ni en Dieu pour lui-même, ni dans les choses, mais en Dieu en tant qu'il connaît nos idées des choses. L'aristotélisme était un empirisme; le scotisme est de nouveau un intellectualisme, mais l'idée n'est plus ce qu'elle est en Dieu et pour Dieu : elle est l'idée des choses. L'essence, par suite, au lieu d'être formellement identique à l'être de Dieu, lui est subordonnée, sans dépendre cependant de la volonté divine.

A l'issue du moyen âge, le prestige de la pensée platonico-aristotélicienne s'affaiblit : l'idée perd sa qualité de cause formelle, son union avec les choses et son rapport à Dieu. Alors que l'idée, en tant que réalité intelligible et principe informateur, se rapportait à Dieu et devait être saisie finalement en Dieu, maintenant, en tant que simple outil mental, elle est saisie suffisamment en l'homme. Ainsi l'union théorique de la matière et de la forme va se résoudre dans la juxtaposition pratique de l'expérience et du concept. Le lien entre la pensée et Dieu se brise : l'objet de l'intelligence n'est plus de connaître Dieu et ses effets dans le monde, mais de développer pour nous la connaissance des choses.

La perception nouvelle du monde une fois installée dans les esprits, et la dissociation suffisamment opérée entre les concepts de l'homme et l'intelligence divine, c'est alors que se constitue l'intellectualisme nouveau à l'image du platonisme. Mais il est évident que le concept relatif à nous-mêmes et à nos sciences ne peut être considéré sans erreur comme une idée de Dieu. C'est pourquoi l'intellectualisme nouveau ne rejoint qu'en apparence et verbalement la pensée antérieure; il poursuit en réalité la transformation subie par la pensée médiévale : l'intelligible primitif, devenu le concept vide d'être et non essentiel, se régénère sans se retrouver dans l'abstrait des mathématiques et de la physique expérimentale et mathématique.

Leibniz n'a pas caché qu'il approuvait la critique des universaux et qu'il faisait sien l'idéal d'intelligence des modernes. Sans doute s'employa-t-il dans la *Dissertatio praeliminaris* à corriger la brutalité de la thèse de Nizolius; mais il reste qu'il jugea utile pour autrui et pour lui-même de publier à nouveau l'ouvrage de cet auteur. « La secte des nominalistes, écrit-il dans sa préface, est la plus profonde des sectes de l'Ecole et la plus proche de la philosophie réformée » (*et hodiernae reformatae philosophandi rationi congruentissima* [1]). On ne peut dire, selon lui, de la « quelque-chosité » (*aliquiditas*) que ce soit quelque chose (*aliquid*) : ces termes abstraits, loin d'être d'aucune utilité, sont l'occasion d'abus nombreux et dangereux. Si quelqu'un veut établir une bonne fois les éléments de la philosophie, qu'il sache s'en passer : ...*Abstracta non sunt res*... (G. IV, 147.)

A la nécessité de l'expérience baconienne, la *Dissertatio* ajoute l'exigence de clarté et de simplicité. Les philosophes, lit-on par exemple, peuvent avoir des raisons valables pour dissimuler leur

1. Cf. G. IV, 157.

pensée sous une forme énigmatique comme le font les orientaux, pourvu qu'entre eux ils raisonnent avec clarté et exactitude et ne voilent pas ainsi des secrets vides et inutiles [1]. Si l'on veut philosopher avec précision, c'est-à-dire par définition, division et démonstration, il faut dissiper tous ces nuages.

L'aveu que fait Leibniz de ces deux tendances, l'une empiriste et l'autre rationaliste, nous avertit que nous ne trouverons pas chez lui un platonisme ou un scotisme purs. Nous allons le montrer d'une part en opposant la doctrine de Leibniz à celle de Lulle, et d'autre part en la rapprochant de celle de Descartes. Il convient pour cela de rappeler ce que nous avons dit dans le chapitre précédent du projet leibnizien de caractéristique universelle.

La caractéristique est une méthode ou une technique au service de la science universelle. C'est en Dieu, qui est l'origine de l'univers, que doit se trouver la clé de cette science. Dieu est présent en toute vérité, et toutes nos idées peuvent nous ramener à lui. Remonter jusqu'à Dieu, ce serait montrer comment toutes nos idées simples et fondamentales tiennent à la nature même de Dieu. De même que les formes simples sont la source des choses, ainsi les idées simples sont les éléments de la science [2]. L'idée de Dieu renferme en elle ce qu'il y a de simple en nos pensées [3] : les attributs de Dieu fondent les notions simples que nous avons des choses ; l'être, la puissance, la connaissance, etc., sont en lui d'une manière parfaite, et dans les créatures d'une manière limitée [4]. Ainsi l'analyse des notions ou des choses considérées comme possibles, doit nous conduire soit aux principes premiers, aux notions irréductibles, soit, ce qui revient au même, jusqu'aux attributs de Dieu, causes premières et raisons dernières des choses [5]. Leibniz peut donc dire de son entreprise qu'elle serait *sive «Cabbala» vocabulorum mysticorum, sive «Arithmetica» numerorum Pythagoricorum, sive « Characteristica » Magorum hoc*

1. *Licebat philosophis vel lingua quadam peculiari, quod de Aegyptiis et Hetruscis sacerdotibus fertur, vel scriptura saltem, quod nunc faciunt Sinenses, sua occulere, dummodo in hac ipsa lingua, in hac ipsa scriptura, ipsi saltem inter se clare accurateque philosophati essent, nec nunc intromissis in adyta, appareret vasta rebus utilibus et egena solitudo, quodque de templo Hierosolymitano Tacitus ait, inania arcana, quod de orientalium philosophia verum esse magis magisque detegitur.* (G. IV, 149.) Cf. *Théod.*, Préface, G. VI, 26 ; GRUA, G. W. LEIBNIZ, *Textes inédits*, t. II, p. 556.
2. Cf. F. DE C., *Nouv. lett.*, 32. *Nouv. Ess.*, II, XVII, § 3, G. V, 145,
3. Cf. F. DE C., *ibid.*, 25.
4. Cf. G. VI, 576 et 578.
5. Cf. *Meditationes*, G. IV, 425.

est Sapientum (G. VII, 199). Il appelle ailleurs la science générale *Gnostologiam, ...Noologiam, Artem reminiscendi seu Mnemonicam, Artem characteristicam seu symbolicam, Artem Combinatoriam, Artem Argutiarum, Grammaticam philosophicam : Artem Lullianam, Cabbalam sapientum, Magiam naturalem, forte etiam Ontologiam seu scientiam de Aliquo et Nihilo, Ente et non Ente...* (Cout., *Opusc.*, 511-512.)

Leibniz sait donc fort bien qui l'a précédé dans son projet de science universelle, mais il semble considérer les doctrines anciennes auxquelles il fait allusion comme des essais pleins d'obscurité qu'il faut « mettre en système ». C'est lui qui va donner la caractéristique et la kabbale véritables [1]. Mais on sait ce qui arrive : partant du monde à expliquer, Leibniz se trouve incapable de résoudre l'extrême complexité des choses et des idées qui les expriment. Dans un texte remarquable publié par Couturat, ayant posé que Dieu est le seul concept primitif, conçu *per se* et *index sui*, il note que nous ne pouvons avoir aucun concept dérivé qui ne s'appuie sur le concept primitif (*nullos... conceptus derivativos possumus habere, nisi ope conceptus primitivi*), si bien qu'il n'y a rien dans les choses qui ne soit dû à l'intervention de Dieu, et rien dans la pensée, si ce n'est par le secours de l'idée de Dieu (*ita ut revera nihil sit in rebus nisi per Dei influxum, et nihil cogitetur in mente nisi per Dei ideam*). Jusqu'ici, c'est l'intention première de la science générale, qui s'exprime. Mais voici la suite : tout cela est vrai, dit Leibniz, quoique nous ne connaissions pas assez distinctement comment l'être des choses découle de Dieu, ni comment leurs idées proviennent de l'idée primitive (*etsi neque quomodo rerum naturae ex Deo, neque quomodo rerum ideae ex idea Dei profluant satis distincte agnoscamus*), en quoi consisterait l'analyse dernière ou la connaissance adéquate de toutes choses (*in quo consisteret analysis ultima seu adaequata cognitio omnium rerum per suam causam* [2]). Arrivé à cette constatation, Leibniz conclut toujours : qu'à cela ne tienne, il suffira d'atteindre, sinon des vérités primitives en soi, du moins des vérités au delà desquelles nous ne pouvons pas aller. Ces fondements une fois posés, nous nous attacherons à construire la science ; il viendra toujours « de belles conséquences pratiques » [3].

Mais s'il en est ainsi, la science leibnizienne diffère singulièrement de celles qui l'ont précédée. Chez Raymond Lulle, les attributs de Dieu ne sont pas les éléments simples auxquels on désespère d'arri-

1. Cf. COUT., *Opusc.*, 429 ; G. VII, 184 ; etc.
2. Cf. p. 513.
3. Cf. COUT., *Opusc.*, 187, 431 et 514.

ver, ce sont les principes dont on part. Les principes de l'Art, écrit Lulle, sont les Idées divines (*ipsae rationes divinae*), qu'on nomme ordinairement dans les écoles « attributs de Dieu », et que j'appelle de plusieurs façons, comme *Formas, Dignitates, Qualitates essentiales, Virtutes, etc.*; la perfection et la sublimité de l'Art exigent ces principes (*haec vero principia exigit perfectio et altitudo Artis*), car sans eux, on ne pourrait former les démonstrations capables d'apaiser parfaitement l'esprit humain (*quae perfecte quietarent mentem humanam* [1]). Au-dessous de la bonté de Dieu, Lulle définit celle de l'ange, puis celle de l'homme, etc. [2]. Ayant disposé en figure les signes littéraux constituant l'alphabet fondamental des neuf attributs de Dieu, il écrit : « Tout ce qui est, est impliqué dans le principe de cette figure; car tout ce qui est, ou il est bon, ou grand, etc., comme Dieu et l'Ange, qui sont bons et grands, etc... » (*Le fondement de l'artifice universel*, p. 76.) De là les principes de différenciation qui interviennent après l'énoncé des principes fondamentaux : « Cette seconde figure... sert à la première figure : car par la différence, on distingue entre Bonté, et bonté : Grandeur, et grandeur, etc. » (*Ibid.*, p. 84.) On verra, écrit Lulle, comment toutes mes démonstrations conduisent ou peuvent conduire aux principes suprêmes; ma première intention a été d'ailleurs de faire connaître et de faire aimer Dieu [3].

Dans ces conditions, si la science est suspendue à Dieu même, cette science est d'inspiration divine, et c'est bien ce qu'affirme Lulle. La Kabbale, dont l'Art se réclame, n'est autre chose, selon lui, que « la réception de la vérité de chaque chose révélée divinement à l'âme raisonnable »; son nom signifie « surabondante sapience »; elle est « une habitude de l'âme raisonnable, capable de connaître les choses divines, ...par conséquent on doit la nommer la science divine » (*ibid.*, pp. 76-77).

L'Art est donc écrit par quelqu'un qui possède la science et pour d'autres hommes qui la possèdent aussi, quoique à leur insu. Sa fonction est de conduire l'esprit devant la réalité intelligible : il enseigne en effet à poser des questions (*proponere quaestiones*), et dans une question bien posée, la solution est déjà contenue (*et necessariis rationibus earum dubitationem breviter solvere* [4]). Il n'invite pas à des opérations mécaniques pures et simples sur les figures, mais à la réflexion et à la découverte intérieure : l'Art est inutilisa-

1. Cf. *Opera*, t. I, 1721, *Revalatio secretorum Artis*, fol. 16 A.
2. Cf. *Le fondement de l'artifice universel*, pp. 125-127.
3. Cf. *Opera*, t. I, 1721, *Liber principiorum philosophiae*, fol. 2 A.
4. Cf. *Opera*, t. I, 1721, *Ars magna*, fol. 1 B.

ble si l'on n'aperçoit pas avec lui et comme avant lui les vérités où il veut nous conduire, si l'on ne sait pas reconnaître, par exemple, que « Dieu est l'être en qui s'identifient la bonté, la grandeur, et les autres prédicats absolus posés dans l'Art, qu'il est en lui-même parfaite plénitude, n'ayant besoin de rien hors de lui » [1], etc.

Mais Leibniz, dans son projet de caractéristique universelle, ne prenait pas exemple seulement sur les penseurs anciens ; il songeait aussi bien à Descartes, qui recommandait de soutenir l'effort de l'entendement par des représentations sensibles [2], et qui affirmait fortement l'unité de la science [3]. Or le mépris de Descartes pour Lulle est notoire : il s'exprime bien dans la deuxième partie du *Discours de la méthode,* où il est dit que l'art de Lulle sert plutôt à parler sans jugement des choses qu'on ignore, qu'à les apprendre [4] ; à quoi s'oppose l'effort de Descartes tendant à secouer les chaînes de la forme et à ranimer l'attention de la pensée [5]. Leibniz de même, énumérant les auteurs qui ont cherché à donner des démonstrations de leurs pensées, cite Lulle et déclare que son art serait sans doute une belle chose, si ses termes fondamentaux n'étaient pas vagues et s'ils ne servaient pas seulement à parler et point du tout à découvrir la vérité [6]. Dans une lettre à Remond, il cite le cas d'un comte autrichien qui, outre diverses singularités, est un grand admirateur de l'art du célèbre Raymond Lulle : il sait s'en servir pour méditer et pour faire des applications aux réalités ; il préfère Lulle à tous les modernes, même à M. Descartes. A quoi Leibniz ajoute qu'autrefois il prenait plaisir à l'art de Lulle, quoiqu'il y ait entrevu bien des difficultés : «...Comme je ne méprise rien facilement, dit-il, ...j'ai trouvé quelque chose d'estimable encore dans l'art de Lulle... Mais il me semble que M. Descartes est d'une tout autre profondeur. » (Juillet 1714, G. III, 619-620.)

Descartes avait envisagé en effet une science qui contiendrait les premiers rudiments de la raison humaine et qui n'aurait qu'à se développer pour atteindre la vérité sur n'importe quel sujet [7]. Ré-

1. Cf. *Opera,* 1609, p. 792. Il faut reconnaître cependant chez Lulle une volonté excessive de convaincre et de démontrer, par quoi il s'éloigne de Platon et se rapproche de Leibniz.
2. Cf. *Reg.*, XII et suiv., A. T., t. X, pp. 411 sqq,
3. Cf. *Reg.*, I, A. T., t. X, pp, 359-361,
4. Cf. A. T., t. VI, p. 17,
5. Cf. *Reg.*, X, A. T., t. X, p. 406,
6. Cf. COUT., *Opusc.*, 177.
7. Cf. *Reg.*, IV, A. T., t. X, p, 374,

pondant à Mersenne, qui lui avait communiqué le projet d'une langue universelle, il avait songé à la possibilité d'établir un ordre entre toutes les pensées qui peuvent entrer en l'esprit humain, et à l'explication des idées simples qui sont en l'imagination des hommes, desquelles, disait-il, se compose tout ce qu'ils pensent et sur quoi pourrait être fondée une langue universelle [1]. Leibniz approuvait à tel point ces vues de Descartes, qu'il les fit copier, en remplaçant de sa main la conclusion dans laquelle Descartes exprimait son doute de voir jamais cette langue en usage, par ces mots : «...A mesure que la science des hommes croîtra, cette langue croîtra aussi. En attendant elle sera d'un secours merveilleux et pour se servir de ce que nous savons, et pour voir ce qui nous manque, et pour inventer les moyens d'y arriver...» (Cout., *Opusc.,* 27-28.)

Si Leibniz chérissait les mathématiques, c'était, dit-il, parce qu'il y voyait les traces de l'art d'inventer en général [2]; il lui semblait que leur admirable développement était un signe que Dieu nous donnait de la puissance cachée de notre esprit; il aurait suffi, lui semblait-il, de généraliser leur méthode, pour obtenir dans tous les domaines les mêmes effets [3]. Comme je l'ai montré dans le *De arte combinatoria,* écrit-il en 1671, il est manifeste que celui qui possède des définitions claires et évidentes peut découvrir un nombre indéfini de théorèmes par les seules ressources de l'analyse, résoudre un problème donné ou montrer son impossibilité, comme l'ont fait Diophante et Cardan en arithmétique, Viète et Descartes en géométrie, *at in mechanicis et civilibus hactenus docuit nemo* (à Hesenthaler, Pr. Ak., II, I, 200, 21-27). Leibniz, qui a devant les yeux les progrès que les instruments optiques rendent possibles dans diverses sciences, et qui sait d'ailleurs parfaitement quel perfectionnement son calcul nouveau apporte à la caractéristique mathématique, compare volontiers l'aide qu'apportera à l'homme la caractéristique en général à l'avantage que donnent à la vue le microscope et le télescope : *...Organi genus novum, plus multo mentis potentiam aucturum, quam vitra optica oculos juverunt, tantoque superius microscopiis aut telescopiis, quanto praestantior est ratio visu.* (*Historia et commendatio characteristicae universalis,* Raspe, 538.)

Ainsi la technique destinée à soutenir l'effort de l'intelligence, d'abord au service de la science divine, est mise au service de la science à faire. L'*ars reminiscendi* platonicien devient l'*ars inve-*

1. Cf. à Mersenne, 20 novembre 1629, A. T., I, 80-82.
2. Cf. F. DE C., *Nouv. lett.* 24.
3. Cf. *Historia et commendatio characteristicae universalis,* RASPE, 535.

niendi baconien. Ici, l'objet de la science est le développement de certaines possibilités de connaissance ; là, Dieu est à l'intérieur de l'idée, et l'objet de la science est la connaissance universelle et absolue. A la science divine dont parlait Lulle, s'opposent la science et la sagesse humaines dont parle Descartes.

Leibniz a toujours critiqué la méthode cartésienne, mais il ne l'a pas véritablement transformée. Sans bouleverser la doctrine de l'évidence, c'est-à-dire de la valeur objective de l'idée claire et distincte, il reproche aux partisans de la « voie des idées » d'être trop rapidement satisfaits. La méthode qui est en vogue aujourd'hui, dit-il, est souvent un « asile d'ignorance aussi bien que les qualités occultes d'autrefois » [1], et cause bien des « illusions » [2]. Nos idées et nos conceptions seraient-elles toujours vraies ? Ces provocations aux connaissances claires et distinctes sont « dommageables » [3] : «...On fait souvent passer pour clair ce qui ne l'est pas assez.» (G. IV, 403.) Il faut donc un critère de l'évidence, une « marque de ce qui est clair et distinct ». Ici, Leibniz aime à renvoyer aux *Meditationes de cognitione, veritate et ideis.* Il y s'agit en effet des vraies et des fausses idées et de la définition de l'idée distincte : alors que Descartes désigne par là le non-confus, c'est-à-dire l'évidence précise et différente de toute autre, la connaissance qui « ne comprend en soi que ce qui paraît manifestement à celui qui la considère comme il faut » [4], la tendance de Leibniz est de chercher le critère de cette vérité apparente, la preuve que l'idée ne comprend pas en elle autre chose que ce qui apparaît, et il les voit dans l'analyse logiquement conduite : l'évidence doit être vérifiée, et son critère de vérité, c'est la non-contradiction. Si nos idées ou conceptions ne sont pas toujours vraies, c'est que nous joignons souvent des notions incompatibles, en sorte que le composé enferme contradiction. On ne peut ainsi fonder un raisonnement sur une notion simplement évidente, c'est-à-dire dont on ne sait pas si elle est contradictoire ou non. Il

1. Cf. G. IV, 403.

2. Cf. *Nouv. Ess.*, IV, XVII, § 13, G. V, 471.

3. Dans un titre de paragraphe de la *Censura philosophiae cartesianae*, Huet écrit : *Cartesius dubitans in exorsu philosophiae suae, confidens in progressu* (cap. II, § XVII, p. 113) ; ce qu'il précise de la façon suivante : ...*Haec demum Cartesii confidentia in tam effraenem tamque praecipitem temeritatem Cartesianos impulit, ut, ex hoc grege grandiloqui nonnulli scribere non erubuerint, quidquid cognoscunt, verissimum id esse, et quidquid habent in mente, id omne extare extra mentem : quod et Cartesio ipsi alicubi excedit.* (P. 116.)

4. Cf. *Principes*, I, XLV, A. T., IX, 2, 44.

s'agit donc de pousser la recherche assez loin, ou de remplacer la « voie des idées » par la « voie des définitions ou analyses continuées jusqu'au bout » [1].

On le voit, si la correction apportée par Leibniz présente l'idée sous un jour assez différent de celui qu'on observe chez Descartes — ce qui était donné dans une intuition est donné maintenant dans un raisonnement — cependant la nature elle-même de l'idée n'est guère différente. Il est évident, d'une part, que la non-contradiction est une des conditions des natures simples cartésiennes, et que, d'autre part, l'analyse leibnizienne ne peut se passer d'intuitions, sinon primitives en soi, du moins primitives pour nous. Il apparaît bien que Leibniz ne modifie pas profondément la nature de l'idée cartésienne, au fait qu'il n'en demande en somme qu'une garantie. Théophile, dans les *Nouveaux Essais*, a « coutume de suivre ici le langage de M. Descartes » [2], et Leibniz déclare ailleurs que le célèbre Locke, dans son Essai de l'entendement et dans ses écrits opposés à l'évêque de Worcester, « a eu raison de faire l'apologie des idées », quoiqu'il n'ait pas su en montrer le bon usage [3]. Dans ces conditions, si l'impossible, chez Descartes, c'est ce qui ne donne point d'idée claire et distincte, et le possible, ce qu'on peut concevoir, et à quoi répond une idée claire et distincte, cette définition bien expliquée pourrait être admise par Leibniz : il suffit de prendre garde qu'elle ne nous induise pas à prendre des notions trompeuses pour des notions claires [4] : ...*Non magnam esse utilitatem jactatae illius regulae : de claris tantum et distinctis approbandis, nisi meliores afferantur notae clari et distincti, quam quas Cartesius dedit.* (*Animadversiones in Cartesium*, I, 43. 45. 46., G. IV, 363.)

Or, le possible, l'essence ou vérité éternelle, pour Descartes, a son siège en notre pensée (*in mente nostra sedem habet* [5]). Au contraire, pour saint Augustin, les idées sont situées dans l'intelligence divine (*in divina intelligentia continentur* [6]). Les raisons cartésiennes, connues dans le temps et discursivement, n'excèdent point notre connaissance »; « humaines et probables seulement », elles ne

1. Cf. à Foucher, 1686, G. I, 384; G. IV, 403 et 404; *Meditationes*, G. IV, 424.
2. Cf. II, XXIX, 4, G. V, 237.
3. Cf, G, IV, 403.
4. Cf, Mme DU CHATELET, *Institutions de physique*, p. 19.
5. Cf, *Principia*, I, XLIX, A, T., VIII, 1, 23.
6. Cf. *De diversis quaestionibus*, XLVI, MIGNE, *Patr. lat.*, t. 40, col. 30. Cf. B. PFLUGBEIL, *Der Begriff der ewigen Wahrheiten bei Leibniz.*

peuvent affirmer sans leur faire tort les vérités qui dépendent de la foi ; elles sont inférieures à la puissance incompréhensible de Dieu, et ne sauraient résister au doute, puisqu'il n'y a pas d'autre nécessité absolue que celle de Dieu [1]. Tout autre est l'idée platonicienne, puisqu'elle concerne justement l'éternité, la transcendance et la nécessité absolue de Dieu.

L'essence, considérée d'abord en Dieu ou relativement à Dieu, fut conçue finalement par rapport à l'homme. Ainsi, pour éviter de confondre la vérité humaine et la vérité divine, et pour donner à la vérité humaine son autonomie, la dissociation cartésienne s'opéra entre l'incompréhensible divin et l'évidence humaine.

Leibniz adopte une position moins nette que celle de Descartes. Alors que sa conception de la possibilité, comme on vient de le voir, est parente de celle de Descartes, il retourne néanmoins aux thèses de certains scotistes, contre lesquelles précisément Descartes s'élevait. On se souvient que Leibniz peut soutenir la notion de nature individuelle sans faire mention de Dieu, et qu'il est manifeste pour lui que cette notion est possible en elle-même [2]. Les vérités nécessaires ou éternelles représentent selon lui la vérité absolue de l'intelligible en soi, et le doute auquel Descartes les soumet est inadmissible (*nihil fuit absurdius*) ; le principe de contradiction est le principe de toutes les vérités de raison ; avec lui disparaîtrait tout raisonnement, et l'on ne pourrait rien dire de Dieu ni d'aucun autre sujet. J'ai honte d'un siècle, dit Leibniz, qui se laisse abuser par une telle doctrine. C'est avec bien plus de jugement que les philosophes antérieurs ont affirmé que le contradictoire est vide de sens et qu'aucune puissance ne peut le réaliser [3]. Contrairement à la thèse cartésienne, « un athée peut être géomètre » [4], et les essences peuvent être conçues en quelque façon sans Dieu : *Essentiae quodammodo sine Deo concipi possunt*... (F. de C., *Réfutation inédite de Spinoza*, p. 24 [5].)

Que peut-il résulter de cette réunion en Leibniz de Descartes et de ses adversaires ? Leibniz a-t-il retrouvé l'intellectualisme scotiste, ou bien accepte-t-il la confusion que Descartes évitait et voulait re-

1. Cf. Descartes à Mersenne, 6 mai 1630, A. T., I, 149-150, et la lettre suivante du 27 mai 1630 (?) *ibid.*, 153 ; voir É. BOUTROUX, *Les vérités éternelles chez Descartes*, pp. 72-75.

2. Cf. G. II, 44 et 53.

3. Cf. G. IV, 327-329.

4. Cf. *Théod.*, § 184, G. VI, 226.

5. Voir un commentaire restrictif de cette formule, c'est-à-dire l'explication du *quodammodo*, à l'endroit de la *Théodicée* désigné dans la note précédente.

procher à certains théologiens ? En tout cas, si les vérités que Dieu doit contempler, appartiennent au même ordre de pensée que les essences cartésiennes, l'héritage platonicien n'est pas loin d'être dissipé. La philosophie leibnizienne nous ferait assister à l'extension du point de vue cartésien, comme semblait le percevoir Arnauld : la vérité humaine, qui était reconnue comme telle par Descartes, tendrait maintenant à se suffire à elle-même.

Les vérités humaines à ses yeux n'étant point nécessaires absolument, Descartes établissait leur certitude sur la véracité divine. Mais après avoir dissocié la vérité humaine et la vérité divine, dans quelle mesure était-il légitime de rechercher pour la vérité humaine la garantie divine ? Chez Leibniz, s'il s'agit de la même vérité que chez Descartes, on peut dire que son indépendance est devenue totale puisque sa certitude est maintenant immédiate. Descartes fonde la vérité humaine sur la volonté divine, tandis que Leibniz rapporte la vérité humaine à l'essence même de Dieu. De l'un à l'autre il n'y a qu'un pas, et le chemin continue vers Kant et l'idéalisme.

Mais l'affirmation leibnizienne de la pensée humaine peut recevoir aussi un sens faible et annoncer avec Descartes et mieux que Descartes l'agnosticisme kantien. Leibniz, dirait-on, a préparé la distinction kantienne du possible et de l'existant.

En effet la possibilité semble définie chez lui comme un monde à part : les jugements y restent valables même s'ils ne sont pas vérifiés par l'expérience, pourvu qu'ils ne violent pas la logique : «...En parlant des possibilités, écrit Leibniz, je me contente qu'on en puisse former des propositions véritables. » (*Remarques sur la lettre de M. Arnauld*, G. II, 45 [1].) Quand il n'y aurait pas de carré parfait au monde, nous ne laisserions pas de voir qu'une telle notion n'enferme point de contradiction. Le possible logique est ainsi le monde fermé du non-contradictoire : ...*Possibilia, seu quae non implicant contradictionem*... (*Causa Dei*, § 7, G. VI, 439.) «*Possibile*» *est quod non continet contraditorium seu A non A. Possibile est quod non est* Y non-Y. (Cout., *Opusc.*, 364 [2].)

Sans doute, dans le réel non plus il ne peut y avoir de contradiction ; mais les principes de la logique ne suffisent pas à le définir : il n'y a aucune contradiction en effet à imaginer tel événement com-

1. Cf. G. II, 55.

2. Cf. à Conring, 19 mars 1678, Pr. Ak., II, I, 398, 3-9 ; COUT., *Opusc.*, 371, 375 et 513 ; *Nouv. Ess.*, II, XXX, § 4, G. V, 246 ; etc.

me existant ou non; Judas aurait pu ne pas trahir, et Spinoza ne pas mourir à La Haye. Il nous faut apprendre tout cela des événements eux-mêmes. Nous devons conclure de l'expérience de la chose à son existence, et de son existence à sa possibilité réelle : ...*Quod enim actu existit vel extitit, id utique possibile est.* (*Meditationes,* G. IV, 425 [1].) On connaît la possibilité du vif argent parce qu'on sait qu'un tel fluide, extrêmement pesant et néanmoins assez volatile, existe dans la nature [2]; on peut douter qu'un verre malléable à froid soit possible : c'est à l'expérience à nous renseigner [3]. Dans ces conditions, dirait-on, comment, de la possibilité qui est purement analytique, Leibniz peut-il conclure à l'existence de Dieu, en commettant ainsi ce que Schopenhauer appelle une « délicieuse plaisanterie » [4], et Russell, une « pure inconséquence » [5] ?

L'essence médiévale tient sa portée, c'est-à-dire sa capacité d'être en effet l'essence des choses, de sa proximité effective de l'entendement divin. Quant à l'essence cartésienne, elle est proprement humaine, mais sa portée objective est assurée, puisque Dieu, créateur de l'existence, est le créateur véridique de l'essence, par quoi l'existence est saisissable par l'intelligence humaine. Leibniz, repoussant la doctrine de la création des vérités éternelles, doit retrouver, semble-t-il, la thèse médiévale, selon laquelle les essences relèvent de l'entendement de Dieu. Cependant, la doctrine de Leibniz, du fait de sa parenté avec celle de Descartes, peut présenter une signification différente : l'essence, qui n'est plus liée à Dieu au moins par la volonté de Dieu comme chez Descartes, en fait ne l'est guère davantage par l'entendement comme chez les médiévaux. Elle va donc se trouver sans appui dans la réalité suprême, et par suite sans portée objective véritable. Alors donc que chez Leibniz, la pensée paraît avoir une efficacité bien plus grande que chez Descartes, puisqu'elle se prétend fondée dans l'entendement de Dieu, en réalité, la pensée humaine, privée de la garantie que Descartes lui donnait par la création divine des essences, va se trouver bientôt seule avec elle-même, et si l'on ose dire, Gros-Jean comme devant, sans autre garantie cette fois que celle de l'expérience, et incapable d'atteindre l'existence véritable, que ce soit celle de Dieu ou celle des créatures.

---

1. Cf. COUT., *Opusc.*, 372.
2. Cf. *Discours,* § XXIV.
3. Cf. *Nouv. Ess.*, III, III, § 18, G. V, 273-274.
4. Cf. *De la quadruple racine du principe de raison suffisante*, trad. Gibelin, p. 23.
5. Cf. *La philosophie de Leibniz*, pp. 30-31 et 196.

En d'autres termes, l'essence ayant été libérée de la tutelle divine sans être véritablement rapportée à l'entendement divin, va s'en trouver séparée de Dieu, et il n'y aura plus de passage possible de l'essence à l'existence. L'idée cohérente en tant que telle, ne pourra impliquer autre chose qu'une idée cohérente; une déduction commencée dans le possible, finira dans le possible, sous peine d'être condamnée pour « réification » arbitraire de concepts. Ainsi Kant écrit que le concept est toujours possible quand il n'est pas contradictoire; sans être identique au *nihil negativum,* il est cependant un concept vide, tant que l'expérience ne l'a pas vérifié; c'est pourquoi, selon lui, on ne peut conclure légitimement de la possibilité logique des concepts à la possibilité réelle des choses [1].

Il convient pourtant de rétablir la distance entre Leibniz et Kant, avant de retrouver dans la suite le sens fort que l'on peut donner à l'affirmation universelle de la pensée humaine, telle qu'on l'observe chez Leibniz.

Si l'expérience est suffisante chez lui pour conclure à l'existence, Leibniz n'a jamais dit qu'elle fût nécessaire. Loin de là : il est possible en droit selon lui de « découvrir *a priori* l'origine du monde » et de « puiser dans le fond de l'essence pourquoi les choses sont de la manière qu'elles paraissent » [2]. Les propositions contingentes, déclare le *Discours,* « ont des raisons pour être plutôt ainsi qu'autrement » [3] : il est donc possible en droit de les déduire *a priori,* et de découvrir le monde dans ses moindres détails à l'intérieur même de l'essence.

D'autre part Leibniz a repoussé dès sa jeunesse l'« ultra-nominalisme » de Hobbes qui, non content de réduire les universaux à des noms, déclare que la vérité dépend de la volonté des hommes, puisqu'elle dépend des noms, qui sont arbitraires [4]. Selon Leibniz, il ne dépend pas de nous de former les définitions, ni de joindre les

1. Cf. *Crit. de la r. pure,* p. 428, note.

2. Cf. à Foucher, 1675, Pr. Ak., II, I, 249, 12-14.

3. Cf. § XIII.

4. Cf. *Dissertatio praeliminaris,* G. IV, 158; la *Logique* de Port-Royal, donne la définition suivante de la doctrine de Hobbes : « ...Un Anglais.., a dit, *que le raisonnement n'est peut-être autre chose qu'un assemblage et enchaînement de noms par ce mot* est. *D'où il s'ensuivrait que par la raison nous ne concluons rien du tout touchant la nature des choses, mais seulement touchant leurs appellations; c'est-à-dire que nous voyons simplement si nous assemblons bien ou mal les noms des choses selon les conventions que nous avons faites à notre fantaisie touchant leurs significations.* » (Pp. 37-38.)

vérités comme bon nous semble ; la possibilité des idées doit être montrée par la raison ou par l'expérience [1]. Qu'est-ce qu'une idée arbitraire de l'esprit humain ? « ...Toutes les idées possibles sont indépendantes de l'esprit humain, et celles qui sont impossibles ne sont pas même arbitraires, puisqu'il n'est pas en notre pouvoir de les concevoir. » (G. IV, 404.) La vérité n'est pas dans les mots ou les signes — qui sont arbitraires en effet — mais dans les idées mêmes, qui sont indépendantes de toute pensée, y compris, en un sens, de celle de Dieu, puisque la possibilité est la « seule chose que Dieu n'a point faite», n'étant point auteur de son propre entendement [2].

Dans ces conditions, l'empirisme de Locke ne saurait subsister : « ...Les sens... ne donnent jamais que des exemples, c'est-à-dire des vérités particulières ou individuelles» (*Nouv. Ess*., Av. prop., éd. Boutr., p. 121), et les idées, ne naissant que de la « rencontre des sens », sont « originairement dans notre esprit » [3]. « ...*Le moi* en nous... raisonne par le moyen des vérités universelles, nécessaires et éternelles, non point fondées sur les sens, ni sur l'induction des exemples, mais sur la lumière interne et divine des idées, qui constitue la droite raison. » (A l'électrice Sophie, 12 juin 1700, G. VII, 553.) Nos vérités sont « fondées » [4] dans l'entendement divin ; elles trouvent en lui leur « source » [5], leur « origine » [6], leur « original » [7] ; elles sont en lui « réalisées » [8] ou « enracinées » [9] ; elles sont des « rayons » de la sagesse divine et du Verbe éternel [10] ; bref, « notre entendement vient de Dieu » (à Lady Masham, 30 juin 1704, G. III, 353). Il est donc permis de dire avec Malebranche que nous voyons tout en Dieu, puisque nous participons de ses perfections : ...*Ob concursum divinum, qui cuique creaturae continuo tribuit, quidquid in ea est perfectionis, potest dici objectum animae externum esse solum Deum, eoque sensu Deum esse ad mentem,*

---

1. Cf. à Jean Galois, fin octobre 1682, Pr. Ak., II, I, 529, 32-530, 5 ; *Nouv. Ess*,, III, III, § 15, G. V, 273.
2. Cf. *Nouv. Ess*., IV, V, § 2, G. V, 377 ; *Théod*., § 380, G. VI, 341 ; COUT., *Logique*, pp. 103-107.
3. Cf. l'extrait du *Monatlicher Auszug*, G. V, 37.
4. Cf. à Bourguet, 11 avril 1710, G. III, 550.
5. Cf. *Monad*, § 43.
6. Cf. GUHR, *Deutsche Schr*., I, 410.
7. Cf. *Nouv. Ess*., IV, XI, § 14, G. V, 429.
8. Cf. *Théod*., § 189, G. VI, 229.
9. Cf. à Hansch, 25 juillet 1707, DUT. t. II, 2, 223.
10. Cf. GUHR., *Deutsche Schr*., II, 35.

ut lux ad oculum. Haec est illa divina in nobis relucens Veritas, de qua toties Augustinus, eumque in ea re sequutus Malebranchius. (A Hansch, 25 juillet 1707, *De enthusiasmo Platonico,* Dut., II, 1, 224.)

Ainsi l'idée possible n'exprime pas pour Leibniz comme pour Kant l'accord de la pensée avec ses conditions subjectives, mais son accord avec la pensée absolue. Le réel qui, chez Kant, n'est perçu que du point de vue de l'homme, veut l'être encore, chez Leibniz, par rapport à Dieu et en Dieu, c'est-à-dire dans sa vérité, et l'idée chez lui se dit objective, parce qu'elle se rattache à l'entendement divin. Si le passage du possible au réel, chez Kant, ne peut s'opérer que par l'expérience, chez Leibniz c'est chose évidente que la connaissance porte sur la vérité des êtres, puisque nous participons de l'intelligence divine. L'idée est de Dieu avant d'être de la chose, et c'est pour cela qu'elle peut être l'idée de la chose.

Cependant, quelles que soient les similitudes entre la pensée de Leibniz et celles de saint Augustin et surtout de Duns Scot, un abîme se creuse entre l'ensemble doctrinal platonico-aristotélicien et le rationalisme dogmatique des modernes. Chez les anciens, il s'agit de la science des choses par leur Cause unique et suffisante; chez les modernes, le schéma de la métaphysique antérieure est encore présent, mais l'ambition de la pensée, de plus en plus, est d'expliquer le monde d'une façon « rationnelle et humaine ». Le rationalisme dogmatique moderne est issu de Descartes; or, « Descartes fait précisément sur les essences, écrit E. Bréhier, un travail de portée analogue à celui que les Sociniens de son époque faisaient sur le Christ; il les humanise comme ils ont humanisé le Christ... » (*La philosophie et son passé,* p. 116). Les idées dont traite Leibniz, sont celles des sciences humaines; celles dont l'artisan, le marchand ou le militaire ont une connaissance confuse (ainsi le canonnier sait par ouï-dire ou pour l'avoir mesuré souvent, que les corps sont jetés le plus loin par un angle de 45 °[1]) ; ce sont les idées dont le mathématicien prend conscience par des raisonnements démonstratifs (soient les nombres par ordre :

0 1 2 3 4 5 . . .

et leurs carrés :

0 1 4 9 16 25 . . .

puis les différences de ces carrés :

0 1 3 5 7 9 . . .;

1. Cf. au Landgraf Ernst von Hessen-Rheinfels, novembre 1686, G. II, 82.

on démontre que ces différences donnent en effet la suite des nombres impairs [1]; celles enfin que cherche à définir la science expérimentale (« quoique les expériences, écrit Wolff, ne soient proprement et considérées en elles-mêmes que des propositions particulières, il est aisé cependant d'en tirer des propositions universelles, pourvu que l'on ait eu soin d'observer toutes les circonstances dans lesquelles telle ou telle chose s'est faite » [2]). Le rationalisme dogmatique est donc caractérisé par la volonté de fonder dans l'absolu ce qui n'est qu'une connaissance humaine, et de fixer dans l'immobile une pensée qui s'oriente vers le contingent ; il songe encore à Platon en usant de la méthode de Galilée et de Descartes : il dit comme Platon alors qu'il fait comme Descartes.

Le XVIIe siècle est déjà un siècle des « lumières » : le mot est à la mode pour désigner l'intelligence [3]; mais non pas l'intelligence qui était la vie proprement dite, au delà de la vie sensible et contingente, mais l'intelligence nouvelle, ennemie des chimères et curieuse de vérité, fondée sur l'accord de l'individu avec lui-même plutôt qu'avec Dieu.

Il s'ensuit que l'innéisme, chez les modernes, loin de nous conduire véritablement à Dieu, peut nous en tenir éloigné en fermant l'âme sur une pensée proprement humaine ; ou, à prendre les choses d'une autre façon, il peut nous rapprocher abusivement de Dieu, puisqu'il situe en nous la vérité du monde. Soumise à des conditions limitatives chez Descartes, la pensée humaine chez Leibniz enveloppe en quelque façon Dieu même.

Cette distinction entre les doctrines platoniciennes et aristotéliciennes d'une part, et le rationalisme dogmatique de l'autre, n'est pas faite par la philosophie critique. Outre l'empirisme, Kant vise le rationalisme moderne, et sa critique est efficace dans la mesure où Descartes et Leibniz se sont placés au point de vue de la critique, c'est-à-dire au point de vue des sciences modernes ; mais elle n'atteint pas les doctrines que Kant n'a pas envisagées, sinon dans l'image déformée qu'en donnaient les modernes. Les pensées qui se situent effectivement à un point de vue différent, c'est-à-dire plus général, échappent à la philosophie critique, puisque l'examen qu'elle peut en faire ne concerne pas leur nature véritable.

1. Cf. à l'électrice Sophie, 12 juin 1700, G. VII, 553.

2. *Logique ou réflexions sur les forces de l'entendement humain*, p. 144.

3. Cf. G. CAYROU, *Le français classique*, pp. 527-528.

Leibniz hérite de l'Ecole le schéma de sa doctrine de la possibilité : Dieu connaît les essences et les existences comme possibles avant de les connaître comme réelles ; le même Adam peut être considéré tantôt comme possible, tantôt comme créé, car au monde créé correspond en Dieu l'idée de ce monde [1]. Le décret de création ne change rien dans la constitution des choses, « ni dans leur essence ou nature, ni même dans leurs accidents, représentés déjà parfaitement dans l'idée de ce monde possible » [2]. Le monde se distingue donc de Dieu comme l'être possible, fini et contingent se distingue de l'être nécessaire et infini, à qui rien n'échappe puisqu'il a pensé les essences et les accidents comme il les a réalisés. Le monde créé est tout entier voulu et pensé par Dieu.

Mais Leibniz est en même temps un physicien et un mathématicien modernes ; il vient après Descartes et accepte l'influence de la philosophie nouvelle dont l'objet n'intéresse souvent que l'homme pour lui-même. La possibilité, définie précédemment par rapport à Dieu, tend donc à se définir relativement à l'homme. Ce rapprochement remarquable de deux tendances philosophiques explique l'évolution postérieure de la pensée occidentale, et c'est pourquoi la doctrine leibnizienne suggère des réserves que les doctrines médiévales ne souffrent pas, s'il est vrai que l'intention de ces dernières est purement et simplement de rattacher le monde à Dieu, d'ordonner toute chose par rapport à sa cause suprême, et d'inviter l'âme à s'élever à la pensée en Dieu de l'univers, fondée elle-même dans la pensée en soi de Dieu même.

---

1. Cf. *Remarques sur la lettre de M. Arnauld*, G. II, 40-41 ; à Arnauld, juin (14 juillet) 1686, G. II, 55 ; Arnauld à Leibniz, 13 mai 1686, G. II, 29 et 31 ; COUT., *Opusc.* 520.

2. Cf. *Théod.*, § 52, G. VI, 131.

CHAPITRE IV

Le choix de Dieu

La pensée précartésienne est encore présente chez Leibniz, comme on l'a vu à la doctrine de la possibilité. Mais cette pensée ne se retrouve pas chez lui dans toute sa force et sans mélange : l'idée, au lieu de concerner Dieu seulement, devient aussi l'expression d'un ordre particulier et proprement humain d'intelligibilité.

Nous allons faire les mêmes observations en reprenant la théorie de la possibilité par rapport au problème de la contingence du monde [1].

Pourquoi le monde existe-t-il ? C'est une question chez Leibniz qui n'est pas dépourvue de sens, puisque la pensée chez lui n'est pas installée dans le monde de façon à s'empêcher de rien connaître au delà. Lorsque les *Principes* demandent pourquoi il y a quelque chose plutôt que rien, on voit qu'il s'agit des choses du monde, et que même s'il n'y avait rien, Dieu serait toujours présent. Au delà du monde ou agrégat des choses finies, lit-on dans le *De rerum originatione radicali,* il y a un Etre unique et souverain : *Praeter mundum seu aggregatum rerum finitarum datur Unum aliquod Dominans...* (G.

1. Dans GRUA, *Textes,* t. I, pp. 258-262, la notice introduisant la section V fait l'histoire de l'optimisme chez Leibniz.

VII, 302.) Dieu domine l'alternative du quelque chose ou du rien, du monde ou du néant [1].

Le monde « que nous voyons et expérimentons » est donc contingent : il pourrait être ou ne pas être, et ne contient pas en lui-même la raison de son existence. Les événements du monde ont beau s'expliquer les uns par les autres, ils ne sauraient rendre compte de leur présence même. On expliquera un mouvement par un autre mouvement, un homme par un autre homme, mais on ne sortira jamais de la contingence, si loin qu'on avance dans la recherche des causes secondes, et il faudra toujours une raison de l'existence même des choses. C'est en Dieu, qui dépasse le monde, qu'est située la raison suffisante du monde [2].

Disons tout de suite que cette argumentation leibnizienne s'accorde tout à fait avec la pensée « ancienne », mais à la condition que la raison suffisante du monde soit vraiment autre que le monde, sinon quel bénéfice trouverait-on en elle ? La Cause dernière, qu'on n'atteint pas en s'arrêtant arbitrairement dans l'énumération des causes secondes, et qui n'est pas davantage le dernier terme de cette série puisqu'il ne saurait y en avoir, si elle est, selon l'expression leibnizienne, « hors de la suite des contingences », doit être véritablement transcendante par rapport à son effet ; et ce qu'on dira d'elle sera d'autant plus satisfaisant, c'est-à-dire d'autant plus nécessaire et universel, qu'on tiendra compte davantage de ce caractère.

C'est donc en Dieu, selon la *Théodicée,* qu'il faut chercher la raison du monde, c'est-à-dire de la présence et de l'ordre contingents des choses. Il convient pour cela d'admettre en Dieu l'idée de plusieurs mondes possibles, en distinguant les essences ou vérités éternelles, que ces mondes possibles ont en commun, et les possibles contingents, en quoi ces mondes diffèrent les uns des autres [3]. Les essences ne supposent pas le choix de Dieu et présentent en nous le même caractère de nécessité; c'est pourquoi, on s'en souvient, nous pouvons les concevoir *quodammodo sine Deo.* Quant aux possibles contingents, concernant les circonstances variables de l'existence, ils enveloppent les décrets libres de Dieu. Les existences ne peuvent donc être conçues sans Dieu : *existentiae Deum involvunt* (F. de C., *Refutation inédite de Spinoza,* p. 24), puisque sans Dieu elles ne

1. ...*Destructis creaturis superesset Deus*...(GRUA, *Textes,* II, 559.)

2. Cf. *De rerum origin.*, G. VII, 302; *Théod.*, § 7, G, VI, 106; *Monad.*, §§ ..-38; *Principes,* §§ 7-8.

3. Cf. C.-A. VALLIER, *De possibilibus apud Leibnizium,* p. 48.

seraient pas et ne connaîtraient pas ces déterminations plutôt que d'autres [1].

En réfutant Spinoza, d'après lequel les possibles seraient tous nécessaires, Leibniz reprend souvent ces considérations. Les choses du monde, dit-il, ne suivent pas de Dieu comme les théorèmes sont déduits de la nature du triangle; il n'y a pas d'analogie entre les essences et les existences [2] : les possibles des individus n'ont pas, comme les essences, de connexion *nécessaire* avec Dieu [3], car les existences étaient possibles sans contradiction de différentes façons (*multis modis res esse possibiles* [4]). Un événement réalisé était nécessairement possible, mais il ne s'ensuit pas qu'il était nécessaire, car le possible est plus large que le réel. Il pouvait se faire que les choses ne fussent pas telles qu'elles sont; il y a donc des possibles qui n'ont pas été réalisés et qui ne le seront jamais : ce sont les purs possibles [5]. De même, si une existence peut toujours être remplacée par une autre, il y a des existences impossibles relativement aux autres [6] : un possible, sans doute, c'est ce qui est parfaitement concevable, mais on ne peut savoir s'il deviendra une existence sans considérer si le reste des choses lui permet de devenir existant [7] : tous les possibles ne sont pas compossibles, c'est-à-dire compatibles entre eux [8]. Ainsi, l'entendement et la puissance de Dieu embrassent non seulement un univers unique, celui qui existe en fait, mais aussi tous les autres univers possibles, et sa volonté produit les choses par un acte de choix et non par nécessité [9]. Ecartons donc l'opinion de ceux qui conçoivent Dieu comme une force suprême, de quoi toutes choses émanent indistinctement (*indiscriminatim*) par une sorte de nécessité d'exister, sans discernement du beau et du bien [10].

---

1. Sur le rapport qu'il y a entre les notions primitives simples, de caractère essentiel, qui sont en droit les fondements de la caractéristique universelle, et les unités existentielles des monades, on trouvera des éclaircissements très importants dans M. GUÉROULT, *Substance and the primitive simple notion in the philosophy of Leibniz* dans *Philosophy and phenomenological research*, vol. VII N° 2 (Buffalo, New-York, 1946), pp. 293-315; *La constitution de la substance chez Leibniz* dans *Revue de métaphysique et de morale* (janvier 1947), pp. 55-78.
2. Cf. F. DE C., *Réfutation inédite de Spinoza*, p. 50.
3. Cf. *ibid.*, pp, 24 et 26.
4. Cf. *ibid.*, 48; à Jablonski, 23 janvier 1700, GUHR., *Deutsche Schr.*, II, 139-140.
5. Cf. à Arnauld, juin (14 juillet) 1686, G. II, 55-56.
6. Cf. *De libertate*, F. DE C., *Nouv, lett.*, 178-179.
7. Cf. à Bourguet, décembre 1714, G. III, 573-574.
8. Cf. COUT., *Opusc.*, 534, 7.
9. Cf. G. III, 545.
10. Cf. *Systema theol.*, pp, 3 et 5.

Au nom des mêmes principes, Leibniz n'approuve pas davantage le sentiment de Descartes, pour qui les possibles sont tous élus. Il n'admet pas que la matière prenne toutes les formes possibles : elle ne peut recevoir selon lui que les formes les plus parfaites, autrement il faudrait dire qu'un temps viendra où régnera le désordre, ce qui est tout à fait contraire à l'idée qu'on peut se faire de Dieu [1]. Si Dieu fait tout ce qui est faisable, et passe suivant un ordre nécessaire et fatal par toutes les combinaisons possibles, il n'est plus Dieu, puisque la seule nécessité de la matière y suffirait : il semble alors que Dieu n'est que cette nécessité ou ce principe de la nécessité agissant dans la matière comme il peut [2]. Descartes finit donc où Spinoza commence : *in naturalismo* [3]. Que la matière prenne toutes les formes possibles, comme le veut Descartes, ou que cela seul soit possible qui vient à l'existence, comme le veulent Spinoza et Hobbes, c'est toujours la même pensée : ce qui arrive est nécessaire [4]. Mais c'est là une opinion très mal fondée, car le monde est ordonné et l'ordre suppose l'intervention volontaire et intelligente de Dieu.

Dans la condamnation cartésienne des causes finales [5], Leibniz voit donc l'exclusion de Dieu de l'univers, et c'est très sincèrement qu'il reproche à Descartes une « profanité dangereuse » [6] et « certaines semences » défavorables à la religion et à la piété [7]. « Si Dieu est l'auteur des choses, et s'il est souverainement sage, on ne saurait assez bien raisonner de la structure de l'univers, sans y faire entrer les vues de sa sagesse, comme on ne saurait assez bien raisonner

1. Cf. à Philipp, début décembre 1679, Pr. Ak., II, I, 495, 19-21.

2. Cf. lettre de 1679 (?), Pr. Ak., II, I, 501, 19-24 ; COUT., *Opusc.*, 530 : *Si omnia possibilia existerent nulla opus esset existendi ratione, et sufficeret sola possibilitas. Quare nec Deus foret nisi in quantum est possibilis. Sed talis Deus qualis apud pios habetur non foret possibilis, si eorum opinio vera est, qui omnia possibilia putant existere.*

3. Cf. F. DE C., *Réfutation inédite de Spinoza*, pp. 46 et 48.

4. Cf. COUT., *Opusc.*, 2.

5. Descartes sans doute ne condamne pas les causes finales en elles-mêmes. Interprétant Descartes, J. Laporte écrit : « Comme les organes et fonctions du composé humain, tous les êtres qui composent le monde dans son ensemble sont certainement ordonnés à des fins. Mais parce que le monde est impossible à saisir dans son ensemble par un entendement fini, ces fins « surpassent la portée de notre esprit » et nous serions « téméraires » de les vouloir connaître. » (*Le rationalisme de Descartes*, p. 360.)

6. Cf. G. IV, 344.

7. Cf. à Nicaise, 15 février 1697, G. II, 563.

sur un bâtiment, sans entrer dans les fins de l'architecte. » (*Réponse aux réflexions qui se trouvent dans le* 23e *Journal des Savants de cette année* [1697], G. IV, 339.) Comment reconnaître un auteur intelligent de la nature, si l'on est sérieusement dans ces sentiments qui donnent tout à la nécessité de la matière ou à un certain hasard [1] ? Il semble que c'est en vain et par manière d'acquis qu'on a mis en avant une intelligence souveraine [2]. Modernisant l'exemple du *Phédon,* Leibniz remarque qu'il serait étrange de rendre raison d'une conquête voulue et dirigée par un grand prince, en invoquant les petits corps de la poudre à canon, délivrés à l'attouchement d'une étincelle et suffisamment rapides pour pousser un corps dur et pesant contre les murailles de la place [3]. Ainsi le physicien qui étudie la nature, ne saurait oublier qu'elle est l'ouvrage de Dieu.

En renonçant à quinze ans à la philosophie scolastique, Leibniz tombait dans le déterminisme des mécanistes. Mais il ne pouvait accepter davantage le « naufrage dans l'athéisme » [4] que le « verbalisme » de l'Ecole. Le problème était donc pour lui de briser la chaîne de nécessité aveugle qui, selon la science nouvelle, constituait les événements du monde et rendait inutile la considération de Dieu, tout en conservant à cette science ses qualités de clarté, de rigueur et d'utilité.

La solution est donnée par la reconnaissance, jusque dans l'objet de la physique nouvelle, de la contingence propre à l'existence. En mathématiques, note Leibniz, où l'on est dans le domaine des essences, les conclusions sont dictées par la nécessité des choses, de telle sorte qu'il n'y a aucun choix possible dans les réponses à donner, sous peine de contradiction. Dans un triangle, la somme des angles n'est déterminable que d'une seule manière : elle ne peut être autre qu'égale à deux droits. Au contraire, dans le domaine de la physique, les choses peuvent se trouver dans une multitude d'états, dont aucun ne peut être déduit de leur essence par voie de nécessité : les faits sont ce qu'ils sont par la volonté de Dieu et non par la nécessité des idées. S'ils s'accordent cependant avec les idées, cela est admirable et cela prouve justement l'intervention de la volonté ordonnatrice de Dieu. Contingence, en effet, ne signifie pas hasard. Cicéron s'est moqué finement et à juste titre du *clinamen* d'Epicure, qui

1. Cf. *Discours,* § XIX.
2. Cf. G. IV, 344.
3. Cf. *Discours,* § XIX.
4. Cf. à Thomasius, 20 (30) avril 1669, Pr. Ak., II, I, 24, 6.

introduisait dans le monde un vide de raison : ...*Eleganter Epicurum irridens, quod quiddam sine causa et ratione in suis hypothesibus... introducat.* (A Thomasius, 20 [30 avril] 1669, Pr. Ak., II, I, 21, 3-4 [1].) Il est non seulement déraisonnable, mais encore impie de supposer dans le monde quelque chose qui pût se produire sans raison. La volonté de Dieu est toujours accompagnée d'une raison suffisante ; admettre le contraire, c'est placer en Dieu une liberté d'indifférence tout à fait contraire à sa sagesse, comme si Dieu pouvait agir sans raison [2].

Il faut donc distinguer deux types de connexions raisonnables : celles d'une part qu'impose la nécessité géométrique ou absolue, et celles d'autre part que proposent la convenance, la préférence, la nécessité *ex hypothesi*, ou enfin l'ordre. Passant des mathématiques à la physique, Archimède, outre le principe de contradiction ou de nécessité absolue, doit se servir d'un principe nouveau, celui du besoin d'une raison suffisante : si une balance à bras égaux, dit-il, chargés de poids égaux, doit rester en équilibre, c'est qu'il n'y a pas de raison pourquoi l'un des bras descendrait plus que l'autre [3]. Ainsi Dieu a ordonné le monde selon la raison. Le désordre n'était pas impossible, mais Dieu a choisi l'ordre. Supposons deux mouvements, l'un et l'autre dans les côtés d'un triangle rectangle ; l'idéal d'ordre nous dit qu'ils se composeront suivant l'hypoténuse, mais rien ne nous assure que les choses se passeront ainsi dans la nature. En fait les choses se passent ainsi : cela est beau, mais on n'y voit aucune nécessité géométrique ; ce défaut même de nécessité relève la beauté des lois que Dieu a choisies [4]. Les lois du mouvement qui se trouvent effectivement dans la nature, ne sont pas démontrables comme le serait une proposition géométrique ; la règle de la composition des mouvements n'a pas le même caractère de nécessité que les théorèmes de géométrie concernant le parallélogramme : il s'agit ici de la nécessité brute de Straton ou de Spinoza, là du principe de la perfection et de l'ordre, preuve merveilleuse d'un être intelligent et libre [5]. Il en est de même du principe général de continuité [6]

1. Cf. *Théod.*, § 169, G. VI, 211 ; CICÉRON, *De fato*, IX, 18 ; XX, 46-48 ; *De finibus*, I, VI, 17-20 ; *De nat. deorum*, I, XXV.

2. Cf. à Clarke, 3e écrit, § 7, G. VII, 364-365.

3. Cf, à Hartsoeker, 6 février 1711, G. III, 518-519 ; à Clarke, 2e écrit, G. VII, 355-356 ; G. VII, 301 ; COUT., *Opusc.*, 519.

4. Cf. *Théod.*, § 347, G. VI, 320-321, G. IV, 232 ; HANNEQUIN, *Etudes d'histoire des sciences et d'histoire de la philosophie*, pp. 138-139.

5. Cf. *Théod.*, § 345, G, VI, 319,

6. Cf. *Lettre de M. L. sur un principe général*, G. III, pp. 51 sqq.

et de la maxime non moins fondamentale de l'égalité de la cause pleine et de l'effet entier : que nous enseignent ces lois suprêmes de la nature, si ce n'est la raison que Dieu a mise en nous et qu'il nous permet de reconnaître dans ses ouvrages ? Ces principes sont tirés de la métaphysique [1]. Ainsi la physique nouvelle peut et doit être étudiée *ex consideratione sapientiae divinae* [2] : partout dans l'univers, les effets sont obtenus par la voie la plus courte, ou en tout cas la plus déterminée et la plus simple [3] : ...*Conditor rerum ita creavit lumen, ut ex ejus natura pulcherrimus ille eventus nasceretur* (*Unicum opticae, catoptricae et dioptricae principium,* Dut., III, 146) ; et ces principes de perfection, loin de se borner au général, descendent dans le particulier des choses ; comme on voit dans la mathématique nouvelle que deux points, si rapprochés soient-ils, pris sur la ligne de la plus courte descente, interceptent entre eux la ligne de la plus courte descente à leur égard, ainsi « les moindres parties de l'univers sont réglées suivant l'ordre de la plus grande perfection ; autrement le tout ne le serait pas » [4]. En un mot, « c'est du principe de la convenance que naît la doctrine de l'action ou dynamique » [5].

En évitant de concevoir les lois du mouvement comme purement arbitraires ou comme purement nécessaires [6], Leibniz atteint donc son but, qui est de rattacher la physique à la métaphysique — ou le système du monde à l'entendement et à la volonté de Dieu — sans compromettre les avantages de la science nouvelle. La véritable physique, qui ne laisse pas d'être la physique des modernes, doit être puisée, selon lui, à la source des perfections divines; c'est des causes finales et de la considération d'un être agissant avec sagesse qu'il faut tout déduire en physique : c'est là sanctifier la philosophie. Les penseurs les plus raisonnables l'ont toujours reconnu : *Quo quisque in philosophia interiore versatior est, eo facilius hoc agnoscit* ; mais il y en a bien peu jusqu'ici qui en aient déduit des vérités scientifiques de conséquence [7].

1. Cf. à des Billettes, 11 (21) octobre 1697, G. VII, 455 ; à Bayle, G. III, 45-46 ; etc.

2. Cf. *Principium quoddam generale*, G. Math., VI, 129.

3. Cf. *Tentamem anagogicum*, G. VII, 274.

4. Cf. *Tentamem anagogicum*, G. VII, 272-273.

5. Cf. COUT., *Opusc*, 526,

6. Cf. à Bourguet, 11 avril 1710, G. III, 550 ; *Tentamem anagogicum*, G. VII, 272.

7. Cf. *Lettre de M. L. sur un principe général*, G. III, 54, *Principium quoddam generale*, G. Math., VI, 134,

On ne saurait trop remarquer la volonté leibnizienne d'éviter une coupure entre la pensée humaine et la pensée divine, et de faire de la science physique un chemin possible vers Dieu. Si Dieu est la raison suffisante de l'univers, comment connaîtrait-on l'univers sans lui ? Aussi dans l'ordre du monde, Leibniz voit l'ordre que Dieu y a établi [1]; il conserve aux idées mathématiques un sens qualitatif et emploie avec la même nuance les mots « art » et « architecture » : ...« *Naturam* » *universam esse, ut sic dicam,* « *artificium Dei* »... (*De ipsa natura,* § 2, G. IV, 504-505 [2].) Trouver les desseins de Dieu dans le monde, c'est, selon lui, reconnaître les perfections de son auteur, et l'on y réussit d'autant mieux qu'on reconnaît mieux les perfections divines [3]. Le principe de raison n'est donc rien d'autre que le principe de la perfection de Dieu : mes opinions, dit Leibniz, « sont presque toutes liées avec le grand principe de la suprême raison et perfection de Dieu » [4].

Cependant, la doctrine de Leibniz ne peut être acceptée sans réserve, car il importe que ce soit vraiment Dieu que l'on retrouve à l'occasion de la nature et non pas des pensées humaines en quelque sorte divinisées. Il semble à l'auteur de l'*Hypothesis physica nova* que l'éther des physiciens modernes (celui de Torricelli, de Hobbes et de lui-même) peut être cet Esprit du Seigneur qui planait sur les eaux [5]; le correspondant de Basnage et de Burnett pense que pénétrer avec Archimède, Galilée, Képler, Descartes, Huyghens et Newton dans les raisons de la nature, c'est pour ainsi dire être admis au conseil de Dieu [6]. Mais n'est-ce pas là des rapprochements critiquables entre des ordres de pensée différents ? Sans doute, il est possible de s'élever à Dieu de la physique des modernes comme de partout ailleurs, car toute pensée dépend de Dieu. Mais Dieu ne dépend de rien, et le résultat de la méditation ne doit pas être affecté

1. „*Deum, sedem harmoniae universalis...* (A Arnauld, début novembre 1671, Pr. Ak., II, I, 174, 8.)

2. Cf. *Tentamen anagogicum,* G. VII, 278-279; *Principes,* § 14, G. VI, 604-605; *Discours,* § XXII : «...La beauté de la divine anatomie..,» (Cf, *Tentamen anag.,* G. VII, 273.) Sur « art » et « architecture », voir Platon, Aristote et les stoïciens (*v. g.* CICÉRON, *De nat. deor.,* II, XXII, Teubner, partis IV vol. II, pp. 66-67.)

3. Cf. à Lady Masham, mai 1704, G. III, 341-342.

4. Cf. à la princesse de Galles, 2 juin 1716, G. VII, 379; à Clarke, 4e écrit, § 18, G. VII, 373; 5e écrit, §§ 18-19, G. VII, 393.

5. Cf. G. IV, 183.

6. Cf. à Basnage, G. III, 121; à Burnett, *ibid.,* 261-262.

facit. La pensée est donc invitée à s'élever jusqu'à l'intelligence suprême (*in illius summae intelligentiae cacumen, si possumus, erigamur*), pour percevoir ce qui n'est réservé qu'au contemplateur du divin (*divini speculator*).

Dieu étant donc situé au niveau de sa réalité propre (*porro ab rebus infimis*) et dans l'unité et l'indépendance qui lui conviennent, il faudra dire du monde qu'il l'imite comme il peut (*ex simplicitate praesentiae decrescit in infinitam futuri ac praeteriti quantitatem* [1]) ou le mieux possible, tourné vers le Souverain Bien qui dirige toutes choses (*est igitur summum bonum, quod regit cuncta* [2]) selon un ordre parfait (*res optime reguntur* [3]). Il ne s'agit donc point comme chez Leibniz de notre monde qui serait comparé à d'autres mondes et qui serait déterminé sous la forme que nous lui connaissons par l'acte d'une volonté de choix entre le meilleur et le moindre bien ou le mal. Il s'agit de la volonté divine en elle-même, qui ne peut être autre que parfaite, étant l'expression du Bien lui-même. Le monde est ce qu'il est parce que Dieu l'a voulu; il est donc le meilleur, mais non pas dans les caractères que nous pouvons lui attribuer, ni par rapport à d'autres mondes, mais par ce seul fait que la volonté de Dieu est parfaite. « Il n'est pas permis au meilleur, écrit Platon dans le *Timée*, de faire autre chose que le plus beau » (θέμις δὲ οὔτ'ἦν οὔτ'ἔστι τῷ ἀρίστῳ δρᾷν ἄλλο πλὴν τὸ κάλλιστον [4]) ; on lit donc en achevant ce dialogue que le monde est très grand, très bon, très beau et très parfait; à quoi correspond la formule stoïcienne : ...*Nihil omnium rerum melius est mundo, nihil praestabilius, nihil pulchrius*... (Cicéron, *De nat. deorum*, II, VII.) On apprend de même chez Plotin que le divin agit selon sa nature (ποιεῖ γὰρ πᾶν τὸ θεῖον ὡς πέφυκε [5]). Enfin, c'est au nom aussi de la seule perfection ineffable de Dieu que saint Augustin écrit que la justice divine a fait non seulement que toutes choses soient, mais encore qu'elles ne puissent être meilleures (*ut non modo sint omnia, sed ita sint, ut omnino melius esse non possint* [6]), et que Denys l'Aréopagite affirme que Dieu étend sa bonté à tout être autant qu'il

---

1. Citations extraites du livre V, proses V et VI, MIGNE, *Patr. lat.*, t. 63, coll. 853-862.
2. III, pr. XII, col. 780.
3. IV, pr. VI, col. 817,
4. 30 a.
5. *Enn.*, III, 2, 13.
6. *De quantitate animae*, XXXIII, 73, MIGNE, *Patr. lat*, t. 32, col. 1075. Sur l'optimisme de saint Augustin, voir CH. BOYER, *L'idée de vérité dans la philosophie de saint Augustin*, pp. 177-178.

est possible à chacun d'en participer (*in omnia quae sunt extendit benignitatem... Omnia ad esse perduxit, et omnia vult semper fieri similia sibi ipsi* [1]).

On retrouve ainsi les formules de Leibniz sans que leur signification comporte les mêmes nuances. Le platonisme est en toute netteté un optimisme de Dieu et non pas un optimisme du monde. S'il affirme que le monde est parfait, cette perfection n'est assurée en aucune manière par la limitation de la puissance divine, puisqu'elle ne se définit en aucune manière relativement à nous. Ce n'est point par rapport à lui-même que le monde est parfait, mais seulement par rapport à Dieu son auteur; corrélativement, on ne saurait trouver dans le monde le secret de l'ordre du monde : *super omnia est omnium causa* [2].

1. *De div. nom.*, IV, 1, trad. Hilduin, éd. Théry, p. 197; *Epist.*, VIII, *ibid.*, p. 318. Cf. ECKHART, *Œuvres*, Gallimard, p. 192; Aubier, p. 134. Voir dans R. GUÉNON, *Les états multiples de l'être*, pp. 21-29, la critique de la doctrine leibnizienne de la préférence divine.

2. DENYS L'ARÉOPAGITE, *Epist.* V, trad. Hilduin, éd. Théry, p. 310.

CHAPITRE V

La matière et le corps

Le sens du mot « matière » s'est fortement transformé au cours de l'histoire : les conceptions actuelles, celles des savants ou de l'homme de la rue, n'ont rien de commun avec les explications plus anciennes [1]. Dans cette évolution, le rôle de la « philosophie nouvelle », au XVIIe siècle, a été capital. Leibniz, ici comme ailleurs, tient compte des anciens, tout en participant à l'effort de la pensée moderne : sa doctrine de la matière a donc deux aspects que nous examinerons tour à tour.

Les principes sur lesquels elle s'appuie dans sa lutte contre l'atomisme épicurien ou le « géométrisme » cartésien, dépendent tous de l'affirmation que rien n'est sans raison. On peut les distinguer de la façon suivante : 1) le principe d'intelligence totale ou de l'insuffisance du fait ; 2) le principe d'unité ou de réalité véritable ; 3) le principe de variété ou de l'existence complète. Les deux derniers principes ne font en somme que développer ou reprendre d'une autre façon les résultats acquis par le premier.

---

1. Cf. M. MAUSS, *Conceptions qui ont précédé la notion de matière*, dans *Qu'est-ce que la matière ?* Onzième semaine internationale de synthèse, p. 16.

Accepter un fait comme tel, c'est pour Leibniz accepter de le détacher de l'existence, puisque tout ce qui existe a sa raison ; c'est accepter quelque chose qui serait à la fois inintelligible et sans réalité. Le fait pur et simple serait comme une réalité qui se constituerait en dehors de la raison et en dehors de Dieu. Ainsi s'explique la recherche leibnizienne, constante et puissante, de la raison des choses matérielles : il s'agit en même temps de les fonder en réalité et de leur enlever leur caractère absurde ou illusoire de suffisance en soi. L'univers étant le produit de l'intelligence et de la volonté divines, il faut donner des choses une définition suffisante, c'est-à-dire une définition qui ne les rejette pas dans l'indétermination et le chaos d'où elles sont sorties.

Dès 1668, Leibniz critique l'atomisme en montrant que le corps ne peut s'expliquer par lui-même : de l'existence dans l'espace, qui définit le corps, on peut bien déduire la grandeur, la figure et la mobilité, mais non pas le fait de telle grandeur, de telle figure et du mouvement lui-même : *Apparebit... ex natura corporum rationem certae in iis figurae et magnitudinis reddi non posse... Ex natura quidem corporis oriri mobilitatem, sed non ipsum motum.* (*Confessio naturae contra atheistas*, G. IV, 107.) Pour rendre compte des déterminations de l'étendue corporelle, il faut donc avoir recours à un être incorporel. Cet être est unique, comme le montre l'harmonie de l'univers et l'interaction des corps (*praesertim cum corpora motum habeant, non singula a suo ente incorporali, sed a se invicem*, G. IV, 109 [1]). Ainsi, l'analyse dernière des corps révèle que la nature ne peut se passer de l'aide de Dieu : *Recte igitur in reddenda atomorum ratione confugiemus ad Deum denique...* (G. IV, 109 [2].)

Leibniz se libère donc très tôt de la séduction de l'atomisme, qu'il a décrite plus tard avec précision. Le vide et les atomes, dira-t-il, « c'est ce qui remplit le mieux l'imagination » [3]. L'imagination était riante, écrira-t-il à Clarke, on borne là ses recherches ; on fixe la méditation comme avec un clou ; on croit avoir trouvé les premiers éléments, un *non plus ultra* (4e écrit, P. S., G. VII, 377.) L'atomisme, ajoute-t-il, est une hypothèse qui peut contenter de simples physiciens, mais qu'une méditation poussée assez loin ne saurait accepter ; c'est une philosophie « paresseuse » ou « superficielle » [4].

1. Cf. N. LOSSKY, *L'intuition, la matière et la vie*, pp. 91-92.
2. Cf. HANNEQUIN, *Etudes d'histoire des sciences...*, pp. 27 sqq.
3. Cf. *Système nouveau*, G. IV, 478.
4. Cf. à Remond, juillet 1714, G. III, 620 ; à Clarke, 5e écrit, §§ 24 et 26, G. VII, 394-395. Expressions analogues chez Cicéron : cf. *Tusc.*, I, XXIII, 55 ; *De senect.*, XXIII, 85.

Leibniz reproche de même à la doctrine de l'étendue substantielle, de ne pas rendre compte de la nature et des propriétés du corps.

Dans la lettre à Thomasius d'avril 1669, il donne du corps la définition reçue : c'est, dit-il, ce qui possède quelque qualité sensible : *Corpus omnes id vocant, quod aliqua sensibili qualitate praeditum est* (Pr. Ak., II, I, 23, 5-6) ; puis il détache du corps les qualités sensibles qui n'appartiennent pas à sa nature même : un corps peut manquer de couleur, d'odeur, de saveur ; il peut manquer même de chaleur comme l'eau, d'humidité comme la terre, de sécheresse comme l'air, et de froid comme le feu, sans pour cela cesser d'être corps. Quelle est donc la qualité sensible qui convient à tous les corps et aux corps seuls ? *Ea nimirum est crassities seu* ἀντιτυπία *cum extensione sumta.* (*Ibid.*, 23, 17-18.) Deux qualités définissent donc le corps : l'impénétrabilité et l'étendue; la première se rapporte au toucher, la seconde à la vue : *Quidquid ergo non vident tantum, sed et tangunt, id est, in quo* ἀντιτυπίαν *reperiunt, id vocant corpus, quidquid vero* ἀντιτυπίᾳ *caret, id negant esse corpus.* (*Ibid.*, 23, 21-23.)

Plus tard, dans les *Animadversiones in Cartesium,* Leibniz précisera que Descartes, en excluant de la nature du corps le poids, la dureté, la couleur, etc., pour ne garder que l'extension, ne montre pas que l'énumération qu'il fait soit complète. Descartes a le tort de confondre la dureté, qui est une qualité de certains corps, avec l'impénétrabilité, qui est une propriété de tous les corps. Qu'il soit dur ou qu'il soit mou, il appartient au corps d'occuper une certaine place, et il n'y aura jamais deux corps au même endroit. Supposons que six cubes de poids et de vitesse égales viennent s'appliquer simultanément par l'une de leurs faces contre les six faces d'un cube identique aux premiers ; il est impossible que ce cube ou l'une de ses parties se déplacent, qu'il soit dur ou qu'il soit mou. Mais si, au lieu du cube central, il n'y a que l'étendue pénétrable ou l'espace nu, les six cubes, s'ils sont durs, s'opposeront par leurs angles, et s'ils sont mous, feront irruption dans l'espace central [1]. Huet, dans la *Censura philosophiae cartesianae,* avait déjà relevé que la dureté pouvait être considérée de deux façons, soit comme le contraire du mou — ce qui est la sensation de la dureté — soit comme l'antitypie (selon l'expression des anciens), ou comme l'impénétrabilité (selon l'expression de l'Ecole) — ce qui est la qualité générale des corps : «...Un corps ne peut se trouver naturellement là où se trouve un autre corps. » (Pp. 190-191.)

1. Cf. II, 4, G. IV, 367-368.

Cependant, même en ajoutant l'antitypie à l'étendue, la première physique restait à l'extérieur des choses. Il fallait encore saisir la nature profonde du corps comme substance et rendre compte mieux que ne le font les écrits de jeunesse de la présence du mouvement dans le corps. Dans la lettre à Thomasius comme dans la *Confessio naturae,* le corps en effet est conçu d'une façon tout extérieure comme l'objet qui remplit l'espace ; et le mouvement, qui en est distingué au nom du principe de raison, lui vient du dehors : ...*Cumque nihil sit in rebus sine causa, nihil etiam poni debet in corporibus, cujus causa reddi non possit ex primis eorum constitutivis... Motus ipse ex iis non fluit.* (Pr. Ak., II, I, 23, 28-32.) Dans la suite au contraire, le corps étant saisi dans sa réalité susbtantielle, le rôle du principe de raison consiste cette fois à y rattacher le mouvement ; défini par les formes qui le constituent, le corps est intérieurement une réalité dynamique ; le mouvement d'autre part, n'est plus une donnée pure et simple, ni l'action même de Dieu, mais l'effet de la vie que Dieu a répandu partout dans la nature : « Si l'essence du corps consistait dans l'étendue, cette étendue seule devrait suffire pour rendre raison de toutes les propriétés du corps. Mais cela n'est point. » (G. IV, 464.)

Leibniz commence par remarquer que le corps tend à persister dans l'état de repos en résistant au mouvement qu'on veut lui communiquer. Réfléchissant à la raison pour laquelle le même navire est porté par un fleuve d'autant plus lentement qu'il est chargé davantage (*cum cogitarem, quomodo in universum ratio reddi posset ejus quod in summa experimur, ut aucta mole minuatur celeritas*), il ne sort d'embarras (*haesi utique, atque omnibus frustra tentatis*) qu'en s'apercevant que cette inertie des corps, pour ainsi parler, ne peut se déduire des notions conçues d'abord de la matière et du mouvement : il ne suffit pas en effet de considérer dans la matière ce qui est étendu ou ce qui remplit l'espace ; il faut reconnaître dans les corps un principe qui ne dépend point de l'extension, ou si l'on veut, certaines puissances par quoi la vitesse se règle sur la grandeur du corps [1].

Cette résistance ou force passive apporte ainsi à la notion de corps une précision décisive, qui manquait à la physique de l'*Hypothesis* : « Les lois du mouvement abstrait que j'avais données alors, écrit Leibniz à Foucher, devraient avoir lieu effectivement, si dans le corps il n'y avait autre chose que ce qu'on y conçoit selon Descartes,

1. Cf. G. VII, 288.

et même selon Gassendi. » (G. I, 415 [1].) Grâce à cette correction de la définition du corps, la physique tombe d'accord avec l'expérience et avec la raison. Si la force de résistance n'existait pas, on ne pourrait jamais savoir quelle force est nécessaire pour obtenir tel effet, et le plus grand corps au repos pourrait être emporté sans difficulté par le moindre corps en mouvement, ce qui est contraire à l'expérience et au principe qui porte qu'il n'y a pas d'action sans réaction et d'effet plus grand que sa cause [2]. Comme l'affirme le *Specimen dynamicum*, les règles de la physique consistent en ceci que *omnis actio sit cum reactione, et nova vis non prodeat sine detrimento prioris adeoque semper abripiens retardetur ab abrepto, nec plus minusve in effectu quam in causa contineatur* (Dut., III, 321).

En reconnaissant que la résistance ne saurait être une modification de l'étendue et que la notion de substance corporelle enveloppe l'idée de la force, on passe du géométrique au métaphysique : il ne s'agit plus de la partie et du tout, du grand et du petit, mais de la cause et de l'effet, et des principes qui sauvegardent l'ordre du monde (*quibus ordinis rerum rationes salventur* [3]). De plus, la force qui se manifeste dans les corps doit être conçue dans son fond comme un être substantiel. Nous tenons donc un caractère qui nous permet d'accéder de la surface à l'intérieur des choses, de l'accidentel au substantiel, de la résistance de l'étendue impénétrable à son fondement réel. En effet, dans l'inertie du corps, c'est-à-dire la répugnance du corps à être mû, dans sa tendance à la tardivité ou à la privation de la vitesse, il faut voir le signe de l'imperfection naturelle de la substance corporelle, et la suite de la force passive primitive ou résistance primitive, qui est le fond universel de passivité [4]. Dans cette force passive primitive, qui enveloppe l'étendue impénétrable et l'inertie, Leibniz place la notion de matière proprement dite ou matière première : *Materia est id quod tantum patitur et non agit unquam...* (Cout., *Opusc.*, 515.)

Mais il est évident que le principe seul de passivité ne peut rendre compte de la réalité corporelle : il s'agit d'expliquer non seule-

1. Cf. *Specimen dynamicum*, DUT. III, 320; à de Volder, 24 mars (3 avril) 1699, G. II, 170.

2. Cf, G, IV, 465; *De ipsa natura*, § 11, G. IV, 510; *Théod.*, § 347, G. VI, 320; à Remond, 11 février 1715, G. III, 636.

3. Cf. *Spec. dynamicum*, DUT., 321.

4. Cf. *Théod.*, § 30, G. VI, 120; § 380, G. VI, 341; à Remond, G. III, 622; à de Volder, 24 mars (3 avril) 1699, G. II, 171.

ment la résistance au mouvement mais aussi le mouvement lui-même ou les diverses actions qui se manifestent dans le corps, comme la répercussion [1]. D'ailleurs il n'y a pas d'être purement passif et la passivité ne va pas sans l'activité qu'elle limite. A l'étendue impénétrable et à l'inertie, qui sont matérielles, il faut donc ajouter pour constituer la notion de substance corporelle la force active.

Ainsi est rendue transparente l'opacité de l'étendue cartésienne, qui nous voilait la vraie nature des corps. L'essence des corps est la force primitive. La notion de l'étendue, qui dépend de l'imagination n'est pas fausse, mais imparfaite; elle est quelque chose du corps, mais non pas le corps; elle n'est pas un attribut primitif, mais une notion dérivative, une chose relative, c'est-à-dire attribuable à un sujet. Descartes a confondu l'extension avec ce qui est étendu, c'est-à-dire avec la force, laquelle enveloppe sous son aspect actif les raisons de toutes les opérations du corps [2].

S'opposant à Descartes, Leibniz s'oppose en même temps à l'occasionnalisme : Dieu, dit-il, produit la force dans le corps, c'est-à-dire dans une substance véritable, et non pas dans l'étendue, qui se trouve elle-même dans le corps [3]. Les principes actifs qui sont les causes des événements dans les choses matérielles, quoiqu'ils dépendent de Dieu, créateur et providence, ne se trouvent pas cependant en Dieu même, mais dans les choses, où ils sont produits et conservés par lui [4]. Malebranche a raison de reconnaître qu'une substance qui n'a rien que l'étendue sans pensée ne peut agir sur une substance qui n'a rien que la pensée sans étendue. Mais il n'a fait que la moitié du chemin vers la vérité, car on peut tirer de là une conséquence importante, c'est que la matière est autre chose que l'étendue toute seule [5]; la matière en effet n'est pas un bloc isolé et fermé sur lui-même : une relation est établie entre elle et la pensée par la notion de la force et de l'activité, qu'il faut ajouter à celle de l'étendue pour définir le corps : *Corpus est extensum resistens* (Bodemann, *Leibniz-Handschriften*, p. 124) ; *corpus est agens extensum* (G. VII, 326). L'activité est le caractère de toute substance :

1. Cf. à Wagner, 4 juin, G. VII, 529.

2. Cf. *Spec. dynamicum*, DUT., III, 315; G. IV, 589 et 393; *Extrait d'une lettre de M. D. L.*, G. IV, 467; *Examen des principes du R. P. Malebranche*, DUT., II, 1, 205.

3. Cf. à Basnage, G. III, 94,

4. Cf. G. VII, 283.

5. Cf. à Malebranche, janvier 1679, Pr. Ak., II, I, 455, 20-26.

Satis autem ex interioribus metaphysicae principiis ostendi potest, quod non agit, nec existere... (G. VII, 326.)

De même que l'étendue, le mouvement local est fondé maintenant dans la substance. Hobbes écrivait : *Motus est continua unius loci relictio et alterius acquisitio...* (*De corpore*, p. 2, c. VIII, § 10, p. 66.) ...*Necesse est ut mutatio aliud non sit praeter partium corporis mutati motum.* (*Ibid.*, c. IX, 9, p. 76.) Quant à Leibniz, il professe que les puissances actives et passives dont il a découvert la présence dans le corps, ne consistent ni dans le mouvement, ni dans le *conatus* ou mouvement initial, mais dans la cause, raison ou loi intrinsèque du mouvement ; de là pour lui l'erreur des auteurs qui ont considéré le mouvement, et non la puissance motrice ou cause du mouvement [1].

Comme pur déplacement local ou géométrique, le mouvement n'a pas plus de portée existentielle et de raison suffisante de soi-même que l'étendue ou l'espace impénétrable : il n'est qu'un changement de place (*mutatio situs corporum inter se*), et ne consiste que dans une relation (*in solo respectu*) [2]; il peut être l'objet d'hypothèses contradictoires, selon qu'on attribue le mouvement à l'un des mobiles plutôt qu'à l'autre [3]. Le propre du mouvement est d'être passager et de n'exister jamais : on ne peut le saisir que dans sa cause, c'est-à-dire dans le corps qui se meut réellement, ou dans la force active qui constitue ce corps. La force appartient à un sujet déterminé ; elle est subsistante ; elle porte avec elle dans l'instant présent un changement pour l'avenir [4]. Elle est donc une réalité complète qui dans son fond ne contient rien d'imaginaire. Outre le changement local (*mutatio loci*), Leibniz admet donc un changement qualitatif ou altération (ἀλλοίωσις) ; les divers degrés d'efforts extérieurs et les directions diverses du mouvement expriment chez lui la nature interne et substantielle des corps [5].

---

1. Cf. G. VII, 283,

2. Cf. *Discours*, § XVIII ; COUT., *Opusc.*, 590 ; *Spec. inventorum*, G. VII, 314.

3. Cf. COUT., *Opusc.*. 185-186.

4. Cf. à Jacquelot, 22 mars 1703, G. III, 457 ; PELLISSON, *De la tolérance*, Additions, p. 12 ; *Eclaircissement des difficultés*, G. IV, 523 ; *Essai de dynamique*, F. DE C., *Œuvres de Leibniz*, t. I, 483 ; L. BRUNSCHVICG, *L'expérience humaine et la causalité physique*, p. 27.

5. Cf. *De ipsa natura*, § 13, G. IV, 514.

Leibniz peut donc parler d'un rappel *postliminio* des formes substantielles. De même que notre temps, dit-il, a remis en honneur les corpuscules de Démocrite, les Idées de Platon et la confiance stoïcienne dans l'ordre parfait du monde, il réintroduit maintenant, en lui donnant toute la clarté désirable, la doctrine péripatéticienne des formes ou entéléchies [1]. C'est en effet d'Aristote et de l'Ecole que Leibniz tient les notions de substance composée et de substance complète (τὸ δ᾽ἐξ ἀμφοῖν, τὸ σύνολον, *compositum, substantia completa*). Pour lui comme pour l'Ecole, la matière devient le corps quand elle est complétée par un principe actif, car la substance est quelque chose de plein et d'actif : «*Corpus*» *autem praeter materiam habet etiam vim activam.* (A Bierling, 12 août 1711, G. VII, 501 [2]). Le corps est pour lui un être ou des êtres substantiels, composés de deux natures ou forces primitives [3], la force primitive passive, qui est le πρῶτον ὑποκείμενον, et la force primitive active ou forme substantielle : « La passivité primitive est ce que l'Ecole appelle *matière première* [car la matière première est le fondement de l'étendue et de la passivité] ; et l'activité primitive, est ce qu'elle appelle forme [car la forme est le fondement de l'activité], ou ce qu'Aristote appelle *entéléchie première.*» (Schrecker, *Lettres et fragments,* p. 120 [4].) Quoique Leibniz, en cherchant dans la force l'essence de la matière première et de la forme substantielle, modifie profondément la doctrine de l'Ecole et nous fasse quitter Suarez et Duns Scot pour un univers animé de type platonicien ou stoïcien, il reste cependant par son hylémorphisme en accord avec elle et en partie du moins directement inspiré par elle.

La volonté d'explication du fait matériel qui a conduit Leibniz à reprendre à sa manière la doctrine de la composition hylémorphique, est en même temps l'intention d'atteindre la réalité véritable : chez Leibniz comme auparavant, l'exigence d'intelligibilité rejoint l'exigence de la réalité. C'est ici qu'intervient le principe d'unité.

---

1. Cf. *Spec. dynamicum*, DUT., III, 316.

2. Cf. *De ipsa natura*, § 12, G. IV, 572 ; F. DE C., *Réfutation inédite de Spinoza*, pp. 26 et 28. Même source et même doctrine chez GLISSON : *Porro, hinc colligere possumus genuinam differentiam inter corpus physicum et materiam. Haec incompleta est, illud completum.* (*Tractatus de natura susbtantiae energetica*..., p. 78.)

3. Cf. à Jacquelot, 22 mars 1703, G, III, 458.

4. Cf. à des Bosses, 13 janvier 1716, G. II, 511.

Sans doute, l'unité dont parle Platon, c'est d'abord l'unité de Dieu et celle dont parle Aristote, c'est d'abord l'unité des êtres du monde; mais entre l'unité des êtres et celle de Dieu, on peut voir un rapport d'analogie, si l'on va des êtres à Dieu, ou une dégradation, si l'on va de Dieu aux êtres; et c'est toujours d'unité qu'il s'agit dans la mesure où il s'agit de réalité.

Il n'y a pas d'être qui ne soit un, écrit Plotin (οὐδὲν γὰρ ὄν, ὃ μὴ ἕν, *Enn.*, VI, 6, 13). Cette idée s'exprime chez Leibniz dans la phrase célèbre : « ...Je tiens pour un axiome cette proposition identique qui n'est diversifiée que par l'accent, savoir que ce qui n'est pas véritablement *un* être n'est pas non plus véritablement un *être.* » (A Arnauld, 30 avril 1687, G. II, 97.) L'unité comme condition de réalité est une thèse si importante de la doctrine leibnizienne, qu'elle a déterminé le choix du nom de l'existant fondamental : « Monas est un mot grec, qui signifie l'unité, ou ce qui est un. » (*Principes,* § 1, G. VI, 598.)

Dans la *Confessio naturae,* Leibniz s'inquiète du problème de la cohésion des corps, et lance un défi aux purs mécanistes : celui qui m'en rendra raison, dit-il, je le reconnaîtrai avec plaisir pour un grand philosophe. Recourir à des crochets ou à des formes recourbées pénétrant les unes dans les autres, c'est reculer la difficulté, car on pourra toujours demander d'où vient la solidité des crochets eux-mêmes [1]. Sans doute, dans la suite, Leibniz rendra compte de la cohésion par le mouvement : la cohésion, dira-t-il, est d'autant plus grande, que dans le corps les mouvements conspirants (ou accordés entre eux) s'opposeront davantage à la séparation des parties [2] : ainsi la limaille de fer est liée par le mouvement de la matière magnétique, et l'eau, animée d'un mouvement violent, se durcit [3]. Cependant le mouvement ne sera pas conçu indépendamment de la force, c'est-à-dire de la réalité véritable qui le fonde : ...*Ad perturbandum autem, id est valde mutandum motum opus est vi.* (G. IV, 388.) De plus, cette solution concerne le problème physique de la cohésion, et non le problème métaphysique de l'unité de l'être.

Dès la *Confessio* également, Leibniz critique l'insécabilité de l'atome : ...*In istis ultimis corpusculis nulla apparet ratio cohaerentiae et insecabilitatis.* (G. IV, 108.) Que l'étendue corporelle soit divisible,

---

1. Cf. G. IV, 108,
2. Cf, à Hartsoeker, 30 octobre 1710, G. III, 504-506.
3. Cf. à Hartsoeker, G. III, 500; *Animadversiones*, II, 54.55, G. IV, 388,

dira Leibniz plus tard, c'est là une chose qui va de soi; il n'est pas nécessaire d'en rendre raison. C'est au contraire de l'empêchement de la division qu'il faudrait rendre compte, et l'on n'en voit pas de raison, à moins de recourir au miracle ou à une qualité occulte imaginaire [1]. Il n'existe pas davantage d'atome physique ou de minimum d'étendue (car le continu, loin d'être composé de points, est indéfiniment divisible) qu'il n'existe de grandeur minimum (car il y en a toujours une qui est plus grande qu'une autre [2]).

La doctrine définitive s'en prend de la même façon à l'étendue géométrique considérée comme le caractère suffisant de la substance corporelle : on ne peut s'arrêter arbitrairement dans la division de l'étendue, mais ne pas s'arrêter du tout ne vaut guère mieux, puisqu'on laisse ainsi s'évanouir l'étendue physique : *Debuisset utique explicare,* dit de Descartes l'un des personnages du *Pacidius Philalethi, quomodo sic materia non resolvatur in pulverem ut ita dicam ex punctis constantem...* (Cout., *Opusc.*, p. 614.) C'est précisément pour sauver l'unité substantielle des corps et pour trouver quelque chose de fixe qui fasse un être simple, que certains cartésiens ont admis l'existence des atomes [3], mais ne sortant pas de l'étendue, ils retombaient dans la difficulté.

Non seulement divisible, l'étendue corporelle est encore fluante (*in fluxu*), comme on dit depuis Héraclite et Platon. Ce morceau n'est qu'une chose passagère : il ne demeure jamais le même au delà d'un moment, perdant toujours et acquérant des parties. Si les corps ne contenaient rien que de matériel, ils seraient pure mobilité, comme les platoniciens l'ont reconnu [4].

Puisqu'il faut une unité véritable pour assurer la réalité de la substance corporelle, et qu'il n'y a pas de portion d'étendue qui soit douée d'une véritable unité, il faut donc quitter l'étendue et dire que l'unité réelle est absolument destituée de parties; il faut la concevoir comme un atome de substance ou atome formel, ou comme un point métaphysique [5]. Ainsi la réalité des corps est fondée dans la

---

1. Cf. à Hartsoeker, G. III, 500; à Clarke, 4e écrit, P. S., G. VII, 378,

2. Cf. *De ipsa natura,* § 11, G. IV, 511.

3. Cf, Arnauld à Leibniz, 28 septembre 1686, G, II, 67; Leibniz à Arnauld, 28 novembre (8 décembre) 1686, G. II, 78; *Système nouveau,* G. IV, 482; à l'électrice Charlotte, 31 octobre 1705, G. VII, 561.

4. Cf. G. VI, 626; *De ipsa natura,* § 8, G. IV, 509.

5. Cf. *Discours,* § XII; à Arnauld, juin (14 juillet) 1686, G. II, 53-54; *Système nouveau,* G. IV, 478 et 482.

multitude des unités ou atomes réels qui les constituent. L'atomisme a raison, à condition d'être un atomisme métaphysique ou l'affirmation de la présence universelle d'une unité analogue à celle de l'âme.

L'hylémorphisme aristotélicien se complique donc d'une influence venue des partisans de la pluralité des formes, et surtout des néo-platoniciens et des kabbalistes de la Renaissance [1]. Le corps n'est pas complété par une âme unique, l'âme proprement dite ; mais le corps lui-même est vivant et doué de ses formes propres. L'âme dominante est la forme du corps en tant que reine d'une multitude d'autres âmes, constituant chacune un être vivant complet, fait de passivité et d'activité. La matière seconde ou masse qui fait notre corps contient donc une foule immense de substances complètes ou organiques, animées ou actuées à part [2]. Ces unités ou formes ont sans doute chacune leur fonction déterminée ; mais en toutes on rencontre la vie ou quelque chose d'analogue à ce que nous appelons une âme ; elles portent toutes la marque de la substance primitive ou de Dieu même, et par là chacune peut se retrouver dans toutes les autres. Les unités doivent donc être rapportées finalement à l'Unité qui les a produites et qui fait leur liaison.

Ainsi se démontre immédiatement l'union de l'âme et du corps sous son nouvel aspect, c'est-à-dire comme problème de la communication de l'âme dominante avec les substances qui constituent le corps. Les monades ont entre elles une liaison et une harmonie naturelle, puisqu'elles ont toutes la même origine, et puisqu'elles participent toutes des perfections de Dieu : « ...C'est l'expression de la cause commune qui fait l'accord des effets. » (*Système nouveau*, première rédaction, G. IV, 475 [3]. A quoi sert tout ce grand artifice de l'harmonie préétablie ? demande Foucher. Les substances, répond Leibniz, dépendent les unes des autres naturellement en suite de la constitution originelle que Dieu leur a donnée [4]. L'harmonie fait l'unité des unités entre elles : *Harmonia.... est unitas in multitudine...* (Annotation à la lettre d'Eckhard de mai 1677, Pr. Ak., II, I, 333, 33.) « Je trouve les vrais principes des choses, lit-on dans les *Nouveaux Essais*, dans les unités de substance..., et dans leur harmonie préétablie par la substance primitive. » (I, I, éd. Boutroux, p. 165.)

1. Cf. von Hartmann, *Geschichte der Metaphysik*, pp. 419-420 ; 429.
2. Cf. *Addition à l'explication*, G. IV, 572-573.
3. Cf. à Arnauld, septembre (9 octobre) 1687, G. II, 115 ; *Système nouveau*, G. IV, 485-486.
4. Cf. *Remarques sur les objections de M. Foucher*, G. IV, 492-493.

A cette doctrine générale, qu'il n'a pas cessé de professer, Leibniz apporta un perfectionnement dans sa correspondance avec le P. des Bosses : il s'agit du *vinculum substantiale,* sur lequel A. Boehm, à la lumière des ouvrages scolastiques du XVIIe siècle, a donné des éclaircissements décisifs [1]. Alors que chez Aristote il n'y avait pas de difficulté dans l'union de la matière et de la forme, puisque toute la doctrine consistait précisément à poser ces deux éléments comme complémentaires et comme suffisants et réels dans leur union seulement [2], la question est moins simple chez un platonicien, où le corps a son actualité propre grâce à la *forma corporeitatis,* de même que l'âme, qui est complétée de son côté par un principe matériel. L'union de ces deux êtres actuels et pouvant subsister l'un sans l'autre pose un problème que Leibniz ne peut éviter : il a souvent relevé l'indépendance relative chez lui de l'âme dominante d'une part et des substances qui composent le corps d'autre part ; il doit donc expliquer comment de plusieurs substances naît un être constituant en soi une nouvelle unité et rendre raison de la nature de la substance corporelle complète qui est composée d'une âme et d'un corps, mais que l'Ecole appelle cependant *unum per se*. Pour cela, Leibniz admet sans bouleverser sa doctrine que Dieu a non seulement conçu la liaison du corps et de l'âme, mais qu'il l'a voulue aussi, comme il a voulu l'existence des monades, de sorte qu'à la relation dans l'intelligible entre la monade dominante et les monades du corps, correspond dans l'existence un lien substantiel constituant l'unité propre d'une entité nouvelle, l'*unum per se* [3].

Ainsi, le principe d'unité nous a conduits jusqu'aux fondements réels de l'univers, nous a fait saisir la réalité constitutive des substances corporelles, et nous a élevés jusqu'à Dieu même, par qui a été préétablie l'harmonie des unités entre elles.

Pour mieux comprendre ce que l'harmonie universelle a d'admirable, et pour achever avec Leibniz l'étude de la nature véritable des choses matérielles, il faut joindre l'idée d'infini à celle d'unité et faire intervenir le principe de variété ou de l'existence complète. Rien ne manque dans le monde et rien ne se répète : l'uniformité est quelque chose d'imparfait, le signe d'un défaut, ou ce qui revient

1. Cf. *Le « vinculum substantiale » chez Leibniz, ses origines historiques.*
2. Cf. *De anima,* II, 1, 412 b, trad. Tricot, p. 69, et note 1.
3. Cf. à des Bosses, 5 février 1712, Beilage, G. II, 438-439. Voir A. BOEHM, *Le « vinculum substantiale » chez Leibniz...,* pp. 82-116.

au même, d'une redite. L'existence est une chose accomplie : *...Nullam... uspiam dari... perfectam similaritatem...* (*De ipsa natura*, § 13, G. IV, 514.)

Le principe de l'identité des indiscernables est sans doute un principe logique, puisqu'il est déduit du *praedicatum inest subjecto* : si deux choses diffèrent, écrit Leibniz, *oportet rationem reddi posse cur sint diversae, quae ex aliqua in ipsis differentia petenda est.* Il faut que la notion du sujet que l'on considère enveloppe la notion du prédicat ; quand donc change ce qu'on peut dire de la chose, il faut que quelque changement intervienne dans la chose elle-même [1]. Mais c'est aussi un principe de perfection métaphysique : si les qualités extérieures des corps ne correspondaient pas à des qualités intrinsèques, l'apparence n'aurait pas de raison d'être, et il y aurait un défaut dans le fonds substantiel des choses.

C'est pourquoi le vide est une chimère, puisqu'il serait dépourvu de différences intrinsèques permettant de rendre compte de la différence des parties de son étendue. Le vide n'est pas nécessaire, puisque rien n'empêche d'y placer un corps ; de plus, il n'est pas raisonnable : si Dieu y consentait, il limiterait l'exercice de sa puissance et de sa sagesse [2].

Il s'ensuit encore une fois qu'il n'y a pas d'atome, puisque ces corpuscules pourraient se trouver de figure et de grandeur identiques et ne différer que par des dénominations extrinsèques, c'est-à-dire par leur situation dans l'espace, ce qui est contraire aux plus grands principes de la raison : *...Atomi dari non possunt, alioqui possent dari duo quae non nisi extrinseco differrent.* (Cout., *Opusc.*, 9.) Il s'agit là encore d'une notion chimérique, qui vient des conceptions incomplète des hommes [3].

En réalité, à l'extérieur comme à l'intérieur, les corps sont variés à l'infini. En tout corps se rencontrent les mouvements de tout l'univers (*omnis portio materiae totius universi motibus agitatur*) ; comme ces mouvements provoquent un certain effet (*cumque omnis passio habeat effectum quendam*), le corps se trouve animé d'une foule de mouvements correspondant à ceux de l'univers, qui provoquent sa division (*necesse est particulas massae hujus diversa ratione aliarum actionibus expositas diverse agitari; atque adeo subdividi mas-*

1. Cf. COUT., *Opusc.*, 519 et 520.

2. Cf. *Spec. inventorum*, G. VII, 315 ; à Clarke, 4e écrit, G. VII, 356 ; GRUA, *Textes*, t. II, p. 559.

3. Cf. *Nouv. Ess.*, II, XXVII, § 3, G. V, 214.

sam, Spec. inventorum, G. VII, 315). En d'autres termes : aucun corps n'est impassible; le corps subit en toutes ses parties l'action de tous les autres corps; il faut donc que chaque partie de l'étendue corporelle soit sous-divisée sans fin, chaque partie en parties, chacune animée d'un mouvement propre, autrement il serait impossible que chaque portion corporelle pût exprimer tout l'univers [1].

C'est pourquoi rien n'est exactement continué dans les choses ; contrairement à la matière première, la matière seconde n'est pas homogène [2]. Il ne saurait y avoir dans la nature de figure parfaite : il y a toujours des divisions et des variations dans la masse des corps, à quelque petitesse qu'on aille. L'imagination joint les centres des boules par des droites, mène des axes ou dessine des grands cercles, mais il n'est pas au pouvoir de la nature ni dans l'intention de la sagesse divine, de tracer exactement le dessin d'une sphère ou tout autre figure d'essence bornée, qui suppose quelque chose d'indéterminé et par conséquent d'imparfait. On ne trouve dans les ouvrages de Dieu ni ligne ni figure gardant uniformément les propriétés de la ligne droite ou circulaire, ou de quelque autre dont un esprit fini peut comprendre la nature. Il n'y a jamais ni globe sans inégalités, ni droite sans courbures entremêlées, ni courbe d'une certaine nature finie sans mélange de quelque autre; on ne pourra jamais assigner à un corps une surface précise, comme on pourrait le faire s'il y avait des atomes [3].

Il n'est pas possible de confondre la nature avec la boutique d'un ouvrier, comme l'a fait Fontenelle, qui croit à la cartésienne que toute la machine du monde peut s'expliquer par certains ressorts ou éléments : ce n'est pas là donner une assez grande idée de la majesté de la nature. Les ouvrages de Dieu sont infiniment plus grands, plus beaux, plus riches et mieux ordonnés qu'on ne le croit communément. Dans les montres, lorsque l'analyse est poussée jusqu'aux dents de roues, il n'y a plus rien à considérer; au contraire les machines de la nature sont machines partout, quelque petite partie qu'on y prenne. Elles ont une multitude innombrable d'organes et sont un artifice qui demande une science véritablement infinie. L'homme ne saurait produire un animal tout à fait nouveau, ni dé-

1. Cf. *Monad.*, §§ 61 et 65; à l'électrice Sophie, 31 octobre 1705, G. VII, 561; à Clarke, 5e écrit, § 22, G. VII, 394; BARUZI, *Leibniz*, Textes, pp. 296-297.

2. Cf. F. DE C., *Réfutation inédite*, pp. 26 et 28.

3. Cf. à Arnauld, septembre (9 octobre) 1687, G. II, 119; à l'électrice Sophie, 31 octobre 1705, G. VII, 563.

par la contingence et l'imperfection de son point de départ. Ou si l'on veut, l'ordre, quel qu'il soit, que nous voyons dans le monde peut nous donner l'occasion de nous élever à Dieu; mais la connaissance de Dieu nous ayant détachés de nous-mêmes et du monde, en nous retournant vers le monde, nous y verrons cette fois l'image même du principe des choses. Or, chez Leibniz, la pensée s'élève à Dieu sans quitter la considération de la philosophie nouvelle; la finalité divine par suite s'insère dans le réseau même des événements clairs et distincts. Depuis Descartes, l'humain et le divin sont choses séparées, et l'introduction par Leibniz de la finalité divine dans le système des raisons nouvelles est une opération qui n'a qu'une portée limitée et qui peut même paraître équivoque.

L'étroite compénétration de la dynamique et de la métaphysique leibniziennes, que M. Guéroult a démontrée avec tant de rigueur [1], rappelle le temps où l'on ne concevait pas que l'étude de la nature pût contredire la foi : on abordait la nature sans quitter la foi, et l'on retrouvait à la fin de ses démarches la foi et la raison toujours unies, parce qu'on n'avait pas cessé de les porter toutes deux en soi. Chez Leibniz, la situation est analogue sans être identique : en effet la philosophie nouvelle s'étant définie comme un mouvement de descente sur la terre (*ad terram hanc nostram et usum vitae* [2]), l'accord de cette raison « purement humaine » et utilitaire avec la foi ne peut être aussi profond. Le principe de raison suffisante nous conduit-il jusqu'à la Raison suprême, ou bien la raison suffisante est-elle encore une raison ? Sans doute, ce principe n'a pas chez Leibniz l'usage facile que pouvaient en faire certains wolffiens et qu'Euler raille dans ses *Lettres à une princesse d'Allemagne* [3] : Leibniz note que les raisons le plus souvent ne peuvent nous être connues [4]; mais enfin les raisons qu'il connaît sont des raisons de savant du XVIIe siècle, venu après Galilée et Descartes.

Lorsque la pensée s'occupait de Dieu d'abord, elle pouvait traiter des desseins de Dieu dans le monde; mais lorsqu'elle considéra la

1. Cf. *Dynamique et métaphysique leibniziennes.*

2. Cf. *Dissertatio praeliminaris*, G. IV, 143.

3. Cf. lettre LXI, 19 mai 1761, t. II, pp. 57-58 : « Je ne saurais comprendre la possibilité de cette chose, à moins qu'elle ne soit telle que je l'imagine; donc, il faut nécessairement qu'elle soit telle. » Cf. lettre LX du 16 mai 1761, pp. 54-55. Dans les *Parerga et paralipomena*, Schopenhauer a noté que les *Lettres à une princesse d'Allemagne*, « donnent l'idée la plus nette de l'état dans lequel Kant trouva la philosophie » (*Philosophie et philosophes*, p. 157).

4. Cf. *Monad.*, § 32; *Principes*, § 7, G. VI, 602.

nature comme un objet d'observation et d'utilisation, pouvait-elle sans équivoque mêler Dieu directement à ces considérations humaines ? Lorsque la pensée effectivement était proche de Dieu, elle pouvait chercher en Dieu l'ordre du monde ; mais en considérant le monde pour lui-même, elle s'éloignait de Dieu ; finalement elle ne devait plus trouver dans les choses que sa propre trace, et l'ordre qui était placé par Dieu dans les choses devait devenir l'ordre *a priori* imposé par la faculté humaine de penser.

Il suffit en effet de considérer l'histoire de la « philosophie nouvelle » pour constater à la fois le mérite et la fragilité de l'entreprise leibnizienne. La physique nouvellement fondée ayant ses exigences propres d'intelligibilité, les siècles suivants, dans la question du finalisme, donneront raison à Descartes et les craintes de l'auteur du *Discours de métaphysique* se trouveront justifiées : on séparera chez Descartes la physique et la métaphysique pour faire son profit de la première et laisser la seconde à elle-même. On appréciera la méthode pour bien conduire la raison, la *Dioptrique*, les *Météores*, le *Monde*, mais pour la métaphysique, on n'y admirera que la subtilité des raisonnements [1]. Voltaire donnera toute la *Théodicée* pour une expérience de Nollet [2], et d'Alembert composera un jugement nuancé dans lequel il félicitera Leibniz d'avoir reconnu comme Descartes l'insuffisance des solutions données jusque là des questions les plus élevées, d'en avoir même exposé les difficultés avec plus de force que personne, sans avoir su toutefois s'en tenir à la sagesse de Locke et de Newton et se contenter de former des doutes : « Son principe de la raison suffisante, ajoute-t-il, très beau et très vrai en lui-même, ne paraît pas devoir être fort utile à des gens aussi peu éclairés que nous le sommes sur les raisons premières de toutes choses. » (*Discours préliminaire, Encyclopédie*, t. I, p. XXVIII.)

En d'autres termes, les successeurs de Leibniz en mathématiques ou en physique, et leurs admirateurs, préféreront se contenter du raisonnable comme tel, sans référence à la pensée divine, et reprocheront à Leibniz d'avoir chargé la science de préoccupations inutiles et, comme le dira Lagrange, de préoccupations nuisibles [3]. Huyghens admire encore l'ingénieuse construction de l'œil ; il n'y a rien selon lui en quoi Dieu ait observé d'une manière plus sensible

1. Cf. P. HAZARD, *La crise de la conscience européenne (1680-1715). Notes et références*, p. 65.

2. Cf. F. PAPILLON, *De la rivalité de l'esprit leibnizien et de l'esprit cartésien au XVIIIe siècle*, p. 4. Sur l'abbé Nollet, voir D. MORNET, *Les sciences de la nature en France au XVIIIe siècle*, pp. 87 sqq.

3. Cf. E. MACH, *La mécanique*, pp. 419-435.

les règles de la géométrie [1]. Helmholtz, deux siècles plus tard, sera débarrassé de ces sentiments : au nom même des progrès de la science, il verra dans l'œil une machine optique assez imparfaite. Quant aux philosophes, ils enseigneront que l'ordre est donné avec la pensée, que le passage du géométrique pur au géométrique physique n'a rien d'extraordinaire, puisque l'expérience n'est pas une réalité hors de nous à quoi nos normes rationnelles pourraient s'appliquer ou non, puisqu'elle est donnée en nous et avec nous. Loin d'être du raisonnable en soi, nos lois de la nature sont relatives à nous-mêmes.

Si donc la pensée leibnizienne, participant à la conquête moderne du monde, se prête aux critiques des hommes de science, qui lui reprochent de mêler la métaphysique à la philosophie nouvelle, elle se prête aussi aux critiques des métaphysiciens qui, tout en lui sachant gré d'avoir défendu le caractère principal et universel de la science divine, peuvent craindre que la métaphysique chez elle ne soit rapprochée de la philosophie nouvelle ou du moins qu'elle n'en soit pas suffisamment distinguée. Aujourd'hui, diront-ils, le principe de Fermat est encore plus utile qu'au XVIIe siècle, mais aucun physicien ne songe plus à Dieu en annulant une dérivée. Ce qui est malheureux en un sens, car nous n'avons plus devant la nature le respect et la confiance qu'on avait encore il y a quelques siècles : la nature est aujourd'hui banale, quoiqu'elle n'ait jamais été plus étrangère et plus dangereuse. Ce qui est heureux en un autre sens, puisque nous pouvons ressaisir la pensée supérieure dans sa liberté, sa pureté et son universelle autorité.

Descartes et Mersenne opposaient la vérité de la science aux sceptiques et aux ennemis de la religion : la philosophie nouvelle semblait ainsi venir au secours de la théologie [2]. Mais en rattachant à l'immutabilité divine les lois nouvellement découvertes du monde, ils liaient l'absolu en quelque sorte à des considérations contingentes : pour peu que naquît une représentation différente de la nature, la théologie elle-même était bouleversée. Dès lors, puisqu'il fallait adapter les décrets de Dieu aux visions nouvelles que l'homme se faisait du monde, la théologie était une préoccupation inutile et encombrante. Le physicien, chez Descartes, n'était donc pas athée, et Leibniz, en réintroduisant les causes finales, loin de corriger, comme

1. Cf. *Traité de la lumière*, Préface, p. 3 A, et ch. I, p. 1; *Nouveau traité de la pluralité des mondes*, p. 79.

2. Cf. J. BOORSCH, *Etat présent des études sur Descartes*, pp. 27-28, 48 et 135-136.

il le dit, la pensée cartésienne, lie peut-être la pensée divine d'une façon plus directe à des considérations humaines : il définit dans une certaine mesure la volonté ordonnatrice de Dieu par rapport à un monde ordonné par l'intelligence humaine.

Puisque le monde leibnizien est ordonné selon la raison, la prescience et la providence divines pourront se concevoir sans difficulté [1]. En effet, l'ordre raisonnable qui s'y reconnaît, justifie le choix de ce monde et exclut toute contingence absolue, non seulement physique, mais aussi psychologique. S'il fonde la contingence, le principe de raison, on s'en souvient, la contrôle rigoureusement : dans le système leibnizien, « tout va par raisons, et rien n'est laissé en blanc ou à la téméraire discrétion de la pure et pleine indifférence » [2]. L'action humaine, selon Leibniz, n'introduit aucune incertitude dans le monde, car la volonté d'indifférence est une chimère toute pure, puisqu'elle serait un effet sans cause. Le hasard n'est que le signe de notre ignorance, et le cas du parfait équilibre est impossible, l'univers ne pouvant jamais être mi-parti, en sorte que toutes les impressions fussent équivalentes de part et d'autre. Leibniz traite aussi durement qu'il traite Epicure l'académicien Carnéade qui situait dans l'âme le siège de l'indétermination, « prenant pour la raison de la chose cela même dont Epicure cherchait la raison » : Carnéade, dit-il, trompait ainsi les gens peu attentifs en transférant l'absurdité de la pleine indifférence, de la physique où elle était trop manifeste, à la psychologie où il est plus aisé d'embrouiller les choses. Ni Cicéron ni Bayle ne devraient admirer Carnéade plus qu'Epicure : l'âme, qui est le siège de la raison, serait-elle plus capable que le corps d'agir sans être déterminée par quelque raison ou cause et le grand principe qui porte que rien ne se fait sans cause ne regarde-t-il que le corps [3] ?

D'ailleurs, selon Leibniz, ce prétendu équilibre de la volonté est absolument contraire à l'expérience : quand on s'examine, on trouve toujours qu'il y eu quelque cause ou raison pour nous incliner au parti qu'on a pris. Il est vrai qu'on ne s'en aperçoit pas toujours au moment d'agir : lorsqu'en sortant d'une chambre on avance le pied droit plutôt que le pied gauche, c'est là l'effet d'une foule de

1. Cf. E. ROLLAND. *Le déterminisme monadique et le problème de Dieu dans la philosophie de Leibniz.* Cet ouvrage montre clairement l'importance et l'unité des préoccupations théologiques chez Leibniz, et la double marque, scolastique et cartésienne, de la pensée leibnizienne.
2. Cf. *Théod.*, § 353, G, VI, 324.
3. Cf. *Théod.*, § 322, G. VI. 307-308.

raisons dont nous tenons compte sans réfléchir. Notre âme n'est jamais sans inclination prévalente, et la volonté, selon l'expression de Bayle, est comme une balance où une nouvelle idée fait un poids supérieur : quand par exemple on jette des marchandises pour sauver son navire, c'est que l'amour de la vie l'emporte sur l'amour du gain. En un mot, une cause ne saurait agir sans avoir une disposition à l'action dans laquelle l'action se trouve prédéterminée [1].

Ainsi le principe de raison suffisante est le principe de la « raison déterminante » [2]. Il y a des nécessités, selon Leibniz, qu'il faut admettre, pourvu qu'on sache distinguer entre la nécessité absolue et la nécessité hypothétique : la première est contraire à la moralité, puisqu'avec elle il n'y aurait plus ni mérite ni culpabilité; la seconde suppose la volonté : s'il est sûr qu'on fera ceci ou cela, il n'est pas moins sûr qu'on le voudra. « Ces actions volontaires, et leurs suites, n'arrivent point quoi qu'on fasse, ou soit qu'on les veuille ou non; mais parce qu'on fera et parce qu'on voudra faire ce qui y conduit. Et cela est contenu dans la prévision et dans la prédétermination, et en fait même la raison. » (*Abrégé de la controverse*, G. VI, 380.) Les raisons ou impressions que l'entendement présente à la volonté n'empêchent point l'acte d'être contingent : tant qu'il y a un choix possible, l'acte est libre, tandis que la nécessité a lieu lorsqu'il n'y a point de choix à faire. Quand par exemple il y a plusieurs chemins devant soi, on a la liberté de choisir, et bien que l'un soit meilleur que l'autre, c'est cela même qui fait le choix; si même il n'y en avait qu'un de bon, un pont par exemple sur une rivière profonde et rapide, on ne laisserait pas de choisir entre le pont et la rivière, quoiqu'il n'y eût guère à balancer; au contraire, si l'on se trouvait dans une rue étroite, entre deux hautes murailles, il n'y aurait qu'un seul chemin possible, et cela représente la nécessité [3].

A la nécessité absolue s'oppose donc l'inévitable ou le certain, ou ce dont le contraire est possible, quoiqu'il ne doive point arriver. Si, l'effet ne suivant pas, la chose n'implique aucune contradiction en elle-même, cet effet est contingent, car rien n'est nécessaire dont l'opposé est possible [4]. Le contraire de la nécessité absolue implique

1. Cf. *Théod.*, § 35, G. VI, 123, § 46, G. VI, 128 ; § 324, G. VI, 308-309; *Nouv. Ess.*, II, XXI, § 8, G. V, 161; BODEMANN, *Leibniz-Handschriften*, pp. 115-117.

2. Cf. *De rerum origin.*, G. VII, 304; *Théod.*, § 44, G. VI, 127.

3. Cf. à Molanus, octobre 1699, SCHRECKER, *Lettres et Fragments*, p. 97. Voir COUT., *Sur la métaphysique de Leibniz*, dans *Revue de métaphysique et de morale*, t. X, pp. 15-17.

4. Cf. *Théod.*, § 44, G. VI, 127; à Clarke, 5e *écrit*, § 4, G. VII, 389; *Discours*, § XIII.

contradiction ; le contraire de l'inévitable implique imperfection. La nécessité hypothétique est nécessaire pour ainsi dire par accident, puisqu'elle est contingente en elle-même [1]. Bref, il est permis de dire que « la vérité des futurs contingents est déterminée » [2].

Si l'on se reporte au *De fato* et que l'on élimine, comme le fait Leibniz, la solution de Diodore sur les possibles (analogue à celle de Hobbes et de Spinoza), et celles d'Epicure et de Carnéade, il reste celle du stoïcien Chrysippe. De fait la doctrine de Leibniz présente avec la sienne une parenté évidente ; même affirmation universelle du principe de raison, même liaison « confatale » [3] des événements du monde, même enveloppement de la liberté humaine dans l'ordre parfait de l'univers [4]. Quant aux platoniciens, ils fourniraient abondamment des analogies semblables : rien chez eux qui soit sans cause ; la liberté et la contingence se résolvent dans l'ordre universel conforme à l'intelligence.

Mais s'il est certain que Leibniz prend exemple ici sur les platoniciens et sur les stoïciens, il n'en est pas moins vrai qu'il en est assez éloigné par l'assimilation qu'il peut opérer parfois de l'ordre universel à l'ordre que voit dans le monde la philosophie nouvelle. Les anciens pensaient rattacher l'ordre des choses à Dieu directement, tandis qu'au XVIIe siècle un intérêt humain de connaissance s'interpose entre le monde et la connaissance du monde : ainsi le principe leibnizien de raison peut introduire le déterminisme de la science moderne dans le monde métaphysique. On se souvient du texte allemand où Leibniz rappelle que les choses ont été faites selon le nombre, la mesure et le « poids ou force » ; deux pages plus loin, on peut lire que tout se passe *mathematisch, das ist, ohnfehlbar... in der ganzen weiten Welt...* (Guhr., *Deutsche Schr.*, II, 49.) Sans doute, il importe de remarquer que le déterminisme dont il s'agit ici n'a pas la même nature que celui qui s'affirme chez Kant : l'idée de l'ordre divin, dont il est rapproché, en change la signification et l'élève au-dessus de lui-même ; songeant à la prescience divine, Leibniz n'est pas blessé dans son expérience morale par son affirmation du déterminisme universel. Mais enfin l'ordre du monde, chez Leibniz, c'est

1. Cf. *Discours*, § XIII.
2. Cf. *Théod.*, § 44, G. VI, 127.
3. Cf. *De fato*, XIII, 30.
4. Voir l'index de la *Théodicée* sous « Chrysippe » et É. BRÉHIER, *Chrysippe*, pp. 189-196.

aussi celui que cherchaient à découvrir Galilée et Hobbes, et dans ces conditions, il est difficile de ne pas redouter une certaine conjonction du déterminisme scientifique moderne avec la détermination des événements en Dieu, et de ne pas considérer comme spécieuse l'affirmation qu'il n'y a pas plus d'indétermination dans le monde qu'il n'y en a dans la pensée divine.

On a vu comment la contingence, chez Leibniz, est en quelque sorte canalisée par les causes ou les raisons, et mise hors d'état de nuire à l'ordre du monde. Si ces raisons sont celles que connaît la Raison suprême, c'est fort bien ; mais s'il s'agit des causes secondes que découvre la philosophie nouvelle, cette doctrine est contestable. Le monde est sans doute ordonné, mais comment la connaissance de cet ordre nous est-elle accessible ? La connaissance que le monde a de lui-même ne peut être absolument certaine et ne peut exclure toute indétermination. Aristote l'avait vu et c'est précisément ce que lui reproche Leibniz : le Stagirite, ayant reconnu la contingence et la liberté, serait allé trop loin, par inadvertance sans doute, en disant que les propositions sur les futurs contingents n'avaient point de vérité déterminée [1].

Puisque les futurs contingents pour Leibniz sont donc déterminés en eux-mêmes, la tâche ne se présente pas de concilier la science de Dieu avec les actions d'une cause indéterminée [2]; le monde est déterminé deux fois, en Dieu et en lui-même, et il ne saurait y avoir de conflit entre l'idée de la prescience divine et celle de la liberté humaine ou de la contingence physique : comme la créature est prédéterminée par son état précédent, et qu'ainsi tout se passe mathématiquement dans l'univers, il suffit d'ajouter que toutes ces liaisons des actions de la créature sont représentées dans l'entendement divin [3].

Le problème de la providence n'est pas surmonté avec moins d'aisance. Puisque le monde est déterminé, il est facile de concevoir que Dieu prévoit les événements ; de même, puisque le monde est réglé par le principe de raison, c'est là le monde que Dieu devait choisir.

1. Cf. *Théod.*, § 331, G. VI, 311-312.

2, Cf, *Théod.*, § 365, G. VI, 331 ; § 48, G. VI, 129.

3. Cf. *Théod.*, § 365, G. VI, 331-332 ; § 360, G. VI, 328 : « Maintenant que nous avons assez fait voir que tout se fait par des raisons déterminées, il ne saurait y avoir plus aucune difficulté sur ce fondement de la prescience de Dieu... »

L'ordre dans le monde qui nous a permis de dire que les futurs contingents sont déterminés, est de droit l'ordre même voulu par la Providence. Considérons en effet la suite ajoutée par la *Théodicée* au dialogue de Valla contre Boèce. S'il est certain, pour Valla, que la connaissance en Apollon des événements futurs ne change pas leur nature d'événements libres ou nécessaires (c'est la question de la prescience), il reste pour lui le problème de savoir pourquoi ces événements seront tels et non différents, pourquoi Jupiter fera Sextus méchant et non vertueux (c'est la question de la providence). Apollon interrogé ne peut répondre : il sait l'avenir, mais il ne le fait pas ; qu'on demande à Jupiter pourquoi il endurcit un tel, pourquoi il a pitié d'un autre. La difficulté renaît donc entière de savoir comment concilier l'action de l'homme avec celle de Dieu. Valla s'arrête ici devant le mystère des voies de Dieu, et nous invite à nous fier aux promesses divines de miséricorde [1]. Pour Leibniz, cette solution « coupe le nœud ». Le problème doit être résolu, et pour cela il suffit de considérer que « le décret de faire exister cette action n'en change pas plus la nature, que la simple connaissance qu'on en a » [2]. Il n'est donc plus question d'un maître absolu, de qui le monde dépendrait d'une façon mystérieuse dans son existence et ses caractères; il s'agit au contraire d'un monde tout rationnel qui se présente à Dieu, et auquel ne manque plus que l'assentiment divin. On ne peut dire maintenant, comme l'envisageait Valla, que Jupiter condamne en Sextus son propre crime, car la raison de ce monde n'est plus à chercher dans la liberté insondable de Dieu, mais dans le fait que le monde est ce qu'il est [3]. La *Théodicée,* qui explique le monde par le principe de raison ou du meilleur, voit naturellement dans cette explication la raison du choix divin.

Leibniz sans doute, dans cette question des mondes possibles, est très proche de l'Ecole. Sa position est subtile, à la fois moliniste et thomiste. « Ce roman de la vie humaine, qui fait l'histoire universelle du genre humain », se trouvant calqué dans l'entendement divin, il peut sembler que les événements du monde sont la condition de la connaissance que Dieu en a : les « suites de choses » toutes faites que Dieu trouve dans son entendement, résultent des décisions libres des individus.

1. Cf. *Théod.*, §§ 405-412, G. VI, 357-361.
2. Cf. *Théod.*, § 365, G. VI, 331; à Clarke, 5e écrit, § 6, G. VII, 390.
3. Voir à ce propos le compte rendu de l'ouvrage de G. FRIEDMANN, *Leibniz et Spinoza,* par A. KOYRÉ, dans *Europe,* 24e année, N° 10 (Paris, 1er octobre 1946), p. 130.

Mais d'autre part, s'il est vrai que le franc arbitre détermine le concours de la providence et le secours de la grâce, cette détermination se fait en Dieu en tant que source des possibles, de sorte que toute perfection dans le monde vient de Dieu [1]. C'est par un acte de volonté que Dieu considère les différents mondes possibles, et c'est par un acte de volonté qu'il choisit l'un d'entre eux. Par suite, Leibniz peut adopter le langage des « prédéterminateurs », qui donne le premier rôle à la préordination divine et aux décrets de Dieu dans la détermination des événements du monde [2]. Il peut en outre se passer de l'artifice moliniste destiné à sauver la liberté humaine : Dieu chez lui n'a pas besoin de la science moyenne pour prévoir ce que l'homme choisira dans telles circonstances puisque les propositions qui sont l'objet de la science moyenne supposent selon Leibniz les décrets de Dieu ; la science de simple intelligence renferme déjà la représentation du monde tel qu'il sera et ne diffère de la science de vision qu'en ce qu'elle ignore encore le décret de choisir effectivement cette suite de choses possibles [3].

L'Ecole cependant n'expliquait pas l'action divine par le monde, objet du choix de Dieu. Chez Duns Scot, la raison de l'action divine *ad extra* doit être cherchée en Dieu et non pas dans les choses créées : Dieu aurait pu agir autrement et mieux qu'il ne l'a fait. Or c'est là précisément la thèse que combat Leibniz.

On connaît son argumentation. Comme tout sage bienfaisant, Dieu est guidé par la considération de son objet. C'est la bonté de l'objet qui plaît et le fait choisir parmi beaucoup d'autres qui ne plaisent pas ou qui plaisent moins, c'est-à-dire qui renferment moins de cette bonté qui nous touche ; la volonté va donc toujours au bien qui l'emporte sur les autres [4]. Pour le sage, c'est une heureuse nécessité que l'obligation de bien faire, et rien n'est plus digne de Dieu que *l'habitus* de la vertu et la nécessité morale de choisir le meilleur. Voudrait-on que Dieu ne fût pas obligé d'être parfait et heureux ? Et serait-il heureux d'une œuvre où il y aurait quelque chose à corriger ? Le sage se juge à ses actes : le meilleur objet est toujours

1. Cf. Réflexions sur un écrit irénique, P. SCHRECKER, *Lettres et fr.*, pp. 106-108.

2. Leibniz donne des gages à tous les partis : augustinisme, thomisme d'une part, molinisme et congruisme de l'autre. Cf. *Discours*, § XXX : la grâce absolument efficace, « soit qu'elle le soit par elle-même, ou par la congruité des circonstances ». Voir *Théod.*, §§ 42-43, G. VI, 126 ; § 367, G. VI, 332-333.

3. Cf. GRUA, *Textes*, t. I, pp, 357-358 ; *Théod.*, §§ 38-47, G. VI, 124-129 ; § 363, G. VI, 330.

4. Cf. *Théod.*, § 110, G. VI, 163.

désiré par le plus vertueux. Aussi tout ce que Dieu fait ne saurait être mieux fait, et si nous connaissions l'ouvrage entier de Dieu, nous pourions juger que l'univers est gouverné comme les plus sages et les plus vertueux le pourraient souhaiter [1].

Ce n'est donc pas seulement la considération de la sagesse de Dieu, mais encore l'analyse de l'acte même de choisir, qui imposent aux yeux de Leibniz la doctrine du meilleur monde possible. Dieu est infiniment puissant, mais sa puissance est indéterminée : elle pourrait produire n'importe quoi; il faut que la bonté et la sagesse apportant la détermination nécessaire, viennent rendre possible l'action divine. Or, il n'y a pas de choix sans *optimum*; si donc parmi les mondes possibles, il ne s'en trouvait point qui fût le meilleur, Dieu n'en choisirait aucun [2]. Si, par exemple, il faut fixer trois points dans un plan, sans autre condition, la sagesse, qui n'agirait pas plutôt que d'agir sans raison, choisit le triangle équilatéral, dans lequel les trois sommets sont situés de la même façon les uns par rapport aux autres [3]; s'il lui faut disposer à son gré trois sphères égales, elle les place de manière qu'elles se touchent [4]; s'il faut qu'un mobile passe d'un point à un autre et si la voie n'est pas imposée, c'est la plus facile et la plus courte qui est choisie; enfin, de tous les angles, le seul déterminé est le droit [5].

Ainsi le plus déterminé, c'est le plus raisonnable et le plus parfait. Si la nature était brute, c'est-à-dire purement matérielle ou géométrique, avec trois points ou la seule périphérie, elle ne produirait aucun triangle; mais elle est gouvernée architectoniquement et les demi-déterminations lui suffisent pour achever son ouvrage [6]. Le moyen le plus parfait, c'est le plus simple; l'effet le plus parfait, c'est le plus grand: Dieu agit comme un très haut géomètre; il choisit le monde « le plus simple en hypothèses et le plus riche en phénomènes, comme pourrait être une ligne de géométrie dont la construction serait aisée et les propriétés et effets seraient fort admirables et d'une grande étendue » [7]; il agit comme l'architecte disposant

1. Cf. *Théod.*, § 201, G. VI, 236; § 80, G, VI, 145; lettre de 1679 (?), Pr, Ak., II, I, 501, 4-6.

2. Cf. *Théod.*, § 130, G. VI, 183; § 8, G. VI, 107; § 196, G, VI, 232-233; *Discours*, §§ III et XXXVI.

3. Cf. *Specimen inventorum*, G. VII, 310, note : *Tentamen anag.*, G. VII, 278; *Dererum origin.*, G. VII, 304. Cf, GRUA, *Textes*, t. I, p. 326, t, II, p. 529

4. Cf. G. VII, 310, note.

5. Cf. *De rerum origin.*, G. VII, 304; *Théod.*, § 196, G. VI, 232-233.

6. Cf, *Tentamen anagogicum*, G. VII, 279.

7. Cf. *Discours*, §§ V et VI; G. VII, 310, note.

du terrain et des matériaux de la manière la plus avantageuse [1]. Les philosophes réalistes, autrefois, semblaient faire la nature prodigue, et les nominalistes semblaient la déclarer chiche; il faut allier les deux doctrines, car la nature est comme un bon intendant, qui épargne là où il le faut, pour être magnifique en temps et lieu [2].

Il y a donc dans les choses un principe de détermination qui n'est autre qu'un calcul de maximum et de minimum : *Semper scilicet est in rebus principium determinationis quod a maximo minimove petendum est...* (*De rerum origin.*, G. VII, 303.) La volonté divine, qui compare les biens entre eux et fait naître de cette rencontre la décision de créer tel monde, a son image en physique dans le mouvement composé, qui résulte de toutes les tendances concourant dans un même mobile et satisfait également à chacune, autant qu'il est possible de faire tout à la fois [3]; ou dans la manière des liquides de se rassembler en gouttes sphériques, enfermant ainsi le plus grand volume dans la plus petite surface [4]; ou enfin et surtout dans les phénomènes de la pesanteur : les corps tendent d'un droit égal à descendre à proportion de leur poids, ainsi les biens tendent d'un droit égal à l'existence à proportion de leur réalité; de même que des corps pesants, agissant les uns sur les autres, déterminent la position par laquelle est réalisée la plus grande descente totale, ainsi vient à l'existence le meilleur monde possible [5].

L'essence n'est donc pas seulement la « possibilité nue » : elle comporte une certaine tendance [6] à l'existence *proportione bonitatis suae* ou *pro quantitate essentiae seu realitatis* : *...Essentiam per se tendere ad existentiam.* (G. VII, 303.) Comme tous les possibles ne sont pas compatibles dans une même suite de choses (Sextus, dans notre monde, ne saurait être innocent), un « combat » s'institue entre eux, et ceux qui joints ensemble produisent le plus de réalité, de perfection et d'intelligibilité, l'emportent sur les autres [7] : *...Ex conflictu omnium possibilium existentiam exigentium hoc saltem sequitur, ut existat ea rerum series, per quam plurimum existit, seu series omnium possibilium maxima.* (Cout., *Opusc.*, 534.) Sans cette prétention des possibles à l'existence, dans l'entendement de

1. Cf. *Discours*, § V; *De rerum origin.*, G. VII, 303-304.
2. Cf. *Nouv. Ess.*, III, VI, § 32, G. V, 303.
3. Cf. *Théod.*, § 22, G. VI, 116.
4. Cf. COUT., *Opusc.*, 534; *De rerum origin.*, G. VII, 304.
5. Cf. *De rerum origin.*, G. VII, 304.
6. *Propensio, conatus, exigentia, praetensio*, etc...
7. Cf. *Théod.*, § 201, G. VI, 236.

Dieu, à proportion de leur perfection, on ne pourrait dire pourquoi quelque chose existe plutôt que rien, ni pourquoi les choses sont allées ainsi plutôt qu'autrement [1]. C'est donc par elle qu'il faut définir l'existence : *Existentiae... notio est talis, ut existens sit talis status universi qui Deo placet. Deo autem placet quod perfectius est.* (Cout., *Opusc.*, 405 [2].)

Au début du *De rerum originatione*, l'auteur, ayant posé un être métaphysiquement et absolument nécessaire, ne peut y rattacher le monde qu'hypothétiquement : le monde n'existe que si Dieu le veut [3]. L'objet de l'opuscule se définit alors de la façon suivante : comment expliquer le rapport qu'il y a entre le monde et la Raison suprême, ou comment comprendre *paulo distinctius* que des vérités éternelles ou nécessaires naissent les vérités contingentes [4]. Vient alors la description du «mécanisme métaphysique» ou «mathématique divine », ponctuée par ces exclamations de satisfaction intellectuelle : *hinc vero manifestissime intelligitur*; ou bien : *ex his jam mirifice intelligitur* [5], et achevée par ces mots : « Nous tenons désormais la relation qui existe entre la nécessité physique du monde et la nécessité métaphysique de Dieu : quoique le monde ne soit pas métaphysiquement nécessaire, de sorte que son contraire implique contradiction ou absurdité logique, il est cependant physiquement nécessaire ou déterminé, de sorte que son contraire implique absurdité morale; de même que la possibilité est le principe de l'essence, ainsi la perfection ou le degré d'essence (par quoi se réalise le maximum de compossibles) est le principe de l'existence [6]. » La continuité est donc établie entre le monde et Dieu : un rapport intelligible apparaît entre le créateur et la créature.

L'appréciation de cette doctrine leibnizienne est délicate. En tant qu'elle s'appuie sur l'idée de la perfection de Dieu, elle semble inattaquable. Dieu, dit Leibniz, en toutes ses actions se regarde lui-même; si donc il a fait le monde, il faut juger *ab effectu* que le monde est parfait [7]. Dieu ne fait rien dont il ne mérite d'être glori-

1. Cf. G. VII, 194-195; *Monad.*, § 54; *Principes*, § 10, G. VI, 603.
2. Cf. G. VII, 195, note; COUT., *Sur la métaphysique de Leibniz*, pp. 13-14.
3. Cf. G. VII, 302-303,
4. Cf. G, VII, 303,
5. Cf. G. VII, 303 et 304.
6. Cf. G. VII, 304.
7. Cf. *Théod.*, § 10, G. VI, 108.

fié et l'on ne peut l'aimer comme il faut quand on n'est pas dans la disposition de vouloir ce qu'il veut : *Idem velle et idem nolle vera amicitia est* [1].

La perfection de Dieu et la soumission confiante de l'homme à la volonté divine, ces deux thèmes leibniziens donnent à la doctrine du meilleur monde une élévation et une noblesse qu'il est impossible de méconnaître. Il convient donc d'admettre avec Leibniz que le monde est parfait, en ce sens que Dieu a voulu qu'il fût ce qu'il est.

Cependant le propre de la doctrine leibnizienne est de ne pas se contenter de cette référence à la volonté de Dieu et de chercher dans notre monde le critère du choix divin. Chez Duns Scot, comme chez Leibniz, il y a une infinité de mondes possibles, mais la création, c'est-à-dire le choix d'un de ces mondes, y est l'effet de la bonté divine, sans que nous puissions en dire davantage. Pareillement, chez Malebranche, l'ouvrage de Dieu est « le plus parfait qu'il puisse être, non absolument néanmoins, mais comparé aux voies qui en sont exécutrices » [2]. Chez Leibniz au contraire, si l'on retrouve la multitude infinie des mondes possibles, le bénéfice de cette doctrine cependant est fort diminué par la relation de raison établie entre la volonté divine et son objet. « ...Quand je considère l'ouvrage de Dieu, écrit Leibniz à Malebranche, je considère ses voies comme une partie de l'ouvrage, et la simplicité jointe à la fécondité des voies fait une partie de l'excellence de l'ouvrage : car dans le total les moyens font une partie de la fin. » (G. I, 360.) Ainsi l'excellence de l'ouvrage de Dieu est la préoccupation dominante de Leibniz [3], tandis que pour Duns Scot et pour Malebranche, le monde est parfait sans doute, mais par rapport à Dieu plutôt qu'en lui-même.

Certes, l' « exigence d'existence » dans les possibles leibniziens ne représente point du tout une sorte de nécessité naturelle à quoi le monde devrait l'existence. Cette prétention (dans la mesure de leur perfection) des possibles à l'existence est l'expression de la volonté de Dieu et révèle partout dans l'infinie complexité des choses relativement au temps et au lieu la présence des intentions divines.

---

1. Cf. *Discours*, § IV.

2. Cf. Malebranche à Leibniz, 14 décembre 1711, G. I, 359.

3. « La véritable raison qui fait louer principalement une machine, écrit Leibniz, est plutôt prise de l'effet de la machine que de sa cause. On ne s'informe pas tant de la puissance du machiniste que de son artifice... Celui qui achète la montre, ne se soucie point si l'ouvrier l'a faite tout entière, ou s'il en a fait faire les pièces par d'autres ouvriers,... pourvu qu'elle aille comme il faut. » (A Clarke, 2e écrit, G, VII, 357.)

Il est clair cependant que si Dieu, pour produire notre monde, choisit inévitablement la meilleure combinaison de compossibles, on peut dire sans doute que la volonté de Dieu détermine l'existence de ce monde, mais tout aussi bien que ce monde détermine la volonté de Dieu. Quoique la perfection divine, source de la multitude des mondes possibles, reste très supérieure à la perfection de notre monde, il semble pourtant que le choix inévitable de ce monde limite la perfection de Dieu. Alors que la bonté de Dieu évoquait précédemment l'idée de l'indépendance divine et de la gratuité de l'action créatrice, l'action de Dieu est maintenant rapportée aux effets que nous connaissons.

Leibniz, comme les anciens et les médiévaux, professe une métaphysique du bien : c'est la bonté chez lui qui porte Dieu à créer, afin de se communiquer [1] et la volonté divine, qui est la source des existences, allant au bien ou au positif, toute la réalité du monde résulte de la bonté de Dieu ; la créature reçoit même continuellement du Père des lumières ce qu'il y a en elle de bon et de parfait [2]. Leibniz a toujours demandé aux calvinistes de sauver la bonté de Dieu : Calvin même, dit-il, et d'autres parmi les plus grands défenseurs du décret absolu, ont fort bien déclaré que Dieu a de grandes et justes raisons de la dispensation de ses grâces, quoique la connaissance complète de ces raisons nous échappe [3], et il faut juger charitablement que les plus rigides prédestinateurs ont trop de raison et de piété pour s'éloigner de ce sentiment [4]. Seulement avant Leibniz, le bien, qui était la fin des pensées et des êtres, devait être saisi en lui-même, au delà de tout bien particulier, puisqu'il s'agissait du principe de tout bien ; même si la pensée ancienne considérait la contingence et la variété possible des accidents dans le monde, comme le faisait par exemple Maïmonide [5], si elle voyait dans la

1. Cf. *Théod.*, § 228, G. VI, 253.

2. Cf. *Théod.*, § 31, G. VI, 121.

3. Leibniz écrit à Heinrich Ludolf Benthem : *Wenn nur gestanden wird, dass Gott elegire : nicht ex mero quodam placito velut tyrannico, sed ex principiis summae sapientiae et justitiae conformibus, licet nobis ignotis, und man das decretum absolutum nicht nimmt, tanquam independens ab omni ratione, sed tantum tanquam independens a rationibus, quae a nobis reddi possint, so ist dabei nichts gefährliches.* (GUHR., *Deutsche Schr.*, t. II, p. 253.)

4. Cf. *Théod.*, § 79, G. VI, 145.

5. *Possibile est ut haec res, prout est habeat talem formam, mensuram, talia accidentia, istud tempus vel locum : et possibile quoque est, ut sit major, minor, ut habeat contrariam formam, alia accidentia, aut ut existeret ante illud tempus, vel post illud, alioque in loco. Proinde dum ei assignata et appropriata est certa figura, mensura, tempus, locus, aliaque accidentia, cum possibilitate*

volonté une *inclinatio ad effectum* comme chez saint Thomas [1], ou si elle affirmait avec Duns Scot que Dieu ne réalise qu'une partie de l'infinité des possibles [2], elle renonçait toujours à spéculer sur l'objet de la décision divine — le monde connu de l'homme — pour se porter vers Dieu même, qui connaissait seul la raison de son choix et la vraie nature du monde.

Que signifie en effet pour Dieu le monde le meilleur possible ? Quelle proportion y a-t-il entre Dieu et le monde ? La *Théodicée* proteste ici que la puissance et la bonté de Dieu ne sont point limitées par l'obligation de choisir le meilleur, puisqu'il s'agit justement du *maximum* et de *l'optimum* [3]. Mais Dieu, dans la *Théodicée*, choisit parmi les mondes le meilleur monde, et c'est dans cette seule référence au monde qu'est la limitation : Dieu est comparé au monde et sa perfection se trouve rapportée à celle du monde. « Le monde le meilleur », n'est-ce pas là une contradiction pour Dieu ? Peut-il y avoir un *optimum* pour Dieu qui ne fût pas Dieu même ?

C'est pourquoi on dit peut-être davantage en attribuant à Dieu la volonté du bien plutôt que la volonté du meilleur. « Le meilleur » limite Dieu à ce monde, tandis que « le bien » laisse subsister l'immensité qui nous sépare de Dieu. C'est ainsi que saint Bonaventure tranche cette question : le nombre, dit-il, appartenant au domaine du fini, peut toujours être dépassé par un nombre plus grand ; de même dans la bonté de la créature, *status est semper, quia finita*. Ce que Dieu a fait, cependant, il l'a fait par grâce, et sans envier au monde une perfection que le monde ne pouvait recevoir : *hoc totum, quod fecit, fuit gratia ; nec erat aliqua exigentia, ratione cujus possit poni in eo fuisse invidia.* (*I Sent.*, d. 44, a. 1, q. 1, ad 4, t. I, p. 783 A et B [4].)

---

tamen, ut contrario modo se habeat : inde probant, necessarium esse, ut sit aliquis, qui appropriaverit et elegerit alterum ex duobus istis possibilibus... (Doctor perplexorum, p. I, c. 74, p. 168.) Leibniz résume ce passage dans F. DE C., *Leibniz, la philosophie juive et la Cabale*, pp. 16 et 18.

1. Cf. *Sum. theol.*, I, 14, 8, ad *Resp.*

2. Cf. É. BRÉHIER, *La philosophie du moyen âge*, pp. 388-389.

3. Cf. *Théod.*, § 227, G. VI, 253.

4. Cf. le *scholion* de la question 1, p. 783, et É. GILSON, *La philosophie de saint Bonaventure*, pp. 143-144.

Leibniz répond que le monde est infini (dans le temps et par la multitude des monades) : cf, *Théod.*, § 195, G. VI, 232 ; à Bourguet, 5 août 1715, G. III, 582-583 ; et F. BOUILLIER, *Histoire de la philosophie cartésienne*, pp. 471-472. Mais cela n'y change rien, semble-t-il, puisque « l'imperfection originale des créatures » demeure. Cf. la discussion de H. Pinard, *Dict. de théol. cath.*, s. « création », t. III, p. II, coll. 2147-2148.

En somme, Leibniz, au profit du rationalisme, rapproche deux doctrines. La première, qui est celle de Duns Scot, situe dans la pensée de Dieu une infinité de mondes possibles afin que Dieu et ce monde soient suffisamment distingués. La seconde, qui est celle de Platon, a pour caractère de suspendre toute pensée à la considération de la perfection de Dieu en lui-même. La rencontre de ces deux doctrines a pour effet de modifier le sens de l'une et de l'autre : la distinction entre Dieu et le monde que maintenait au moyen âge le mystère du choix divin, devient moins complète, puisque Dieu maintenant se doit de choisir notre monde; d'autre part, la considération de la perfection en soi de l'activité divine devient la doctrine morale du meilleur et la clé d'une explication du monde intégralement rationnelle.

Ce dernier aspect de la *Théodicée* est assez frappant : il y s'agit plutôt de la solution claire de problèmes difficiles que de la connaissance spirituelle des mystères de la divinité. Ainsi dans le dialogue de Valla sur le libre arbitre, qu'utilise Leibniz, Antoine, doutant que Boèce comprenne bien lui-même ce qu'il dit de l'entendement de Dieu et de l'éternité supérieure au temps, demande à Laurent les éclaircissements sur la science de Dieu que Boèce à ses yeux ne donne pas. Laurent, qui juge l'auteur du *De consolatione* de la même façon, explique alors fort clairement la prescience divine (l'avenir est certain, quoique non nécessaire), sans s'inquiéter trop de savoir ce qu'est l'éternité en elle-même. Chez Leibniz, les choses ne se passent guère différemment; bien plus, Leibniz achève l'entreprise d'explication commencée par Valla, puisque la *Théodicée,* après la difficulté de la prescience, résout fort bien et d'une manière analogue la difficulté tirée de la providence (choix certain, quoique non nécessaire, du meilleur monde). Sans avoir à pénétrer trop avant dans les mystères de la nature divine, Leibniz a donc constitué un univers parfaitement rationnel. La détermination en eux-mêmes des futurs contingents assure d'abord l'ordre en surface de l'univers; le « mécanisme métaphysique » donne raison ensuite de l'univers en profondeur ou de l'existence même des choses. Ainsi le monde est rationnel sous tous ses aspects.

Avec le *De consolatione* de Boèce, il s'agit de tout autre chose. Le problème de la providence est abordé ici comme il convient, c'est-à-dire par la considération de la nature divine, et la question se pose maintenant de savoir ce qu'est l'éternité en quoi Dieu connaît le monde: *haec enim nobis naturam pariter divinam scientiamque pate-*

truire entièrement un animal existant. L'organisation ne peut commencer que par miracle, aujourd'hui ou au commencement des choses [1].

Cette richesse immense de la matière seconde a son fondement dans les formes qui ont complété la matière première : à tout mouvement dans l'étendue, correspond une qualité interne sans laquelle cette différence extérieure ne serait pas [2]. De plus, cette qualité n'est pas seulement ce qui distingue tel événement de tout autre, elle est en même temps ce qui le relie à tous les autres événements de l'univers; or seul l'atome formel peut assurer cette liaison des parties au tout et de l'effet à la cause : dans l'étendue ne s'exprime que l'état présent de l'univers; les mêmes effets y peuvent procéder de diverses causes : quand deux triangles se trouvent joints, on ne peut en déduire la manière dont cette jonction s'est faite [3]; de même, de tel état des atomes dans l'espace, on ne peut remonter à sa cause : *...Ex effectu causam, jam vero ex sola figura atomi et motu colligi per regressum non potest quibus impressionibus ad eum pervenerit, quia idem motus obtineri potest diversis impressionibus...* (Cout., *Opusc.*, 522.) Dans une réalité véritable, une intelligence suffisamment pénétrante doit pouvoir remonter de l'effet à sa cause, et la connexion des choses entre elles suppose qu'il existe pour chacune d'elles des dénominations intrinsèques : *...Nullas esse denominationes pure extrinsecas ob rerum connexionem inter se.* (Cout., *Opusc.*, 8.) L'existence dans l'espace ne suffit pas à définir une réalité : *...Sola...positio in realibus ad distinguendum non sufficit* (Cout., *Opusc.*, 8) ; il faut que le corps porte en lui-même la marque de sa position (*oportet locatum exprimere locum in se*), et celle de tout ce qui lui est arrivé et de tout ce qui lui arrivera.

Dans l'*Hypothesis physica nova* [4], le corpuscule est considéré comme tellement stupide et imparfait qu'il ne se souvient que de la dernière impression reçue, et quitte la courbe, lorsqu'il est abandonné à lui-même, pour suivre la tangente. Quand il heurte un autre

1. Cf. à Arnauld, septembre (9 octobre) 1687, G. II, 126; à Bossuet, 18 avril 1692; F. DE C., *Œuvres de Leibniz*, t. I, 276-277; *Système nouveau*, G. IV, 481-482. *Eclaircissement sur les natures plastiques*, G. VI, 553; BODEMANN, *Leibniz-Handschriften*, p. 58. Cf. MALEBRANCHE, *Entret. sur la métaphysique*, XI.

2. Cf. *De ipsa natura*, § 13, G. IV, 512-514.

3. Cf. projet d'une lettre à Arnauld, G. II, 72; GRUA, *Textes*, t. I, p. 266.

4. Cf. A. HANNEQUIN, *Etudes d'histoire des sciences et d'histoire de la philosophie*, t. II, pp. 214-219; 156-159.

corps, il sait comparer dans l'instant du choc l'impression qu'il apporte avec l'impression reçue et déterminer l'effet raisonnable; sitôt après, il retombe dans la stupidité de la ligne droite. Tel est le moyen de distinguer le corps de l'esprit : *Omne enim corpus est mens momentanea*... (G. IV, 230 [1].) Le corps, déjà à cette époque, n'est donc pas conçu comme un objet purement spatial livré au hasard des chocs : l'*Hypothesis* cherche à voir en lui le support réel de l'ordre des choses.

La physique ultérieure rend possible ce dessein. Grâce au concept de force, elle constitue un système de physique parfait, satisfaisant au principe de l'égalité de la cause pleine et de l'effet entier : l'ordre des choses peut être dans les choses mêmes, à l'harmonie des substances entre elles correspond le système du monde ; le corpuscule se double d'une entéléchie (*regnum duplex...formarum et particularum materiae* [2] ; la trajectoire de quelque point que l'on puisse prendre dans le monde est préétablie en fonction de tous les autres mouvements du monde [3], et la « stupidité » du corpuscule n'est plus qu'apparente puisque c'est l'imperfection de la connaissance humaine qui nous empêche de percevoir la réalité interne et prédéterminée des choses [4]. Bref, le corps maintenant, dans sa nature véritable, est une multitude de monades impérissables [5].

Infiniment plus parfaite que l'« atome vulgaire », la monade contient un monde de diversités dans une véritable unité, au lieu que l'atome est sans aucune variété ou subdivision ; alors que dans l'atome, il n'y a qu'un seul changement, il y en a une infinité dans les modifications de l'âme, dont chacun garde sa loi. Etant sans parties, l'âme contient la variété immense de l'univers comme dans le centre, simple et indivisible, concourent une infinité de rayons. On peut lire dans l'âme l'ordre universel ; c'est elle qui assure à la fois l'unité et la diversité dans les choses [6].

Les idées d'unité et d'infinité se rejoignent dans celle de continuité : le principe de continuité est l'un des grands principes leib-

1. Cf. *Extrait du Dictionnaire*, G. IV, 543-544.
2. Cf. *Animadversiones*, II, 64, G. IV, 391.
3. Cf. *Réponse aux réflexions*, G. IV, 558.
4. Cf. M. GUÉROULT, *Dynamique et métaphysique leibniziennes*, pp. 208-210.
5. Cf. M. GUÉROULT, *loc. cit.* pp. 171 sqq.
6. Cf. à Arnauld, avril (30 avril) 1687, G. II, 98-99 ; *Extrait du Dictionnaire*, G. IV, 544 ; à l'électrice Sophie, 12 juin 1700, G. VII, 544-545 ; à la même 6 février 1706, G. VII, 566 et 570 ; COUT., *Opusc.*, 522.

niziens, qui dominent la physique et la métaphysique. Son rôle est d'introduire l'ordre dans la variété : « Je vois toutes choses réglées et ornées, dit Théophile dans les *Nouveaux Essais*, ...la matière, organique partout, rien de vide, stérile, négligé..., tout varié, mais avec ordre... » (I, I, éd. Boutr., pp. 168-169.)

Quoiqu'il n'y ait pas de droite sans courbure dans l'univers, rien cependant n'y est irrégulier, et la nature, en vertu justement de l'immense subtilité des choses, n'agit jamais par saut [1]. La parfaite dureté est déraisonnable : si Dieu veut que deux masses ou parties de la matière soient attachées inséparablement l'une à l'autre, sans qu'il y ait en elles ou dans les ambiants une raison de leur inséparabilité, il faut qu'il empêche leur écartement par un miracle perpétuel. La parfaite fluidité ne vaut pas mieux : on ne remarque dans la nature que des degrés de consistance ou de cohésion, et il n'y a pas de corps qui n'aient quelque fluidité ou dont la cohésion soit insurmontable. Ni Epicure ni Descartes n'ont raison [2]. De même, du plus petit au plus grand, on passe toujours par le médiocre, et jamais un mouvement ne change immédiatement. Tout ce qu'on dit du mouvement, de l'inégalité, et du ressort, doit se vérifier lorsqu'on suppose ces choses très petites ou très grandes [3]. Presque toutes les règles du mouvement, chez Descartes, choquent ce principe [4].

---

1. Cf. *Nouv. Ess.*, Av.-prop., BOUTR., p. 136.

2. Cf. *Animadversiones*, I, 20, G. IV, 368-369 ; *Demonstratio contra atomos*, G. VII, 288 ; *Nouv. Ess.*, II, IV, § 4, G. V, 114 ; *ibid.*, XXVII, § 3, G. V, 214 ; à Hartsoeker, 20 octobre 1710, G. III, 506 ; *Examen des principes*, DUT., II, 1, 209.

3. Cf. à Arnauld, 1er août 1687, G. II, 104-105.

4. Considérons en effet la seconde règle : « Si deux corps B et C, se mouvant en ligne droite, se rencontrent avec des vitesses égales, mais que le corps B soit plus grand que le corps C, B continuera son chemin avec la même vitesse en entraînant le corps C avec lui. » Cette règle est fausse, parce qu'elle choque la règle précédente d'après laquelle deux corps égaux et de même vitesse seront renvoyés dans les directions opposées avec la même vitesse, et parce qu'elle viole le principe de continuité.

Supposons B assez grand pour vaincre C et pour continuer à avancer après le choc ; si nous diminuons peu à peu la grandeur de B, il faut que ce corps diminue aussi de vitesse après le choc, jusqu'au moment où, parvenus à une certaine proportion entre B et C, nous verrons B s'immobiliser à l'instant du choc. Passé ce point, si B continue à diminuer, il va prendre un mouvement dans l'autre sens de plus en plus rapide ; lorsque l'inégalité sera évanouie entre B et C, nous retomberons sur le cas de l'égalité, et nous verrons les corps reculer avec la vitesse qu'ils avaient avant le choc.

L'inégalité entre les deux corps, diminuant d'une façon continue jusqu'à atteindre l'égalité, l'effet de l'inégalité doit approcher d'une façon continue de l'effet de l'égalité. Cf. *Animadversiones*, II, 45 sqq., G. IV, 375 sqq. ; *Lettre de M. L. sur un principe général*, G. III, 52-54.

De même en métaphysique, il n'y a pas de vide de formes, car ce serait un défaut d'ordre ou une interruption dans la liaison des choses. Si cette particule de la matière qui fait le corps humain était seule douée d'âme, la nature serait peu liée. L'ordre, la beauté et la raison dans les choses exigent qu'il y ait partout des êtres actifs, qui ne diffèrent que dans la manière de la perception, des âmes, ou au moins des êtres analogues. La nature, qui aime la variété, a produit d'autres formes que celles qui pensent raisonnablement. Un certain ordre dans les choses descend des animaux aux plantes; il est vraisemblable qu'il y ait des substances capables de perception au-dessous de nous comme il y en a au-dessus, et que notre âme, loin d'être la dernière de toutes, se trouve en un milieu dont on puisse descendre et monter [1]. Il est vrai qu'il y a de la différence entre les esprits ou intelligences et entre les âmes, mais « tout cela ne compose qu'un monde qui se continue » [2]. Bref, toute la perfection que Dieu pouvait mettre dans les choses y a été mise : puisque l'étendue toute nue détruirait cette merveilleuse variété, Dieu a multiplié les âmes à l'infini; approchant de la divinité autant qu'il se peut selon leurs différents degrés, les âmes donnent à l'univers toute la perfection dont il est capable [3].

On saisit maintenant dans son ampleur la doctrine leibnizienne de la nature : chaque partie tient le rôle à quoi la totalité l'invite, et il ne se passe rien dans l'univers qui ne le concerne tout entier. Cette fonction de représentation qui est propre à chaque élément du monde, ne peut appartenir qu'à l'âme. Ainsi chaque âme contient l'univers (τὸ πᾶν κατείληφε, écrit Plotin), quoiqu'elle diffère de toutes les autres (διέστησαν) [4]. Tout est dant tout, car on ne peut rendre raison d'une chose sans la rapporter à l'ensemble; mais tout est dans tout d'une manière différente, car il n'y a pas de substance qui n'ait de quoi se distinguer de toute autre [5]. Puisqu'en chaque unité se retrouve l'infini, l'univers, varié en lui-même infiniment, et représenté diversement par une infinité d'âmes, reçoit une infinité d'infinités, et c'est en cela que consiste l'harmonie préétablie [6].

---

1. Cf. *De ipsa natura*, § 12, G. IV, 512; à Bourguet, 5 août 1715, G. III, 581; *Considérations sur les principes de vie*, G. VI, 543.
2. Cf. F. DE C., *Leibniz la philosophie juive et la Cabale*, p. 51.
3. Cf. à Clarke, 4e écrit, P. S., VII, 378; à l'électrice Sophie, 31 octobre 1705, G. VII, 562-563; *Considérations sur la doctrine*, G. VI, 538; *Monad.*, § 58.
4. Cf. *Enn.*, VI, 4, 5 et 4.
5. Cf. H. RITTER, *Histoire de la philosophie moderne*, t. II, p. 293.
6. Cf. *Extrait du Dictionnaire*, G. IV, 554; à Dangicourt, septembre 1716, DUT., III, 500; BARUZI, *Leibniz*, Textes, p. 300; GRUA, *Textes*, t. II, p. 554.

On comprend que Leibniz ait pu dire que tout son système s'opposait à l'atomisme [1]. Ici comme chez les anciens, si l'atomisme a recours au hasard pour expliquer l'ordre dans le monde, autant vaut dire qu'il n'explique rien. Comment l'irrégulier produirait-il le régulier [2] ? Il faut qu'il y ait quelqu'un qui coordonne et assemble en un tout les êtres du monde ; il faut que le monde soit composé d'êtres liés intérieurement à l'ordre universel. En vérité, les atomes de la nature sont des substances animées, et c'est d'elles que le monde reçoit sa raison, sa réalité, et sa variété.

***

La doctrine de Leibniz que nous venons de rappeler, si visiblement inspirée des aristotéliciens et des platoniciens, suppose aussi un point de vue plus moderne.

Leibniz en effet a défendu le mécanisme des philosophes de son temps dans des termes d'une netteté qui ne laisse rien à désirer : si un ange, dit-il, nous expliquait la nature des couleurs en faisant sonner formes et facultés, il perdrait sa peine ; mais s'il parle de trajet en ligne droite, de réflexion, de réfraction, de lois mathématiques, et s'il explique les choses assez clairement pour qu'il apparaisse qu'elles ne peuvent se passer autrement, c'est alors qu'il nous aura enseigné quelque chose. Dieu lui-même, s'il voulait nous révéler la nature, ne pourrait se servir que de lois mécaniques : ...*Nisi legibus mechanicis explicari possint physica, Deum nobis ne si vellet quidem, posse revelare atque explicare naturam.* Grandeur, figure, mouvement, voilà qui est intelligible, *neque quicquam in rebus liquide intelligitur, nisi ad haec reducatur* ; tout ce qu'on peut dire d'autre n'est que mots vides de sens [3]. Que tout se fasse mécaniquement dans la nature, c'est là un principe si évident, que Leibniz ne craint pas d'affirmer son accord complet sur ce point avec Descartes (*plane quidem assentior*) et même avec Spinoza [4]. S'opposer ici au senti-

1. Cf. à Remond, juillet 1714, G. III, 620 ; BODEMANN, *Leibniz-Handschriften*, pp. 62-63.

2. Cf. N. LOSSKY, *L'intuition, la matière et la vie*, pp. 80-114 ; A. REYMOND, *Le problème de la finalité*, dans *Philosophie spiritualiste*, t. I, pp. 243-282.

3. Cf. à Conring, 19 (29) mars 1678, Pr. Ak., II, I, 401, 1-3 et 400, 16-27 ; à Hartsoeker, 6 février 1711, G. III, 519.

4. Cf. *Hypothesis physica nova*, G. IV, 209 ; *Animadversiones*, II, 64, G. IV, 390 ; *Nouv. Ess.*, IV, XII, § 13, G. V, 437.

ment général des modernes, c'est à ses yeux « se faire tort » et donner à l'erreur l'occasion de triompher [1].

En accueillant les formes substantielles, Leibniz n'avait point l'intention d'abandonner le mécanisme. Il se distinguait par là des « formalistes » de Cambridge, qui condamnaient l'explication mathématique de la nature, craignant qu'elle ne se substituât à l'explication par la cause véritable, supérieure par essence, à son effet, comme Dieu est supérieur au monde [2]. « Je sais, écrit Leibniz à Placcius, que bien des hommes pieux, comme Henry More, fuient la philosophie mécaniste, c'est-à-dire l'explication mathématique des phénomènes de la nature : ...ils craignent qu'elle n'exclue les substances spirituelles ; c'est à quoi tendent, je l'avoue, certains partisans de la philosophie corpusculaire, et rien ne peut être plus éloigné de la piété. Mais si ces hommes excellents examinaient suffisamment les démonstrations que j'ai données à ce sujet, ils se réconcilieraient peut-être avec la philosophie intelligible (*cum intelligibili philosophia*). » (8 septembre 1690, Dut., VI, I, 48.)

Dans l'opuscule intitulé *Antibarbarus physicus pro philosophia reali contra renovationes qualitatum scolasticarum et intelligentiarum chimaericarum,* Leibniz se plaint du sort fâcheux qui conduit les hommes à se détourner de la lumière pour retrouver les ténèbres : « Nous l'expérimentons aujourd'hui, dit-il ; la grande facilité de la doctrine nouvelle a conduit certains à la mépriser ; l'abondance des vérités évidentes a ramené l'amour des sottises difficiles. Elle paraît trop claire ou trop facile, la physique qui explique toutes choses dans les corps par le nombre, la mesure, le poids ou la grandeur, la figure et le mouvement, et qui enseigne que pour se mouvoir naturellement, un corps doit être poussé par un corps qui le touche, et qu'ainsi toutes choses en physique se font mécaniquement, c'est-à-dire intelligiblement. Il faut revenir à des chimères, à des archées, à des intelligences plastiques, attentives à la formation du fœtus et plus tard à la protection de l'animal. Rien n'est assez divin pour ces gens-là, si ce n'est ce qui est déraisonnable. D'autres (entendez : les newtoniens) retournent aux qualités occultes ou facultés scolastiques, mais comme l'usage qu'en ont fait les philosophes et les médecins barbares les ont discréditées, changeant le nom, ils les ont appelées forces. Mais il n'y a qu'une espèce de forces physi-

1. Cf. G. IV, 343-344 ; *Réponse aux réflexions contenues dans la seconde édition du Dictionnaire,* G. IV, 559.

2. Cf. E. CASSIRER, *Die Platonische Renaissance in England,* pp. 98-103.

ques, ce sont celles qui s'exercent dans le choc. On peut admettre des forces magnétiques, élastiques, et d'autres encore, mais à condition de comprendre que ce ne sont pas des forces primitives et ἄλογοι, mais des forces nées des mouvements et des figures. L'*Hypothesis physica nova* a cherché à réduire tous les phénomènes à trois qualités actives : la gravité, la force élastique et la force magnétique ; mais elle n'a pas nié, bien plus, elle a déclaré formellement qu'elles devaient être explicables par la grandeur, la figure et le mouvement, qui sont en physique les choses les plus simples et vraiment primitives. Démocrite, avant tous les autres, s'efforça de purger la physique des qualités inexplicables et soutint que les qualités existent par convention ; il conserva cependant une qualité occulte, la dureté insurmontable de l'atome, et cette autre erreur, le vide. Dans sa *Physique,* Aristote enseigna déjà les arguments que Descartes et Hobbes reprirent contre le vide et les atomes ; d'autres œuvres, où Aristote semble philosopher plus grossièrement, ne sont pas de lui ou ont été écrites pour la foule. Galilée enfin, Junge, Descartes, Hobbes, et ceux qui les ont suivis, débarrassèrent entièrement la physique des chimères déraisonnables, et réintroduisant l'usage archimédien des mathématiques dans les questions de physique, purgèrent la philosophie en enseignant que toutes choses dans les corps devaient s'expliquer mécaniquement [1]. »

Ainsi pour Leibniz, la doctrine de la force primitive ne nous dispense pas de considérer la force dérivative qui se rapporte au mouvement local [2], de même que la connaissance de l'âme ne nous dispense pas d'entrer dans le détail des parties de notre corps propres à expliquer nos fonctions [3]. L'atome de substance, logé dans l'intérieur des choses, ne donne pas l'explication qui est nécessaire dans l'ordre des phénomènes. Les corps ont sans doute leurs raisons dans les monades, mais il y a aussi une raison des phénomènes, qui doit être trouvée en eux-mêmes. C'est pourquoi, en un sens, il faut être « démocriticien » en rendant les actions machinales des corps indépendantes des âmes, et en recherchant les démonstrations par la cause efficiente, qui sont plus efficaces, mais aussi plus difficiles [4]. Tout se fait dans le détail phénoménal des corps comme si la mau-

1. Passages extraits de G. VII, 337-344.

2. Cf. *Spec. dynamicum*, DUT., III, 316, 317 et 321.

3. Cf. Lettre de Leibniz du 19 novembre 1691, PELLISSON, *De la tolérance*, Additions, p. 65.

4. Cf. *Extrait du Dictionnaire*, G. IV, 540 ; *Discours*, § XXII ; à Foucher, G. I, 414 ; *Système nouveau*, 1ère rédaction, G. IV, 472.

vaise doctrine d'Epicure et de Hobbes, pour qui l'âme est matérielle, était véritable, ou comme si l'homme était corps ou automate seulement. Les corps agissent comme si par impossible il n'y avait point d'âmes. Telle est l'une des « moitiés » de l'hypothèse qui constitue le Système nouveau [1]. Les cartésiens, en supposant que l'âme, quoiqu'elle ne puisse donner du mouvement au corps, en change pourtant la direction, renouvellent la doctrine épicurienne du *clinamen*. En réalité, la direction du mouvement est aussi indépendante de l'âme que le mouvement lui-même. La direction de tous les corps ensemble, de quelque manière qu'ils se choquent, se conserve dans l'univers, aussi bien que la force motrice ou cause du mouvement : l'âme ne pourrait agir sur le corps sans un dérangement entier des lois de la nature [2].

Bayle comparant la machine du corps humain selon Leibniz à un vaisseau sans pilote, capable de se mouvoir lui-même si à propos qu'il ait toujours le vent favorable, qu'il évite les courants et les écueils et se retire dans un port au moment nécessaire, Leibniz ne repousse point cette comparaison ; il demande seulement qu'on n'explique pas ces mouvements réglés du vaisseau sans pilote par une certaine faculté ou qualité occulte, car il serait impossible d'en rendre raison et il faudrait que Dieu y mît toujours la main par un miracle perpétuel. Si le vaisseau parvient au port sans capitaine, c'est par la seule rencontre des accidents favorables. Il est sûr que quelquefois des vaisseaux sans hommes ont abordé où ils étaient destinés ; il n'est donc pas impossible qu'un tel événement arrive toujours. Dieu prévoit tous les accidents auxquels le vaisseau sera exposé, et trouve, par la solution d'un problème géométrico-mécanique, la structure de ce vaisseau, les lieux, les moments et les manières de le mettre en mer, qui le fasse s'accommoder comme il faut à ces différents accidents. Les hommes ne sont-ils point capables de construire des automates tournant à point nommé à certains coins de rues et s'accommodant ainsi à un certain nombre d'accidents ? Ainsi notre corps n'a besoin que d'une structure assurant l'exercice de ses fonctions en vertu des règles du mécanisme. Un événement particulier, qui paraît étrange quand on le considère détaché de l'ensemble du monde, est en réalité une conséquence de la constitution des choses, de sorte

1. Cf. *Réponses aux réflexions contenues dans la seconde édition du Dictionnaire*, G. IV, 559-560 ; *Monad.*, § 81.

2. Cf. *Théod.*, §§ 60-61, G. VI, 135-136 ; à Arnauld, avril (30 avril) 1687, G. II, 94 ; *Monad.*, § 80 ; à Remond, 10 janvier 1714, G. III, 607. Voir la note de H. Poincaré dans l'édition Boutroux de la *Monadologie*, pp. 225-231.

que le merveilleux universel fait cesser et absorbe, pour ainsi dire, le merveilleux particulier, puisqu'il en rend raison. Tout est tellement réglé et lié que les machines de la nature ne sauraient être jugées plus étranges qu'une fusée qui court le long d'une corde, ou qu'un liquide qui coule dans un canal [1].

Le mécanisme est donc l'ordre vrai du monde. Newton, selon Leibniz, se fait une fort plaisante opinion de la création en disant que Dieu a besoin de temps en temps de remonter sa montre, de la décrasser par un concours extraordinaire, et même de la raccommoder comme un ouvrier son ouvrage. Au contraire, la même quantité de force se conserve dans le monde en s'exerçant suivant les lois de la nature et le bel ordre préétabli. Clarke répond que faire du monde une grande machine qui se meut sans que Dieu intervienne, comme une horloge se meut sans le secours de l'horloger, c'est introduire le matérialisme et la fatalité : entre l'idée que tout se passe dans le monde depuis la création sans l'intervention de la Providence, et celle que les choses sont allées de toute éternité comme elles vont maintenant, sans qu'il soit nécessaire d'admettre une création ou un créateur, il n'y a qu'un pas. A quoi Leibniz réplique qu'il professe assez que les créatures ont besoin de l'influence continuelle de Dieu; il soutient seulement ici que le monde n'a pas besoin d'être corrigé, autrement il faudrait dire que Dieu se ravise. Dieu a tout prévu; il a remédié à tout par avance.

Leibniz ne nie point la providence, et Clarke, comme on le voit dans sa réplique, ne nie pas non plus la prescience divine : « Dieu, dit-il, a formé dès l'origine une idée parfaite et complète de son ouvrage. » Ce qui distingue les deux philosophes, c'est l'idée qu'ils se font de la signification ou de la portée des lois de la nature. Lorsqu'on parle de la correction du monde par Dieu, dit Clarke, il ne faut pas entendre ce mot par rapport à Dieu, mais par rapport à nous (*not with regard to God, but to Us only*). L'état présent du système solaire, par exemple, réglé par les lois présentes du mouvement (*according to the present Laws of Motion*), tombera un jour en confusion. Ensuite, il sera peut-être rétabli ou modifié dans sa forme; mais il n'y aura correction que relativement à nous-mêmes. En réalité, par rapport à Dieu, l'état présent du monde, le désordre futur et le renouvellement qui suivra, tout cela entre également dans son dessein. Le monde est semblable au corps humain : la sagesse

1. Cf. *Extrait du Dictionnaire*, G. IV, 534-539. *Réponse aux réflexions contenues dans la seconde édition du Dictionnaire*, G. IV, 555-558.

divine ne consiste pas à le rendre éternel, mais à le faire durer aussi longtemps qu'elle le juge bon [1]. Pour Clarke, nature et surnaturel ne diffèrent en rien par rapport à Dieu : il ne faut pas plus de puissance à Dieu, selon lui, pour soutenir le mouvement de la terre que pour l'arrêter; pour Leibniz, la volonté de Dieu n'est pas un suffisant pourquoi dans les choses naturelles; il faut que des raisons de vouloir se trouvent dans l'objet, et des moyens conformes à l'ordre de la nature pour exécuter cette volonté. La tâche du philosophe est de faire comprendre de quelle façon les choses s'exécutent conformément à la notion du sujet dont il s'agit, c'est-à-dire de faire connaître le « moyen intelligible » dont Dieu s'est servi pour produire tel ou tel effet [2].

Ainsi s'impose avec force l'intelligibilité nouvelle. Le principe de raison, au nom duquel était affirmée l'activité substantielle, devient l'ennemi des qualités primitives (sauf une), inventions de « feus Messieurs les philosophes de l'Ecole » et « antipodes du pourquoi suffisant, c'est-à-dire de la droite raison » [3]. De même le principe de continuité, qui pouvait être rapproché plus haut de la formule médiévale touchant l'ordre continu des formes (*divina sapientia conjungit fines priorum principiis secundorum*), s'éclaire maintenant d'un jour différent : grâce à lui en effet s'introduit dans le monde le degré d'homogénéité et d'hétérogénéité à la fois, que requiert l'explication intelligible des phénomènes; au monde unifié des philosophes de la Renaissance correspond le langage universel des mathématiques. Alors que Descartes excluait toutes les lignes et tous les problèmes qu'il ne pouvait assujettir à sa méthode, Leibniz ayant remarqué qu'il y a des problèmes dont le degré même est demandé, découvrait l'analyse infinitésimale, et donnait ainsi le moyen d'allier la géométrie avec la physique, et d'appliquer les mathématiques à tous les aspects du monde sensible [4].

Le mécanisme chez Descartes ne forme pas un « système », puisque l'âme peut modifier la direction des mouvements, et les mathématiques n'embrassent point l'univers entier, puisque les courbes

1. Cf. les deux premiers écrits de Leibniz et les deux premières réponses de Clarke, G. VII, 352-362.

2. Cf. *Système nouveau*, G. IV, 483-484; à Hartsoeker, 6 février 1711, G. III, 519; à Bourguet, 15 août 1715, G. III, 580.

3. Cf. à Hartsoeker, 8 février 1712, G. III, 532.

4. Cf. *De la chaînette*, DUT., III, 260-261; *Nouv. Ess.*, IV, III, § 26, G. V, 370.

mécaniques lui restent étrangères ; de plus, ni la physique ni les mathématiques ne nous rapprochent de la pensée divine. Chez Leibniz, le mécanisme et le mathématisme sont bien plus sévères et plus absolus ; l'idéal moderne de rationalité prend avec lui une rigueur, une généralité, un caractère de nécessité et de vérité, jusque là inconnus.

Cherchant à concilier Aristote avec les modernes, Leibniz, dans ses écrits de jeunesse, assimile la matière première de l'Ecole à la matière étendue de la philosophie nouvelle, et la forme substantielle à la figure dans l'étendue : *Quid enim aliud Aristoteli materia prima est, quam iners moles sine motu, et per consequens, si omnia plena sunt, sine figura ?* (A Thomasius, 26 septembre [6 octobre] 1668, Pr. Ak., II, I, 10, 25-26 [1].) Et ailleurs : ...*Geometria agit de forma substantiali.* (A Thomasius, 20 [30] avril 1669, *ibid.*, 20, 8.) A cette époque, la matière première est pour lui la masse elle-même (*ipsa massa*), dans laquelle on ne considère que l'extension et l'impénétrabilité ; elle est la quantité continue qui remplit le monde ; tout en dérive par le mouvement et tout se résout en elle par le repos (*ex qua omnia per motum fiunt, et in quam per quietem resolvuntur* [2]) ; en tant que lieu des figures et des mouvements, elle constitue l'objet de l'intelligence dans la philosophie naturelle, et n'est autre que le corps.

C'est ce qui apparaît aussi chez Hobbes : « La matière commune à toutes choses, écrit cet auteur, que les philosophes après Aristote appellent matière première, n'est pas un corps différent des autres corps, ni un corps parmi les autres. Qu'est-elle donc ? Un simple nom. Mais ce nom n'est pas vain : il désigne en effet le corps considéré sans aucune forme ni aucun accident, excepté seulement la grandeur ou étendue et la disposition à recevoir les formes et les accidents. L'expression de matière première désigne donc correctement le corps pris en général (*corpus generaliter sumptum*) [3]. »

De même enfin, ce qui intéresse Descartes dans la matière, c'est l'idée que nous pouvons nous en faire, son essence, sa nature ou son attribut principal, c'est-à-dire l'étendue, qui n'est autre que l'attribut du corps considéré en général : « ...Je décrivis cette matière, écrit-il dans le *Discours,* et tâchai de la représenter telle qu'il n'y a

1. *Materia prima Aristotelis cum materia subtili Cartesii idem est. Utraque est divisibilis in infinitum. Utraque motum accipit a mente...* (G. VII, 259.)

2. Cf. à Thomasius, 20 (30) avril 1699, Pr. Ak., II, I, 16, 20-27.

3. Cf. *De corpore,* p. 3, c. VIII, § 24, p. 72.

rien au monde, ce me semble, de plus clair ni plus intelligible, excepté ce qui a tantôt été dit de Dieu et de l'âme... » (5e partie, A. T., VI, 42.) Ainsi la matière scotiste devient le lieu des figures et des mouvements.

Mais Leibniz, comme on l'a vu dans la première partie de ce chapitre, est loin d'en être resté à la définition cartésienne ou hobbésienne du corps. Selon sa doctrine définitive, une masse en apparence homogène et non travaillée est diversifiée à l'intérieur, et même dans les corps inorganiques se trouvent des êtres vivants qu'on peut dire plastiques comme le veut Cudworth, puisqu'ils animent la machine du monde [1]: le mouvement et l'étendue ne vont plus sans la force ou âme.

Cependant, ces âmes ne constituent que la sous-structure métaphysique dont, aux yeux de Leibniz, la physique des modernes a besoin. L'univers qu'elles fondent pour nous est comparable à un fluide tout d'une pièce et à un océan sans borne, tous les mouvements s'y conservant et s'y propageant à l'infini, et l'axiome reste valable, que le mouvement ne peut être naturellement donné au corps que par un moteur externe contigu qui se remue, les principes de vie n'ayant que des actions vitales internes [2]. Cette vision des choses sans doute n'est pas suffisante, mais elle est nécessaire. Le mécanisme reste le vrai moyen de connaître la nature, et le système du monde de Descartes demeure le modèle à imiter. La physique nouvelle, celle de Descartes ou de Hobbes, réduite en système et perfectionnée, reste au premier plan : elle est l'effet direct ou l'expression des formes ou âmes constitutives des choses matérielles.

On sait qu'en parlant des formes, Leibniz ajoute toujours un complément comme celui-ci : *quas non satis exposuit Aristoteles.* Le Système nouveau enseigne donc que leur nature consiste dans la force, notion qui est « très intelligible, quoiqu'elle soit du ressort de la métaphysique » [3] : ce qu'Aristote appelle entéléchie première, il le nomme « plus intelligiblement » force primitive. Cette no-

1. Cf. *Eclaircissement sur les natures plastiques,* G. VI, 555; à Hartsoeker, 30 octobre 1710, G. III, 508.

2. Cf. à l'électrice Sophie, 6 février 1706, G. VII, 567; *Eclaircissement sur les natures plastiques,* G. VI, 552-553.

3. *Système nouveau,* G. IV, 478-479. Cet opuscule a été publié dans le *Journal des Savants*; de là certaines formules destinées à rassurer les cartésiens.

tion par laquelle Leibniz peut expliquer tout ce que l'expérience enseigne de contraire au sentiment de Descartes sur le mouvement et sur le choc des corps, et qui fonde une nouvelle science, la dynamique, donne encore le « moyen d'expliquer les anciens et de réduire leurs pensées, qu'on a crues obscures et inexplicables, à des notions claires et distinctes » [1].

Il y a sans doute dans la réforme leibnizienne le dessein de redonner la vie et l'activité interne aux formes substantielles qui dans les écoles ne semblaient plus servir qu'à classer de l'extérieur les états des substances : « l'homme peut apprendre à chanter », disait-on, telle est la puissance (active) première ; « il sait chanter », voilà la puissance seconde, l'acte premier ou entéléchie première, la faculté ou aptitude ; « il chante », tel est l'acte second, ou l'acte de l'aptitude, l'action ou l'opération [2]. Cela étant, Leibniz demande que l'entéléchie ne soit pas conçue comme la possibilité morte d'agir, mais comme une réalité positive ou une véritable actualité ; ce qui lui semble fidèle au sentiment d'Aristote qui attribue l'entéléchie aux mouvements et à la contemplation, aux qualités ou formes accidentelles (comme la science et la vertu), aux formes des substances corporelles, et particulièrement aux âmes, qu'il considère comme les formes des substances vivantes. L'entéléchie pour Leibniz est donc quelque chose de vivant, un véritable principe d'action [3]. Par là, loin de s'écarter des anciens, Leibniz les expliquait en effet, s'il est vrai que ni Platon ni Aristote n'ont séparé l'être véritable et le véritable principe d'action.

Cependant la force s'est substituée à la forme, ce qui n'est pas sans signification ici : la forme, qui se définit par rapport à la Perfection dont elle procède, qui conduit du visible à l'Invisible et rattache toute qualité à l'Invisible, caractérise la métaphysique aristotélicienne et platonicienne suspendue tout entière à la considération de la Réalité divine et absolue. La force au contraire, qui va de l'invisible au visible, est liée ici aux effets qu'observe dans le monde la physique des modernes ; elle représente pour nous le versant métaphysique d'une physique galiléenne et mathématique.

1. Cf. PELLISSON, *De la tolérance*, Additions, pp. 13-14.

2. Cf. GOCLENIUS, *Lexicon*, pp. 837-839 ; L. ROBIN, *Aristote*, pp. 34-35, 95-96, 174-175.

3. Cf. PELLISSON, *De la tolérance*, Additions, p. 61 ; *De primae philosophiae emendatione*, G. IV, 469 ; *Système nouveau*, 1ère rédaction, G. IV, 472 ; *Spec. dynamicum*, DUT., III, 315 ; *Nouv. Ess.*, II, XXI, § 1, G. V, 155-156.

Leibniz peut donc écrire : « J'entends par corps, non pas ce que les scolastiques composent de matière et d'une certaine forme intelligible, mais ce que les partisans de Démocrite appellent *molem*. Le corps cependant n'est pas une substance. » (F. de C., *Nouv. lett.*, 171.) Il est en effet *des* substances. Mais on voit comment au composé ancien de matière et de forme se substitue l'union de l'extérieur physique et de l'intérieur monadique. L'opacité de l'étendue cartésienne n'est donc pas tellement supprimée puisqu'il subsiste devant la pensée une description nécessaire de mouvements. Sans doute, alors que Descartes recommandait seulement de se former dans l'imagination l'idée du corps la plus distincte possible, Leibniz montre que l'imagination ne suffit point à définir la substance corporelle et qu'il faut encore saisir les choses dans leur fondement dynamique. Mais si la force doit nécessairement se manifester pour nous dans les figures et les mouvements de la physique nouvelle, il est clair qu'au monde platonicien qui est une image de l'Intelligence divine, se substitue malgré tout un monde défini pour l'homme comme le lieu de la physique « intelligible ». Par suite, les événements du monde corporel devront perdre leur fondement direct dans la réalité absolue des forces primitives, et c'est pourquoi les forces ou âmes leibniziennes, supprimant le réalisme cartésien de l'étendue tout en conservant le mécanisme, ouvrent la voie à l'idéalisme kantien.

CHAPITRE VI

La sensation

On peut observer dans la doctrine leibnizienne de la sensation comme ailleurs la présence de l'idéal nouveau d'intelligibilité et l'orientation nouvelle qu'il donne à la philosophie. Toute pénétrée par la pensée ancienne et inintelligible sans elle, la philosophie leibnizienne cependant porte en elle d'autres possibilités ; elle les doit à sa parenté avec la pensée des physiciens de son siècle et se rapproche par là de Kant et des auteurs postérieurs à Kant, qui ont fait l'intelligibilité propre à la science moderne le critère du rationnel.

La connaissance du corps comme tel ou sensation est, selon Leibniz, un mode inférieur de connaissance et la marque de notre nature limitée. Le corps signifie à l'âme dominante la dépendance où elle se trouve à l'égard d'autres âmes, puisque la sensation s'impose comme de l'extérieur. L'idée distincte au contraire fait l'action, la liberté et la perfection de l'âme [1]. Il y a donc deux sortes d'idées en nous : les idées distinctes, qui sont une représentation de Dieu, et les idées confuses, qui sont une représentation de l'univers [2].

1. Cf. *Addition à l'explication*, G. IV, 574 ; *Discours*, §§ XV et XXXIII ; *Remarques sur la lettre de M. Arnauld*, G. II, 47 ; à Foucher, 1686, G. I, 382-383 ; *Extrait du Dictionnaire*, G. IV, 532-533 ; *Théod.*, § 66, G. VI, 138-139 ; à la reine Sophie Charlotte, 8 mai 1704, G. III, 347.

2. Cf. *Nouv. Ess.*, II, I, § 1, G. V, 99 ; G. VI, 578.

Mais les idées confuses sont des idées ; elles sont donc réductibles en droit aux idées distinctes. Le principe de raison exige que Dieu connaisse toutes choses distinctement. Le seul fait d'ailleurs que nous distinguons les qualités sensibles les unes des autres, montre assez qu'elles ont chacune leurs raisons, quoique nous ne puissions les expliciter. Il est certain, écrit Leibniz, *notiones harum qualitatum compositas esse et resolvi posse* (*Meditationes,* G. IV, 422-423). Il existe en droit une définition réelle du rouge ou du vert, qui pourrait nous donner de ces couleurs une connaissance *a priori*.

L'expérience montre que les sensations ne sont pas quelque chose de primitif et d'inexplicable, et qu'elles ne sont simples qu'en apparence, parce qu'elles ne donnent pas à l'esprit le moyen de distinguer ce qu'elles contiennent (ainsi les choses éloignées paraissent rondes, parce qu'on n'en saurait discerner les angles, quoiqu'on en reçoive quelque impression confuse). En effet, les couleurs sont accompagnées de circonstances qui ont de la liaison avec elles, et qui fournissent quelque chose d'explicable et de susceptible d'analyse. Les couleurs ont en commun d'être vues par les yeux, de passer toutes par les corps où passe l'apparence de quelques-uns d'entre eux, et d'être réfléchies par les surfaces polies des corps qui ne les laissent point passer ; tout cela fait connaître qu'on peut retrancher quelque chose des idées que nous en avons. En analysant les sensations par l'expérience et par la raison, on ne laisse pas d'y pénétrer de plus en plus et d'y découvrir l'occasion de pensées distinctes [1].

Que connaissons-nous donc distinctement dans les corps, si ce n'est le mécanisme ? Ainsi, puisqu'il faut expliquer les choses dont nous n'avons qu'une connaissance confuse par celles dont nous avons une connaissance distincte, disons que tout se fait mécaniquement dans les corps, ou suivant les lois du mouvement [2], et que la raison de la sensation doit être cherchée dans l'ordre mécanique des choses : ...*Cum colores aut odores percipimus, utique nullam aliam habemus quam figurarum et motuum perceptionem*... (*Meditationes,* G. IV, 426.) A toute sensation correspond quelque chose de machinal dans le corps, et à toute circonstance mécanique répondent certaines perceptions.

Bien entendu, il ne s'agit point là de matérialisme, car ce n'est pas en tant que perception que la sensation doit être expliquée par des mouvements [3] : Leibniz a rappelé sans cesse que la matière

1. Cf. *Nouv. Ess.,* II, II, § 1, G. V, 109 ; *ibid.,* III, IV, § 16, G. V, 278.
2. Cf. à la reine Sophie Charlotte, 8 mai 1704, G. III, 346-347.
3. Cf. J. JALABERT, *La psychologie de Leibniz,* dans *Revue philosophique,* N°s 10 à 12 (Paris, octobre-décembre 1946), pp. 467-469.

seule ne peut produire la perception — qui consiste en une certaine action — et qu'elle ne peut davantage la détruire. S'il n'y avait rien d'autre dans le corps organique, dit-il, que la machine, c'est-à-dire la matière nue, on n'en pourrait rien déduire d'autre que le mécanisme, c'est-à-dire des changements de lieu, de grandeur et de figure. Dans un moulin ou une horloge, considérés comme machines, on ne trouvera aucun principe de perception. Que les parties de la machine soient fluides ou solides, peu importe, car entre les corps durs et les corps mous, il n'y a pas de différence essentielle. Et rien ne sert non plus de supposer ces parties petites ou grosses : si les parties grosses ne sauraient donner de la perception comme il apparaît manifestement, il en sera de même des petites, puisque tout y sera proportionnel. Il suffirait d'imaginer que nos sens eux-mêmes soient devenus plus subtils pour nous retrouver dans le même cas que devant. Quand on aurait les yeux aussi pénétrants qu'on voudrait, et quand on pourrait voir les moindres parties de la structure des corps, on n'en serait pas plus avancé, car on trouverait l'origine de la perception aussi peu qu'on la trouve maintenant dans une montre où les parties constitutives de la machine sont toutes visibles, ou dans un moulin, où l'on peut se promener entre les roues, et où l'on trouve des pièces qui se poussent les unes les autres, mais jamais de quoi expliquer une perception. On peut concevoir que la machine produise les plus belles choses du monde, mais jamais qu'elle s'en aperçoive [1]. Dans ces conditions, il s'agit de passer non point du mécanique au perceptif — car la perception ne peut s'expliquer que par elle-même — mais de la perception confuse de la sensation à l'idée distincte de la machine.

Grâce au mécanisme est rompue la barrière qui séparait les qualités sensibles les unes des autres en les imposant comme des faits inexplicables : le sentiment agréable d'une chaleur modérée et le sentiment douloureux d'une chaleur excessive, sont également représentatifs des mouvements de la matière et diffèrent comme eux, la réflexion de l'âme mise à part. Il est vrai que l'entière explication des qualités sensibles passe nos forces, à cause de la trop grande multitude des variétés qu'elles enveloppent. Nos sens en effet complètent en quelque sorte notre entendement limité et enveloppent l'infini : ils se rapportent à tout et nous relient à l'univers entier, car nous connaissons par eux non seulement ce qui se fait dans notre

1. Cf. *Commentatio de anima brutorum*, DUT., II, 230-231 ; à Bayle, G. III, 68-69 ; 71 ; *Monad.*, § 17 ; *Nouv. Ess.*, Avant-propos, BOUTR., 156 ; IV, III, § 6, G. V, 360 ; IV, X, § 10, G. V, 421 ; *Réponse aux réflexions*, G. IV, 559-560.

corps, mais encore par son moyen ce qui arrive partout ailleurs, puisque tous les corps de l'univers « sympathisent » : « Il me semble, écrit Leibniz, que tout esprit est omniscient confusément; tout esprit perçoit à la fois tout ce qui se passe dans le monde entier, et ces perceptions confuses de variétés infinies (*has confusas infinitarum simul varietatum perceptiones*) donnent les sensations que nous avons, des couleurs, du goût, du toucher [1]. » Incapable d'aller à tout en particulier, notre âme s'embrouille dans cette multitude infinie de perceptions et ne parvient pas à les distinguer; elle la perçoit alors confusément, parce qu'elle voit trop de choses à la fois. Tout lui est distinctement présenté, mais la multitude et la petitesse des mouvements dépassent son pouvoir d'analyse : « ...Dans le fond les pensées confuses ne sont autre chose qu'une multitude de pensées qui sont en elles-mêmes comme les distinctes, mais qui sont si petites que chacune à part n'excite pas notre attention et ne se fait point distinguer. » (*Addition à l'explication*, G. IV, 574.) Les pensées confuses diffèrent des distinctes comme la machine infiniment complexe de la nature diffère des machines de l'art [2].

Dans ces conditions, contrairement au sentiment des cartésiens, il existe un rapport entre la sensation et la chose qui la provoque. Comment les qualités secondes seraient-elles arbitraires et sans rapport ou connexion naturelle avec leurs causes ? Nous ne comprenons pas la nature des odeurs et des saveurs, et cependant, nous sommes assurés par l'espèce de foi que nous devons au témoignage des sens, que ces qualités sensibles sont fondées dans la nature des choses et ne sont pas des illusions. En juger autrement, c'est s'éloigner de l'analyse véritable de nos idées. Il est bien raisonnable que l'effet réponde à sa cause, et c'est l'usage de Dieu d'agir avec ordre et raison; que dirait-on d'un peintre qui représenterait la coupole de Saint-Pierre par la figure d'une pyramide ? Toutes les déclamations et pointes dirigées contre l'Ecole et la philosophie vulgaire, qui enseignent la ressemblance de nos sensations avec les objets, sont inutiles et ne viennent que de considérations trop superficielles. Dieu ne présente pas à l'âme les idées telles qu'il lui plaît à l'occasion des traces du cerveau, mais telles que l'exige la ressemblance. Les qualités sensibles sont des manières d'être ou modifications des corps et

1. Cf. COUT., *Opusc.*, 10; *Discours*, § XXXIII; *Réponse aux réflexions*, G. IV, 563-564; *Addition à l'explication*, G. IV, 575.

2. Cf. *Eclaircissement des difficultés*, G. IV, 521; G. VI, 575; *Nouv. Ess.*, IV, XVII, § 13, G. V, 469-470; *Addition à l'explication*, G. IV, 575.

non pas de notre esprit, et nos sensations sont à la vérité des façons d'être de l'âme, mais qui représentent celles des corps. Il est donc permis de dire que la lumière est dans le feu, parce qu'il y a dans le feu des mouvements qui ne sont point perçus distinctement et à part, mais dont la confusion ou conjonction devient sensible et nous est représentée par l'idée de la lumière [1].

La sensation est un accident qui, loin de troubler l'ordre universel, l'exprime au contraire exactement, quoique confusément. La représentation n'ajoute rien à l'univers, au contraire, elle en supprime quelque chose quand elle est imparfaite : il y a dans la représentation en tant que confuse plus que nous n'y voyons. Mais entre la représentation et le représenté, il y a une manière de ressemblance naturelle, non pas entière, mais expressive ou de rapport d'ordre. Il est vrai que la même chose peut être représentée différemment, mais il doit toujours y avoir un rapport exact entre la représentation et la chose, et par conséquent entre les différentes représentations d'une même chose, comme l'ellipse, la parabole ou l'hyperbole ressemblent en quelque façon au cercle dont elles sont la projection sur le plan. Rien ne paraît si différent ni si dissemblable que ces figures, et cependant il y a entre elles un rapport exact de chaque point à chaque point [2]. Ainsi la sensation se pénètre d'idées distinctes jusqu'à s'effacer devant elles, comme l'ellipse apparente que forme une roue vue de côté, s'arrondit à mesure qu'on s'avance davantage en face d'elle. Comme le disait déjà un texte de 1669, une ville ne présente pas le même aspect si on la regarde du haut d'une tour située en son milieu — ce qui correspond à la perception de l'essence — ou si on la regarde de ses murs — ce qui correspond à la perception des qualités [3].

On dira que la douleur ne ressemble pas au mouvement d'une épingle ; mais elle peut ressembler fort bien aux mouvements que cette épingle cause dans notre corps, et représenter ces mouvements dans l'âme. Le sentiment de la chaleur ne ressemble pas au mouvement ? Certes, il ne ressemble pas à un mouvement sensible, tel que celui d'une roue de carrosse, mais il est la représentation des petits mouvements insensibles du feu et des organes qui provoquent ce

1. Cf. *Nouv. Ess.*, Avant-propos, BOUTR., 134-135, II, VIII, §§ 13 et 15, G. V, 118-119 ; II, XX, § 6, G. V, 152 ; *Théod.*, Discours prélim., § 41, G. VI, 74 ; *Addition à l'explication*, G. IV, 576.

2. Cf. *Nouv. Ess.*, II, VIII, § 13, G. V, 118-119 ; *Théod.*, §§ 356-357, G. VI, 326-327.

3. Cf. à Thomasius, 20 (30) avril, Pr. Ak., II, I, 18, 11-14.

sentiment [1]. L'idée confuse étant la vision imparfaite de la machine universelle, il ne faut pas demander de connaître à la fois l'idée confuse et les mouvements distincts qui la causent, car l'un fait évanouir l'autre. Supposé que nous soyons parvenus à débrouiller la constitution interne d'un corps ; il ne serait pas davantage en notre pouvoir de reconnaître sensiblement ces raisons dans les qualités sensitives de ce corps. Nous savons analyser le vert en bleu et jaune, mais nous ne sommes pas capables pour cela de démêler les idées du bleu et du jaune dans notre idée sensitive du vert, parce que justement il s'agit d'une idée confuse. De même encore, la rotation rapide d'une roue dentée fait disparaître les dents et présente à leur place un transparent continuel imaginaire. On a beau trouver ces dents dans l'explication ou la notion distincte de cette transparence, on ne les trouvera pas dans la perception sensitive confuse, dont la nature est d'être et de rester confuse. On n'a point besoin ici de se figurer que Dieu par son bon plaisir nous donne ce fantôme et que cette sensation est indépendante du mouvement de la roue ; on conçoit au contraire que ce n'est qu'une expression imparfaite de ce qui se passe dans ce mouvement, et qui consiste dans la confusion de choses successives dans une simultanéité apparente. Il est aisé de juger qu'il en sera de même à l'égard des autres fantômes sensitifs dont nous n'avons pas encore une si parfaite analyse, comme des couleurs, des goûts, etc. On ne peut donc vouloir que ces fantômes confus demeurent, et que cependant on y démêle les ingrédients par l'imagination même ; ce serait se contredire, ou désirer le plaisir d'une agréable perspective, et vouloir en même temps que l'œil voie la tromperie, ce qui serait la gâter [2].

Puisque les qualités confuses en tant que telles sont simples pour notre aperception, et qu'on ne peut en donner ni définition ni démonstration (*nec caeco explicare possumus, quid sit rubrum*), il faut compter ces qualités parmi les termes simples que recherche la caractéristique. Il est bon cependant, puisqu'il s'agit de termes confus et inutiles dans le raisonnement, de les éviter autant que possible, en employant faute de définitions les notions distinctes qui accompagnent ces qualités, comme l'étendue, le nombre, la figure, etc., dans la mesure où elles suffisent à distinguer ces qualités entre elles [3].

---

1. Cf. *Addition à l'explication*, G. IV, 575-576 ; *Nouv. Ess.*, II, VIII, § 15, G. V, 119.

2. *Nouv. Ess.*, IV, VI, § 7, G. V, 383-385.

3. Cf. COUT., *Opusc.*, 190 et 360-361 ; *Meditationes*, G. IV, 422.

Pour apprécier la doctrine leibnizienne de la sensation [1], il convient de la rapprocher et de la distinguer à la fois de la philosophie nouvelle. Pour Descartes, la chaleur du soleil sur la peau est un certain mouvement que le soleil excite dans les petites parties de la peau ; la saveur salée consiste en ce que les parties du sel viennent frapper de leur pointe les pores de la langue, et la lumière n'est rien d'autre que la pression de la matière subtile sur nos yeux [2]. De même pour Hobbes, les qualités que nos sens nous montrent comme existant dans le monde, n'y sont point réellement et ne sont que des apparences : il n'y a réellement dans le monde hors de nous que les mouvements par lesquels ces apparences sont produites [3]. Leibniz, à vingt ans, écrit en citant Hobbes : *Omnis color est impressio in sensorium, non qualitas quaedam in rebus, sed extrinseca denominatio, seu ut Th. Hobbes appellat, phantasma.* (A Thomasius, 16 [26] février 1666, Pr. Ak., II, I, 4, 23-24.) Dès sa jeunesse, il demande avec Descartes, qu'on fasse de la lumière une certaine pression qui se propage en ligne droite dans l'espace environnant [4]. Ainsi Leibniz, suivant l'idéal nouveau d'intelligibilité, cherche à voir dans les faits du monde sensible le fait intelligible (ou relativement intelligible) de l'étendue et du mouvement.

Chez Descartes, cependant, il n'y a pas de rapport entre la sensation et les mouvements qui la causent. Pour l'auteur des *Principes,* c'est en se détournant de la sensation qu'on atteint l'intelligible, et les sens n'ont qu'une valeur pratique : Dieu nous les a donnés pour nous informer des dangers auxquels le corps est exposé. Leibniz, au contraire, ne peut se satisfaire de cette relation de fait entre la sensation et l'intelligible. Pour lui, nous connaissons imparfaitement ce que Dieu connaît; donc l'intelligible ne doit pas seulement accompagner la sensation, il doit encore en rendre compte, car il ne saurait subsister pour Dieu aucune connaissance confuse. Leibniz fait donc de la sensation la perception confuse, mais naturelle et fidèle, de la totalité des mouvements qui constituent l'univers corporel et que la raison divine représente distinctement. Les mouvements du feu

1. Laberthonnière juge cette doctrine « souverainement incohérente ». Voir *Œuvres de Laberthonnière, Etudes de philosophie cartésienne et premiers écrits philosophiques,* pp. 219 sqq.

2. Cf. à Plempius pour Fromondus, 3 octobre 1637, *Corresp.*, t. II, pp. 12, 22 et 27 ; *Entretien avec Burman,* pp. 100-103.

3. Cf. *De la nature humaine,* pp. 15-16 ; *De corpore,* p. 4, XXV, §§ 1 et 2, pp. 224-225.

4. Cf. à Conring, 19 (29) mars 1678, Pr. Ak., II, I, 400, 21 sqq.

pourraient être perçus distinctement et à part, mais nous en sommes incapables : de leur représentation confuse, naît la sensation ou le « fantôme » de la lumière.

Si donc la doctrine leibnizienne est issue directement de celle des modernes — Leibniz dit fort nettement qu'admettre entre les sensations des différences essentielles, ce serait revenir aux anciennes qualités de quelques philosophes de l'Ecole [1] — elle cherche cependant à retrouver l'unité et l'intelligibilité de l'univers ancien, fondées directement dans la pensée divine. La connaissance distincte que Dieu a du monde explique notre connaissance confuse, et si Dieu possède la connaissance parfaite de tous les mouvements de l'univers, c'est qu'il perçoit leurs causes internes et réelles : il voit les effets prédéterminés dans leurs causes puisque les forces sont essentiellement spontanées et puisqu'elles portent les traces de tout ce qui se passe et se passera dans l'univers. Notre physique n'en est pas là : nous ne débrouillons qu'à peine le mécanisme du monde et nous ne saisissons qu'à demi la spontanéité universelle ; nous ne pouvons voir dans le mouvement, comme Dieu, l'expression continuelle de l'entéléchie qui le fonde ; il y a pour nous des perceptions confuses et nous devons recourir à l'idée de choc ou d'interaction externe pour expliquer les mouvements de l'univers [2]. Il n'en reste pas moins que le monde que Dieu concentre par la représentation distincte est en nous aussi — quoique d'une manière enveloppée — et c'est l'univers que nous présente la dynamique.

Mais s'il en est ainsi, Leibniz ne semble-t-il pas attribuer à la science nouvelle une importance et une dignité excessives ? La dynamique, sans doute, est dominée par des lois immuables telles que la conservation de la force, mais ces lois sont immanentes en quelque sorte aux progrès de la science ou, si l'on veut, elles n'expliquent rien sans l'expérience, laquelle est toujours inachevée. Les *Nouveaux Essais* reconnaissent que nous ne débrouillerons jamais entièrement les qualités sensibles : si grands que soient les progrès de la science, nous n'irons jamais aussi loin qu'il serait à souhaiter [3]. Or la

1. Cf. *Addition à l'explication*, G. IV, 575.

2. Cf. M. GUÉROULT, *Dynamique et métaphysique leibniziennes*, ch. VI et VII.

3. Cf. *Nouv. Ess.*, IV, III, § 26, G. V, 369.

science à laquelle Galilée, Descartes, Huyghens et Leibniz ont travaillé est encore la nôtre, quoiqu'elle se soit depuis lors considérablement perfectionnée, et si pour nous la science ne peut être achevée, c'est qu'elle est l'acte même de la pensée humaine, c'est qu'il subsistera toujours entre l'objet et nous un élément de différenciation qui est nous-mêmes [1].

Dans ces conditions, la conception d'un monde idéal ou celle d'une machine parfaite que la connaissance ne ferait que refléter plus ou moins parfaitement, sont inintelligibles, puisqu'elles supposent que l'analyse de la connaissance peut nous conduire à des perceptions élémentaires. Aux yeux des philosophes contemporains de la science, à la base de la doctrine leibnizienne se trouve l'erreur qui consiste à croire que la pensée contient en elle des atomes d'idées, objets s'imposant au sujet. Si au contraire on pose le sujet supérieur à l'objet, le «je pense» antérieur à tout objet de pensée, on rencontre le point de vue moderne : le jugement passe au premier plan, le concept, sorte de contraction de jugements, n'apparaît plus comme premier, et la pensée humaine se définit par sa libre activité.

Du point de vue de la science moderne, il est donc vain d'affirmer que la sensation se trouve dans un rapport naturel avec son objet et qu'elle est l'image fidèle, quoique confuse, du monde intelligible. La physique moderne a pour ambition de fournir une représentation efficace du sensible qui, dans sa signification métaphysique, reste ignoré. Consistant dans l'analyse expérimentale, elle dépend sans doute du sensible; mais cette dépendance n'a rien de commun avec celle où se trouve, dans l'aristotélisme, la connaissance intelligible à l'égard de la connaissance sensible, car chez Aristote, l'intelligible découvert dans les choses est comme orienté vers Dieu dont il procède, au lieu que l'intelligible de la physique moderne, issu de préoccupations purement humaines, tient d'elles son incapacité de concerner le fond des choses. Entre la qualité sensible et les mouvements qui l'accompagnent, on ne peut donc concevoir de relation intelligible, et il faut accepter la sensation comme un fait simple, qu'on ne peut analyser en lui-même, ni ramener au mouvement quoiqu'on puisse le représenter par un mouvement [2] : « Que la lumiè-

1. Cf. L. BRUNSCHVICG, *L'idéalisme contemporain*, p. 9.

2. Cf. LABERTHONNIÈRE, *Œuvres*, pp. 247-248.

re soit un mouvement, écrit Emile Meyerson, cela... est aussi certain qu'une conception théorique dans la science peut l'être; et quant à la sensation, elle est le fait primordial d'où tous les autres se déduisent. Nous concevons parfaitement l'un et l'autre; nous sommes obligés aussi de supposer qu'ils doivent être liés l'un à l'autre. En effet ce mouvement fait naître cette sensation; mais c'est une liaison que nous ne parvenons pas à rendre logique, elle reste... un fait pur et simple. » (*Identité et réalité,* p. 336.)

Si donc Leibniz nous engage à poursuivre l'explication de la sensation en avouant que la vérité de la sensation ne peut être atteinte, c'est qu'en fait ce but n'est pas visé : le caractère de l'intelligence moderne est de chercher d'abord à trouver prise dans les choses (*idque ad usum vitae sufficiet* [1], écrit Leibniz), et non d'atteindre la vérité en soi.

Dire qu'il n'y a pas de vérité de la sensation (du moins au point de vue de la science moderne), c'est dire aussi qu'il n'y a pas de communauté de genre entre la sensation et l'intelligible, contrairement au sentiment de Leibniz, pour qui l'expression de l'intelligible est la marque du genre dont la perception naturelle, le sentiment animal et la connaissance intellectuelle sont les espèces [2]. A vrai dire, on ne peut davantage, au nom de la science moderne, séparer essentiellement l'intelligible et le sensible, qu'on ne peut les unir. La science doit se contenter en effet de l'accord et de l'opposition pratiques qu'elle constate à chaque instant. Si la théorie et l'expérience ne concordent jamais entièrement, la science n'en cherche pas la raison dans une différence ontologique entre le monde de la théorie et celui de l'expérience; il lui suffit de chercher à faire disparaître progressivement cette opposition, et d'en voir la cause en somme dans la maladresse du calculateur [3]. Ce point de vue pragmatique et subjectif, si éloigné qu'il soit de la pensée du XVIIe siècle, ne laisse pas d'être impliqué dans les principes mêmes de la « philosophie nouvelle » : s'orientant vers un type d'intelligibilité *quoad nos* et s'attachant à faire disparaître progressivement une opposition qui ne disparaîtra jamais, la pensée quitte en fait la considération de la nature des choses pour porter son attention sur les aléas de son progrès.

1. Cf. COUT., *Opusc.*, 190.
2. Cf. à Arnauld, septembre (9 octobre) 1687, G. II, 112.
3. D'après un passage de Cassirer cité dans J. HJORT, *La crise de la vérité*, pp. 43-44.

En un sens, la métaphysique chez Leibniz n'est pas affectée par l'importance que prend la physique nouvelle, puisqu'elle ne constitue que la base ou la source de la physique en lui fournissant ses principes ; il reste pourtant que la physique nouvelle, munie de ces principes, remplace pour nous la connaissance absolue, et que la science étant l'inachevé apparaît comme l'endroit où doit porter l'effort de la pensée. Après les explications données à Bayle, Leibniz déclare qu'il ne voit plus de difficulté désormais dans la philosophie générale [1], et il écrit à l'électrice Sophie : « ...Je ne vois point d'objection sur les âmes et les pensées qu'il ne soit aisé à résoudre. Et je voudrais que nous entendissions si bien les moyens de conserver notre santé que nous savons ce que c'est que l'âme et la pensée. » (G. VII, 556.) La physique passe ainsi au premier plan, son rôle consistant à développer en nous, aussi complètement que possible les replis de la connaissance.

Sans doute, notre physique, en partie « abstraite », n'est point identique à la connaissance divine et parfaite du monde, mais elle en est l'image : la « philosophie intelligible » nous permet d'entrevoir l'ordre parfait qui est l'objet de l'intelligence divine. Leibniz s'applique en somme à justifier la science nouvelle en adaptant le platonisme et l'aristotélisme au mécanisme des modernes [2].

***

Parmi les mérites qu'il reconnaît à Descartes, Leibniz, comme Brunschvicg de nos jours, met au premier rang le renouvellement de l'effort platonicien de détachement des sens : *Cartesium... recte imprimis Platonis studium revocasse abducendi mentem a sensibus...* (*De primae philosophiae emendatione,* G. IV, 468.) C'est là en effet un des thèmes des *Méditations* cartésiennes, puisqu'on lit dans la Préface que cet ouvrage n'est recommandé qu'aux lecteurs ayant la volonté et le pouvoir de détacher leur esprit des sens (*tantum iis qui serio mecum meditari, mentemque a sensibus... abducere poterunt ac volent*) [3] ; ainsi le doute général est présenté par Descartes comme

1. Cf. *Eclaircissement sur les natures platiques,* G. VI, 555.

2. Bergson voit dans Spinoza et dans Leibniz « l'image même qu'on obtiendrait en regardant le platonisme et l'aristotélisme à travers le mécanisme cartésien ». (*L'évolution créatrice,* p. 375.)

3. Cf. A. T., VII, 9.

un chemin pour accoutumer notre esprit à se détacher des sens [1], et on lit dans les *Réponses* : « ...Encore qu'il ait déjà été dit par plusieurs que, pour bien entendre les choses immatérielles ou métaphysiques, il faut éloigner son esprit des sens, néanmoins personne, que je sache, n'avait encore montré par quel moyen cela se peut faire. Or le vrai et, à mon jugement, l'unique moyen pour cela est contenu dans ma seconde Méditation...» (A. T., IX, 103-104.)

Ainsi les modernes se rencontrent avec Platon pour mépriser la sensation et lui opposer la science. Brunschvicg approuve l'architecture du système platonicien : ici, le plan du devenir et de l'opinion, là, le plan de l'être et de la science [2]; par opposition à la science, la sensation chez Platon concerne le non-être, et l'on voit que chez Brunschvicg « l'œuvre préliminaire de la science est une œuvre de négation » [3]; à l'effort platonicien de κάθαρσις, correspond aussi dans la philosophie nouvelle « une purification préliminaire pour la constitution d'une science intelligible » [4]. En nous fiant à la sensation, écrit Leibniz, nous ressemblons à des enfants qui, persuadés qu'ils trouveront une coupe d'or à l'endroit où l'arc-en-ciel touche la terre, s'évertuent en vain à courir vers elle [5] : « La nature, écrit Brunschvicg, dont nous recevons directement l'empreinte, que les enfants et les peuples enfants se représentent comme réalité, n'est pourtant pas ce qu'à l'âge adulte et après réflexion sur l'expérience nous avons le droit d'appeler réalité. Il faut, pour que nous exercions légitimement notre pouvoir d'affirmation du réel, non pas seulement compléter les données immédiates de la perception..., mais la redresser par un effort héroïque de conversion. Déjà quelques sages de l'école de Pythagore semblent en avoir jadis soupçonné la nécessité. Le génie de Copernic et de Galilée l'a définitivement accompli... » (*La physique du vingtième siècle et la philosophie,* pp. 5-6.)

Mais il convient de ne pas rapprocher trop tôt Platon et les modernes. On sait comment, dans la deuxième Méditation cartésienne, l'esprit prend conscience de lui-même : analysant la connaissance

1. Cf. *Abrégé des six Méditations,* A. T., IV, 9.

2. Cf. *L'actualité des problèmes platoniciens,* p. 10.

3. Cf. *La modalité du jugement,* p. 142.

4. Cf. *ibid.*

5. Cf. *Animad.*, I, 65-68, G. IV, 365.

qu'il a du corps, il découvre l'idée distincte de la substance corporelle, et c'est là, dans la conscience qu'il prend de penser, qu'il se saisit lui-même : « ...Puisque c'est une chose qui m'est à présent connue, écrit Descartes, qu'à proprement parler nous ne concevons les corps que par la faculté d'entendre qui est en nous, ...je connais évidemment qu'il n'y a rien qui ne soit plus facile à connaître que mon esprit. » (A. T., IX, 26.) L'esprit ici se connaît donc dans l'acte de perception distincte de l'étendue ; avec cette idée claire et distincte, il est déjà suffisamment éloigné des sens, puisqu'une physique « intelligible » est possible. Mais cet intelligible proprement humain ne peut constituer un pur intelligible, et c'est ce qu'on voit chez Kant, autre intermédiaire entre Platon et Brunschvicg.

La *Critique de la Raison pure* enseigne en effet que c'est au moyen de la sensibilité que les objets nous sont donnés, et qu'elle seule nous fournit des intuitions [1] : « Quand on s'éloigne des sens, écrit Kant (*wenn man von den Sinnen abgeht*), comment veut-on rendre compréhensible que nos catégories... signifient encore quelque chose de plus que l'unité de la pensée, je veux dire que doive encore être donnée une intuition possible où les catégories pourraient être appliquées ? » (*Analytique transcendantale,* l. II, ch. III, p. 229 [2].) Kant, autant que Descartes, désire la constitution d'une physique intelligible ; aussi, en condamnant l'éloignement des sens, il ne condamne point l'intelligence, mais il indique la vraie nature de l'intelligible nouveau, c'est-à-dire sa dépendance du sensible et son insuffisance en soi.

L'expérience est pour Kant « l'enseignement premier et tellement inépuisable » [3] ; chez Platon également l'expérience est inépuisable, mais c'est la marque évidente d'un défaut. Se détacher des sens selon Platon et marcher vers la réalité véritable, c'est, selon Kant, perdre contact avec la réalité, puisqu'il n'y a pas d'intuition non sensible. Dans ces conditions, le détachement des sens que propose Platon n'est pas celui que propose la science moderne : le premier conduit à Dieu, le second à une connaissance particulière et tout humaine.

Leibniz, héritier de Descartes, est si peu un platonicien pur et simple dans cette question de la sensation, que Kant, en s'opposant

---

1. Cf. Esthétique transcendantale, I, p. 53.
2. Texte (éd. Preuss. Ak. der Wissenschaften), t. III, p. 212.
3. Cf. *Crit. de la r. pure,* Introduction (1ère éd.), p. 31.

à lui, peut à bon droit se réclamer de Platon. En effet, alors que l'auteur de la *Théodicée* voit dans l'entendement un instrument capable de découvrir la vérité de la sensation, Kant, dès la *Dissertation de 1770,* reproche à Wolff d'abolir ainsi la « tradition très illustre de l'antiquité sur la nature des phénomènes et des noumènes »[1], et dans la suite il se refusera absolument à considérer l'enchaînement des phénomènes tel que la science nous le révèle comme l'image du monde intelligible. Kant renonce ainsi à confondre l'opinion sur l'apparence avec l'intelligible véritable, et rétablit la réalité nouménale au niveau de profondeur qui lui est propre.

Sans doute, en un autre sens, Leibniz est platonicien contre Kant, puisque Platon, au-dessus de l'opinion, situe une connaissance capable de réduire la sensation. Lorsque Platon distingue le sensible et l'intelligible, il se place au point de vue de celui qui ne possède pas cette connaissance; au contraire, s'il considère la possession de la connaissance, la sensation pour lui est alors comme enveloppée dans l'intelligence, qui ne laisse rien hors d'elle [2]. Leibniz, en affirmant la réductibilité de la sensation à l'intelligence retrouve donc la thèse platonicienne.

Mais si la pensée de Leibniz est plus sublime d'intention que celle de Kant, elle est aussi plus équivoque. L'intelligence leibnizienne n'est pas définie seulement par rapport à Dieu; elle est donc menacée, avec la continuité qu'elle établit entre l'intelligible et le sensible, par la critique kantienne de l'usage transcendantal de l'entendement. Quand même nous porterions notre intuition à son plus haut degré de clarté, dit Kant, nous n'arriverions pas davantage à toucher la nature des objets en soi [3]. L'expérience sensible sur laquelle s'appuie la science moderne, ne nous instruit pas sur la réalité véritable, étant donné le point de vue proprement humain de cette science. Il est équivoque dans ces conditions de considérer la science comme la vision confuse de la partie sur le tout et d'attribuer à l'âme l'activité et la perfection dans la mesure de ses perceptions distinctes [4].

---

1. Cf. II, 7, trad. Mouy, p. 36.

2. Avant la possession de la connaissance, le corps est une « prison » ou un « tombeau» ; une fois la connaissance acquise, il est un « instrument » (le « navire » du pilote). Cf. P. LOUIS, *Les métaphores de Platon*, pp. 113-116.

3. Cf. *Crit. de la r. pure*, Esthétique transcendantale, § 8, p. 68.

4. Nous disons que Kant menace le leibnizianisme et non qu'il le condamne, et nous parlons d'équivoque et non d'erreur pure et simple. L'univers-machine, chez Leibniz, garde en effet quelque chose du *mundi machina* précartésien, qui est

Le véritable détachement des sens est fort différent de l'opération cartésienne ou brunschvicgienne de ce nom. Il n'est pas la découverte d'une intelligibilité tout humaine, mais l'élévation de la pensée à l'idée du monde conçue par rapport à Dieu et en Dieu créateur ou modèle. Il est ainsi chez Duns Scot la perception de l'univers dans l'acte même de Dieu qui le choisit et le crée ; il est chez Plotin la connaissance de l'harmonie intelligible, qui fonde dans l'homme inférieur la perception sensible de l'harmonie ; il est chez Eckhart la méditation de la pureté parfaite de la pensée divine. Les créatures, dit Eckhart, ne peuvent toucher le fond de l'âme; elles doivent faire halte à l'extérieur et se faire connaître par l'intermédiaire des images; l'œuvre d'un maître est d'autant plus immédiate que ce maître est plus sage et plus puissant : l'homme a besoin de moyens nombreux pour produire l'œuvre dont il a l'idée ; Dieu seul agit sans intermédiaire dans le fond même de l'âme avec son être le plus intime [1].

C'est par rapport à cette pensée-là que la liberté et l'activité de l'âme doivent être définies en dernière analyse, et c'est elle qui doit constituer finalement la vérité de la sensation. Elle seule en effet est située assez haut pour résorber la sensation dans l'intelligible ; c'est elle qui est la racine de la vie et de la connaissance, et qui connaît à notre insu à travers la raison et les sens, sans s'abaisser cependant jusqu'à eux, d'une connaissance parfaite et qui ne sort pas d'elle-même.

l'univers conçu par rapport à Dieu (cf. en grec l'usage par exemple de εὐμηχάνως). De même l'effort de la raison, chez Leibniz, est plein de noblesse et rappelle la montée platonicienne vers l'au-delà de la sensation. Cf. le résumé du *Phédon*, F. DE C., *Nouv. lettres*, p. 69 ; au Landgraf Ernst von Hessen Rheinfels, novembre 1686, G. II, 82-83 ; à Burnett, 17 (27) juillet 1696, G. III, 182 ; *Nouv. Ess.*, II, XXI, G. V, 155 sqq. ; *Théod.*, § 326, G. VI, 309 ; § 329, G. VI, 311, cité par J. BARUZI, *Du « Discours de métaphysique » à la « Théodicée »* dans *Revue philosophique* (Paris octobre-décembre 1946), p. 409.

Il faut mentionner encore un « songe philosophique » composé à la manière de Platon et de Dante (BODEMANN, *Leibniz-Handschriften*, pp. 108-111), et l'approbation très vive donnée par Leibniz (cf. à Burnett, 17 [27] juillet 1696, G. III, 184 ; à Nicaise, 15 février 1697, G. II, 563), du livre arabe traduit par E. Pocock et intitulé *Philosophus autodidactus*, dans lequel il s'agit d'une résorption effective de la sensation de l'intelligible (cf. Bibliographie, III, s. IBN TOFAIL).

1. Cf. *Œuvres de Maître Eckhart, Sermons-Traités*, Gallimard, pp. 38-39.

CHAPITRE VII

L'espace et le temps

Le leibnizianisme présente la sensation comme une imperfection, il affirme la primauté de l'intelligible et l'universelle intelligibilité, la perfection de Dieu et la limitation de la créature. Mais il introduit l'intelligibilité nouvelle dans le schéma de la métaphysique ancienne. Or, l'idée nouvelle, définie pour l'homme, ne peut manquer d'être accompagnée de représentations confuses ; aussi est-il fatal que bientôt paraisse arbitraire l'affirmation que la sensation est réductible à l'idée.

L'examen de la doctrine leibnizienne de l'espace et du temps peut suggérer des remarques analogues.

En envisageant le temps et l'espace dans leur généralité, Leibniz est loin de penser à une réalité spatiale et temporelle vide de tout contenu, à une espèce de cadre sensible où les choses viendraient s'inscrire ; en effet, c'est là précisément l'imagination qu'il condamne chez Newton et chez Clarke : l'espace réel et absolu, « idole de quelques Anglais modernes », serait Dieu lui-même (puisqu'il serait comme lui éternel et infini), ou coexisterait à Dieu même. Mais comme il a des parties, l'espace n'est pas une chose qui puisse convenir à Dieu : pourrait-on supporter l'idée que les corps se promènent dans les parties de l'essence divine ? Ce « Dieu à parties » ressemblerait fort au Dieu stoïcien qui était l'univers tout entier [1]. D'autre part, si cet espace sensible n'est pas en Dieu, on ne pourrait soutenir davantage que Dieu fût en lui, car Dieu dépendrait de l'espace et du temps s'il avait besoin de place ; il y aurait quelque chose d'éternel hors de lui. En réalité, l'espace est la place des choses et non celle de Dieu [2].

Il faut se garder d'imaginer deux étendues, l'une recevant l'autre, le vide recevant le corps. Certes, en concevant le corps, on conçoit quelque chose de plus que l'espace, mais il ne s'ensuit point qu'il y ait deux étendues, celle du corps et celle de l'espace [3]. Accepter cette idée, c'est renoncer au principe de raison, puisqu'il est impossible de rendre raison de la situation de l'univers dans le vide. Dieu, gardant les mêmes situations des corps entre eux, pourrait placer le monde de cette façon aussi bien qu'autrement. Pourquoi tout ne serait-il pas pris à rebours, par un échange de l'orient et de l'occident, par exemple ? Ces deux états seraient identiques et indiscernables, ce qui montre assez que l'espace vide est une chimère. On ne peut admettre la fiction d'un monde matériel fini qui se promènerait tout entier dans un espace vide infini. Une telle action serait sans but : il ne se produirait aucun changement observable par qui que ce soit ; ce serait travailler sans rien faire, *agendo nihil agere*. Les simples mathématiciens, qui ne s'occupent que du jeu de l'imagination, sont capables de se forger de telles notions; mais elles sont détruites par des raisons supérieures [4].

Il en est de même du temps. Il n'y a pas de milieu temporel indépendant des choses, car la question de savoir pourquoi Dieu n'a pas créé un an plus tôt, resterait sans réponse. Il est vain de supposer que Dieu ait pu créer le monde quelques millions d'années plus tôt, ou qu'il fasse avancer tout l'univers en ligne droite ou courbe, sans y rien changer autrement : ces états seraient indiscernables, et leur différence ne consiste pour nous que dans une fiction mal entendue [5]. Ceux qui donnent dans ces imaginations s'exposent d'ailleurs à un grave danger : si l'on accepte d'envisager la question du moment

1. Cf. à Clarke, 3e écrit, § 3, G. VII, 363 ; 5e écrit, §§ 42-43, G. VII, 399 ; § 50, G. VII, 403.

2. Cf. au même, 4e écrit, § 10, G. VII, 373 ; 5e écrit, § 50, G. VII, 403 ; § 79, G. VII, 409.

3. Cf. *Nouv. Ess.*, II, IV, § 5, G. V, 115.

4. Cf. à Clarke, 3e écrit, § 5, G. VII, 364 ; 5e écrit, § 29, G. VII, 395-396.

5. Cf. au même, 4e écrit, §§ 13-15, G. VII, 373-374 ; à Bourguet, 2 juillet 1716, G. III, 595.

et de la date de la création, ne voyant pas pourquoi Dieu a créé le monde à tel moment plutôt qu'à tel autre, on admettra facilement qu'il ne l'a pas créé du tout, et que le monde est éternel : « Car Dieu ne faisant rien sans raison, et point de raison n'étant assignable, pourquoi il n'a point créé le monde plus tôt, il s'ensuivra, ou qu'il n'ait rien créé du tout, ou qu'il ait produit le monde avant tout temps assignable, c'est-à-dire que le monde soit éternel. » (A Clarke, 4e écrit, § 15, G. VII, 373.) Ainsi, puisque le commencement, quel qu'il soit, est toujours le même, la question cesse de savoir quand le monde a été créé. Une fois que Dieu a résolu de créer le monde temporel et spatial, « il n'y a plus de choix sur le temps ni sur la place, qui n'ont rien de réel en eux à part » [1].

S'ils ne sont pas des cadres sensibles subsistant en eux-mêmes, l'espace et le temps leibniziens ne sont pas davantage des propriétés sensibles du monde créé : il faut distinguer en effet l'espace et le temps proprement dits, de l'étendue et de la durée. L'origine de cette distinction est ancienne dans la pensée de Leibniz. L'effort qu'on y observe pour atteindre la nature du corps tendait à dépasser les données premières de la perception : la figure, la grandeur, le mouvement, la consistance, autant de faits qui demandaient une explication. Outre les déterminations de l'étendue physique, cette étendue elle-même était quelque chose à expliquer. Ainsi l'idée d'espace se dédoublait : elle devenait d'une part l'étendue sensible, et d'autre part l'idée proprement dite de l'espace. En 1671, dans sa lettre à Arnauld par exemple, Leibniz se déclare hostile à l'opinion de Descartes selon laquelle le repos des parties suffit à assurer la cohésion du corps : tout corps en repos, dit-il, peut être entraîné et divisé par le plus petit mouvement : il faut conclure de là qu'il y a dans le corps autre chose que l'étendue, et que le corps, quoique étendu, est autre chose que l'espace vide : ...*Corporis essentiam non consistere in extensione, id est, magnitudine et figura, quia spatium vacuum a corpore diversum esse necesse est; cum tamen sit extensum.* (Pr. Ak., II, I, 172, 26-28.)

On retrouve plus tard ces mêmes distinctions : l'étendue et la durée, qui sont propres à tel ou tel corps (sans être pour cela toute la réalité de ces corps), se distinguent de l'espace et du temps, qui n'appartiennent pas à ces corps. L'étendue et la durée, comme propriétés des corps, participent à l'existence sensible des corps, mais

1. Cf. à Clarke, 5e écrit, § 57, G. VII, 405.

tandis que les corps s'étendent et durent, au contraire « du temps n'existent jamais que des instants, et l'instant n'est pas même une partie du temps » [1]. Le temps est une chose dont jamais aucune partie n'existe, car l'instant, à proprement parler, n'est pas plus un élément du temps que le point n'est un élément de l'espace [2]. Ainsi l'étendue et la durée sont des sensibles, alors que l'espace et le temps sont des choses idéales : « La durée et l'étendue sont les attributs des choses; mais le temps et l'espace sont pris comme hors des choses et servent à les mesurer. » (*Examen des principes du R. P. Malebranche,* Dut., II, I, 205.)

L'espace et le temps leibniziens, loin d'être des intuitions sensibles, sont saisis par abstraction : « ...Lorsqu'on voit plusieurs choses ensemble, on s'aperçoit de cet ordre des choses entre elles. » (A Clarke, 3e écrit, § 4, G. VII, 363.) « Voici comment les hommes viennent à se former la notion de l'espace. Ils considèrent que plusieurs choses existent à la fois, et ils y trouvent un certain ordre de coexistence... » (Au même, 5e écrit, § 47, G. VII, 400.) Sans doute, pour avoir l'idée de la place et par conséquent de l'espace, il n'est pas besoin de se figurer une réalité absolue hors des choses, puisque l'espace est l'ordre de coexistance ou le rapport des choses entre elles en tant qu'elles existent ensemble; ainsi l'on dira que deux corps A et B ont occupé la même place, quand le rapport de coexistence de B avec C, E, F, G, etc., conviendra entièrement avec le rapport de coexistence qu'A soutint avec les mêmes corps, supposé qu'il n'y ait eu aucune cause de changement dans C, E, F, G, etc. Mais il n'en est pas moins vrai que l'espace (comme le temps) doit être pris hors des sujets. Il faut distinguer en effet l'attribut de situation, ou le rapport de situation du corps qui occupe la place, et la place elle-même. Car la place est toujours la même, quel que soit le sujet qui l'occupe, au lieu que le rapport d'A aux corps fixes n'est pas précisément et individuellement le même que le rapport que B, qui a pris la place, a eu avec les mêmes corps. Deux sujets différents comme A et B ne sauraient avoir précisément la même affection individuelle, car un même accident individuel ne peut se trouver en deux sujets, ni passer de sujet en sujet.

1. Cf. à Clarke, 5e écrit, § 49, G. VII, 402.

2. Cf. *Nouv. Ess.*, II, XIV, § 10, G. V, 138.

Si l'on considère, comme en musique, la relation de deux grandeurs L et M, où est le sujet et où est l'attribut ? Il s'agit d'une relation considérée en elle-même. Pareillement, un tableau généalogique, représentant l'ordre des générations, exprime des vérités réelles, tout en constituant cependant, avec ses lignes et ses divisions, un système général de relations, indifférent aux attributs propres à tel ou tel individu. Ainsi deux corps s'étant trouvés à la même place, il faut dire que leurs rapports de situation aux autres corps ne sont pas proprement identiques, mais conviennent seulement. L'esprit cependant non content de la convenance, cherche une identité, une chose qui soit véritablement la même, et la conçoit comme hors des sujets : et c'est la place et l'espace. A l'occasion des accidents qui sont dans les sujets, l'esprit se forme quelque chose qui leur réponde hors des sujets, c'est-à-dire un certain ordre où il conçoit l'application des rapports [1] : « ...L'espace... est cet ordre qui fait que les corps sont situables, et par lequel ils ont une situation entre eux en existant ensemble, comme le temps est cet ordre par rapport à leur position successive. » (A Clarke, 4e écrit, § 41, G. VII, 376.) Les rapports de situation ou d'ordre sont des prédicats des corps, et l'ordre général qui répond à ces rapports individuels n'est autre que l'espace ou le temps.

Ainsi, à partir des choses données dans l'existence, on atteint les idées d'espace et de temps, si l'on ne considère dans les choses que leur propriété de coexister ou de se succéder, indépendamment de toute autre qualité, et si l'on cherche au-dessus des prédicats individuels qui expriment ces relations d'existence, l'ordre en général qu'elles constituent, ou la possibilité en général de ces prédications.

Mais si l'abstraction est possible, c'est que l'idée en quelque façon est déjà en nous : l'idée abstraite vient rejoindre l'idée innée [2]. S'élevant au-dessus de l'étendue et de la durée, la pensée voit dans le temps et dans l'espace des ordres, formes ou mesures de l'existence corporelle ; mais l'ordre qu'elle abstrait des choses existe aussi bien en lui-même en tant que possible et en tant qu'idée innée. Il est une abstraction lorsqu'on envisage l'univers comme un fait qui s'offre à la pensée ; il est une idée innée, lorsqu'on envisage l'univers dans ses raisons. Aussi l'espace et le temps leibniziens ne sont pas des choses qui s'étendent ou des choses qui durent : il s'agit d'une

1. Cf. à Clarke, 5e écrit, § 47, G. VII, 400-401.

2. Cf. M. GUÉROULT, *L'espace, le point et le vide chez Leibniz*, dans *Revue philosophique*, octobre-décembre 1946, pp. 430-431.

temporalité et d'une spatialité essentielles, de possibilités, d'essences ou de vérités éternelles : « Le temps et l'espace sont de la nature des vérités éternelles qui regardent également le possible et l'existant. » (*Nouv. Ess.*, II, XIV, § 26, G. V, 140.) C'est pourquoi, si Dieu seul existait, il n'y aurait pas de temps et d'espace comme à présent, puisqu'il n'y aurait ni durée ni étendue, mais l'espace et le temps subsisteraient dans les idées de Dieu [1]. Chez Kant, si les corps étaient supprimés, l'espace et le temps subsisteraient aussi, mais dans la pensée de l'homme, et comme forme de la sensibilité. Il s'agit donc, chez l'un et chez l'autre philosophes, de tout autre chose.

L'espace et le temps sont en Dieu l'hypothèse ou le principe [2] dont sa sagesse parfaite tire tout le profit possible; ils constituent pour lui la « réceptivité » ou la « capacité » du monde, le terrain dans lequel il construit : ...*Tempus, locus, aut ut verbo dicam, receptivitas vel capacitas mundi haberi potest pro sumtu sive terreno, in quo quam commodissime est aedificandum*... (*De rerum origin.*, G.VII, 303.) Suivant la loi du meilleur, Dieu rassemble toute l'existence que permettent le temps et le lieu : ...*Existere quantum plurimum potest pro temporis locique...capacitate*... (*Ibid.*, 304.) Dans les mêmes conditions spatiales et temporelles, Dieu pouvait concevoir un monde moins bon, car l'espace et le temps sont indifférents à la diversité possible des existences spatiales et temporelles : « Les parties de l'espace ne sont déterminées et distinguées que par les choses qui y sont...» (A Clarke, 5e écrit, § 67, G. VII, 407.) Bien loin de déterminer d'eux-mêmes, l'espace et le temps « ont besoin eux-mêmes d'être déterminés par les choses qu'ils contiennent »[3] : ...*Considerandum est spatium, tempus et materiam, nudam scilicet..., esse plane indifferentes ad quaslibet magnitudines, figuras et motus* (Cout., *Opusc.*, 13) ; ils conviennent donc non seulement à ce qui existe actuellement, mais encore à ce qui pourrait être mis à la place, comme les nombres sont indifférents à tout ce qui peut être nombré [4].

Une fois le monde créé, l'espace et le temps de la possibilité deviennent l'espace rempli et le temps actuel : la durée et l'étendue ajoutent pour nous au temps et à l'espace leur extension sensible. Il

1. Cf. à Clarke, 4e écrit, § 41, G. VII, 376-377 ; 5e écrit, § 106, G. VII, 415.

2. Cf. *Discours*, § V.

3. Cf. *Nouv. Ess.*, III, III, § 6, G. V, 268.

4. Cf. *Théod.*, § 7, G. VI, 106 ; *Réponse aux réflexions*, G. IV, 568.

y a maintenant des parties d'espace et des parties de temps distinguées, parce qu'il y a des choses étendues et des choses qui durent, et « la diversité des choses dans l'espace, détermine Dieu à agir différemment sur différentes parties de l'espace » [1]. « S'il n'y avait point de créatures, dit Leibniz, il n'y aurait ni temps ni lieux, et par conséquent point d'espace actuel. » (A Clarke, 5e écrit, § 106, G. VII, 415.) Leibniz ne dit pas que le corps et l'espace sont la même chose; il dit seulement qu'il n'y a point d'espace étendu là où il n'y a point de corps [2].

Ainsi l'espace et le temps ne sont pas des choses, mais ils se rapportent aux choses, qu'elles soient considérées comme possibles ou comme existantes. Ils sont l'ordre de coexistence et de succession des choses dans les différents mondes possibles conçus comme possibles, l'ordre des coexistences possibles et des possibilités inconsistantes mais non dépourvues de connexion, ou enfin le rapport ou l'ordre non seulement entre les existants, mais aussi entre les possibles comme s'ils existaient [3]. Cette relation nécessaire au monde (au moins possible), distingue l'espace et le temps de leur fondement dans les attributs de Dieu : l'immensité et l'éternité divines se suffisent à elles-mêmes, alors que l'espace et le temps se définissent par rapport au monde créé ou à créer. L'immensité et l'éternité sont actuelles par elles-mêmes, alors que l'espace et le temps, pour devenir actuels, requièrent la création du monde : « L'immensité et l'éternité de Dieu sont quelque chose de plus éminent que la durée et l'étendue des créatures, non seulement par rapport à la grandeur, mais encore par rapport à la nature de la chose. Ces attributs divins n'ont point besoin de choses hors de Dieu, comme sont les lieux et temps actuels. » (A Clarke, 5e écrit, § 106, G. VII, 415-416.)

•

On peut aborder maintenant la question classique de savoir de quoi l'espace et le temps leibniziens sont les ordres, « si c'est la réalité, c'est-à-dire le monde des monades, ou si ce sont seulement les phénomènes dont les relations nous apparaissent sous forme d'espace et de temps » (van Biéma, *L'espace et le temps chez Leibniz*

1. Cf. à Clarke, 5e écrit, § 67, G. VII, 407.

2. Cf. au même, 5e écrit, § 62, G. VI, 406.

3. Cf. *Réponse aux réflexions*, G. IV, 568; *Nouv. Ess.*, II, XIII, § 17, G. V, 136.

et chez Kant, p. 162) ; *si solito Kantii sermone uti licet, ambigitur utrum « objective » an « subjective » existant phaenomena* (Boirac, *De spatio apud Leibnitium*, p. 31).

S'il est vrai que l'espace et le temps leibniziens sont l'ordre des existences, le monde étant considéré dans sa nature et son origine, et par rapport à sa raison dernière qui est Dieu, il est évident qu'il ne s'agit pas d'un ordre tenant à la subjectivité de la connaissance mais bien d'un ordre fondé dans les substances mêmes. Les existences sont pour Leibniz les corps, lesquels sont des substances ou des amas de substances : « *Corpus* » *...est vel substantia corporea, vel massa ex substantiis corporeis collecta.* (A Bierling, 12 août 1711, G. VII, 501.) C'est le leibnizianisme que vise Kant, lorsqu'au début de l'*Esthétique transcendantale* il demande, pour répondre ensuite négativement, si l'espace et le temps sont des rapports entre les choses, qui ne cesseraient pas de subsister entre elles, même s'ils n'étaient pas intuitionnés. Du reste, Leibniz s'est exprimé fort clairement : ce qu'il y a de réel, dit-il, dans la notion d'un ordre fondant les rapports des corps entre eux regarde les substances simples et se trouve en Dieu qui les unit ; les raisons de tout ce qui arrive dans les corps, et par conséquent l'espace et le temps, qui sont l'ordre de ces événements, doivent se trouver dans les ingrédients simples, c'est-à-dire dans l'ordre des monades entre elles (*monadum ordo inter se* [1]).

Ce qui ne veut pas dire que la monade soit dans le temps et dans l'espace : ce sont ses effets qui sont ordonnés selon le temps et l'espace. Il faut se garder de se représenter les monades comme des points se touchant, se remuant et se poussant dans un espace réel [2] : *...Nec ulla est monadum propinquitas aut distantia..., dicereque, esse in puncto conglobatas, aut in spatio disseminatas, est quibusdam fictionibus... uti, dum imaginari libenter vellemus, quae tantum intelligi possunt.* (A des Bosses, 16 juin 1712, G. II, 450-451.) Lorsque Leibniz reprit en considération les êtres formels que la philosophie moderne avait écartés, l'âme lui parut appartenir à une autre sphère que l'étendue : la μετάβασις du point dans l'étendue au point métaphysique était effectuée : *Neque animabus assignanda esse quae ad extensionem pertinent...* (A des Bosses, 24 avril 1709,

1. Cf. G. VI, 576 ; à de Volder, 19 janvier 1706, G. II, 281, note.

2. Cf. à Remond, G. III, 623.

G. II, 372 [1].) S'il appelle les âmes des centres ou des concentrations des choses externes, Leibniz parle par analogie : les points de la géométrie sont proprement des extrémités de l'étendue, mais nullement les parties constitutives des choses [2].

De même, il ne faut pas s'imaginer la vie des monades comme s'écoulant dans le temps. Alors que le temps à proprement parler n'existe jamais, la monade comme notion complète et loi de la série de ses états, fait la permanence et la stabilité du monde. Elle est le principe de l'action, qui vient rejoindre, dans la *lex continuationis operationum* [3], la *notion* de la substance, et qui est à l'action ou opération comme le supratemporel et le supraspatial sont au temps et à l'espace. Il ne pourrait en être autrement, selon Leibniz, de cet être formel, de cette force primitive ou forme substantielle [4]. Pareillement, Nicolas Lossky, après avoir rappelé la doctrine de Leibniz suivant laquelle l'action suppose un agent, écrit: «L'action et l'agent diffèrent profondément l'un de l'autre. Ils appartiennent pour ainsi dire à des niveaux différents de l'existence. L'action est un événement, c'est-à-dire un processus qui naît et disparaît dans le temps, et possède une forme temporelle ou spatio-temporelle. L'agent est un être supratemporel et supraspatial qui produit l'action et la fonde en tant qu'il se manifeste par elle. » (*Psychologie des menschlichen Ich*... dans *Adhandlungen der Russischen Forschungsgesellschaft in Prag,* N° 75, pp. 122-123.)

A cet ordre temporel et spatial des corps ou effets des monades, correspond donc l'ordre intelligible des monades mêmes puisque les corps sont fondés dans les monades : les idées de coexistence et de succession sont non seulement l'ordre général des différents corps mais aussi l'expression générale de la diversité intelligible et substantielle. Le point de vue de l'âme sur l'univers de l'espace et du temps exprime ainsi la nature interne et purement intelligible de cette âme : ...*Omnem substantiam simplicem aggregatum externorum repraesentare et in iisdem externis, sed diversimode repraesentandis, simul et diversitatem et harmoniam animarum consistere.* (Cout., *Opusc.*, 14.) En parlant de cette situation dans l'espace

1. Cf. à Arnauld, début novembre 1671, Pr. Ak., II, I, 173, 13-14; *Système nouveau*, G. IV, 482-483.

2. Cf. G. VI, 627.

3. Cf. à Arnauld, G. II, 136.

4. Cf. J. JALABERT, *La théorie leibnizienne de la substance*, pp. 139-161.

qu'en un sens l'âme possède puisqu'elle a un corps [1], on veut dire que les rapports de situation dans les corps sont l'effet direct des rapports intelligibles des substances, et que les idées d'espace et de temps sont les expressions générales et abstraites de l'ordre interne des choses [2].

Il est facile de rapprocher cette doctrine de l'espace et du temps des doctrines antiques et médiévales. Que l'espace et le temps soient relatifs aux choses spatiales et aux choses temporelles, c'est là une thèse célèbre : le temps, dit Platon, est né avec le ciel (χρόνος δ'οὖν μετ'οὐρανοῦ γέγονεν, *Timée,* 38 b) ; quel lieu y avait-il avant l'existence du monde, demande Plotin (τίς γὰρ τόπος πρὶν κόσμον εἶναι ; *Enn.*, V, 5, 9) ; on lit enfin chez saint Augustin : ...*Rerum mutationibus fiunt tempora dum variantur et vertuntur species...* (*Conf.*, XII, VIII, 8.) Leibniz de même n'admet point d' « univers mobile, ni aucune place hors de l'univers matériel » [3].

D'autre part, que la réalité des choses temporelles et des choses spatiales soit fondée dans des agents supratemporels et supraspatiaux, c'est là aussi une doctrine connue : ainsi l'activité interne des corps chez les stoïciens et l'âme chez les platoniciens. Les âmes, pour Leibniz comme pour Plotin, diffèrent qualitativement (ἑτερότητι) et non localement (οὐ τόπῳ) [4]; l'âme pour eux ne se divise pas avec la division du corps ; car on ne saurait enfermer les âmes dans les dimensions de l'espace : *Wie ist anima praesens in corpore,* demande Leibniz, *gewisslich indistanter, und doch ist kein* ποῦ *anzuzeigen, da sie eigentlich stecke.* (A Jablonsky, 8 janvier 1699, Guhr., *Deutsche Schr.*, t. II, p. 89 [5].) ...*Substantias omnes in loco non nisi per operationem esse...* (G. VII, 327.) De même pour Plotin, le temps est dans l'âme, car il procède de l'âme, alors que l'âme elle-même n'est pas dans le temps, mais bien ses affections et ses actions (οὐδ'αἱ ψυχαὶ ἐν χρόνῳ, ἀλλὰ πάθη αὐτῶν ἅττα ἐστι καὶ τὰ ποιήματα, *Enn.*, IV, 4, 15).

---

1. *Spiritus esse nullibi, non dixero, cum nullos creatos esse censeam, qui non sint instar animae nostrae corpore organico praediti.* (A Bierling, 7 juillet 1711, G. VII, 498.) *Monades enim etsi extensae non sint, tamen in extensione quoddam situs genus, id est quandam ad alia coexistentiae relationem habent ordinatam, per machinam scilicet cui praesunt.* (A des Bosses, 1703, G. II, 253.) Cf. à Lady Masham, 30 juin 1704, G. III, 357.)

2. Sur ce fondement intelligible de l'espace et du temps, voir É. BOIRAC, *De spatio*, p. 51, et surtout M. GUÉROULT, *L'espace, le point et le vide,* pp. 447-449.

3. Cf. à Clarke, 5e écrit, § 53, G. VII, 404.

4. Cf. *Enn.*, VI, 4, 4.

5. Cf. à Clarke, 3e écrit, § 12, G. III, 366.

Enfin, on trouve souvent chez les anciens l'idée d'ordre associée à celles de temps et d'espace [1]. Ainsi le temps, d'après le *Timée*, s'avance selon le nombre (καθ'ἀριθμόν) [2] et l'espace aristotélicien a ses directions et ses lieux. L'espace et le temps chez Platon et chez Aristote portent donc la marque des réalités idéales ou substantielles qu'ils cachent ou qu'ils expriment, et c'est en elles finalement qu'ils doivent être perçus. De même chez Leibniz, l'espace et le temps, relatifs à l'existence différenciée en chaque lieu et à chaque instant, sont l'ordre abstrait des événements de l'univers, manifestant l'ordre interne des substances elles-mêmes [3].

Dans ces conditions, il faut se garder de s'attacher exclusivement à l'examen des rapports de la philosophie de Leibniz avec celle de Kant. Il n'y a pas lieu en effet de s'étonner avec van Biéma que le problème de l'objectivité ou de la subjectivité de l'espace et du temps ne tienne pas dans les préoccupations de Leibniz une place plus considérable. Il semble injuste de dire que Leibniz n'a pas pu « préciser sa pensée » ni l' « approfondir » [4]. Leibniz ne s'en souciait pas, s'il est vrai qu'il eût été loin de considérer la doctrine kantienne comme un progrès de la pensée. B. Russell reproche à Leibniz de ne pas s'être aperçu que la négation de la réalité de l'espace le forçait à admettre que nous ne connaissons que des phénomènes ; parvenu à la subjectivité de l'espace, Leibniz n'aurait pas su, comme Kant, confiner la science dans l'expérience et présenter toute connaissance *a priori* comme une connaissance de nous-mêmes [5]. Mais Leibniz a conçu l'idéalité de l'espace précisément pour

1. *Non tam vero certus naturae ordo procederet nec tam dispositos motus locis, temporibus, efficentia, spatiis, qualitatibus explicaret, nisi unus esset, qui has mutationum varietates manens ipse disponeret.* (BOÈCE, *Cons. phil.*, III, pr. 12, MIGNE, *Patr. lat.*, t. 63, col. 778.) Cf. saint AUGUSTIN, *De lib. arb.*, II, XVI, 44.

2. 37 d. — M. Bréhier, qui a bien voulu lire le présent chapitre, nous a fait remarquer que dans la définition aristotélicienne du temps par le nombre du mouvement (ἀριθμὸς ἄρα τις ὁ χρόνος, *Phys.*, 219 b), il doit s'agir du nombre ordinal, comme le montrent les références à l'antérieur et au postérieur, aux extrémités et au milieu (cf. *ibid.*, 219 a). Cf. *Cat.* 6, 5 a.

3. Leibniz doit à l'Ecole plusieurs aspects de sa doctrine de l'espace et du temps : ainsi la distinction entre l'étendue et l'espace, la distinction entre l'espace et le temps et les attributs de Dieu, etc. Sur les origines de la doctrine leibnizienne du point, voir A. BOEHM, *Le « vinculum substantiale » chez Leibniz*, pp.101 sqq.

4. Cf. *L'espace et le temps chez Leibniz et chez Kant*, pp. 162-164.

5. Cf. *La philosophie de Leibniz*, p. 82.

sauvegarder la réalité et l'objectivité des existences dans l'espace, puisque la force primitive constituait pour lui la réalité des choses. Brunschvicg écrit de même que Leibniz n'a pas poussé jusqu'au bout la réduction idéaliste des notions spatiales : il aurait réintroduit sans s'en apercevoir la réalité de l'espace en la fondant sur la coexistence des monades [1]. Mais Leibniz n'avait pas à réintroduire la multitude des substances, puisqu'il ne l'avait jamais écartée. En conséquence, faire de l'espace et du temps des choses idéales, ce n'était pas à ses yeux réduire le monde à la subjectivité, mais au contraire l'installer dans l'existence véritable : l'espace est idéal pour laisser transparaître la réalité constitutive de l'univers.

***

Quoique la doctrine leibnizienne de l'espace et du temps rappelle celle des anciens, elle ne laisse pas de s'en écarter. Leibniz comme les stoïciens efface le temps et l'espace devant la réalité universelle (l'ancien stoïcisme faisait en effet de l'espace et du temps des incorporels, c'est-à-dire des êtres sans réalité, afin de saisir l'univers directement dans sa nature véritable, supratemporelle et supraspatiale). Cependant, alors que les stoïciens portaient leur attention sur la réalité substantielle en méprisant la représentation rationnelle, c'est-à-dire l'incorporel, qui l'accompagnait, alors qu'ils s'attachaient à un mode de connaissance de caractère intuitif, dont l'objet échappait à la définition dialectique [2], Leibniz au contraire, au nom de la science moderne, accorde le plus grand intérêt à la représentation rationnelle du temps et de l'espace. Il s'ensuit que le caractère « ancien » de la doctrine leibnizienne de l'espace et du temps n'est pas le seul, et qu'on ne peut comprendre cette doctrine sans faire intervenir l'espace et le temps de la géométrie et de la mécanique.

L'espace et le temps leibniziens sont uniformes, comme ceux de la mécanique nouvelle. Il est vrai que le temps et l'espace leibniziens sont d'eux-mêmes parfaitement semblables parce qu'ils ne sont pas des substances ou des réalités complètes, ou parce qu'ils

1. Cf. *Les étapes de la philosophie mathématique*, pp. 235-240.
2. Cf. É. BRÉHIER, *La théorie des incorporels dans l'ancien stoïcisme*, p. 62.

sont indéterminés comme la matière scotiste. Mais il reste que leur indétermination est assimilée à l'homogénéité de l'espace et du temps mathématiques.

Cette assimilation est souvent proposée par Leibniz lui-même : les parties du temps et du lieu prises en elles-mêmes, dit-il, se ressemblent parfaitement comme deux unités abstraites [1], et la parfaite homogénéité n'appartient qu'aux êtres mathématiques : « Je reconnais que le temps, l'étendue, le mouvement, et le continu en général, de la manière qu'on les prend en mathématiques, ne sont que des choses idéales ; il est vrai que dans la nature, il ne se trouve jamais des changements ou des figures parfaitement uniformes, tels que les mathématiques nous les enseignent, parce que le monde actuel n'est point demeuré dans l'indifférence des possibilités. Mais les choses ne sauraient être rendues intelligibles que par la loi de la continuité et toutes les autres règles les plus exactes des mathématiques ; seules, avec les règles de l'harmonie ou de la perfection, elles sont capables de nous faire entrer dans les raisons et dans les vues de l'auteur des choses [2]. » C'est donc bien de l'espace et du temps de la mécanique classique qu'il s'agit ici.

Un autre caractère de l'espace et du temps mathématiques, c'est l'infinité. Le monde leibnizien est infini, comme ceux de la Renaissance : Dieu, selon Leibniz, a créé le plus de matière possible ; il en existe donc autant que l'espace peut en contenir. Il est vrai qu'un univers fini en extension eût été possible, mais le contraire paraît plus conforme à la sagesse divine [3].

Ces deux traits : l'homogénéité et l'infinité, caractérisent l'espace et le temps de la philosophie moderne : l'espace et le temps des anciens se définissent par rapport à l'ordre cosmique. Chez les stoïciens sans doute, ils sont homogènes et indéterminés, mais il s'agit d'incorporels et par conséquent d'objets de mépris. Et chez ces philosophes comme ailleurs (les atomistes exceptés), le monde a un centre, des régions élevées, qui sont les meilleures, et des régions basses [4]. Car on peut ne pas détacher la considération de l'espace et du temps de la considération de l'univers en général, envisagé dans sa nature et sa signification. La notion abstraite temporelle, spa-

1. Cf. à Clarke, 5e écrit, § 27, G. VII, 395.
2. D'après *Réponse aux réflexions*, G. IV, 568-569.
3. Cf. à Clarke, 5e écrit, § 30, G. VII, 396.
4. Cf. PLOTIN, *Enn.*, III, 8, 8 ; IV, 3, 17 ; CICÉRON, *De nat. deorum*, II, VI ; II, XXI, etc.

tiale, numérique ou quoi que ce soit d'autre, relève dans son isolement d'un type d'intelligibilité particulier et par conséquent limité. On peut devant les divers aspects de l'existence, ne pas perdre de vue l'universalité métaphysique et les étudier en fonction d'elle ou avec elle. L'isolement de l'un d'entre eux et le déplacement de l'attention sur lui seul et les problèmes qu'il pose en lui-même, ce sont des opérations toujours possibles, mais qui sont situées à un niveau de moindre rassemblement de la pensée, de moindre unité de la pensée avec elle-même et avec l'objet, et par conséquent de moindre connaissance.

La question de l'infinité du monde se présente de la même façon, quoique ici Leibniz semble plus près d'être en accord avec les anciens. En effet, selon lui, Dieu seul et ses attributs sont infinis véritablement : il n'y a pas d'espace qui soit un tout infini. Si donc il s'agit de l'infinité de l'espace, c'est pour signifier qu'il est toujours possible d'ajouter une longueur à une autre, comme il est toujours possible de diviser une longueur déjà divisée. Mais c'est précisément pour cela, parce que l'espace ne peut être un infini véritable, qu'il était si souvent chez les anciens représenté comme fini. En effet pour Dieu, qui connaît les choses dans la totalité de leur nature, l'espace et le temps sont des essences particulières, déterminées et finies. C'est parce que nous sommes dans l'espace et dans le temps, parce que notre pensée est liée au temps et à l'espace, que nous ne pouvons parvenir à leur extrême petitesse ou à leur extrême grandeur, c'est-à-dire en sortir. Mais Dieu, qui est au-dessus de l'espace et du temps, les connaît dans leur nature et leur finitude. C'est ce qu'affirme saint Augustin à propos du nombre : *Absit... ut dubitemus, quod ei notus sit omnis numerus, « cujus intelligentiae », sicut in Psalmo canitur, « non est numerus »* (*Psal.* CXLVI, 5). *Infinitas itaque numeri, quamvis infinitorum numerorum nullus sit numerus, non est tamen incomprehensibilis ei cujus intelligentiae non est numerus. Quapropter si, quidquid scientia comprehenditur, scientis comprehensione finitur; profecto et omnis infinitas quodam ineffabili modo Deo finita est, quia scientiae ipsius incomprehensibilis non est.* (*De civit. Dei,* XII, XVIII, Migne, *Patr. lat.*, t. 41, col. 368.)

En faisant donc de l'espace une chose finie, on saisissait son caractère véritable et sa nature absolue. Loin de le considérer en lui-même, abstraction faite dans une mesure plus ou moins grande de la connaissance métaphysique de l'univers, on le percevait et on le définissait, au sens plein de ce mot, dans sa nature particulière et par rapport à l'universalité métaphysique. Il peut se faire que le monde, ainsi analysé par l'intelligence, conserve son apparence sensible et que l'intelligence en quelque sorte ne laisse pas de trace de son passage. Si l'apparence, qui fait aller l'espace de la terre à la voûte du ciel ou à la sphère des fixes, était acceptée par certains, c'était non point parce qu'elle était l'apparence, mais parce qu'elle était susceptible, quoique invisiblement, d'une transformation qui la dépassait étrangement, étant l'œuvre de l'intelligence pure.

Aussi, lorsqu'à la Renaissance on introduisit l'infinité de l'espace et du monde, comme si l'homme enfin pouvait respirer dans un univers à sa taille, il s'agit souvent d'un malentendu : ceux qui fixaient à telle hauteur finie le plafond de l'univers, ne niaient point la grandeur du monde, mais faisaient du monde ce qu'il est pour l'Intelligence qui est située au delà du nombre.

Comme l'a fait remarquer Schopenhauer, l'idéalité du temps est déjà contenue dans la loi mécanique de l'inertie puisque cette loi signifie que le temps n'affecte pas les corps [1]. Le temps devient donc le milieu abstrait de corps eux-mêmes reconstruits par l'intelligence. L'œuvre de Bergson atteste fortement la relation qui existe entre la science moderne et la vision abstraite du temps, et la description de l'effort moderne de rationalisation ou d' « anéantissement » de l'univers constitue le thème d'*Identité et réalité* de Meyerson. Récemment, A. Koyré a montré de la façon suivante comment la notion d'espace s'est transformée à la Renaissance : « ...L'attitude intellectuelle de la science classique, dit-il, pourrait être caractérisée par ces deux moments, étroitement liés d'ailleurs : géométrisation de l'espace, et dissolution du Cosmos, c'est-à-dire disparition, à l'intérieur du raisonnement scientifique, de toute considération à partir du Cosmos ; substitution à l'espace concret de la physique prégaliléenne de l'espace abstrait de la géométrie euclidienne. C'est cette substitution qui permet l'invention de la loi d'inertie. » (*Etudes galiléennes*, I, *A l'aube de la science classique*, p. 9.) L'homogénéité de l'espace, son caractère abstrait et non réel, ce sont là en effet les conditions nécessaires pour que les corps galiléens demeurent indifférents au mouvement et au repos.

Sans doute, l'espace et le temps leibniziens ne restent pas dans la sphère des idées ; comme possibilités, ils sont déjà l'ordre des choses possibles ; avec l'existence des choses, ils deviennent l'ordre des choses actuelles. Leibniz est loin de se contenter de corps abstraits,

---

1. Cf. PIERRE GODET, *La pensée de Schopenhauer*. Extraits, p. 22.

puisque, dans l'espace lui-même abstrait, ils ne se distingueraient nullement. Il faut donc qu'il place dans ces corps des marques internes de leur individualité ; il faut qu'il ajoute à la sphère de l'idéal, la sphère de l'actuel, à l'abstrait, la réalité substantielle qui en est le fondement. Leibniz réintroduit donc un monde de corps prégaliléens, qualitativement et intérieurement determinés : le monde actuel, selon lui, est venu à des divisions ou multitudes effectives : il n'y a rien d'uniforme ni rien d'homogène dans l'univers réel. Les règles de l'harmonie et de la perfection reconstituent le cosmos : toutes les substances représentent le même univers ; entre les représentations des unes et des autres, il y a des différences régulières, instituant un ordre hiérarchique ; la quantité de force substantielle et son expression extérieure dans l'action ne sauraient changer. Le raisonnement à partir du cosmos est donc bel et bien réintroduit.

Cependant, ajoute Leibniz, pour entrer dans les raisons de l'auteur des choses, il faut user des règles les plus exactes des mathématiques. Leibniz veut donc tenir compte à la fois des corps qualitativement déterminés d'Aristote et des corps abstraits de Galilée. Si les corps, selon lui, ne consistent pas seulement dans l'étendue, cela ne change rien dans l'explication des phénomènes particuliers de la nature, qu'il faut toujours expliquer mathématiquement et mécaniquement, pourvu qu'on sache que les principes de la mécanique ne dépendent point de la seule étendue. Les agents ont beau être supraspatiaux et supratemporels, il n'y a pas d'autre action dans les phénomènes que par contact. Le physicien n'a pas à faire intervenir des considérations générales qui sont d'une autre sphère : les géomètres ne se soucient pas du labyrinthe du continu, et les physiciens ne se mettent point en peine pour savoir si une boule pousse l'autre ou si c'est Dieu [1].

La physique de Leibniz est donc celle de Galilée, avec cette différence que des principes substantiels sont venus spécifier les corps abstraits. La physique découpe dans l'espace les régions où le métaphysicien découvre ultérieurement des substances. Le cosmos existe, mais il s'agit d'abord d'un « système du monde », tel que Descartes en a donné le modèle.

Considérons l'espace et le temps non homogènes et non infinis dont il a été question plus haut. Il est évident qu'ils adhèrent aux

1. Cf. *Discours*, § X ; à Arnauld, G. II, 73 ; à Foucher, 1686, G. I, 383.

choses, pour ainsi parler, puisque leur nature est d'exprimer l'ordre cosmique. Perçus du point de vue universel et par rapport à la réalité des choses, ils appartiennent à leur façon à cette réalité. Il en est tout autrement de l'espace et du temps de la mécanique classique : résultats d'une intention particulière, ils constituent un monde à part, sollicitant la pensée pour lui-même. Les déterminations de cet espace et de ce temps pourront donc se multiplier pour nous indéfiniment, sans que nous nous sentions jamais en face de la réalité véritable. L'intelligence, choisissant les hypothèses et les expériences que lui suggère l'idée de ce monde spatio-temporel abstrait, devra continuer ainsi indéfiniment — sans que cela signifie d'ailleurs qu'aucun événement ne se produise. Dans ces conditions, il semble fatal que se dissocient bientôt les deux mondes réunis par l'harmonie préétablie : les événements qu'une pensée spécialisée considère dans l'espace et le temps galiléens, diffèrent profondément du cosmos substantiel perçu du point de vue universel et central de la métaphysique. Comme le reconnaîtra Kant, l'espace et le temps de la physique moderne et leur fondement dans les substances sont deux réalités *sui generis* et dont le rapport nous échappe.

Certes, l'espace et le temps leibniziens sont des possibles et des idées de Dieu; ils représentent la « capacité » idéale du monde. Dans la mesure où Leibniz envisage l'univers dans ses déterminations essentielles et par rapport à Dieu même, il est normal que l'espace et le temps soient liés chez lui d'une façon intelligible pour nous aux substances mêmes, et qu'ils soient autre chose que des intuitions sensibles *a priori* : ordres des apparences corporelles, ils doivent être en même temps et d'une façon continue l'ordre des substances. Mais dans la mesure où Leibniz recommande, pour connaître les raisons de Dieu dans l'univers, l'étude de la physique de Galilée et de Huyghens, les notions mathématiques risquent fort de prendre de l'importance en elles-mêmes, et l'espace et le temps de perdre leur racine substantielle. L'intelligence va s'écarter du point de vue universel et l'attention va se concentrer sur l'apparence. Il faudra par conséquent que les substances disparaissent dans l'ombre, que l'espace et le temps, devenus simples faits pour la conscience, perdent leur caractère de vérités de l'entendement pur ; il faudra qu'on reproche à Leibniz d'avoir fait du temps et de l'espace des entités logiques, de n'avoir vu en eux que des rapports de compatibilité et d'incompatibilité, et d'avoir cru qu'ils donnaient lieu à des jugements analytiques.

La science classique conçoit un espace et un temps abstraits ou séparés de l'existence ; elle développe un univers reconstruit selon certaines règles. Il est normal dans ces conditions que le rationalisme dogmatique cède bientôt la place au rationalisme critique. L'espace et le temps, pour le rationalisme dogmatique, sont rattachés directement aux êtres supratemporels et supraspatiaux, et ils relèvent à la fois des conceptions particulières de la science moderne. Le rationalisme dogmatique unit donc deux époques : le temps, disait-on avant lui, apparaît quand la pensée s'éloigne de la réalité véritable; le temps, dira-t-on après lui, est lié à la pensée humaine. Entre ces deux affirmations la relation est évidente : quand le temps sera lié à la pensée humaine, c'est précisément qu'on se sera éloigné suffisamment de la réalité véritable.

***

Si l'espace et le temps leibniziens se rapprochent de l'espace et du temps de la science moderne, s'ils sont conçus relativement à l'homme, en vue de la connaissance proprement humaine de l'univers, il devient illégitime de décrire par rapport à eux le sort des âmes avant la naissance et après la mort, et l'eschatologie philosophique de Leibniz semble contestable. Sans doute, comme les anciens l'ont affirmé souvent, la vie, en tant qu'elle manifeste la volonté de Dieu dans l'univers et fait la réalité du monde, ne saurait s'anéantir. Il est vrai aussi que la doctrine leibnizienne de la survie a été conçue pour des raisons métaphysiques : le « bannissement de la mort » [1], c'est d'abord l'affirmation de l'immortalité de l'âme, conséquence de la définition de l'âme comme être simple et comme principe d'action et de pensée; c'est ensuite la solution du problème de l'origine des formes : les formes ont été créées avec l'univers et ne finiront qu'avec lui ; c'est enfin l'idée que toute âme est liée à un corps : la formation des corps organisés, en effet, ne paraît explicable que si l'on suppose une préformation déjà organique; il suit de là que la génération d'un animal n'est qu'une transformation et augmentation [2]; si donc la substance corporelle ne commence pas naturellement, elle ne finira pas non plus naturellement,

1. Cf. DUT., V, 45.

2. Cf. *Théod.*, Préface, G. VI, 41-42; *ibid.*, § 90, G. VI, 152; à Arnauld, 30 avril 1687, G. II, 100; à Bourguet, 5 août 1715, G. III, 579; à Foucher, G. I, 391 : «...Si les animaux ne sont pas de simples machines, il y a lieu de croire que leur génération, aussi bien que leur corruption apparente, ne sont que de simples transformations d'un même animal, qui est tantôt plus tantôt moins visible. »

et c'est pourquoi il n'y a jamais ni génération entière, ni mort parfaite prise à la rigueur, consistant dans la séparation de l'âme [1]. Les substances qui animent l'univers ne sont pas perdues pour lui après la mort de l'animal; elles restent des formes animatrices, animales et corporelles, quoique leur corps, sans avoir été remplacé par un autre, comme dans la métempsycose, se soit modifié : «...Les âmes ne quittent jamais tout leur corps, et ne passent point d'un corps dans un autre corps qui leur soit entièrement nouveau. » (*Principes*, § 6.) *Metempsychosis foret contra regulam, quod nihil per saltum. Animam de corpore transire in corpus perinde est ac corpus saltu ire de loco in locum nec tamen per intermedia transire.* (F. de C., *Réfutation inédite*, p. 76.)

Mais ces raisons métaphysiques sont liées aux considérations de la science nouvelle. Leibniz présente sa pensée comme une hypothèse ignorant les lois de la grâce (car les mystères de l'au-delà dépendent de la révélation et de Dieu même), mais que la religion n'interdit pas [2]; et comme un système conforme à l'ordre de la nature établi sur les expériences. Ici, les références aux travaux de Leeuwenhoeck, de Swammerdam et de Malpighi sont nombreuses [3] : « Les recherches des modernes nous ont appris, et la raison l'approuve, que... les plantes et les animaux ne viennent point d'une putréfaction..., mais de semences préformées... Il y a de petits animaux dans les semences des grands, qui par le moyen de la conception prennent un revêtement nouveau qu'ils s'approprient, et qui leur donne moyen de se nourrir et de s'agrandir pour passer sur un plus grand théâtre... » (*Principes*, § 6.) Ainsi les animaux, contenus les uns dans les autres, n'ont jamais commencé qu'avec le monde, « ce qui s'accorde assez avec la Sainte Ecriture qui insinue que les semences ont été d'abord »[4].

Cet appel à la biologie, si prudent qu'il puisse être, peut inquiéter : entre l'hypothèse de l'emboîtement des germes et la doctrine des raisons séminales, il y a un abîme; il s'agit ici d'une idée fon-

1. Cf. *Monadol.*, §§ 73 et 76.

2. Cf. *Considérations sur la doctrine*, G. VI, 533; *Addition à l'explication*, G. IV, 573.

3. Cf. à Arnauld, septembre (9 octobre) 1687, G. II, 122-123; à la reine Sophie-Charlotte, 8 mars 1704, G. III, 345; à Bourguet, 22 mars 1714, G. III, 564-565; *Système nouveau*, G. IV, 480; G. VII, 530; *Considérations sur la doctrine, passim*, G. VI, 529 sqq.; *Théod., Préface*, G. VI, 41-42; *ibid.*, § 91, G. VI, 152; etc.

4. Cf. *Considérations sur la doctrine*, G. VI, 534; *Causa Dei*, §§ 81-82, G. VI, 451-452.

dée sur la considération de la prescience divine, et là d'un élément d'une construction rationnelle purement humaine. Cette liaison d'ailleurs que Leibniz établissait entre sa doctrine et la science expérimentale était assez dangereuse, puisqu'en 1759 déjà l'hypothèse de l'épigénèse s'affirmait avec autorité [1].

Mais ce qui nous intéresse ici, c'est le caractère spatial que prennent dans ces conditions les événements qui suivront la mort. Les développements et les enveloppements dont parle Leibniz ont lieu, semble-t-il, dans l'espace de notre monde : la mort retourne à des parties trop petites pour nous [2], et ce qui est vrai des grands animaux, l'est aussi des animaux spermatiques : eux aussi naissent d'animaux plus petits, car tout va à l'infini dans la nature. Les animaux ne sont que développés, enveloppés, revêtus, dépouillés : ils « changent, prennent et quittent seulement des parties » (*Principes*, § 6).

Sans doute, lorsque Leibniz affirme l'unité ou l'uniformité de l'univers par la formule : « c'est tout comme ici », il ajoute : « aux degrés de grandeur et de perfection près » [3]; les corps des anges sont pour lui « bien différents des nôtres en vigueur et en subtilité » [4]. Sans doute, la mort ne dépouille-t-elle l'âme que « du plus grossier de son corps organique » [5]. Mais en quoi consistent les corps subtils que les anciens philosophes platoniciens et la plupart des Pères de l'Eglise attribuaient aux anges ? « ...Il y a toujours eu, répond Leibniz, et il y aura toujours des matières plus ou moins subtiles d'une infinité de degrés... » (Inédit publié dans J. Baruzi, *Leibniz*, p. 346.) « La différence entre les corps visibles et les corps invisibles, dit-il encore, n'est que selon nous, et ne change point le genre »; il ne faut distinguer les corps invisibles des autres corps « que comme la petite poussière qui voltige dans les rayons du soleil se distingue des cailloux » [6].

---

1. Cf. CH. SINGER, *Histoire de la biologie*, pp. 487-488.
2. Cf. à Arnauld, septembre (9 octobre) 1687, G. II, 123.
3. Cf. *Considérations sur les principes de vie*, G. VI, 546.
4. Cf. *Eclaircissement sur les natures plastiques*, G. VI, 548.
5. Cf. *Addition à l'explication*, G. IV, 573.
6. Cf. F. DE C., *Leibniz, la philosophie juive et la Cabale*, pp. 51-52; cf. *Théod.*, § 249, G. VI, 265. Il s'agit dans le passage cité dans le texte de la *ruah* hébraïque.

Les termes d'enveloppement et de développement semblent empruntés en particulier à l'hermétisme (cf. à l'électrice Sophie, 4 novembre 1696, G. VII, 544). Leibniz fait allusion aussi au *luz* hébreu (cf. à Arnauld, avril [30 avril] 1687, G. II, 100).

Il est clair dans ces conditions que l'univers total, qui enveloppe l'après-vie et les anges mêmes, ne diffère pas essentiellement de l'univers corporel et spatial qu'envisage la science nouvelle. Si la volonté leibnizienne d'explication naturelle n'était pas directement indiquée par la distinction de l'ordre de la nature et des lois de la grâce et par la référence à l'expérience, elle serait assez évidente ici dans son résultat. Au moyen âge, faire de l'âme la forme du corps, à la manière aristotélicienne, c'était rendre difficile à comprendre l'immortalité de l'âme, parce que le corps périssait. Chez Leibniz, la difficulté est supprimée (puisque l' « animal » ne meurt point), mais avec elle disparaît aussi l'effort de pensée que rendait nécessaire l'idée de la dissolution du corps. Alors qu'autrefois la pensée devait s'élever au-dessus de la nature lorsqu'elle songeait à la mort, elle peut maintenant demeurer au niveau des choses temporelles et spatiales. Comme le dit Kuno Fischer, les théologiens présentaient l'homme comme immortel quoiqu'il dût mourir, au lieu que Leibniz le présente comme tel, parce qu'il ne meurt point : *Dort gilt die Unsterblichkeit als eine Ausnahme von Naturgesetzen, hier als eine notwendige Folge derselben...* (*Leibniz*, p. 406 [1].)

La question, certes, est délicate. Il faut dire aussi que Leibniz élève et ennoblit la méditation de la nature. C'est vers la réalité substantielle que se porte sa pensée : la nature, ce n'est pas pour lui le monde des sensations, c'est l'ordre universel, c'est l'ensemble des êtres créés, conçu dans sa beauté et son unité comme l'expression directe de la perfection divine. Si la mort pour Leibniz n'est qu'un phénomène sans réalité, c'est parce que la pensée en lui se trouve en quelque façon installée déjà au delà de la mort, dans cette « république universelle toute parfaite dont Dieu est le monarque » [2].

Il y a là beaucoup de vrai et il importe d'en tenir compte. Cependant, les allusions de Leibniz à la physique et à la biologie des modernes sont trop nombreuses pour qu'il n'y ait pas lieu de penser qu'un certain naturalisme intervient ici dans la perception de la réalité substantielle et de la perfection du monde.

Le corps, qui accompagne toute âme, lié à l'espace, l'est aussi au temps. On sait que chez Leibniz, pour achever l'idée de la beauté et de

1. Cf. *ibid.*, p. 455.
2. Cf. à Arnauld, avril (30 avril) 1687, G. II, 100.

la perfection de l'univers, il faut admettre un progrès perpétuel et illimité dans le monde. Si l'on objecte que dans ces conditions l'univers aurait dû être transformé depuis longtemps en paradis, il faut répondre, selon lui, que la richesse infinie de l'existence garde toujours en elle des parties assoupies à réveiller pour une vie supérieure : *...Ob divisibilitatem... continui in infinitum, semper in abysso rerum superesse partes sopitas adhuc excitandas et ad majus meliusque et ut verbo dicam, ad meliorem cultum provehendas.* (*De rerum origin.*, G. VII, 308 [1].) La destinée des âmes consiste « dans un progrès perpétuel à de nouveaux désirs et de nouvelles perfections » [2] : « ...Nous ne savons pas jusqu'où nos connaissances et nos organes peuvent être portés dans toute cette éternité future qui nous attend. » (*Nouv. Ess.*, II, XXI, § 42, G. V, 179-180.) Jamais le progrès ne sera parvenu à son terme (*nec proinde unquam ad terminum progressus perveniri* [3]) ; la vision béatifique elle-même ne fait pas exception [4].

Ainsi la destinée de l'âme se définit rationnellement selon l'espace et le temps. Il n'y a rien de plus opposé, semble-t-il, à la pensée antérieure. L'intention de saint Augustin, par exemple, est d'atteindre le terme de la connaissance, par delà le progrès indéfini des choses. Au cours de sa discussion du 13 novembre 386, l'auteur du *De beata vita* pose le problème du bonheur de la façon suivante : « Il s'agit d'examiner, dit-il, quel est celui qui ne manque de rien (*quis nos egeat*), car c'est lui qui sera sage et heureux [5]. » Alors que l'âme chez Leibniz ne cesse d'être attachée à un corps, l'idée de la mort suggère chez saint Augustin l'idée d'une transformation radicale de cette vie, dans le sens où l'indique le texte remarquable qui suit : *...Dum in hoc corpore est anima, etiamsi plenissime videat, hoc est intelligat Deum; tamen quia etiam corporis sensus utuntur opere proprio, si nihil quidem valent ad fallendum, non*

1. *Universum est ad instar plantae aut animalis hactenus ut ad maturitatem tendat, sed hoc interest, quod nunquam ad summum pervenit maturitatis gradum...* (BODEMANN, *Leibniz-Handschriften*, p. 121.) Cf. BARUZI, *Leibniz*, Inédits, p. 296.

2. Cf. *Principes*, § 18.

3. Cf. *De rerum originatione*, G. VII, 308.

4. Cf. *Principes*, § 8.

5. Cf. *De beata vita*, IV, 30, MIGNE, *Patr. lat.*, t. 32, col. 974.

tamen nihil ad non ambigendum, potest adhuc dici fides ea qua his resistitur, et illud potius verum esse creditur. Item quia in ista vita, quanquam Deo intellecto anima jam beata sit; tamen, quia multas molestias corporis sustinet, sperandum est ei post mortem omnia ista incommoda non futura. Ergo nec spes, dum in hac est vita, animam deserit. Sed cum post hanc vitam tota se in Deum collegerit, charitas restat qua ibi teneatur. Nam neque dicenda est fidem habere quod illa sint vera, quando nulla falsorum interpellatione sollicitatur; neque quidquam sperandum ei restat, cum totum secura possideat. (*Sol.*, I, VII, 14, Migne, *Patr. lat.*, t. 32, coll. 876-877.)

Si Leibniz ne s'est jamais exprimé de la sorte, c'est qu'il lui importait de ne pas « priver la nature de ses perfections particulières et subsistantes » [1]. Il était plus conforme à la beauté et à l'ordre de l'univers, selon lui, de laisser les âmes en faction dans un corps, « au lieu de les réduire au sabbat des quiétistes en Dieu, c'est-à-dire à un état de fainéantise et d'inutilité » [2]. Mais il y avait là une question de doctrine qui méritait d'être examinée indépendamment de toute allusion au quiétisme, qui, dans son interprétation vulgaire en tout cas, n'a rien de commun avec la pensée ancienne.

En maintenant les âmes dans l'espace et le temps de l'univers tel qu'il le conçoit, Leibniz leur interdit de connaître Dieu autrement que dans le déroulement indéfini de ce monde. S'il est vrai que nous ne connaissons pas et que nous ne connaîtrons jamais l'éternité en soi, celle-ci se traduit pour nous dans l'évolution du monde. Une évolution qui n'a rien de commun avec la durée bergsonienne, une évolution rationalisée, qui n'est autre que l'ensemble ordonné des prédicats temporels.

Notant qu'un poème n'appartient jamais tout entier à l'être, qu'il se dit vers après vers, que la phrase nouvelle efface la phrase précédente et que le poème n'est donné tout entier qu'au moment où il n'est plus; remarquant de même qu'aucune chose dans l'existence n'*est* véritablement, saint Augustin s'attache à rechercher la réalité absolue identique à elle-même [3]. Leibniz, partant de la même constatation — « une heure, dit-il, ou quelque autre partie du temps qu'on prenne, n'existe jamais entière et en toutes ses parties ensemble » [4] — pense aussi, comme le veut son temps, à l'ordre

1. Cf. *Considérations sur la doctrine*, G. VI, 535.
2. Cf. *ibid.*, 536.
3. Cf. É. BRÉHIER, *La théorie des incorporels*, pp. 57-59.
4. Cf. à l'électrice Sophie, 31 octobre 1715, G. VII, 564.

ou à la règle des changements, déterminable et calculable pour nous. Ainsi réapparaît l'opposition de deux intelligibilités, l'une concernant l'Etre même, et l'autre les conditions pour nous de rationalité.

Leibniz sans doute est encore un « ancien ». Les idées de l'espace et du temps chez lui requièrent comme fondement celles de l'immensité et de l'éternité, qui sont des attributs de Dieu : « ...L'idée de l'absolu par rapport à l'espace n'est autre que celle de l'immensité de Dieu... » (*Nouv. Ess.*, II, XVII, § 3, G. V, 145 [1].) L'espace se distingue de l'immensité parce qu'il est un tout composé de parties ; de même, l'éternité n'est pas un tout infini et l'on n'en forme pas la notion par une addition du temps [2]. D'autre part, on a souvent reproché à Leibniz son pluralisme monadique ou sa doctrine de Dieu comme point de vue absolu par rapport auquel se définissent les points de vue des âmes [3].

Cependant l'âme chez Leibniz semble liée à la corporéité temporelle et spatiale ou aux conceptions rationnelles et abstraites auxquelles elle peut donner lieu pour nous. Précédemment au contraire — comme on le voit chez l'auteur du *Banquet* ou dans le *Soliloque des quatre exercices* — afin de traiter légitimement des réalités véritables, tout l'effort de la pensée était de s'élever en effet au-dessus du temps, sans que la réalité propre du temps fût niée pour cela :

> *Terrarum coelique sator*, écrit Boèce, *qui tempus ab aevo*
> *Ire jubes, stabilisque manens das cuncta moveri* [4].

1. Cf. *Nouv. Ess.*, II, XIII, § 17, G. V, 136 ; II, XV, § 4, G. V, 141.
2. Cf. *Nouv. Ess.*, II, XVII, § 16, G. V, 146.
3. Cf. *supra*, pp. 17-18, et G. GENTILE, *L'esprit, acte pur*, trad. A. Lion, pp. 121-122.
4. *Cons. phil.*, III, *metr.* IX, 2-3, MIGNE, *Patr. lat.*, t. 63, col. 758.

CHAPITRE VIII

Le phénomène

Le leibnizianisme est le rassemblement de tout ce que les sciences du XVIIe siècle, la philosophie et la piété pouvaient accueillir. Son interprétation, de ce fait, est délicate, mais la difficulté réside moins dans la multiplicité comme telle de ses sources, que dans leur diversité hiérarchique, et dans la possibilité qui est donnée ainsi à l'interprète de situer la doctrine qu'il étudie à des niveaux de pensée différents. Par exemple, si l'âme, selon Leibniz, découvre dans les sciences l'image de la pensée divine, il est évident qu'il ne s'agit point des « sciences humaines », pour employer l'expression de Descartes [1] — dont Leibniz pourtant use aussi. Qu'est-ce donc que la science chez Leibniz ? Si nous considérons ce qu'en affirme Leibniz, nous dirons que la science nous perfectionne et que le but suprême de la caractéristique est d'assurer notre bonheur futur. Si au contraire nous considérons ses ressemblances de fait avec la science cartésienne, nous dirons avec Descartes qu'elle ne sert point à notre salut.

Il est possible de trouver chez Leibniz les fondements d'une interprétation kantienne ou idéaliste. Leibniz, dira-t-on, rejette la démonstration cartésienne de l'existence des corps hors de nous, et

1. Cf. à Hogelande, août 1638, A. T., II, 347-348.

pense que Foucher a raison de renouveler ici les plaintes de l'Académie. En effet, selon Leibniz, nos expériences ne nous assurent que deux choses : d'abord, qu'il y a une liaison dans nos apparences, qui nous donne moyen de juger avec succès des apparences futures, et ensuite, que cette liaison doit avoir une cause constante. Mais de tout cela il ne s'ensuit point, continue-t-il, qu'il existe de la matière ou des corps, mais seulement qu'il y a quelque chose qui nous présente des apparences bien suivies. Il se pourrait que le cours de notre vie fût un grand songe bien ordonné, dont nous pourrions être détrompés en un moment. Il est vain de recourir ici à la perfection divine : nos songes pourraient être l'effet d'une puissance sous-ordonnée ou de quelque génie qui se mêlerait de nos affaires pour une raison ou pour une autre [1] ; même si nos phénomènes n'étaient pas réels, loin d'accuser Dieu de tromperie, il faudrait le remercier de sa bonté, puisqu'il a permis que nos phénomènes fussent cohérents et semblables pratiquement à des phénomènes réels [2]. Il se pourrait aussi que nous soyons responsables nous-mêmes de notre illusion, soit que Dieu nous donne les sensations seulement, et que le jugement *de causa sensionis utrum sit ab objecto reali extra nos* vienne de nous (c'est ce qui se passe lorsque nous prenons les couleurs et les qualités de ce genre pour des objets réels) ; soit que nous devions à nos fautes antérieures de mener cette vie d'illusion, comme l'ont pensé les platoniciens, pour qui la vie présente était un songe. Il est donc possible que Dieu nous donne l'illusion du monde corporel pour certaines graves raisons, comme il permet d'autres maux, sans être trompeur pour cela [3].

Dans ces conditions, ce qui fait la réalité des phénomènes leibniziens, c'est le consentement des apparences, c'est-à-dire le fait que les phénomènes des uns se rencontrent avec ceux des autres. Chacun, suivant avec soin certaines règles, se rencontre avec l'autre qui en fait autant : ainsi plusieurs personnes ayant convenu de se trouver ensemble en quelque endroit à une certaine date, le peuvent faire effectivement. Il y a donc un certain ordre dans nos phénomènes et nous pouvons grâce à lui nous livrer à des observations utiles, que le succès des événements futurs justifie. Cela suffirait selon Leibniz pour dire que ces phénomènes sont véritables, sans que nous ayons à nous inquiéter de savoir s'ils sont hors de nous.

1. Cf. à Foucher, 1675, Pr. Ak., II, I, 248.
2. Cf. *De modo distinguendi phaenomena realia ab imaginariis*, G. VII, 321.
3. Cf. *Animadversiones*, II, 1, G. IV, 366-367.

Nous n'avons pas à chercher une plus grande réalité dans les choses sensibles que celles de phénomènes réglés : le fondement de la vérité des choses contingentes et singulières est dans le succès qui fait que les phénomènes des sens sont liés justement comme les vérités intelligibles le demandent. La matière n'est qu'un phénomène réglé et exact qui ne trompe point quand on prend garde aux règles abstraites de la raison : si donc les songes d'une même personne étaient exactement suivis et si les songes de toutes les âmes s'accordaient, on ne se soucierait pas d'autre chose pour en faire corps et matière [1]. *Sensuum veracitas in eo consistit, ut phaenomena consentiant inter se, neque decipiamur eventibus, si rationes experimentis inaedificatas probe sequamur.* (A des Bosses, 29 mai 1716, G. II, 516.) *Neque aliam in phaenomenis habemus aut optare debemus notam realitatis, quam quod inter se pariter et veritatibus aeternis respondent.* (A de Volder, 19 janvier 1706, G. II, 283.)

Leibniz reprend ici les distinctions entre la veille et les songes proprement dits, que Descartes et Malebranche [2] avaient reprises avant lui : pour être véritable, le phénomène doit être suffisamment intense, suffisamment varié et suffisamment cohérent ; il doit être relié normalement aux phénomènes précédents, et provoquer dans les événements suivants des conséquences raisonnables. Le meilleur critère de réalité, selon Leibniz, celui même qui peut suffire, consiste dans la prédiction heureuse des phénomènes futurs d'après le passé et le présent, soit que cette prédiction se fonde sur un calcul ou une hypothèse qui ont réussi jusqu'à présent, soit qu'elle s'appuie sur une habitude observée jusqu'ici [3].

Le phénomène « réel » est donc pour Leibniz le phénomène « véritable » [4], c'est-à-dire le phénomène qui ne trompe pas ou à quoi l'on peut se fier ; il ne s'agit point du tout d'un phénomène qui serait en lui-même une réalité substantielle. C'est parce qu'ils sont gouvernés par les vérités éternelles, que les phénomènes ne sont pas trompeurs, et nullement parce qu'ils sont des réalités en eux-mêmes : les apparences de l'optique s'éclaircissent par la géométrie, et cela suffit pour dire qu'elles sont véritables. Une fois reconnu

---

1. Cf. *Discours*, §§ XXXII et XIV ; *Nouv. Ess.*, IV, IV, § 5, G. V, 373 ; à Dangicourt, septembre 1716, DUT., III, 499 ; à Bourguet, 22 mars 1714, G. III, 567, note.

2. Cf. DESCARTES, *Méditations*, VI, A. T., VII, 89-90 ; *ibid.*, IX, 71-72 ; MALEBRANCHE, *Recherche de la vérité*, l. II, p. III, c. VI, I.

3. Cf. *De modo distinguendi*, G. VII, 319-320.

4. Cf. *Discours*, § XXXV, éd. Lestienne, p. 89, note d.

l'ordre dans les phénomènes, une fois que l'expérience a prouvé qu'on ne se trompe point dans les mesures qu'on prend sur eux, lorsqu'elles sont prises selon les vérités de raison, peu importe le nom : « Même si l'on disait que cette vie tout entière n'était rien d'autre qu'un songe et que le monde visible n'était rien d'autre qu'un être imaginaire, je considérerais ce songe ou cet être imaginaire comme suffisamment réels, si, usant convenablement de la raison, nous n'étions jamais trompés par eux... [1]. » Nos phénomènes sont fondés, c'est-à-dire consentants ; ils sont des apparences qui ne se démentent jamais, comme des songes exacts et persévérants ; nos sentiments intérieurs sont des apparences véritables et comme des songes bien réglés [2].

Leibniz semble donc accepter les conséquences idéalistes du doute cartésien. A la fin de la lettre à Foucher de 1675, on trouve cette approbation de la distinction cartésienne de l'âme et du corps : « ...S'il n'y avait que des apparences ou songes, on ne serait pas moins assuré de l'existence de ce qui pense... » (Pr. Ak., II, I, 249, 22-23.) Parlant de notre pouvoir d'intervenir dans le cours des choses, c'est-à-dire de nous procurer des phénomènes ou de les empêcher, Leibniz ajoute : « Cependant... nous ne faisons que penser, et aussi nous ne nous procurons que des pensées, et les phénomènes ne sont que des pensées. » (Projet d'une lettre à Arnauld, G. II, 70.) Considéré en dehors du sujet percevant, le phénomène n'est pas plus réel que l'image dans le miroir ou que l'arc-en-ciel dans le nuage, et chercher quelque autre réalité en lui, ce serait faire comme celui que l'explication de l'apparence ne satisferait pas, et qui demanderait qu'on explique encore je ne sais quelle essence de l'apparence [3]. Ce qui ne peut être perçu par personne, n'existe pas ; or, telle est la nature des corps : en effet, si Dieu même voulait créer des substances corporelles telles que les hommes les imaginent, il ne ferait rien ou ne pourrait percevoir lui-même qu'il a fait quelque chose, puisque enfin l'on ne perçoit jamais que des apparences. Tel est l'argument contre la substantialité des phénomènes, que Leibniz qualifie d'« herculéen » [4]. Rien donc ne pouvant nous arriver d'autre que des pensées et des perceptions, l'univers est constitué par nos phénomènes. Or nos perceptions ne peu-

1. *De modo distinguendi*, G. VII, 320 ; cf. *Nouv. Ess.*, IV, XI, § 10, G. V, 426 ; *ibid.*, IV, II, § 14, G. V, 355-356.

2. Cf. à Remond, G. III, 623 ; *Système nouveau*, G. IV, 484.

3. Cf. projet d'une lettre à de Volder, G. II, 281, note.

4. Cf. F. E C., *Nouv. lettres*, p. 171 ; GRUA, *Textes*, t. II, p. 511.

vent naître d'ailleurs que de nous-mêmes, puisque personne ne peut penser à notre place ; il s'ensuit que chaque âme est comme un monde à part, indépendant de toute autre chose et qui se suffit à lui-même.

Ces aspects de la doctrine leibnizienne ont été très remarqués. On a vu dans la suppression du dualisme cartésien de la matière et de l'esprit, l'acheminement de la philosophie vers le kantisme : la matière n'étant rien pour nous hors des sujets percevants, la pensée humaine devient le centre du monde. Ce sont les lois de la pensée qui fondent la vérité du phénomène leibnizien, et les concepts mathématiques, comme l'infini et le continu, constituant la sphère de l'idéal, servent pourtant de règle à la réalité. Il est évident cependant que Leibniz demeure un substantialiste puisque les phénomènes sont fondés pour lui dans des substances-sujets ou monades. Mais pour satisfaire aux exigences de l'explication mathématique, Leibniz distingue le monde des phénomènes, dans lequel il accorde à la science nouvelle une entière liberté, et le monde des substances, qui explique l'ensemble du domaine physique et non pas les phénomènes particuliers. Cette distinction de l'idéal et du réel lui permet de résoudre avant Kant les antinomies de l'espace et du temps : les thèses et les antithèses kantiennes correspondent ici à deux niveaux de la réalité, les premières au niveau de l'actuel, les secondes au niveau de l'idéal [1]. Von Hartmann, dans le double aspect, réaliste et idéaliste, de la doctrine leibnizienne, voit le signe d'un passage du réalisme naïf au réalisme transcendantal. Cette dernière conception était tellement nouvelle que Leibniz aurait dépassé son but au cours de ses polémiques et aurait exagéré sans le vouloir les paradoxes idéalistes, confondant ainsi le réalisme transcendantal avec l'idéalisme [2]. Leibniz, dit-on généralement, doit être compté avec Descartes, Locke, Berkeley, Hume et Kant parmi ceux qui ont accentué la distinction entre la vérité de la connaissance et le fait de saisir l'être en soi [3].

Si grand que soit à nos yeux l'intérêt de cette manière de voir, nous devons insister d'abord sur les ressemblances de la philosophie

1. Voir les ouvrages de CASSIRER déjà cités et COUTURAT, *Le système de Leibniz d'après M. Cassirer* dans *Revue de métaphysique et de morale*, vol. XI (1903), pp. 83-99.

2. Cf. *Geschichte der Metaphysik, Erster Teil*, p. 421.

3. Cf. A. LALANDE, *Vocabulaire*, s. « vérité », t. II, p. 951 A.

de Leibniz avec la pensée ancienne. Leibniz en effet est fort loin de renoncer à la connaissance de l'en soi : contre Locke, il affirme que la considération de la substance est un point très important et très fécond en philosophie [1], et s'il voit dans les idées innées la règle des phénomènes, c'est parce qu'il juge que les lois de la raison sont identiques à celles de la nature [2]. Loin de dissocier pour nous le monde des phénomènes et celui des substances, il admet entre eux un passage continu : si notre vue devenait plus distincte, nous apercevrions les monades derrière les phénomènes que nous prenons pour des réalités [3].

Considérons en effet le phénomène de l'étendue. Il ne s'agit pas, on s'en souvient, d'une notion complète, d'une unité irréductible : l'étendue se résout en effet en pluralité, continuité et coexistence [4]; elle suppose une multitude d'êtres coexistants et il faut une substance à qui il appartienne d'être répétée ou continuée. La notion de cette substance est antérieure à celle de la répétition, et ceux qui font de l'étendue même une substance renversent l'ordre des paroles aussi bien que des pensées [5]. Plus précisément, l'étendue suppose dans la substance quelque qualité, attribut ou nature qui s'étende, se répande avec elle, se continue. L'étendue est la diffusion de cette qualité ou nature. Ainsi l'on constate dans le lait une étendue ou diffusion de la blancheur; dans le diamant une étendue ou diffusion de la dureté; dans l'or, une étendue ou diffusion de la ductilité, du poids, etc. La continuité en elle-même ne fait pas plus une substance que la multiplicité ou le nombre. Quelle est cette nature dans le cas de l'étendue corporelle en général ? On le sait, c'est quelque chose qui enveloppe la dynamique ou la force, c'est la résistance ou l'antitypie. C'est elle qui constitue la matérialité qui se trouve étendue, répandue ou répétée dans le corps, lequel n'est pas autre chose qu'une force répandue ou étendue naturellement : *...Extensio... nil aliud, quam... nitentis renitentis, id est resistentis substantiae continuationem, sive diffusionem, dicit...* (*Spec. dynamicum,* Dut., III,

1. Cf. *Nouv. Ess.,* II, XIII, 19, G. V, 137.

2. Cf. COUTURAT, *Le système de Leibniz,* pp. 95 et 99.

3. Cf. Mme DU CHATELET, *Institutions de physique,* p. 168.

4. Cf. à de Volder, 24 mars (3 avril) 1699, G. II, 169-170; *Extrait d'une lettre de M. D. L.,* G. IV, 467; COUT., *Opusc.,* 361.

5. Cf. HUET, *Censura,* p. 185 : *...Confundi ab eo extensionem cum re extensa; quae si distinguantur, uti par est, et uti factum nonnunquam ab eo est, inventum iri in re extensa, aliquid, in quo extensio recipiatur, eique suppositum sit...*

315 [1].) L'étendue n'est donc pas une substance au sens cartésien, ni un attribut au sens spinoziste, *cum non sit nisi repetitio percipientium*. Incapables de pousser l'analyse jusqu'aux éléments mêmes, nous ne retenons qu'une notion incomplète, une idée en partie abstraite et imaginaire [2].

Dans ces conditions, si l'on parle de l'étendue par rapport aux substances, on dit qu'elle participe de leur réalité, que l'étendue est le phénomène divisible ou de plusieurs êtres, et qu'il y a dans chaque substance un principe de divisibilité. On dit que l'étendue apparaît pour nous avec la pluralité des substances : *extensio est compositorum*; que l'étendue corporelle est fondée dans la force, dont la nature est de se manifester dans les phénomènes : ἐν τῷ δυναμικῷ *quod se per phaenomena exserit* [3]. On dit en même temps que l'étendue n'est pas un être absolument réel puisqu'elle n'est pas l'intérieur même des choses; qu'elle renferme donc quelque chose d'imaginaire et de relatif à nos perceptions, comme le sont, quoique bien davantage, les qualités sensibles tout à fait confuses, telles que la couleur, le son, l'odeur, qu'on ne peut ni mesurer ni définir [4].

Mais on peut aussi considérer l'étendue en elle-même, abstraction faite des substances qui la fondent en réalité. On dit alors qu'on peut faire à son sujet, comme au sujet du mouvement, des hypothèses contradictoires; on dit qu'il lui manque un principe d'identité ou d'unité réelle et qu'elle ne peut soutenir la dernière analyse. On dit que s'il n'y avait dans les corps que l'étendue, ils ne sauraient constituer des substances : la masse, lorsqu'on n'y considère que ce qui est divisible, est un simple phénomène ou un pur phénomène; si l'on enlève aux choses les unités réelles qui les constituent, il ne demeure plus en elles d'être véritable et actuel [5].

---

1. Cf. à Pellisson, 19 novembre 1692, F. DE C., *Œuvres de Leibniz*, t. I, p. 327; *Addition à l'explication*, G. IV, 589; à des Bosses, 21 juillet 1707, G. II, 339; *Examen des principes*, DUT., II, 1, 205.

2. Cf. *Spec. dynamicum*, DUT., III, 315; à Bossuet, 29 mars 1693, F. DE C., *Œuvres de Leibniz*, t. I, p. 364; F. DE C., *Réfutation inédite*, p. 42.

3. Cf. à Arnauld, septembre (9 octobre) 1687, G. II, 120-121; F. DE C., *Réfutation inédite*, p. 32; à de Volder, 19 janvier 1706, G. II, 282, note.

4. Cf. *Discours*, § XII; à Foucher, G. I, 392.

5. Cf. à Arnauld, septembre (9 octobre) 1687, G. II, 118-119; COUT., *Opusc.* 185-186; *De ipsa natura*, § 11, G. IV, 511.

Cette distinction de l'étendue actuelle fondée dans les substances et de l'étendue idéale considérée en elle-même, permet de sortir du labyrinthe du continu. Leibniz déclare d'ailleurs que c'est en surmontant les difficultés du continu qu'il a fondé la véritable philosophie, qui regarde les substances incorporelles [1]. La définition du continu porte qu'il n'est pas composé de parties actuelles ou que ses parties peuvent être divisées indéfiniment [2]. L'étendue, qui est un continu, n'est donc pas réductible à des parties actuelles. Mais il y a là une difficulté : si le corps est une réalité, ou bien il est indivisible, ou bien s'il ne l'est pas, ses parties doivent être des unités actuelles. Or il est manifeste que l'étendue est divisible et qu'il en est de même de ses parties; la réalité du corps semble donc s'évanouir : le tout ne peut être réel, si les parties ne le sont pas.

La difficulté est levée si l'on renonce à faire de l'étendue une substance, et si l'on distingue l'étendue en elle-même toujours divisible, et l'étendue relativement aux substances, actuellement divisée. Il devient alors possible d'admettre simultanément que la ligne n'est pas composée de points et que pourtant l'existence appartient aux unités. On a ainsi deux sortes de touts et deux sortes de parties : dans l'étendue considérée en elle-même, le tout est antérieur aux parties comme la longueur est antérieure aux lignes qui la partagent et qu'on y peut assigner arbitrairement : c'est un « tout intellectuel », dont les parties ne sont que potentielles et ne sont pas de véritables éléments. Dans l'étendue considérée par rapport aux substances, le tout est postérieur aux parties : il s'agit d'un tout réel, qui n'est qu'un assemblage d'unités actuelles et dont les parties sont données avant toute division : *Nos vero*, écrit Leibniz, *idealia cum substantiis realibus confundentes, dum in possibilium ordine partes actuales, et in actualium aggregato partes inderminatas quaerimus, in labyrinthum continui contradictiones inexplicabiles nos ipsi induimus.* (A de Volder, 19 janvier 1706, G. II, 282 [3].)

On a de même deux sortes d'infinis. Le premier convient aux « touts intellectuels ». Divisons la ligne AB en deux parties égales l'une des moitiés en deux nouvelles parties, et ainsi de suite. Par

1. Cf. à l'électrice Sophie, 31 octobre 1705, G. VII, 560-561.

2. Cf. à Thomasius, 20 (30) avril 1669, Pr. Ak., II, I, 16, 31-32; BODEMANN, *Leibniz-Handschriften*, p. 124.

3. Cf. à Arnauld, avril (30 avril) 1687, G. II, 98; au même, septembre (9 octobre) 1687, G. II, 119; à Remond, 14 mars 1714, G. III, 612; au même, G. III, 622-623; à Dangicourt, septembre 1716. DUT., III, 500; *Remarques sur les objections de M. Foucher*, G. IV, 491. à de Volder, 30 juin 1704, G. II, 268.

cela même que la division va à l'infini, il n'y a aucune moitié dernière, et quoique la ligne AB soit finie, il ne s'ensuit pas que la division qu'on en fait ait un dernier terme. Même embarras devant la série des nombres qui vont à l'infini : le nombre infini est une fiction ; tout nombre est fini et assignable, toute ligne l'est de même. Nonobstant mon calcul infinitésimal, écrit Leibniz, je n'admets point de véritable nombre infini [1]. Le second infini (l'infini actuel) convient aux existences : *...Nulla est portio materiae tam exigua, in qua non sit quidam infinitarum numero creaturarum mundus...* (*De libertate,* F. de C., *Nouv. Lettres,* p. 180.) L'infini actuel n'est pas un nombre : il représente une multitude qui dépasse tout nombre fini, ou plutôt tout nombre [2]. Du fait de la multitude actuelle des substances, l'agrégat corporel est actuellement divisé sans fin. Leibniz ne conçoit point d'invisibles physiques sans miracle, et il croit que la nature peut réaliser toute la petitesse que la géométrie peut considérer. Il tient que la nature affecte partout l'infini actuel, qu'il n'y a aucune partie de la matière qui ne soit, non seulement divisible, mais actuellement divisée [3].

Tel est le phénomène chez Leibniz, si différent du phénomène kantien : appuyé immédiatement sur la multitude des substances, et se distinguant d'elles seulement comme le confus ou l'abstrait s'opposent au distinct ou au réel, et comme l'incomplet ou l'idéal se distinguent de l'accompli ou de l'actuel. Si donc Leibniz nie le dualisme cartésien et ne fait de la matière qu'un phénomène, ce n'est pas pour supprimer toute réalité hors de nous, mais au contraire pour réduire la matière aux substances véritables. Leibniz loue les platoniciens d'avoir considéré les choses matérielles comme peu réelles, et les Académiciens de s'être demandé si elles étaient hors de nous : ce doute selon lui se peut expliquer si l'on reconnaît que les choses matérielles ne seraient rien hors des substances ; il n'y a donc pas lieu de mépriser les difficultés que Sextus Empiricus faisait aux dogmatistes, car elles servent à les ramener aux principes [4]. Comme de Volder reproche à Leibniz de supprimer les corps et de substituer aux choses la perception et l'appétit, Leibniz répond qu'il ne suppri-

1. Cf. *Théod.*, Discours préliminaire, § 70, G. VI, 90 ; G. VI, 629.

2. Cf. G. VI, 629.

3. Cf. à Foucher, janvier 1692, G. I, 403 ; au même, G. I, 416 ; à des Bosses, 11 mars 1706, G. II, 305. — Leibniz maintient à la fois qu'il n'y a pas d'indivisible physique et que la nature épuise les possibilités de l'étendue. Le terme de la division est donc le point métaphysique, source de l'étendue.

4. Cf. à Remond, G. III, 623 ; à Foucher, janvier 1692, G. I, 402.

me point les corps, mais qu'il les ramène à ce qu'ils sont : la masse corporelle, qu'on prend pour quelque chose en dehors des substances simples, n'est pas une substance, mais un phénomène résultant des substances simples, à qui seules appartiennent l'unité et la réalité absolues [1]. Voilà, ce semble, lit-on dans une lettre à l'électrice Sophie, le meilleur usage qu'on puisse faire du labyrinthe du continu : l'analyse de la matière qui se trouve actuellement dans l'espace, nous mène démonstrativement aux unités de substance, simples, indivisibles, impérissables, c'est-à-dire aux âmes et aux principes de vie [2].

Le monde est un songe bien réglé et persévérant parce qu'il est fondé dans les substances mêmes. A quoi servent les organes, demande Lady Masham, si l'âme suffit ? Leibniz répond que si l'âme de César devait être seule dans la nature, l'auteur des choses pouvait se passer de lui donner des organes. Mais Dieu a voulu faire encore une infinité d'autres êtres : notre corps est un monde plein d'une infinité de créatures qui méritaient aussi d'exister, et si le corps n'était pas organisé, notre microcosme ou petit monde n'aurait pas toute la perfection qu'il doit avoir, et le grand monde même ne serait pas si riche qu'il est [3]. Les objets dont Dieu nous fait avoir la représentation, ont quelque chose qui ressemble à l'idée que nous avons de la substance, et c'est ce qui nous fait juger qu'il y a d'autres êtres dans la nature. Rien n'empêche et tout exige qu'il y ait dans le monde une multitude innombrable de substances [4]. Tout se réduit donc, *magna et uniformitate rerum et simplicitate*, aux monades ou aux substances simples et à leurs modifications, avec les phénomènes qui en résultent, et dont la réalité est marquée par leur liaison qui les distingue des songes : ...*Atque ita, écrit* Leibniz, *uno mentis ictu totam rerum summam exhaurio.* (A de Volder, G. II, 276 [5].)

1. Cf. G. II, 275. « ...Ou les corps ne sont pas des êtres réels, ou tous les corps sont en quelque manière animés. » (GRUA, *Textes*, t. I, p. 323.)

2. Cf. lettre du 31 octobre 1705, G. VII, 565.

3. Cf. lettre du 30 juin 1704, G. III, 356.

4. Cf. *De modo distinguendi*, G. VII, 321-322 ; *Examen des principes*, DUT., II, 1, 210 ; à des Bosses, 29 mai 1716, G. II, 516.

5. Cf. COUT., *Opusc.*, 14 ; *Remarques sur les objections de M. Foucher*, G. IV, 492 ; à de Volder, 30 juin 1704, G. II, 268 ; au même, 19 janvier 1706, G. II, 282, note ; *Examen des principes*, DUT., II, 1, 210 ; à Dangicourt, septembre 1716, DUT., III, 499.

Quoiqu'il y ait partout des monades, les êtres que nous désignons dans l'étendue n'ont pas tous le même degré d'unité et de réalité. Il peut s'agir en effet soit de substances véritables soit de simples agrégats. Dans le premier cas, il est question de ce que l'Ecole appelle *unum per se* : l'être est alors composé d'une âme immatérielle et d'un corps organique, c'est-à-dire d'une machine de la nature résultant des monades ; il y a en lui quelque moi qui répond à ce que nous appelons l'âme en nous, tandis que son corps perd et gagne constamment des parties. L'unité de l'*unum per se* est la plus parfaite; unité fonctionnelle des monades qui composent à chaque instant la substance corporelle, elle est assurée par le *vinculum substantiale*, effet de Dieu [1]. Dans le second cas, il s'agit de l'*unum per accidens* : ce n'est plus une machine ou un agrégat de plusieurs substances. Leibniz appelle ce corps *semiens* ou *semisubstantia* : ...*Aggregata substantiarum simplicium, ut exercitum, vel acervum lapidum, esse semisubstantias*... (à des Bosses, 19 août 1715, G. II, 504) ; c'est un «phénomène substantié», c'est-à-dire un phénomène qui nous paraît être une substance, mais qui cependant n'en est pas: «Je suis... d'opinion, écrit Leibniz, qu'à parler exactement il n'y a point de substance étendue. C'est pourquoi j'appelle la matière *non substantiam sed substantiatum.* » (A Dangicourt, septembre 1716, Dut., III, 499.) L'unité de l'agrégat vient de notre perception : c'est un être de raison ou plutôt d'imagination. Dans l'idée d'un peuple, d'une armée, d'une société, il y a quelque chose d'imaginaire et de dépendant de la fiction de notre esprit. L'agrégat fait une seule idée, quoiqu'il ne forme pas une substance véritablement. C'est un résultat auquel l'âme donne son dernier accomplissement d'unité. Les êtres par agrégation n'ont point d'autre unité achevée que la mentale, et par conséquent leur entité aussi est en quelque façon mentale ou de phénomène [2]. Cependant, même à son degré le plus bas, comme dans la pierre ou le cadavre, le phénomène s'appuie toujours sur la réalité substantielle : la collection est encore quelque chose de substantiel, parce qu'elle comprend des substances. Leibniz ne dit pas qu'il n'y

---

1. Cf. à Arnauld, septembre (9 octobre) 1687, G. II, 119 ; à Foucher, G. I, 391 ; *De modo distinguendi*, G. VII, 322 ; à des Bosses, 5 février 1712, Beilage, G. II, 439 ; à Remond, 4 novembre 1715, G. III, 657. Cf. A. BOEHM, *Le « vinculum substantiale » chez Leibniz*..., pp. 82 sqq.

2. Cf. à Arnauld, 28 novembre (8 décembre) 1686, G. II, 76 ; *Entretien de Philarète et d'Ariste*, G. VI, 586 ; *Examen des principes*, DUT., II, 1, 207 ; *Nouv. Ess.*, II, XII, § 7, G. V, 133 ; *ibid.*, XXIV, § 1, G. V, 210 ; G. VI, 625.

a rien de substantiel dans les choses qui n'ont pas une véritable unité, car il accorde qu'elles ont toujours autant de réalité ou de substantialité qu'il y a de véritable unité dans ce qui entre dans leur composition : l'unité de phénomène ou de pensée qu'il y a dans le troupeau ne suffit pas pour rendre compte de ce qu'il y a de réel dans le troupeau. L'unité des collections, qui est un rapport ou une relation, trouve son fondement en chacune des substances singulières à part ; les êtres d'agrégation n'ont sans doute leur unité que dans notre esprit, mais notre esprit se fonde sur les rapports ou modes des véritables substances : « Notre esprit remarque ou conçoit quelques substances véritables qui ont certains modes, ces modes enveloppent des rapports à d'autres substances d'où l'esprit prend occasion de les joindre ensemble dans la pensée et de mettre un nom en ligne de compte pour toutes ces choses ensemble... » (A Arnauld, avril [30 avril] 1687, G. II, 101 [1].) De plus, ces relations sont fondées dans l'entendement divin : les rapports et les ordres ont une réalité dépendante de l'esprit, mais non pas de l'esprit des hommes, puisqu'il y a une suprême intelligence qui les détermine tous et de tout temps. Dieu ne voit pas seulement toutes les monades et les modifications de chacune d'elles : il voit encore leurs relations, et c'est en cela que consiste la réalité des relations et des vérités [2].

Ainsi donc nos phénomènes sont en même temps les phénomènes de Dieu et l'objet de la science de vision (*phaenomena Dei seu objectum scientiae visionis* [3]). Dieu, selon le *Discours de métaphysique*, produit pour manifester sa gloire le système général des phénomènes, et regardant toutes les faces du monde de toutes les manières possibles, aucun rapport n'échappant à son omniscience, le résultat de chaque vue de l'univers comme regardé d'un certain endroit, est une substance qui exprime l'univers conformément à cette vue, si Dieu trouve bon de produire cette substance [4]. Le système des phénomènes est donc composé de toutes les vues des substances, prises toutes ensemble en Dieu, et la loi particulière qui règle la série des

1. Cf. à Arnauld, avril (30 avril) 1687, G. II, 97 ; au même, septembre (9 octobre) 1687, G. II, 119 ; *Nouv. Ess.*, II, XII, § 7, G. V, 133 ; *ibid.*, XXIV, § 1, G. V, 210.

2. Cf. *Nouv. Ess.*, II, XXX, § 4, G. V, 247 ; *ibid.*, IV, XI, § 14, G. V, 428-429.

3. Cf. à des Bosses, 5 février 1712, Beilage, G. II, 438.

4. Cf. § XIV.

perceptions de chaque monade est une variation de la loi générale qui règle l'univers. Tout effet exprime sa cause, et la cause de chaque substance, c'est la résolution que Dieu a prise de la créer, cette résolution enveloppant des rapports à tout l'univers [1]. Dieu voit les choses telles qu'elles sont selon la vérité géométrique, alors que les vues des substances diffèrent selon leur situation : *Sunt enim scenographiae diversae pro spectatoris situ, ichnographia seu geometrica repraesentatio unica est.* Cette vue centrale de Dieu enveloppe d'ailleurs éminemment toutes les autres apparences : c'est Dieu qui fait la liaison des substances, et c'est par lui que les phénomènes des uns se rencontrent avec ceux des autres [2].

La nature des substances étant d'être représentative, c'est par rapport au système de l'univers que se définissent leurs ressemblances et leurs différences, et leur relation à Dieu même : « ...Parce qu'il est nécessaire qu'il y ait un commerce entre tous les existants, il est nécessaire que ce commerce ait une cause ; bien plus, il est nécessaire que tous les existants expriment la même nature ; or la cause qui fait que tous les esprits ont un commerce entre eux ou expriment la même chose, et même qu'ils existent, est celle qui exprime l'univers parfaitement, c'est-à-dire Dieu [3]. » Chaque substance participe, bien que d'une façon limitée, aux perfections divines ; en faisant de chaque monade une source ou un principe de perfection, en douant chacune d'elle du pouvoir de représenter tout l'univers, la substance suprême a étendu sa perfection, dans la mesure possible, à la multitude des substances dépendant d'elle : ...*Simplices substantias nihil aliud esse posse quam fontes seu principia totidem perceptionis serierum sese ordine evolventium, eandem phaenomenorum universitatem maxima ordinatissimaque varietate exprimentium, quibus suam perfectionem quantum fas fuit suprema substantia in substantias multas ab ipsa pendentes diffudit...* (A de Volder, G. II, 278 [4].) Toute âme est un miroir du monde tout entier suivant son point de vue, mais les esprits ne représentent pas seulement le monde, mais encore Dieu dans le monde. Les esprits en effet vont au delà des liaisons empiriques; ils saisissent l'ordre éternel qui domine le monde et perçoivent la grandeur de la sagesse divine [5].

1. Cf. *Extrait du Dictionnaire*, G. IV, 553-554 ; à Foucher, G. I, 383-384.
2. Cf. à des Bosses, 5 février 1712, Beilage, G. II, 438. *Discours*, § XXXII.
3. *De modo distinguendi*, G. VII, 322.
4. Cf. *Système nouveau*, première rédaction, G. IV, 475.
5. Cf. à des Billettes, 4 (14) décembre 1696, G. VII, 452 ; COUT., *Opusc.*, 226.

Le phénomène est donc fort loin d'être dissocié de l'en soi, de sorte que nous nous trouvions devant deux mondes, l'un accessible et l'autre inaccessible : « ... Dans la vérité, écrit Leibniz, il n'y a qu'un monde... et ce monde est animé partout et étendu partout. » (F. de C., *Leibniz, la philosophie juive et la Cabale,* p. 51.) Le phénomène pour nous est ce qu'il doit être étant donné les substances dont il est l'effet : chaque âme-représentation est en même temps une âme-substance, fondant pour les autres âmes, selon l'ordre divin, la réalité de leurs phénomènes [1]. Aux variations externes dans les phénomènes correspondent les variations internes dans les substances. Le corps est mouvement à l'extérieur et vie à l'intérieur ; le mouvement a sa source au dedans du corps, dans des causes qui agissent du dedans au dehors : ...*Ubique dispersae* [*sunt*] *per materiam entelechiae primitivae, ut facile ostendi potest ex eo, quod principia motus per materiam sunt dispersae.* (G. VII, 330.)

Aussi la force dérivative ou phénoménale, qui provoque dans l'étendue les différences et les effets qui tombent sous nos sens, manifeste directement la force primitive active ou la vie substantielle. La force primitive est permanente : Leibniz la qualifie de *manens, perdurans,* etc. ; c'est la force d'agir que la substance a reçue à la création. La force dérivative, qui est variable, appartient au phénomène : elle consiste *in viribus et resistentiis per magnitudinem et figuras* et constitue ce qu'il y a de réel dans le mouvement à chaque instant [2]. Mais elle n'est que le résultat immédiat, étant donné les circonstances, de la force interne primitive : ...*Ultima tamen ratio motus in materia est vis in creatione impressa, ...sed ipso conflictu corporum varie in natura limitatur et coërcetur.* (*De primae philosophiae emendatione,* G. IV, 469-470.) Les forces dérivatives sont des accidents changeables, des restrictions, limitations ou résultats variables d'une certaine chose substantielle ; la force dérivative et l'action sont quelque chose de modal, puisqu'elles admettent le changement, or tout mode est déterminé par la modification de quelque chose de persistant ou de plus absolu ; donc la force dérivative et accidentelle ou muable est une modification de la force primitive essentielle et

---

1. Voir le brillant exposé de SCHMALENBACH(*Leibniz*, pp. 244 sqq.) : en vertu de l'harmonie établie par Leibniz entre les sujets, les sujets et les objets, et entre les objets, il faut dire que les monades représentent (*abbilden*) l'univers qu'elles composent (*bilden*).

2. Cf. à Arnauld, septembre (9 octobre) 1687, G. II, 115 ; *Specimen dynamicum,* DUT., III, 317 ; à de Volder, 1703, G. II, 251 ; à des Bosses, 19 août 1715, Beilage, G. II, 506 ; H.-L. KOCH, *Materie und Organismus bei Leibniz,* p. 40.

permanente de la substance [1]. De là les comparaisons dont use Leibniz : la force dérivative, dit-il, est une modification de l'entéléchie primitive comme la figure est une modification de l'étendue : ...*Quemadmodum figura est quaedam limitatio seu modificatio vis passivae seu massae extensae, ita vis derivativa actioque motrix quaedam modificatio est... entelechiae primitivae.* (G. IV, 397 [2].) La force primitive, dit-il encore, enveloppe dans sa permanence toutes les déterminations temporelles de la force dérivative : elle consiste *in perpetua quadam ejusdem seriei mutationum lege* [3]. Comme la figure ne peut se séparer de l'étendue, ainsi le terme n'a de sens que dans la série : la force dérivative nous met donc en relation directe avec la substance, et plus précisément, avec ce qu'il y a en elle d'actif, de positif et de parfait [4].

Ainsi l'univers des phénomènes, objet de la science de vision, représente sous son aspect passif, l'étendue et l'inertie, le caractère des substances d'être passives et limitées, c'est-à-dire leur force primitive passive ; sous son aspect actif, la force dérivative, il représente la force primitive active, principe substantiel de différenciation, de perfection et de vie. Le règne des causes finales dans les substances, et celui des causes efficientes dans les phénomènes, « se pénètrent et s'entre-répondent profondément », puisqu'ils sont faits l'un pour l'autre ou l'un par l'autre. La pensée divine, qui a conçu et choisi la machine du monde, a lié par là même le plus grand au meilleur, la force mouvante à l'appétit, *ita ut quae in corpore fiunt mechanice, in anima repraesententur vitaliter...* (Cout., *Opusc.*, 12.) Si donc les vérités de la dynamique ont leur source dans la convenance et dans les finales, c'est qu'elles sont fondées dans les perceptions des substances simples et dans les intentions d'un esprit universel [5].

On rencontre souvent en quelques lignes l'énoncé des principaux caractères du phénomène leibnizien. Prenons par exemple une lettre

---

1. Cf. G. IV, 397.

2. Cf. à Jaquelot, 22 mars 1703, G. III, 457 ; *Théod.*, § 89, G. VI, 151 ; *ibid.*, 396, G. VI, 352.

3. Cf. à de Volder, 24 mars (3 avril) 1699, G. II, 171.

4. Voir dans GUÉROULT, *Dynamique et métaphysique leibniziennes*, l'important chapitre VII : *Du degré de réalité de la force dérivative*, pp. 186 sqq.

5. Cf. F. DE C., *Leibniz, la philosophie juive et la Cabale*, pp. 51 et 53 ; *Réponse aux réflexions*, G. IV, 562 ; à la reine Sophie Charlotte, 8 mai 1704, G. III, 347. Voir A. SPANNENKREBS, *Die metaphysischen Prinzipien des Grundes und des Zweckes nach Leibniz*, pp. 64 et 163-167.

à Bayle, dans son texte définitif et dans sa première version [1]. On y apprend que « chaque âme est un monde à part », mais que tous ces mondes se définissent par rapport à un système général, commun d'une certaine manière à eux tous : « tous ces mondes s'accordent et sont représentatifs des mêmes phénomènes » ; que ces âmes-représentations sont en même temps des âmes-substances, car il faut « tout remplir d'âmes et d'entéléchies » et l'on ne saurait renoncer aux « unités de substance, sans lesquelles, c'est-à-dire sans les choses simples, les compositions ou résultats ne seraient rien »; enfin que le système de phénomènes représenté par chaque substance, la fait communiquer avec Dieu même : l'unité « est expressive de l'univers selon les lois métaphysico-mathématiques de la nature, c'est-à-dire selon l'ordre le plus conforme à l'intelligence et à la raison. D'où il s'ensuit... que l'âme est une imitation de Dieu le plus qu'il est possible aux créatures ».

Tout cela marque une attitude d'esprit très différente de celle de Descartes. Au sortir du doute, l'auteur des *Méditations métaphysiques* découvre le critère unique du vrai dans l'évidence rationnelle discrète. A l'évidence du *cogito,* c'est-à-dire de l'existence de la substance pensante, doit s'ajouter plus tard une autre évidence, celle de l'existence des choses extérieures ; à la certitude rationnelle du je pensant se juxtapose ou s'enchaîne, après les démarches nécessaires de l'argumentation, une autre certitude, celle des *res materiales.*

Leibniz, tout en louant Descartes d'avoir mis en lumière — après saint Augustin — la vérité première du *cogito,* lui reproche d'avoir négligé des vérités de même valeur ou également premières. Distinguant les vérités de raison, réglées par le principe de contradiction, et les vérités de fait, il ajoute : *Non tantum autem mei cogitantis sed et meorum cogitatorum conscius sum, nec magis verum certumve est me cogitare, quam illa vel illa a me cogitari. Itaque veritates facti primas non incommode referre licebit ad has duas : Ego cogito, et : Varia a me cogitantur. Unde consequitur non tantum me esse, sed et me variis modis affectum esse.* (*Animadversiones,* I, 7, G. IV, 357.)

Mais c'est là fausser le sens de l'entreprise cartésienne : pour Descartes, le *cogito* n'est pas une expérience interne parmi d'autres, c'est une expérience privilégiée, la conséquence première de la conscience qu'il prend de douter ; il émerge du doute où les autres vé-

1. Cf. G. III, 65 sqq.

rités baignent encore, comme le modèle de toute certitude et le premier chaînon de toute démonstration [1]. Chez Leibniz au contraire, l'âme se saisit immédiatement comme une unité située dans l'univers [2], parmi d'autres unités et relativement à Dieu, l'Unité primitive. Il n'y a donc pour elle dans les choses que des multitudes et les unités dont les multitudes procèdent ; aux multitudes appartiennent l'étendue, la divisibilité, la figure, le mouvement, etc. ; les unités ont en propre la force et la pensée. La perception, dont toute l'âme est douée, n'est autre que la représentation ou l'expression de la multitude dans l'unité. Or cette expression arrive de partout, parce que toutes les substances sympathisent et reçoivent quelque changement proportionnel répondant au moindre changement dans l'univers [3]. Représentation, expression, miroir, point de vue, autant de termes qui marquent l'appartenance naturelle de l'âme à l'univers : la pensée est comme un miroir doué de conscience, ou comme un miroir « vivant » [4], reflétant activement l'univers et Dieu même, car l'âme exprime l'univers, lequel exprime sa cause. Ainsi l'affirment par exemple Fludd, Comenius, Knorr de Rosenroth et ses collaborateurs : *Natura,* écrit Fludd, *est imago ipsius Verbi divini...* (*Clavis philosophiae... Fluddanae,* p. 77.) ...*Harmoniae divinae imago est natura,* écrit Comenius, *hujus imago ars.* (*Pansophiae prodromus,* p. 65 [5].) Alors donc que chez Descartes, le *cogito,* raisonnement obligé du sceptique, est l'unique porte de sortie du doute et le modèle unique du vrai, les âmes chez Leibniz se perçoivent d'emblée par rapport à l'univers et à Dieu, et la logique du système n'exige pas que soit démontrée l'existence de l'univers, puisque cette existence est impliquée dans l'affirmation de l'âme comme élément d'une multitude. La connaissance qui chez Leibniz est l'image de Dieu en nous, est au contraire chez Descartes la chaîne des vérités auxquelles nous pouvons accéder.

1. Cf. A. REYMOND, *A propos du Cogito de Descartes* dans *Annuaire de la Société suisse de philosophie* (Bâle, 1942), pp. 78-84.

2. Cf. G. LEWIS, *La critique du dualisme cartésien* dans *Revue philosophique,* octobre-décembre 1946, pp. 476-477.

3. Cf. à l'électrice Sophie, 19 novembre 1701, G. VII, 556-557 ; *Monad.,* §§ 13 et 14 ; à Arnauld, septembre (9 octobre) 1687, G. II, 112.

4. Cf. *Extrait du Dictionnaire,* G. IV, 532 ; à de Volder, 1703 ; G. II, 252 ; à Remond, G. III, 623 ; *Monad.,* §§ 63 et 83 ; *Principes,* §§ 3 et 12.

5. Sur Comenius, voir *Le « Pansophiae prodromus » de Comenius* dans *Hommage à Henri Miéville,* pp. 149-163.

Cependant, l'opposition ici de ces deux types de connaissance — l'un relatif à Dieu en soi, et l'autre proprement humain — n'est pas tellement parfaite, puisque Leibniz ne transforme pas entièrement la science cartésienne. En effet, l'étendue et la force dérivative, qui sont les équivalents pour nous de la matière et de la forme, sont des notions qui relèvent pourtant de la physique des modernes. Pour Dieu, explique Leibniz, les phénomènes donnent accès aux substances d'une manière parfaite; ils ne contiennent rien d'inexpliqué et sont saisis dans leurs lois intelligibles concentrées dans les monades; Dieu puisant dans le fond de l'essence la raison de l'apparence, il n'y a pas de doute chez lui sur la réalité des choses; Dieu connaît le monde *a priori* : pendant que Dieu calcule et pense, le monde se fait [1]. En nous au contraire la connaissance de l'univers est imparfaite et nous devons recourir à la connaissance *a posteriori* : Comme M. Guéroult l'a si clairement expliqué [2], la connaissance confuse que nous avons de la prédétermination intelligible interne des phénomènes, nous oblige à nous servir de la notion extérieure et abstraite de choc, c'est-à-dire de cette physique en partie imaginative qui est celle des modernes. Ainsi Leibniz justifie au nom de la métaphysique même l'introduction du mécanisme : la physique mécaniste est sans doute un pis aller puisqu'elle n'est pas l'intelligibilité pure située au niveau des monades, mais c'est un pis aller nécessaire et légitime: elle nous présente d'un certain point de vue le monde même que voit Dieu, elle est l'image en nous, confuse et perfectible mais fidèle, de la connaissance divine de l'univers.

La question se pose alors de savoir si la pensée est bien sur les traces des raisons divines en cherchant *a posteriori,* à la manière des modernes, les raisons des phénomènes dans les phénomènes eux-mêmes.

Le mot phénomène, qui est courant chez Leibniz, vient de Bacon et de Hobbes. Dès les premiers écrits leibniziens, il s'agit d'expliquer les phénomènes ou d'en rendre compte par des hypothèses simples et claires et d'une façon rationnelle et humaine (*humanitus*) ; dans l'œuvre définitive, on rencontre à chaque page la recommandation de prendre garde aux phénomènes, de se procurer des phénomènes, de consulter la raison et la nature, etc. L'idée de phénomène

---

1. Cf. à Foucher, 1675, Pr. Ak., II, I, 249, 12; *Discours*, § XIII; *De libertate*, F. DE C., *Nouv. lettres*, p. 184; G. VII, 191, note.

2. Cf. *Dynamique et métaphysique leibniziennes,* partic. pp. 203-208.

y est liée à l'art d'expérimenter et renvoie à Bacon [1]; on lit : *Phaenomena sunt propositiones quae per experientiam probantur*...(Cout., *Opusc.*, 33.) Il semble donc que l'univers leibnizien, loin d'être le reflet de la vérité immuable, devienne l'image de la vérité baconienne toujours perfectible. Les phénomènes, qui étaient relatifs à Dieu, sont maintenant les phénomènes de l'homme.

Les hypothèses, dit Leibniz, sont des propositions qui réussissent, quoique nous ne puissions les démontrer suffisamment; elles s'appuient sur les choses mêmes, plutôt que sur l'opinion des hommes; les lois de Képler sont les lois des choses mêmes et celles que Dieu a établies :

Jura poli rerumque fidem, legesque deorum [2].

Mais dans la mesure où l'hypothèse est une démarche propre de la pensée humaine, dans la mesure où elle relève d'une méthode définie pour elle-même plutôt que de la connaissance directe ou indirecte des premiers principes, il est évident que cette volonté d'objectivité ou de réalité ne peut être satisfaite, du moins véritablement et absolument, que les résultats obtenus, si réussis qu'ils puissent être, ne sont à proprement parler ni objectifs ni réels et qu'il n'y a pas entre ce que nous connaissons des choses et les choses en soi, la continuité à laquelle a pensé Leibniz. La connaissance n'étant plus en fait l'image de l'univers et de Dieu même, mais un enchaînement de vérités, la pensée divine et la pensée humaine sont en fait dissociées, et celle-ci prend la première place comme chez Descartes et comme chez Kant.

...*Kantius de Leibnitio, ut ita dicam, bene meritus est,* écrit Boirac, *quod ejus doctrinam obscuram et ancipitem clariorem ac certiorem effecerit*... (*Op. cit.*, p. 60 [3].) Le double caractère du leibnizianisme est relevé de même par M. Blondel, qui parle de la « diplopie » leibnizienne devant le réel et le mental [4]. Höffding pareillement note que dans la notion de phénomène sont contenues deux relations, que Leibniz n'a pas bien vues : le phénomène *de quelque chose* et le phénomène *pour quelqu'un*, c'est-à-dire la manifestation

1. Cf. COUT., *Opusc.*, 174.

2. Cf. *ibid.*, 33, 591 et 593.

3. Sur les ressemblances et les dissemblances des doctrines de Leibniz et de Kant, voir dans MAINE DE BIRAN, *Exposition de la doctrine de Leibniz, Œuvres de Maine de Biran*, t. XI, la note des pp. 461-465.

4. Cf. *L'être et les êtres*, p. 439.

de la réalité et de la représentation du sujet [1] On trouve des observations semblables chez von Hartmann, Russell, Cassirer, Brunschvicg.

S'il est possible de rapprocher Leibniz et Kant, c'est que l'idéal leibnizien d'intelligibilité ne diffère pas absolument de celui de Kant, puisque l'apparition de l'idéalisme transcendantal requiert comme condition le passage du νοῦς au *Verstand* si apparent chez Leibniz déjà. Il est clair en effet que le problème kantien *objective an subjective* n'a aucun sens dans les doctrines où l'objet et le sujet n'ont rien de commun avec ceux qu'envisage Kant. Ce problème se pose lorsque l'objet de la pensée, n'étant plus l'Absolu même ou son reflet dans les choses, se définit par rapport à certains pouvoirs particuliers de la pensée. Il est nécessaire alors de se demander si les phénomènes de l'homme sont vraiment les choses mêmes, telles qu'elles sont indépendamment de l'homme. Les réponses idéaliste ou matérialiste à cette question ont chacune le tort de nier un aspect de la difficulté; l'idéalisme transcendantal au contraire ménage théoriquement le côté de l'objet comme celui du sujet, quoiqu'en fait il s'intéresse au seul phénomène et laisse à d'autres ou à personne le soin de s'occuper de la réalité véritable, qui pourtant seule suffit. (C'est pourquoi il est en somme si naturel de lui reprocher comme une contradiction d'avoir conservé l'x nouménal.)

Kant écrit exactement : « Leibniz prenait les phénomènes pour des choses en soi, par conséquent pour des *intelligibilia*, c'est-à-dire pour des objets de l'entendement pur (bien qu'il les désignât sous le nom de phénomènes, à cause de la confusion de leur représentation)... [2]. » L'apparence chez Leibniz appartient en effet à la réalité, alors que pour Kant elle appartient d'abord à la pensée. Or, le leibnizianisme procède en partie d'une critique nominaliste des formes substantielles : *...Omnia in rerum natura explicari posse, etsi universalibus et formalitatibus realibus prorsus careatur; qua sententia nihil verius, nihil nostri temporis philosopho dignius...* (*Dissertatio praeliminaris*, G. IV, 158.) Leibniz débutant avait devant l'esprit le prestige de Hobbes et du même Bacon qu'honora Kant; l'*Hypothesis physica nova*, dont la doctrine définitive retiendra tant de traits se présente comme *conjecturas quasdam...de faciliore ac simpliciore aliqua, quam passim tradi solet, causarum naturalium explicanda-*

1. Cf. *Histoire de la philosophie moderne*, t. I, p. 369.

2. *Crit. de la r. pure*, Analytique des principes, Appendice, p. 234; cf. *ibid.*, Esthétique transcendantale, Remarque générale, pp. 68-70.

rum hypothesi [1]; y sont cités Boyle et Hobbes, Gassendi et Descartes ; il y s'agit moins d'expliquer l'apparence par l'en soi, que les phénomènes par les phénomènes (*phaenomena ex phaenomenis*) [2].

Dans ces conditions, l'intelligibilité dont il s'agit est une intelligibilité de phénomène, et le monde se constitue en représentation proprement humaine, dépourvue de signification universelle. Puisque la pensée recherche en fait autre chose que le résultat ou le signe de la substance, la physique n'est plus l'image fidèle de l'harmonie universelle et de l'intelligence divine ; l'en soi doit glisser derrière le phénomène ; la science nouvelle, qui a ses exigences propres, absorbera en se développant l'attention de la pensée, et le phénomène bientôt subsistera seul. Si l'on compare Leibniz aux anciens, il faut dire que le phénomène et la substance représentent chez lui deux ordres d'intelligibilité en voie de se dissocier : à force de chercher la raison des phénomènes dans les phénomènes, la pensée se prendra à son propre jeu et ne verra plus dans le monde que des raisons phénoménales, s'interdisant ainsi toute connaissance véritable de l'univers, à moins qu'elle ne prétende épuiser de cette façon toutes nos possibilité de connaissance, l'univers étant réduit à la connaissance en nous de l'univers.

Le premier résultat de la science nouvelle fut de constituer la notion d'objet phénoménal. La réforme cartésienne ayant rendu possible la création d'une physique « intelligible », c'est-à-dire proportionnée à l'homme, le monde sensible acquérait ainsi une certaine autonomie par rapport aux principes métaphysiques considérés en eux-mêmes. La science moderne ayant en effet ses préoccupations propres et considérant le monde pour lui-même, le détache plus ou moins de son principe et le situe devant la pensée comme l'objet « phénoménal » de sa curiosité. De là l'importance nouvelle des vérités de fait, si marquée chez Leibniz.

...*Eo jam res rediit,* écrit Leibniz, *ut quod veteres vix votis attigisse videntur, primaria universi phaenomena per geometricam analysin ad simplicissima et clarissima intelligendi principia, id est optimam adeoque et verissimam... hypothesin reducta habeamus.* (Cout., *Opusc.,* 593.) Ainsi, pour Leibniz comme pour Cassirer et Brunschvicg, les temps nouveaux ont exaucé les vœux de l'antiquité en constituant la science à laquelle les anciens n'avaient fait qu'as-

1. Cf. G. IV, 180.
2. Cf. à Fabri, G. IV, 248.

pirer. Pourtant, si les modernes ont « réformé les sentiments de l'Ecole » en montrant « selon les lois de la nature corporelle » [1] qu'un corps ne saurait être mis en mouvement que par le mouvement d'un autre qui le pousse, ce n'est pas absolument qu'ils corrigeaient une erreur, mais simplement qu'ils considéraient les choses d'une autre façon, c'est-à-dire d'une façon plus « phénoménale ». L'intelligible scientifique est relatif à l'homme et le monde chez les modernes tend à se régler sur la pensée humaine. Au contraire, l'intelligible platonicien est Dieu ou son reflet dans le monde. Ce qui compte chez Platon, ce sont les principes en eux-mêmes ou les sources mêmes de l'existence ; ce qui intéresse le savant moderne, c'est le monde comme objet pour nous de représentation. Telle est la source d'un idéalisme moderne typique, situé aux antipodes de l'idéalisme platonicien. Le monde chez Kant est défini pour l'homme, et l'âme n'est que le *nexus* de ses représentations. Le monde chez Platon est défini en quelque sorte par Dieu, et l'âme en fait la *réalité* propre [2].

Le sens du mot phénomène a évolué dans l'histoire d'une façon remarquable. Chez Platon, le mot phénomène a un sens négatif : il désigne ce qui n'est pas l'être ou ce qui n'a pas de réalité véritable φαινόμενα, οὐ μέντοι ὄντα γέ που τῇ ἀληθείᾳ, *Rép.*, 596 e). Au contraire, à la Renaissance, le mot s'emploie dans un sens positif pour désigner l'objet de la physique nouvelle ; c'est ainsi un néologisme, qu'on écrit souvent en lettres grecques. Au XVIIIe siècle, l'habitude est bien prise, et le mot a souvent chez Wolff, par exemple, le même sens que chez l'abbé Nollet. A la fin du siècle enfin, achevant ce qui avait été commencé, Kant enseigne qu'il n'y a de science que du phénomène ; il s'oppose ainsi d'une façon parfaite au platonisme, pour qui il ne saurait y avoir de *science du phénomène,* si tant est que la rencontre de ces mots, à prendre les choses absolument, constitue une *contradictio in terminis.*

1. Cf. *Remarques sur le livre de l'origine du mal,* G. IV, 401-402.

2. C'est ce que veut dire Platon en affirmant que l'âme enveloppe le corps du monde (cf. *Timée,* 34 b et 36 d).

CHAPITRE IX

La substance

On passe des phénomènes à la substance en renversant la perspective, en considérant non plus les perceptions, mais les percevants.

Depuis Locke, la notion de substance a perdu beaucoup de son prestige. Ce n'est pas nécessairement que cette notion soit fausse, mais simplement que la pensée moderne en général s'intéresse à d'autres objets. Chez Leibniz, la substance est encore une des clés de la philosophie, puisqu'elle est au centre chez lui de la doctrine des corps, des esprits et de Dieu même [1].

Leibniz a souvent rappelé qu'en réintroduisant les formes substantielles, il s'est trouvé devant une obligation qui l'a surpris : *...Reddendis legum motus rationibus magna admiratione mea deprehendi usque adeo, ut legem compositionis geometricae conatuum, olim a juvene... defensam, denique deserere sim coactus...* (*De rerum originatione*, G. VII, 305 [2].) Sans doute, s'il parvint à la notion de force, qui est du ressort de la métaphysique, c'est comme malgré lui et à mesure qu'il approfondissait les principes de la mécanique et

1. Cf. *De primae philosophiae emendatione*, G. IV, 469 ; à Burnett, 20 (30) janvier 1699, G. III, 245 ; *Nouv. Ess.*, II, XIII, § 19, G. V, 137.

2. Cf. *Discours*, § IX ; à Arnauld, juin (14 juillet) 1686, G. II, 58 ; à Remond, 10 janvier 1714, G. III, 606.

qu'il cherchait à rendre raison des lois de la nature que l'expérience faisait connaître [1]. Mais c'est aussi qu'il demandait à la physique nouvelle plus qu'elle ne pouvait donner, ou qu'il l'abordait avec des préoccupations qui la dépassaient. En fait, l'intention apologétique de Leibniz se manifeste dès les premiers écrits et jusque dans la *Theoria motus abstracti*; on lit en effet dans la dédicace de cet ouvrage : *...Labyrinthum... continui... evolvisse, plurimum refert ad constituenda scientiarum fundamenta, confundendos scepticorum triumphos; ...hypothesin physicam per omnia congruentem elaborandam, et quod maximum est, de intima cogitationis natura et mentis perennitate et Causa prima demonstrationes plane geometricas hactenus intactas impetrandas.* (G. IV, 225.) L'antériorité de droit du point de vue métaphysique et la valeur universelle de ses principes, est bien marquée dans le passage du *Discours* qui précède la citation du *Phédon* : Leibniz y note en effet qu'il est déraisonnable d'introduire une intelligence souveraine comme ordonnatrice des choses, et puis, au lieu de faire appel à sa sagesse, de ne considérer que les propriétés de la matière pour expliquer les phénomènes [2]. Ainsi, l'approfondissement que Leibniz fit subir aux principes de la mécanique, ce n'est pas proprement la mécanique qui l'imposait, mais l'exigence métaphysique de raison.

L'objet de la pensée du sage, pour Leibniz, ce sont les êtres véritables, τὰ ὄντως ὄντα, ou les substances simples et non sujettes à la mort, qu'il appelle monades ; ce sont les πρῶτα δέκτικα τῆς ζωῆς, c'est-à-dire Dieu et les âmes [3].

Si les substances sont principes de vie, la définition cartésienne ne leur convient pas, d'après laquelle est substance ce qui est conçu par soi. Au fond, Dieu seul peut être conçu comme indépendant d'autre chose. La substance n'est donc pas un être par soi, mais un être en soi : elle est le sujet de certains prédicats et la source de certaines opérations. Il faut revenir à la notion classique : *actiones sunt suppositorum* [4].

Ces remarques sont valables contre l'occasionnalisme et contre le spinozisme. Contre l'occasionnalisme, elles conduisent à admettre,

1. Cf. *Système nouveau*, G. IV, 478.

2. Cf. § XIX.

3. Cf. à Hansch, *De enthus. Platon.*, 25 juillet 1707, DUT., II, 1, 223.

4. Cf. *Examen des principes du R. P. Malebranche*, DUT., II, 1, 203 ; *Discours*, VIII. Cf. ARISTOTE, *Metaphys.*, V, 1017 b 10-25 ; VII, 1038 b 10 ; etc.

on s'en souvient, que le principe du mouvement, ou la force, est dans le corps et que, si Dieu le produit continuellement, c'est toujours dans le corps qu'il le produit. En créant les choses, Dieu leur a laissé quelque impression permanente; la volonté de Dieu a été assez efficace pour affecter les choses et produire en elles un effet durable. Il est contraire à la notion de la puissance et de la volonté de Dieu, qu'en voulant Dieu ne produise ni ne change rien, qu'il agisse toujours et n'effectue rien. Il faut donc admettre que l'ordre décrété par Dieu a laissé dans les choses quelque empreinte et que les choses ont été rendues capables d'accomplir la volonté de Dieu. Il y a donc en elles une certaine efficacité naturelle, *formam vel vim* [1].

On ne peut mettre en doute, continue Leibniz, que l'esprit pense et veut, qu'il y a en nous beaucoup de pensées et de volitions que nous tirions de nous-mêmes : notre conscience atteste que c'est bien nous-mêmes qui éprouvons ces sentiments. Les modifications qu'on attribue aux âmes et que nous sentons dans la nôtre, ne sauraient être les modifications de Dieu; nous ne saurions nous refuser à nous-mêmes nos actions internes. Si donc nous attribuons à notre âme la vertu interne de produire des actions immanentes ou d'agir de façon immanente, rien n'empêche de placer la même force dans les autres êtres animés ou formes [2].

Comment d'ailleurs peut-on recourir dans une matière particulière à la cause générale ? C'est là faire venir *Deum ex machina* et accueillir un miracle, et même un miracle perpétuel, comme si Dieu à tout moment changeait le cours des pensées pour les faire correspondre au mouvement des corps et *vice versa*. Leibniz admet sans doute que Dieu règle les esprits à l'occasion des corps et réciproquement, mais il ajoute que cet ordre a été établi une fois pour toutes, Dieu ne faisant plus que maintenir les substances dans leur train. Dieu a réglé les choses à l'origine de sorte qu'elles conspirent entre elles suivant les lois et forces qu'il allait leur donner. En un mot, il n'y a pas de vérité naturelle dans les choses, dont la raison doive être tirée immédiatement de l'action ou de la volonté divines, et si la doctrine de la création continuée est vraie, c'est en ce sens que Dieu crée continuellement dans les choses leur être propre et leur pouvoir propre d'agir [3].

---

1. Cf. à Basnage, G. III, 94; *De ipsa natura*, §§ 5-10, G. IV, 506-511; *Considérations sur la doctrine*, G. VI, 538.
2. Cf. *Examen des principes du R. P. Malebranche*, DUT., II, 1, 209; *De ipsa natura*, § 10, G. IV, 510.
3. Cf. *Système nouveau*, G. IV, 483; à Arnauld, juin (14 juillet) 1686, G. II, 57-58; au même, 30 avril 1687, G. II, 91 sqq; *Specimen dynamicum*, DUT., III, 321, etc.

Le propre de la substance est d'agir. C'est là une proposition réciproque : tout ce qui agit est une substance particulière. L'univers pouvait être constitué d'une infinité de façons ; la meilleure prévalut. Mais l'activité de la substance est plutôt d'une nécessité métaphysique et devait trouver place dans n'importe quel univers. Le corps lui-même ne se trouve jamais dans un repos absolu : l'arc tendu semble ne pas agir ; en réalité, même immobile, il exerce un effort considérable ; or tout effort est action. Ainsi, la pensée est une action essentielle et toutes les substances ont en elles quelque chose d'analogue [1]. *Anima... est aliquid vitale seu continens vim activam.* (F. de C., *Réfutation inédite,* p. 46.)

Faute d'avoir considéré cela, l'occasionnalisme conduit au spinozisme. Leibniz n'a garde d'imputer le sentiment de Spinoza aux philosophes cartésiens, mais il demande la permission de marquer les conséquences de cette opinion. Selon lui, ceux qui dépouillent les créatures de toute puissance et de toute action, tombent malgré eux dans le sentiment de Spinoza pour qui Dieu est la substance unique et les créatures des accidents ou des modifications de Dieu ; il semble que Spinoza a poussé jusqu'au bout la doctrine des causes occasionnelles. D'ailleurs, si Leibniz s'attribue le droit de montrer ce danger, c'est qu'il apporte le moyen de l'éviter : le système de l'harmonie préétablie est en effet, dit-il, le plus capable de guérir ce mal, car il montre qu'il y a autant de substances toutes distinguées qu'il y a de monades, et que les choses agissent d'elles-mêmes, quoiqu'elles aient reçu de Dieu leur pouvoir d'agir. C'est par les monades que le spinozisme est détruit [2].

Puisqu'il y a quantité d'actions et de passions particulières, qui ne sauraient être attribuées à un même sujet, il est raisonnable de penser qu'outre Dieu, qui est l'actif suprême, il y a quantité d'actifs particuliers. Il y a des degrés en toutes choses, il y en aura donc dans l'activité et il convient de faire figurer « avec chaque portion particulière de la matière des formes particulières, c'est-à-dire des âmes et esprits, qui y conviennent » [3]. Ces âmes ou monades, fondant la réalité de l'univers, dureront autant que lui.

---

1. Cf. *De ipsa natura*, § 9, G. IV, 509 ; à de Volder, 24 mars (3 avril) 1699, G. II, 169 ; G. VII, 326 ; *Nouv. Ess.*, II, XXIX, § 4, G. V, 148.

2. Cf. *Addition à l'explication*, G. IV, 590 ; *Théod.*, Discours préliminaire, § 10, G. VI, 56 ; à Bourguet, décembre 1714, G. III, 575 ; G. VI, 625 ; F. DE C., *Réfutation inédite*, p. 36 ; *à Hoffmann*, 27 septembre 1699, DUT., II, 1, 620.

3. Cf. *Considérations sur la doctrine*, G. VI, 537.

L'âme n'est donc pas une partie, mais une image de la divinité. Leibniz écrit de l'âme humaine : *Mens non pars est, sed simulachrum divinitatis, repraesentativum universi, civis divinae monarchiae.* (A Hansch, *De enthus. Platon.*, 25 juillet 1707, Dut., II, 1, 225.) Les esprits sont les unités principales du monde, les images les plus proches de l'être premier (*proximaque simulacra entis primi*) [1].

En défendant contre les philosophes cartésiens la multitude des substances composant l'univers, Leibniz s'inspire évidemment des doctrines reçues. Outre l'être premier, il existait une multitude d'êtres imparfaits, cette multiplicité ne portant pas en Dieu quelque imperfection, puisqu'elle avait sa cause dans l'incapacité des êtres dérivés de reproduire la perfection divine. Telle était la doctrine de saint Thomas et celle des théologies antérieures, pour lesquelles l'apparition du multiple n'affectait pas la perfection de l'Un.

De même, Platon et Aristote ont fait de l'âme un principe de vie et lui ont donné l'autocinésie ou la spontanéité, dispersant la vie dans tout l'univers. Toute âme, pour Platon, est aussi durable que l'univers, puisqu'elle est le principe de la vie de l'univers : si l'âme était anéantie, dit-il, le ciel entier et la vie s'effondreraient dans l'immobilité (πάντα τε οὐρανὸν πᾶσάν τε γένεσιν συμπεσοῦσαν στῆναι, *Phèdre,* 245 e).

On peut énumérer quantité d'expressions — nous en avons déjà relevé plusieurs — que Leibniz hérite du passé (particulièrement du passé platonicien), et dont il se sert pour désigner Dieu, l'âme, et leurs rapports.

Selon Leibniz, il faut dire de l'âme qu'elle est une unité véritable. Toute multitude suppose de véritables unités, et sans les véritables unités, il n'y aurait point de multitude. Or, il est manifeste que ces unités ne sauraient être de la matière, autrement elles seraient encore des multitudes et nullement des unités véritables et pures, telles qu'il en faut pour faire une multitude [2]. Dans un fragment allemand publié par Stein, Leibniz écrit : « ...Comme tous les nombres se composent de un et de un, de mêmes les multitudes se composent d'unités. Ainsi les unités sont les véritables racines et le

1. Cf. G. VII, 291.

2. Cf. à l'électrice Sophie, 12 juin 1700, G. VII, 552; *Système nouveau*, G. IV, 483.

siège de tout être, de toute force et de toute perception, et c'est en cela que consistent les âmes [1]. »

Saint Augustin, après de plus anciens que lui, avait noté qu'il n'y a pas dans le corps de véritable unité : *Unum vero quisquis verissime cogitat, profecto invenit corporis sensibus non posse sentiri. Quidquid enim tali sensu attingitur, jam non unum, sed multa esse convincitur : corpus est enim innumerabiles partes.* (*De libero arbitrio,* II, VII, 22, Migne, *Patr. lat.*, t. 32, col. 1252.) C'est en s'appuyant sur de tels textes que dans sa correspondance avec Leibniz, Arnauld conteste que de vraies unités puissent convenir aux corps. Selon lui, les corps sont, si l'on veut, des agrégés de substances, puisqu'il n'y a aucune partie en eux dont on puisse dire en parlant exactement que c'est une seule substance. Il peut être essentiel à la matière, qui est le plus imparfait de tous les êtres, de n'avoir point de vraie et propre unité et d'être toujours *plura entia,* et non proprement *unum ens;* il n'y a de vraies unités que dans les âmes [2].

A cela Leibniz répond que s'il y a des agrégés de substances, il faut qu'il y ait aussi de véritables substances dont tous les agrégés soient faits; le pluriel suppose le singulier, et là où il n'y a pas un être, il y aura encore moins plusieurs êtres [3]. Leibniz en effet ne parle pas, comme Arnauld, du corps en lui-même, mais de son principe interne ; avec saint Augustin et Arnauld, il admet que le corps n'a pas en lui-même une véritable unité. Il déclare simplement que le fondement de la nature corporelle est quelque chose de plus réel que le corps, c'est-à-dire la monade, qui est véritablement une.

S'il n'y avait qu'une seule unité, c'est-à-dire Dieu, il n'y aurait point de multitude dans la nature, et il serait seul [4]. Si les monades procèdent de Dieu comme les nombres procèdent de l'unité, il ne faut pas concevoir cette procession comme l'addition à elle-même de l'unité primitive : Dieu serait alors la matière des créatures. En réalité, dit Leibniz, les unités dérivées sont comme l'ombre de l'unité primitive qui les contient toutes, si nombreuses soient-elles, en sa transcendance [5].

---

1. *Leibniz und Spinoza,* p. 332.

3. Cf. note de Leibniz à la lettre d'Arnauld du 4 mars 1687, G. II, 87, note ; 1687, G. II, 106.

3. Cf. note de Leibniz à la lettre d'Arnauld du 4 mars 1687, G. II, 87, note ; Leibniz à Arnauld, avril (30 avril) 1687, G. II, 97.

4. Cf. à l'électrice Sophie, 30 novembre 1701, G. VII, 557.

5. Cf. G. III, 544.

De même chez les platoniciens et les penseurs apparentés, l'unité n'est pas un nombre, mais l'origine du nombre ; pour engendrer le nombre, l'unité ne se fragmente pas ni ne se multiplie : « ... Quand le nombre deux est engendré, écrit Plotin, l'unité (μόνας) antérieure au nombre deux existe toujours, et elle ne se réduit pas aux unités qui composent le nombre deux, ni à l'une des deux. Car pourquoi serait-elle l'une plutôt que l'autre ? Si elle n'est ni l'une ni l'autre, elle est cette unité supérieure subsistant en elle-même. » (V, 5, 4, trad. Bréhier, t. V, p. 96.) Les nombres sont composés d'unités, mais l'unité primitive n'est aucune d'entre elles : avant l'unité qu'on lie à une autre pour constituer le nombre, elle existe en elle-même [1].

On peut dire aussi des substances véritables qu'elles sont des centres ou des concentrations. Ce qui est dans l'unité n'est pas le matériel, mais l'espèce ou la représentation du matériel ; l'âme représente l'étendue sans avoir elle-même de l'étendue, comme l'infinité des rayons font des angles dans le centre, tout simple et indivisible qu'il soit [2].

Entre Dieu et les âmes, il y a cette différence que Dieu est le centre universel qui représente l'univers comme je verrais la ville d'une tour qui y est, alors que les âmes ne sont que des centres particuliers, comme je verrais la ville de côté [3]. Dieu en effet est le centre primitif dont tout le reste émane ; il est le centre original qui renferme et produit tout ; il est centre partout ; il est hors de rang [4].

On sait l'importance chez les anciens du cercle ou de la sphère. Ces figures désignaient, comme les nombres, le rapport du monde à Dieu. Macrobe, par exemple, rapproche clairement la signification du point de celle de l'unité primitive, qui contient les nombres sans être contenue par eux : *...Monas*, écrit-il, *punctum putatur, quia sicut punctum corpus non est, sed ex se facit corpora, ita monas numerus esse non dicitur sed origo numerorum.* (*Comm.*, II, II [5].) Le

---

1. Cf. *Enn.*, V, 6, 4 ; *ibid.*, p. 116.

2. Cf. à l'électrice Sophie, 12 juin 1700, G. VII, 554 ; à la même, 6 février 1706, G. VII, 566 ; *Réponse aux réflexions*, G. IV, 562 ; *Principes*, § 2.

3. Cf. à l'électrice Sophie, G. VII, 556. Le texte porte peut-être à tort : « ...d'une cour qui y est ». Cf. en effet à Thomasius, 20 (30) avril 1669, Pr. Ak., II, I, 18, 12 ; KABITZ, *Die Philosophie des jungen Leibniz*, p. 141 ; etc.

4. Cf. *Extrait du Dictionnaire*, G. IV, 553 ; à l'électrice Sophie, 6 février 1706, G. VII, 566 ; *Principes*, § 13 ; JAGODINSKY, *Leibnitiana*, p. 32.

5. Lipsiae, 1893, p. 588.

mouvement circulaire autour d'un centre immobile pouvait désigner la dépendance du monde par rapport à l'intelligence, et l'indépendance de celle-ci par rapport au monde [1]. Ζεὺς μέσσα, disent les hymnes orphiques [2]. Plotin développe cette image avec précision : « Le centre n'est point les rayons, dit-il, ni le cercle ; il est leur père et il leur donne une trace de lui-même...[3] » Ailleurs il parle d'une multitude de centres autour du centre primitif [4].

L'image se retrouve chez les chrétiens et s'applique à l'âme ou à Dieu. Dans le *De ordine*, saint Augustin montre comment l'âme ne peut comprendre la beauté de l'univers qu'au moment où, rendue à elle-même, elle se saisit dans sa propre unité ; tant qu'elle recherche la multitude des choses sensibles, elle souffre de sa propre indigence dans la mesure où elle s'éloigne davantage de l'unité. Ainsi dans le cercle, ajoute-t-il, il y a un point où tout converge, le centre, qui commande et mesure la circonférence ; quitter le centre, c'est tout perdre. L'âme est ce centre [5]. Au chapitre XIX du *Proslogion*, intitulé : *Quod non sit in loco aut tempore, sed omnia sint in illo*, saint Anselme écrit : *...Tu autem, licet nihil sit sine te, non es tamen in loco aut tempore, sed omnia sunt in te ; nihil enim te continet, sed tu contines omnia.* (Migne, *Patr. lat.*, t. 158, col. 237.)

En tant qu'origine du monde, Dieu, comme l'âme d'ailleurs au rang qui lui est propre, peut encore être appelé source [6]. Il est la source des existences par sa volonté et la source des essences par son entendement. Il est la source de tous les biens et la connaissance doit dépendre de lui comme en dépend l'être : la philosophie doit faire couler ses ruisseaux de la fontaine des attributs de Dieu.

Les mots « émaner » et « émanation » se rapportent à cette image. Leibniz écrit volontiers : « la souveraine substance de qui tout émane », ou bien : « le centre primitif dont tout le reste émane » [7]. Les substances étant les résultats des vues de Dieu sur l'univers, il est

---

1. Cf. ARISTOTE, *Phys.*, VIII, 265 a-b ; PLOTIN, *Enn.*, VI, 5, 11 ; CÉSALPIN, *Questions péripatéticiennes*, trad. M. Dorolle, pp. 131-136.

2. Dans APULÉE, *De mundo, sub finem.*

3. Cf. VI, 8, 18, t. VI, 2, p. 157.

4. Cf. VI, 5, 5.

5. Cf. I, II, 3.

6. Cf. à Elisabeth, 1678, Pr. Ak., II, I, 434, 30 ; *Extrait du Dictionnaire*, G. IV, 553 ; *Monadol.* § 43 ; etc.

7. Cf. à Bayle, G. III, 72 ; *Extrait du Dictionnaire*, G. IV, 553.

possible de dire qu'elles dépendent de Dieu « comme les pensées émanent de notre substance » [1]. Leibniz précise cependant qu'il s'agit bien d'une production — ainsi à la première page du *Systema theologicum* le mot *emanatio* est changé en *productio* [2] — et qu'il n'est pas question d'un processus nécessaire géométriquement : *neque ex Dei essentia neque necessario* [3].

A un niveau inférieur, celui des monades, les substances sont les sources de toute force et de toute perception. Il faut en effet qu'il y ait de la perception dans les substances simples, car sans cela, il n'y aurait point de vie dans tout ce qui en est formé [4].

A cette image ancienne de la source, Leibniz en ajoute d'autres de même origine. Il écrit par exemple que la divinité représente l'univers de source, en sorte que l'univers est tel qu'elle le fait, et s'accommode à elle qui en est le « germe » ou l'origine [5]. Il dit que Dieu est la « racine » de la possibilité et la « racine » de l'existence [6]. Du principe qui reste immobile en lui-même, dit Plotin, procède la multiplicité des êtres comme d'une racine qui reste fixée en elle-même; quoique cette floraison soit multiple et divisée, chaque être porte l'image du principe unique [7].

Mais l'image la plus importante chez Leibniz, et sans doute aussi précédemment, c'est celle qui fait de la substance un miroir et de Dieu une lumière.

Condillac, notant que chez Leibniz c'est une suite de l'harmonie préétablie que chaque monade représente l'univers, nie cette conséquence; un côté d'un triangle, dit-il, a des rapports aux deux autres côtés et aux trois angles; si l'on en concluait que le côté représente la grandeur des deux autres et la valeur de chaque angle en particulier, on verrait sensiblement le faux de cette conséquence [8]. Condillac se trompe : la monade ne représente pas l'univers comme l'atome par sa position exprime l'état du monde. La monade est une

1. Cf. *Discours*, §§ XIV et XXXII.
2. Cf. éd. Lacroix, p. 2, note.
3. Cf. *Causa Dei*, § 9, G. VI, 440; cf. *Théod.*, § 385, G. VI, 343.
4. Cf. à l'électrice Sophie, 12 juin 1700, G. VII, 552.
5. Cf. à la même, 16 juin 1700, G. VII, 556.
6. Cf. *Specimen inventionum*, G. VII, 311; *De rerum origin.*, G. VII, 303.
7. Cf. III, 3, 7.
8. Cf. *Traité des systèmes*, pp. 200-201.

âme ; elle est en quelque façon le monde tout entier ; elle en constitue la réalité, liant le présent au passé et préparant l'avenir. Un monde constitué de particules matérielles est une pure imagination : en réalité l'univers est l'objet des perceptions d'une multitude innombrable d'âmes. Comme un peintre qui veut représenter les divers aspects d'une ville, ainsi fit Dieu en multipliant le nombre des âmes : ...*Pictor in tabula, ut Deus in mente.* (Cout., *Opusc.*, 10 [1].) Alors que Dieu représente l'univers de source, les âmes représentent les choses après coup ; elles ne sont pas Dieu, mais des images de Dieu.

Du centre primitif qui est Dieu, partent les rayons qui vont constituer et conserver les miroirs des âmes et en faire autant de points de vue ou de centres dérivés. Toutes les monades créées sont des productions de l'unité primitive et « naissent pour ainsi dire par des fulgurations continuelles de la divinité » [2]. ...*Conservationem divinam esse continuatam creationem, ut radius continue a sole prodit...* (*Causa Dei*, § 9, G. VI, 440.)

Puisque les sens et les inductions ne sauraient nous apprendre les vérités tout à fait universelles ni ce qui est absolument nécessaire, il s'ensuit que nous avons tiré ces vérités de nous-mêmes et qu'il y a une lumière née avec nous. « Dieu est le soleil et la lumière des âmes, *lumen illuminans omnem hominem venientem in hunc mundum...* » (Discours, § XXVIII.) C'est pourquoi, nous ressemblons en diminutif à la divinité tant par la connaissance de l'ordre du monde que par l'ordonnance que nous donnons aux choses qui sont à notre portée, à l'imitation de l'ordre que Dieu établit dans le monde [3]. Parmi les créatures, les âmes raisonnables sont privilégiées : il leur est donné de connaître et d'imiter Dieu ; elles peuvent servir Dieu librement et agir avec connaissance à l'imitation de la nature divine [4], en prenant l'exemple sur l'Architecte de l'univers ou *Deus geometrisans* [5].

Dieu tire infiniment plus de gloire des âmes raisonnables que du reste des êtres, qui ne sont là que pour donner aux esprits l'occasion de glorifier Dieu [6] ; c'est à elles qu'il convient proprement d'être appelées images de Dieu.

1. Cf. PLATON, *Timée*, 55 c : διαζωγραφῶν.
2. Cf. *Monadol.*, § 47.
3. Cf. *Lettre sur ce qui passe les sens et la matière*, G. VI, 496-497 ; *Théod.*, § 147, G. VI, 197.
4. Cf. *Discours*, §§ XXXVI et XII.
5. Cf. *Hypothesis physica nova*, G. IV, 216 ; *Principes*, § 14.
6. Cf. *Discours*, § XXXVI ; *Système nouveau*, G. IV, 485.

Les figures que nous avons relevées ne s'excluent pas mais se complètent : Prudence dit de Dieu qu'il est la « Source ignée » des âmes [1]. Ces images d'autre part ne sont pas en elles-mêmes des raisons. En les utilisant, l'intelligence les transforme. Boèce, notant que les rayons du soleil sont incapables de pénétrer les profondeurs de la terre et de l'océan, ajoute que du ciel le regard de Dieu au contraire n'est arrêté par aucun écran ni même par l'obscurité de la nuit :

Quem, quia respicit omnia solus,
Verum possis dicere solem.

(*Cons. philos.*, V, metr. II.)

Comme on le voit par cet exemple, le rôle de l'image est de s'effacer devant l'intuition intellectuelle qu'elle sert. L'intuition cherche en elle l'occasion de saisir les réalités métaphysiques trop élevées et trop riches pour être saisies en termes abstraits. Elle connaît donc avec l'image quoique infiniment au-dessus d'elle.

Qu'il y ait des images favorisant la connaissance des vérités métaphysiques, ce n'est pas sans doute un hasard. Mais l'idée est en tout cas antérieure de droit à l'expérience sensible ; c'est elle qui choisit dans cette expérience les circonstances qui peuvent soutenir son effort, et c'est dans cette utilisation et cette transformation de la sensation que consistent véritablement la connaissance et le rachat du sensible.

***

Mais ces images ne comportent pas chez Leibniz la même signification qu'auparavant. On le comprendra en examinant la doctrine de l'âme sans fenêtres, qui peut être considérée à certains égards comme une nouveauté.

Remarquons d'abord que cette théorie n'est pas sans rapport avec la conception nouvelle de la matière comme étendue. Les corps en effet pour la philosophie moderne étant des machines, il devenait très difficile de concevoir les rapports qu'ils entretenaient avec les âmes ; de là le dualisme cartésien de la chose étendue et de la chose pensante. Comme Leibniz refuse autant que Descartes à toute machine et à toute variation matérielle le pouvoir de faire naître une perception, et comme en outre il nie que de la perception puisse naître

1. *Lib. cathem.*, X, 1.

un changement de vitesse ou de direction dans les esprits animaux et dans les autres corps quelque subtils ou grossiers qu'ils puissent être, il est obligé d'avouer qu'il ne voit aucun moyen de concevoir l'action de l'âme sur la matière ou de la matière sur l'âme [1]. Ce n'est pas seulement l'idée générale que l'expérience sensible ne peut nous donner, mais c'est aussi la sensation. L'âme a-t-elle des fenêtres, demande Leibniz, ressemble-t-elle à des tablettes ? Il est vrai que les choses matérielles qui nous entourent, pénètrent en nous des organes extérieurs aux organes intérieurs, tels que le cerveau et les esprits ou les fluides subtils qui y sont enfermés. Mais la machine ne touche pas l'âme même; le matériel ne saurait entrer dans une véritable unité qui n'a ni trou ni porte; autrement ce ne serait pas une unité, mais un composé ou une multitude [2].

Il est donc vain, selon Leibniz, de nous figurer que les sensations nous viennent par l'influence des espèces. L'âme est la source de ses phénomènes, de sorte que tout se fait dans l'âme comme s'il n'y avait point de corps. Tout naît à l'âme de son propre fonds par une parfaite spontanéité à l'égard d'elle-même et pourtant avec une parfaite harmonie à l'égard des choses du dehors. L'âme est une « tendance réglée » de laquelle doit naître spontanément la série des phénomènes représentant les fonctions de son corps, tout comme si le corps les lui donnait par l'influence des espèces. Certes les influences des choses extérieures nous détournent souvent de notre chemin et l'on a pu croire qu'à cet égard au moins une partie des principes de nos actions étaient hors de nous; mais quand il s'agit de s'expliquer exactement, il faut maintenir que notre spontanéité ne souffre pas d'exception et que les choses extérieures n'ont point d'influence physique sur nous. Qu'on ne dise pas que le corps ainsi est inutile; car si Dieu n'a pas besoin du corps, absolument parlant, pour donner à l'âme les sentiments qu'elle a, il en a besoin pour agir dans l'ordre de la nature qu'il a établi, ayant donné à l'âme dès le commencement et une fois pour toutes cette force ou tendance qui la fait exprimer son corps. Ainsi s'expliquent les rapports de l'âme et du corps et en général les rapports des substances entre elles [3].

1. Cf. à Lady Masham, commencement de mai 1704, G. III, 340-341.

2. Cf. *Nouv. Ess.*, II, I, § 2, G. V, 111; à l'électrice Sophie, 12 juin 1700, G. VII, 554. Cf. A. VINET, *Philosophie morale et sociale*, t. I, pp. 123-136.

3. Cf. *Discours*, § XVI; *Système nouveau*, G. IV, 483-484 et 486; *Remarques sur les objections de M. Foucher*, G. IV, 493. *Réponses aux réflexions*, G. IV, 560; *Addition à l'explication*, G. IV, 573-574; *Théod.* § 290, G. VI, 289; à Bourguet, 22 mars 1714, G. III, 566-567; *Principes*, § 3.

Il est possible d'autre part de rattacher la doctrine de l'âme sans fenêtres au logicisme et au mathématisme leibniziens [1]. On sait qu'en matière scolastique, Leibniz s'inspire en particulier de l'école scotiste. Il voit donc dans l'individu une entité intelligible et en fait une notion non pas formellement identique à Dieu comme dans le platonisme pur [2], mais définie par rapport à l'univers choisi par Dieu. Il ne suffit pas, selon lui, de dire avec Descartes que je suis un être pensant ; cela n'est pas assez déterminé pour être réel. Il faut dire encore que je suis tel être particulier doué de pensée. La substance doit être une notion complète, accomplie, parfaite ou pleine, qui comprenne tous les prédicats qui lui sont attribuables, qu'il s'agisse d'événements futurs ou passés. La susbtance se définit donc par l'ensemble de ses prédicats ou par l'image de l'univers qui est en elle. Et Leibniz conclut de là que l'ensemble des prédicats qui appartiennent à un sujet substantiel forme avec lui une totalité fermée, et que l'individualité consiste dans la loi perpétuelle qui fait la suite de ses perceptions, lesquelles naissent naturellement les unes des autres sans que la substance ait besoin de recevoir une influence physique de l'extérieur.

Mais il est évident que la doctrine de la spontanéité de l'âme jusque dans ses sensations actuelles ne s'imposait pas aux philosophes précartésiens puisque le corps pour eux n'était point une machine ; le corps, comme toute chose, tenait sa réalité de la forme et se trouvait ainsi en contact possible avec l'âme. Il s'agissait non pas de l'influence de la matière étendue et machinale sur une âme immatérielle, mais de l'action sur l'âme de formes sensibles dépouillées de matière [3]. Dans la perception sensible actuelle, l'âme n'était donc pas dépourvue de fenêtres ou fermée sur elle-même.

D'autre part, si l'individu pouvait se définir par rapport à ses prédicats, tels que Dieu dans sa prescience les connaît, il ne s'ensuivait point que l'âme produisait elle-même toutes ses affections ;

---

1. H. SCHMALENBACH invoque l'« arithmétisme » et, un peu paradoxalement, le calvinisme leibniziens.

2. Il est possible d'accorder en platonisme, à condition de bien s'entendre, qu'il y a des idées des individus. Cf. PLOTIN, *Enn.*, V, 7, 1 ; et saint AUGUSTIN, *Epist.*, XIV, 4, MIGNE, *Patr. lat.*, t. 33, col. 80.

3. Cf. ARISTOTE, *De anima*, II, 12, 424 a 15-25.

car Dieu la prévoyait non seulement comme active, mais aussi comme passive. D'ailleurs l'âme, comme élément du composé qu'elle forme avec le corps, et comme âme particulière parmi d'autres, n'est pas l'unique raison de ses perceptions. Et puisque les êtres du monde ne sont pas Dieu, ils sont imparfaits, se limitent et se complètent et ne peuvent subsister sans l'aide ou l'obstacle qu'ils s'apportent les uns aux autres. L'insuffisance de fait d'un être exige l'action effective sur lui des autres êtres et c'est dans ces rapports réciproques que consiste l'univers.

La doctrine leibnizienne présente donc l'inconvénient de fermer sur lui-même et d'ériger en absolu un être incomplet. En supprimant ainsi l'influence effective des êtres les uns sur les autres, elle fait du monde une représentation et il semble que nous perdions par là le bénéfice de la doctrine du phénomène d'après laquelle les corps sont fondés en réalité dans les substances simples. Que veut dire en effet cette doctrine si la perception des corps n'est pas réelle ? S'il existe d'autres êtres, ne faut-il pas que la perception que nous en avons soit réelle [1] ? Une multitude de monades extérieures les unes aux autres ne rend pas suffisamment compte de la réalité objective, puisque l'interaction ne peut se concevoir dans l'extériorité absolue [2]. Il suit que les monades sans fenêtres nous situent assez près de l'idéalisme moderne.

En réalité la connaissance ordinaire du monde suppose une réaction sous l'influence de l'objet, et l'autonomie parfaite de l'âme ne peut se situer à ce niveau. L'autonomie existe sur le plan de l'intelligence dont l'âme ne conserve que le souvenir depuis le temps où elle faisait partie du cortège divin (θεῷ ξυνοπαδὸς γενομένη, *Phèdre,* 248 c) et où elle connaissait le lieu qui est au delà de l'univers (τὸν ὑπερουράνιον τόπον, *ibid.* 247 c) et l'être véritable (ἡ οὐσία ὄντως οὖσα, τἀληθῆ, ὅ ἐστιν ὂν ὄντως, τὰ ὄντα ὄντως, *ibid.* 247 c-e). Seule l'âme revenue à Dieu est sans fenêtres et parfaitement autonome.

Entre notre état actuel et la ressemblance à Dieu [3], il y a toute la distance où l'homme présentement se trouve de Dieu. Saint Au-

1. Cf. P. HAEBERLIN, *Anthropologie philosophique,* pp. 1-2.

2. Cf. la doctrine de N. LOSSKY ; si favorable à Leibniz, elle s'oppose cependant à la théorie de l'âme sans fenêtres au nom de l'interaction des âmes.

3. Sur l'image et la ressemblance, voir J. DANIÉLOU, *Platonisme et théologie mystique,* et V. LOSSKY, *Essai sur la théologie mystique de l'Eglise d'Orient.*

gustin, au début de sa carrière, se sentait loin de Dieu dans la « région de la dissemblance », et la voix de Dieu semblait lui dire : « Je suis la nourriture des adultes : croîs et tu me mangeras; mais tu ne me changeras pas en toi comme l'aliment de ta chair, c'est toi qui seras changé en moi. » (*Conf.*, VII, X, 16.) Leibniz d'ailleurs parle aussi des « traces de l'image divine qui nous sont restées de l'état d'innocence » (*reliquias imaginis divinae ex statu integritatis* [1]) ; mieux, pour un auteur qui raillait sa comparaison de l'âme avec le miroir, il écrit ceci : « Ce miroir fournit une expression figurée, mais assez convenable et employée déjà par les philosophes et par les théologiens, quand ils ont parlé d'un miroir infiniment plus parfait, à savoir du *miroir de la divinité*, qu'ils faisaient l'objet de la vision béatifique. » (G. VI, 626 [2].) Mais Leibniz n'en considère pas moins n'importe quelle âme (et non seulement les âmes des bienheureux) comme indépendantes de toute influence hormis celle de Dieu ; il ajoute que nos sciences modernes, dans les vérités qu'elles atteignent et dans les opérations auxquelles elles conduisent, sont déjà des imitations de Dieu. En réalité, notre âme n'est qu'en puissance la ressemblance de Dieu ; l'homme n'imite Dieu par ses gestes situés dans le temps, qu'au moment où le principe immédiat de son action est en dehors du temps ; la connaissance des choses selon la mesure, le poids et le nombre que Dieu leur a donnés, suppose la connaissance de Celui qui est lui-même Mesure et Nombre. Comment connaîtrait-on l'accord des choses sensibles avec les intelligibles sans connaître les intelligibles ?

C'est aux intelligences qu'il appartient d'être des unités suffisantes et sans fenêtres, car chacune d'elles en vertu de sa perfection est un tout véritable et enveloppe toutes les autres ; chacune possédant tout n'a besoin ni de recevoir ni de donner et il n'y a pas de connaissance au-dessus d'elle. Les âmes au contraire se définissent par rapport à quelque chose qui dépasse leur condition propre. La ψυχή, qui n'est qu'un reflet du νοῦς ou l'image amoindrie de sa réalité, ne

1. Cf. *Causa Dei*, § 74, G. VI, 540.

2. Dans le *Philosophus autodidactus* approuvé par Leibniz et déjà cité, on lit qu'à la différence de la pierre, de la plante ou de l'animal, qui ne réfléchissent pas Dieu ou le réfléchissent imparfaitement, l'homme est une image de Dieu véritable : *...Speculis illis assimilatur, quae in se lumen reflectunt, et caetera comburunt.* A quoi l'auteur ajoute que cela n'arrive que chez les prophètes : *hoc autem non accidit nisi prophetis.* (Pp. 36-39.)

peut trouver en elle la perfection de la connaissance. Sa vie ne se suffit pas (αὐτάρκης), elle n'a pas la vie complète (τελείαν ζωήν) que donne l'intelligence véritable (νοῦν ἀληθινόν) [1].

Les âmes leibniziennes appartiennent au monde changeant, alors que Dieu est l'Etre véritable et suffisant. Du ciel et de la terre sensibles, il faut dire qu'en comparaison avec Dieu, ils ne sont pas : *...Mutantur enim atque variantur... Nec ita pulchra sunt nec ita bona sunt nec ita sunt, sicut tu conditor eorum, quo comparato nec pulchra sunt nec bona sunt nec sunt.* (Saint Augustin, *Conf.*, XI, IV, 6.) Les êtres du monde ne restent jamais identiques à eux-mêmes, ils ne participent jamais pleinement à l'être : *tendunt esse*, c'est tout ce qu'ils peuvent faire [2]. Selon saint Augustin, l'*esse* convient à Dieu seul [3]; lui seul est fermé sur lui-même parce qu'il est ouvert à tout, et lui seul est à lui-même un principe suffisant. Quant à l'univers, il est l'existence, ou le résultat — Cicéron écrit : *ex quo existet ut*, dans le sens : « d'où il résultera que » [4] — qui sous aucun de ses aspects ne peut être considéré comme suffisant.

Il faut donc distinguer l'Etre, qui est pure activité, et les existences agissantes, qui ne sont pas fermées sur elles-mêmes. Il est nécessaire de placer dans le monde des êtres doués de vie et de sentiment ; mais cette vie, loin d'être logée en une multitude de petits dieux constituant chacun un univers propre, apparaît au contraire dans des êtres imparfaits, qui ne cessent de se transformer et qui sont incapables, dirait-on, de se saisir véritablement. Le propre de ces êtres, c'est de n'être pas vraiment, puisqu'ils changent continuellement et ne savent jamais ce qu'ils sont; c'est de rechercher l'influence des choses extérieures pour compenser leur insuffisance propre, c'est d'avoir des fenêtres sur ce qui les entoure. Mais lorsqu'ils réfléchissent sur eux-mêmes et recherchent le centre de leur être, présent en eux, quoique eux ne soient point présents en lui, ils voient que l'existence dérive et diffère de l'être, que l'existence n'est que le reflet, l'ombre ou la trace de l'être, et se mettant sur cette voie à sa poursuite, ils découvrent une autre vie, qui est la vie de l'âme au-

1. Cf. PLOTIN, *Enn.*, I, 4, 4.

2. Cf. *Solil.*, I, I, 2. Voir É. GILSON, *Introduction à l'étude de saint Augustin*, pp. 27-28.

3. A quoi correspond l'affirmation thomiste (analogue et non identique) que l'*esse* de Dieu n'est pas celui de la créature.

4. Cf. *De fato*, IX, 18.

près de Dieu et la vie de l'Etre, qui seule est d'elle-même le principe unique et suffisant.

Quand l'homme ordinaire ou extérieur agit, s'efforce et veut, ses actes sont bien de lui et à lui. Ce serait folie (Leibniz l'affirme avec raison) de dire qu'au moment où il délibère entre le bien et le mal, c'est Dieu qui délibère en lui et se sent tel individu sollicité par telles tendances contraires. Les actes de cet homme lui appartiennent en propre parce que ce sont les actes d'un moi borné, limité à certains desseins. Mais ce qui fonde le pouvoir d'agir qui se trouve en cet homme, ce qui fait la réalité et le dessein dernier de ses actes, cet homme l'ignore complètement : il est dans l'existence, mais au-dessus il y a l'Etre, où ces questions trouvent leur réponse. Ainsi le monde est peuplé de vies, mais ce n'est pas la Vie proprement dite ; Dieu seul agit véritablement, mais il ne s'ensuit pas que Dieu agit en nous selon le bien et le mal : Dieu ignore le mal et nous ignorons qui nous sommes. Nous ne savons rien de l'existence, si ce n'est que Dieu nous a prêté ce que nous désignons par ce mot. L'action de l'homme appartient donc à l'homme et l'homme se sent responsable, quoiqu'il soit incapable de déterminer sur le terrain de l'expérience ordinaire en quoi consiste sa vraie nature d'homme.

Il y a bien en moi un certain pouvoir d'agir, une certaine volonté, un certain « moi » ; mais tout cela, je l'ai emprunté avec l'existence et je ne sais pas ce que c'est. Je suis pour moi-même un prêt que Dieu m'a fait. C'est donc en Dieu, c'est-à-dire dans l'Etre, qu'est le secret de l'existence. C'est au delà de moi-même que sont finalement ma cause, ma raison et mon être.

C'est bien là sans doute que Leibniz nous invite à nous élever, dans le sentiment de la perfection de Dieu et l'amour qui en résulte. Uni à Dieu l'esprit est en effet sans fenêtres puisqu'il participe de la perfection de Dieu. Mais l'union à Dieu ne peut avoir lieu qu'au-dessus de nous-mêmes dans la région de la ressemblance et de la pure activité.

La multitude des individus révèle le pouvoir séparateur de la matière et manifeste en même temps la richesse de l'Intelligible. Si l'être n'était que matière, il ne serait pas, car le monde n'a de réalité que par la vie et l'ordre que lui donnent les formes : *Ubi enim nulla species, nullus ordo, nec venit quicquam nec praeterit...* (Saint Augustin, *Conf.*, XII, IX, 9.) Ce sont donc les formes qui font les être et qui les font tels qu'ils sont. Or les formes n'ont dans le monde qu'une réalité d'emprunt; elles ne sont pas ce qu'elles sont en elles-mêmes ; les formes se situent à différents niveaux, dans les âmes et dans le corps, où elles ne sont que des images imparfaites [1]. Comme êtres et comme intelligibles véritables, elles sont au-dessus de cela, dans l'Etre qui est la raison de l'existence et sans qui l'existence s'évanouirait. Il n'y a pas un détail du monde qui n'ait sa raison, mais l'être véritable de cette raison n'est pas dans le monde. Il n'y a pas une particularité qui ne représente quelque chose de qualificatif et de réel, mais sa vérité proprement dite réside dans son principe, au-dessus du monde. Et si l'idée de Socrate est en Dieu, Dieu n'en reste pas moins lui-même. L'idée obscure de Dieu que je possède, si imparfait que soit ce reflet de la divinité, est l'indication que ma raison d'être est au-dessus de moi-même, en Dieu législateur et chorège universel. Les âmes ne sont donc ni l'être ni le néant; elles sont situées dans l'entre-deux avec l'existence; sensibles au mal et ouvertes à toutes les choses du monde, elles ne sont qu'un souvenir de l'Unité, des unités, centres, sources ou miroirs, dont la perfection n'est pas en eux-mêmes, mais au-dessus d'eux-mêmes.

1. Telles sont les *imagines exemplarium* de Bernard de Chartres (cf. M. DE WULF, *Histoire de la philosophie médiévale*, t. I, p. 142).

CHAPITRE X

La raison et la foi

L'objet de la connaissance est lié aux méthodes employées pour l'atteindre. On peut considérer la raison et la foi comme des méthodes de connaissance et vérifier sur ce point, si possible, le résultat des études précédentes.

Toute dualité ou toute opposition de contraires révèlent un état second d'imperfection relative. C'est donc quelque chose qui peut être surmonté, du moins à certaines conditions. L'union de la raison et de la foi ne peut avoir lieu au niveau même où l'opposition se fait sentir, sinon l'un des termes est sacrifié à l'autre ou tous les deux sont déformés ; au niveau supérieur où cette union a lieu, la raison comme la foi, sans rien perdre de leur réalité propre, sont transformées. Raison et foi d'ailleurs ne s'opposent pas toujours de la même façon : il y a des contrariétés harmonieuses et des contrariétés violentes (reconnues comme telles ou ignorées). Dans ces divers cas, les mots de raison et de foi n'ont pas exactement le même sens. Mais quelles que soient les modalités de la relation dont il s'agira ici, nous parlerons toujours de ce que Leibniz appelle la « foi divine », c'est-à-dire non pas d'un état psychologique lié à des préoccupations purement humaines, mais de la conscience plus ou moins obscure de la présence effective de Dieu.

Leibniz est de ceux qui voulurent éviter l'opposition violente que la Renaissance fit apparaître entre la raison et la foi. En elle-même en tout cas, cette intention est admirable. *Hoc vero,* écrit Leibniz dans la *Confessio naturae, mihi admodum indignum visum est, animum nostrum sua ipsius luce, id est philosophia praestringi.* (G. IV, 105 [1].) On lit dans le *Pacidius Philalethi* : *Desinant... viri pii, ac gloriae divinae zelo accensi, metuere aliquid a ratione; modo dent operam ut rectam nanciscantur.* (Cout., *Opusc.*, 626.) Ce passage de la *Théodicée* enfin va dans le même sens : « M. Bayle... se déclare contre la raison, lorsqu'il pouvait se contenter d'en blâmer l'abus. » (*Discours préliminaire,* G. VI, 76.)

Avec le goût des nuances et la modération qui le caractérisent, Leibniz donne des gages à tout le monde et ne s'oppose qu'aux partisans de la seule raison ou aux partisans de la seule foi. Il ne condamne pas les mystères, mais il ne leur impose pas non plus le devoir d'être absurdes : il trouve que les sociniens vont trop vite en rejetant tout ce qui n'est pas conforme à l'ordre de la nature alors qu'ils n'en peuvent démontrer absolument l'impossibilité, et que leurs adversaires quelquefois vont trop loin en poussant le mystère jusqu'au bord de la contradiction [2]. Il ne faut outrer la vérité ni dans un sens ni dans l'autre. Leibniz invoque d'une part le livre de Luther contre Erasme, qui « est plein d'observations vives contre ceux qui veulent soumettre les vérités révélées au tribunal de notre raison », ou les ouvrages de Calvin, qui sont dirigés souvent « contre l'audace curieuse de ceux qui cherchent de pénétrer dans les conseils de Dieu » [3]; et il considère d'autre part que si la vérité de la foi est incontestable, il suit de sa nature même de foi véritable que son analyse par la raison est possible, du moins à ceux qui cherchent la vérité avec une attention soutenue et dans la crainte de Dieu; s'il n'en était pas ainsi, selon lui, on ne pourrait distinguer la religion chrétienne et l'erreur; la religion serait arbitraire et nous n'aurions point d'avantage sur les infidèles et sur les sectes : Zoroastre, Brahma, Somonacodom et Mahomet, seraient aussi croyables que Moïse et Jésus-Christ [4]. Les personnes sages, ajoute-t-il, ont toujours tenu

1. Leibniz cite parfois le mot fameux de Bacon, d'après lequel un peu de science éloigne de Dieu tandis que beaucoup y ramène : *Quin ...certissimum est, atque experientia comprobatum, leves gustus in philosophia movere fortasse in atheismum, sed pleniores haustus ad religionem reducere.* (BACON, *De dignitate scient.*, 1, 5.) Cf. LEIBNIZ, G. IV, 105 ; G. VII, 325.

2. Cf. *Nouv. Ess.*, IV, XVIII, § 9, G. V, 481.

3. Cf. *Discours prélim.*, § 49, G. VI, 77.

4. Cf. *Systema theologicum,* p. 20 ; PELLISSON, *De la tolérance des religions,* objections de Leibniz, pp. 3 et 4 ; *Discours prélim.*, § 29, G. VI, 67.

pour suspects ceux qui prétendaient qu'il ne fallait pas se mettre en peine de raisons et de preuves en matière de foi. Lorsque Dieu nous donne la foi divine, ce qu'il fait croire est fondé en raison, sinon, détruisant les moyens de connaître la vérité, il ouvrirait la porte à l'enthousiasme. Renoncer à la raison en matière de religion est auprès de Leibniz une marque presque certaine ou d'un entêtement approchant de l'enthousiasme ou, qui pis est, une marque d'hypocrisie [1]. Vérités de raison et vérités de foi ne sauraient se contredire : *Philosophia et theologia sunt duae veritates inter se consentientes nec verum vero pugnare potest...* (F. de C., *Réfutation inédite de Spinoza,* p. 74.) Raison et révélation sont des dons de Dieu [2].

Leibniz accorde à Bayle que les mystères sont opposés aux vérités de fait, fondées sur l'induction des exemples. Si la sagesse de Dieu, dit-il, est folie devant les hommes, c'est que les hommes ne jugent des choses que suivant leur expérience qui est extrêmement bornée, et tout ce qui n'y est point conforme leur paraît une absurdité [3]. C'est en vain qu'on oppose à la religion des arguments fondés sur les apparences, ou sur des cas qui arrivent le plus souvent : on ne peut tirer de là une conclusion universelle et certaine, et d'ailleurs tout le monde accorde que les mystères sont contraires aux apparences [4]. Les conceptions des créatures ne sont pas la mesure du pouvoir de Dieu, mais seulement du pouvoir de la nature : tout ce qui est conforme à l'ordre naturel peut être conçu ou entendu par la créature, mais au-dessus de « cette coutume de Dieu », il y a l'« ordre général de l'univers », ou la « loi universelle de l'ordre général », qui comprend les miracles et les volontés particulières de Dieu. L'intelligence de cette loi ou de cet ordre nous dépasse : ils comprennent en effet un détail infini de raisons qui est au-dessus de notre portée [5]. C'est pourquoi du cours ordinaire des choses, nous ne pouvons rien tirer qui pût réfuter la religion [6].

1. Cf. *Nouv. Ess.*, IV, XVII, § 23, G. V, 477 ; *ibid.*, XVIII, § 9, G. V, 480 ; au Landgraf Ernst von Hessen-Rheinfels, 3 novembre 1682, Pr. Ak., II, I, 532, 20-31. On sait que le mot d'enthousiasme avait alors un sens péjoratif : cf. *Nouv. Ess.*, IV, XIX, G. V, 485 sqq. et surtout SHAFTESBURY, *A letter concerning enthusiasm.*

2. Cf. *Discours prélim.*, § 29, G. VI, 67.

3. Cf. *Nouv. Ess.*, IV, XVII, § 23, G. V, 477.

4. Cf. *Discours prélim.*, G. VI, 51, 67 et 97.

5. Cf. *Nouv. Ess.*, Avant-propos, BOUTR., p. 154 ; *Discours*, §§ VI et XVI.

6. Cf. *Nouv. Ess.*, IV, XVIII, § 5, G. V, 482 ; *ibid.*, XVII, § 23, G. V, 478.

Néanmoins, Leibniz n'accorde pas à Bayle que la foi soit contraire à la raison humaine en général. Sans doute, les mystères surpassent la raison parce qu'ils contiennent des vérités qui ne sont pas comprises dans l'enchaînement des vérités que nous connaissons par la lumière naturelle; mais ils ne sont pas contraires à la raison parce qu'ils ne contredisent aucune des vérités où cet enchaînement nous peut mener. Quoique les mystères ne soient point accessibles à notre raison, il ne s'ensuit point qu'ils n'aient rien de commun avec elle et qu'ils doivent être considérés comme irrationnels. Ainsi les sensations ne peuvent être comprises entièrement, elles ne peuvent nous donner des notions adéquates qui n'enveloppent rien qui ne soit expliqué. Cependant, nous les expliquons jusqu'à un certain point et nous avons foi en leur vérité [1].

Selon Leibniz, les théologiens de tous les partis, les seuls fanatiques exceptés, conviennent qu'aucun article de foi ne saurait impliquer contradiction ni contrevenir aux démonstrations aussi exactes que celles des mathématiques où le contraire de la conclusion peut être réduit *ad absurdum*, c'est-à-dire à la contradiction. La raison n'est pas l'opinion des hommes, ni même leur connaissance du cours ordinaire de la nature, mais l'enchaînement inviolable des vérités [2]: « ...Les lois de la nature sont sujettes à la dispensation du Législateur; au lieu que les vérités éternelles, comme celles de la géométrie, sont tout à fait indispensables, et la foi n'y saurait être contraire. » (*Discours prélim.*, § 3, G. VI, 51.) Ce qui est *contre* la raison, c'est-à-dire le contradictoire, ne saurait être admis en aucune façon; ce qui est *au-dessus* de la raison, ce qui dépasse la raison sans la contredire, c'est-à-dire l'incompréhensible, rien ne peut s'y opposer invinciblement : « ...Ce qui est contre la raison, est contre les vérités absolument certaines et indispensables; et ce qui est au-dessus de la raison, est contraire seulement à ce qu'on a coutume d'expérimenter ou de comprendre. » (*Discours prélim.*, § 23, G. VI, 64 [3].)

Il ne saurait donc y avoir d'objection insurmontable contre la vérité. Si l'objection n'est pas démonstrative, si elle ne présente qu'un argument vraisemblable, elle n'a point de force, puisqu'il est de la nature des mystères d'être contraires aux apparences. Il suffit dans ce cas à celui qui combat pour le mystère, de maintenir qu'il est pos-

---

1. Cf. *Discours prélim.*, § 63, G. VI, 86; § 5, G. VI, 52; § 41, G. VI, 74; § 54, G. VI, 80; BODEMANN, *Leibniz-Handschriften*, p. 115.

2. Cf. *Discours prélim.*, § 22, G. VI, 63-64.

3. Cf. *ibid.*, G. VI, 62 et 72.

sible, c'est-à-dire non contradictoire. Comme Basnage s'étonne que Leibniz songe à s'engager dans les disputes de la prédestination, qui seront toujours « l'écueil de la raison », son correspondant lui répond qu'il ne faut pas chercher à rendre raison des mystères, mais qu'il est permis de croire qu'il y a moyen de bien répondre à toutes les objections [1]. Puisque les mystères ne peuvent être compris, ils ne peuvent être *démontrés,* mais on peut les *défendre* contre l'accusation d'absurdité. Rendre raison d'une proposition et la soutenir contre les objections, c'est là pour Leibniz deux choses bien différentes. Les mystères ne sont pas vraisemblables, mais il suffit qu'ils n'aient rien d'absurde [2].

Cette doctrine de la raison et de la foi vaut par sa souplesse et son élévation. Respectueuse de la foi, elle insiste en même temps sur la dignité de la raison, de sorte que la foi ne choque point la raison et que la raison brille un peu de l'autorité de la foi. Plus on avance dans l'étude de la nature, dit Leibniz, plus on découvre de merveilleux : « la grandeur et la beauté des raisons mêmes est ce qu'il y a de plus étonnant et de moins compréhensible à la nôtre » [3]. Ainsi nos raisons se trouvent entourées d'un halo de mystères, qui est l'effet sur nous de la multitude innombrable des raisons qui nous échappent. « ...On peut dire que toute la nature, écrit Leibniz, est pleine de miracles, mais de miracles de raison, et qui deviennent miracles à force d'être raisonnables, d'une manière qui nous étonne. Car les raisons s'y poussent à un progrès infini, où notre esprit, bien qu'il voie que cela se doit, ne peut suivre par sa compréhension. (A Bossuet, 18 avril 1692, F. de C., *Œuvres de Leibniz,* t. I, pp. 277-278.) Ici comme ailleurs chez Leibniz, il n'y a pas de rupture : l'objet de la foi constitue un ensemble de faits échappant à la raison accidentellement et non essentiellement. De là cette subtile relation de la raison à la foi : capable de porter secours au dogme, la raison cependant, du moins en nous, ne peut le remplacer.

Quoiqu'il n'y ait pas de rupture, on peut penser cependant qu'il n'y a pas d'union véritable. Leibniz admet le dogme, mais il n'en

1. Cf. *Discours prélim.*, § 3, G. VI, 51 ; Basnage à Leibniz, 15 janvier 1706, G. III, 142 ; Leibniz à Basnage, 19 février 1706, G. III, 143.

2. Cf. *Discours prélim.*, § 57, G. VI, 82 ; § 28, G. VI, 67.

3. A Bossuet, 18 avril 1692, F. DE C., *Œuvres de Leibniz,* t. I, 277-278.

fait pas son point de départ. Il accepte la religion comme un fait, mais ne la justifie pas du dedans. Ses principes sont donc valables dans une société chrétienne toute constituée, mais ils ne constituent pas cette société. Se référant à un certain état de la religion en Europe, ils n'ont de sens que pour les esprits qui honorant la religion « trouveront toujours une explication suffisante pour croire ».

Le mystère étant donc quelque chose d'extérieur, une vérité de fait, dépendant de l'expérience de ceux qui ont vu les miracles — à peu près, dit Leibniz, comme nous nous fondons sur l'expérience de ceux qui ont vu la Chine lorsque nous ajoutons foi aux merveilles qu'on nous raconte de ce pays éloigné ; quitte à parler ailleurs du saint Esprit qui s'empare des âmes, les persuade et les porte au bien [1] — toute la question est alors de savoir si la pensée respectera la nature propre de cette vérité de fait et si elle placera comme il convient les bornes de la démonstration raisonnable.

Nous avons relevé déjà l'importance aux yeux de Leibniz de la rigueur dans le raisonnement. On sait que c'est en métaphysique surtout que cette rigueur lui paraît nécessaire, alors qu'en mathématiques, où les choses se règlent d'elles-mêmes, on pourrait raisonner un peu plus familièrement. Les philosophes d'ordinaire, dit-il, font tout le contraire : c'est en métaphysique qu'ils se donnent le plus de liberté en raisonnant, au lieu de se souvenir de cette belle admonition de saint Augustin : *Nolite putare vos veritatem in philosophia cognovisse, nisi ita didiceritis saltem ut nostis unum, duo, tria, quattuor collecta in summa facere decem* [2]. Tant en philosophie qu'en théologie, écrit Leibniz à Burnett, nous avons une infinité de bons livres et de bonnes pensées dispersées çà et là, mais nous ne venons presque jamais à des établissements : «...J'appelle établissement lorsqu'on détermine et achève au moins certains points, et met certaines thèses hors de dispute, pour gagner terrain et pour avoir des fondements, sur lesquels on puisse bâtir. C'est proprement la méthode des mathématiciens, qui séparent *certum ab incerto, inventum ab inveniendo*... (1 [11] février 1697, G. III, 191-192.) Dans les controverses sur la Trinité, sur l'amour de Dieu, sur l'action de Dieu et des créatures, on manque avant tout de bonnes définitions : «...La définition termine la dispute en peu de mots et c'est ce que j'aime. » (A Burnett, 8 [18] mai 1697, G. III, 207 [3].)

---

1. Cf. *Discours prélim.*, § 1, G. VI, 49-50.
2. Cf. à Malebranche, 22 juin 1679, Pr. Ak., II, I, 478 ; F. DE C., *Nouv. lettres*, pp. 150-151. G. VII, 166.
3. Cf. au même, 7 (17) mars 1696, G. III, 175 ; à Remond, juillet 1714, G. III, 621.

Leibniz considère souvent comme des disputes de mots les discussions auxquelles se livrent les défenseurs des différentes religions ou des différentes nuances religieuses : si quelques intelligences ou habitants des autres planètes, dit-il, sont informés de nos disputes sur la prédestination, ils auront sujet de rire de nos folies et de nos logomachies; au fond, les trois religions au moins qui sont autorisées dans nos quartiers conviennent de la même chose quoiqu'en d'autres termes. A propos des conflits des protestants entre eux, on lit chez Leibniz : ...*Lis... mihi esse videtur de voce.* (A son frère, 5 octobre [?] 1669, Schrecker, *Lettres et fr.*, p. 66.) *Ich...vermeine..., dass das Uebel mehr in den Worten, als in der Tat stecke...* (A Jablonski, 28 novembre 1699, Guhr., *Deutsche Schr.*, t. II, p. 121.) *Es ist einmal gewiss, dass die Streitigkeiten, die zwischen den Protestirenden schweben, meist in subtilen Fragen bestehen, die wenig Leute verstehen, und in die Praxin gar nicht laufen.* (Au duc Anton Ulrich von Braunschweig-Wolfenbüttel [1705], Guhr., *Deutsche Schr.*, t. II, p. 237 [1].) En un mot, la religion et la justice demandent des idées claires. Le peu d'ordre qu'on voit d'habitude en ces matières, et l'indétermination des termes qu'on emploie, nuisent grandement à la vérité : c'est faute de logique que les hommes se trompent [2].

Il est évident que tout cela peut recevoir un bon sens : la logique ne va pas sans l'intuition, c'est-à-dire sans la perception des réalités intelligibles à ordonner. Et plus la pensée s'élève, moins elle devient sensible au détail des disputes, plus le spectacle à ses yeux présente d'unité. En recommandant la logique, Leibniz demande qu'on serre la réalité de plus près, et en condamnant les disputes, il demande qu'on s'élève au-dessus d'elles. La rigueur de la méditation et l'unité des pensées constituent d'ailleurs l'idéal de tout philosophe à proportion de sa grandeur.

Il y a cependant dans ce terme d'idée claire une certaine équivoque possible. La clarté évoquant l'idée de lumière, on retrouve ici l'image ancienne de la « lumière intelligible ». L'âme connaît, dit Platon, quand elle fixe ses regards sur l'objet qu'illuminent la vérité et l'être (τὸ ὄν) ; lorsqu'elle se tourne vers ce qui est mêlé d'obscurité, vers ce qui naît et périt (τό γιγνόμενον), elle est livrée aux vi-

1. Voir au tome II des *Œuvres de Leibniz* publiées par Foucher de Careil, pp. 180-186, la liste, dressée par Leibniz, des controverses touchant la religion, qu'il considérait comme terminées.

2. Cf. *Nouv. Ess.*, III, X, § 12, G. V, 323.

cissitudes de l'opinion [1]. L'idée claire pour le platonicien, c'est finalement l'Idée suprême, l'Intelligible de rang divin, raison et cause de toutes choses.

L'idée claire au XVIIe siècle n'est plus du tout cela. Elle est l'image de la philosophie nouvelle, adaptée à l'homme en tant qu'homme. Elle a sans doute une certaine dignité d'intelligible et peut mettre ainsi la pensée en rapport avec Dieu. Mais dans la mesure où l'intelligibilité nouvelle se définit par rapport à l'homme exclusivement, dans la mesure où la curiosité, l'utilité, le goût en lui-même pour les causes secondes, entrent dans sa nature, la pensée humaine se dissocie de la pensée divine. Dans la mesure où la clarté de l'idée vient de Dieu, il ne saurait y avoir d'opposition entre l'intelligibilité et la religon; mais dans la mesure où la clarté résulte d'un accord particulier de l'homme avec lui-même, la porte est ouverte à tous les conflits. L'idéal de connaissance, dans l'époque moderne, tendant à se détacher de Dieu et à se définir pour lui-même, on ne peut, sans confusion possible, demander à l'idée claire de démontrer que la théologie n'est pas absurde.

Si par raison, dit Leibniz, on entend l'enchaînement des vérités et des objections en bonne forme, il est impossible que la raison nous trompe [2]. Il faut distinguer en effet la « droite raison », qui est un enchaînement de vérités, et la « raison corrompue », qui est mêlée de préjugés et de passions. Pour discerner l'une de l'autre, on n'a qu'à procéder par ordre, n'admettre aucune thèse sans preuve et n'accepter aucune preuve qui ne soit en bonne forme selon les règles les plus vulgaires de la logique [3]. Tout ce qu'on a dit contre la raison porte seulement contre une prétendue raison, corrompue et abusée par de fausses apparences [4].

Cela est vrai. Mais suffit-il, en ces premières années du XVIIIe siècle, pour redresser la raison, de recommander la rigueur des pensées ? Puisqu'il naît une raison fermée sur elle-même en quelque sorte et indépendante de Dieu, il semble que la raison corrompue ne peut être définie par rapport à la logique. Le contraire de la raison corrompue, c'est moins la raison capable d'enchaînements rigoureux, que celle qui peut s'élever à Dieu. Pour « terminer ces disputes sur les droits de la foi et de la raison », ce qui compte, semble-t-il, ce

1. Cf. *Rép.*, 508 d.
2. Cf. *Discours prélim.*, § 65, G. VI, 87.
3. Cf. *Ibid.*, § 62, G. VI, 84-85.
4. Cf. *Ibid.*, § 4, G. VI, 51.

n'est pas tant le respect des « règles les plus vulgaires de la logique » — quoique le respect de ces règles soit indispensable — que l'attention de la pensée à ce qui est en elle au-dessus d'elle-même.

Quoique la raison chez Leibniz ne puisse comprendre le mystère, elle peut cependant le condamner : si les objections de la raison contre quelque article de foi sont insolubles, dit Leibniz, il faudra dire que ce prétendu article est faux et non révélé. Bien loin qu'un dogme combattu et convaincu par la raison soit incompréhensible, on peut dire que rien n'est plus aisé à comprendre ni plus manifeste que son absurdité [1]. Ce n'est pas d'ailleurs avec les seules vérités de la géométrie que le dogme ne doit pas être inconciliable, c'est avec toute démonstration « fondée sur des principes ou des faits incontestables », comme avec les « conséquences démonstratives de la philosophie » : *...Si theologia verae philosophiae pugnaret, falsa foret* [2]. (F. de C., *Réfutation inédite,* p. 74.) La philosophie est donc une pierre de touche en matière de théologie. Pellisson écrit au contraire que « toute la science humaine pourrait être fausse, et la religion demeurer toujours véritable» [3]. L'attitude de Bossuet est semblable: Leibniz lui présentant les principes de sa dynamique, qui était à ses yeux une matière importante et qui avait ceci de curieux que ses règles abstraites se vérifiaient merveilleusement bien par les expériences — outre le grand usage qui en résultait pour soutenir la possibilité du mystère [4] — se voit répondre par l'évêque de Meaux : « Si j'avais le loisir de philosopher, je trouverais de quoi m'exercer agréablement dans votre dynamique. » (12 août 1694, F. de C., *Œuvres de Leibniz,* t. II, p. 75.) Ou bien ceci : « ...Quand j'ai un peu de loisir à la campagne, je donne avec plaisir et utilité un peu de temps à ces agréables spéculations. » (30 mars 1692, *ibid.*, t. I, p. 267.)

La dynamique, chez Leibniz, vient donc au secours de la théologie pour constituer le « beau mélange de métaphysique, de géométrie et

---

1. Cf. *Discours prélim.*, § 39, G. VI, 73; § 23, G. VI, 64; § 5, G. VI, 52; § 58, G. VI, 83; *Théod.*, § 294, G. VI, 291. Chez Malebranche aussi la foi doit son établissement à la droite raison; mais, ajoute cet auteur, lorsqu'en croyant suivre les faits de la religion, « je me sens heurter contre la raison, je m'arrête tout court; sachant bien que les dogmes de la foi et les principes de la raison doivent être d'accord dans la vérité, quelque opposition qu'ils aient dans mon esprit » (*Entretiens sur la métaphysique*, XIV, pp. 572-573).

2. Le texte de F. DE C. porte : *...Si theologia vera...*

3. A Leibniz, 23 octobre 1691, PELLISSON, *De la tolérance*, Additions, pp. 33-34.

4. Cf. PELLISSON, *De la tolérance*, Additions, pp. 14-15.

de physique »[1]. Il semble à Leibniz que si les hommes pouvaient s'accorder sur sa philosophie, ils pourraient s'accorder sur tout. Voilà qui est nouveau, remarque Schrecker[2]: l'accord philosophique est devenu la condition de l'accord théologique. Précédemment, la philosophie, certes, n'était pas séparée de la théologie, mais l'accord avait lieu d'abord sur la théologie. Maintenant au contraire, de même qu'on voit Leibniz, par sa dynamique, garantir la possibilité du mystère eucharistique[3], on voit de même Locke, après avoir pris connaissance des idées de Newton sur l'action à distance, se rétracter, à propos du même dogme, auprès de l'évêque Stillingfleet[4].

Dans ces conditions, il n'est pas étonnant que souvent ce qui était hier objet de foi, devienne maintenant objet de raison. Entre «soutenir » le dogme et le « prouver », la frontière tend à s'effacer. Dans le temps où nous sommes, écrit Leibniz, où bien des gens ne respectent guère la révélation toute seule et les miracles, il est infiniment plus avantageux à la religion et à la morale de montrer que les âmes sont immortelles naturellement et que ce serait un miracle si elles ne l'étaient pas, que de soutenir que nos âmes doivent périr naturellement, mais qu'en vertu d'une grâce miraculeuse, fondée sur la seule promesse de Dieu, elles ne meurent point[5] ...*Demonstrata a me nonnulla,* écrit-il déjà en 1671, *quae hactenus...credebandur tantum...*[6] (A Arnauld, début novembre, Pr. Ak., II, I, 172, 14-15.) A l'explication « naturelle » de l'immortalité, Leibniz ajoute une explication « naturelle » de l'union de l'âme et du corps. Il éclaircit les problèmes relatifs au péché, à la grâce, aux sacrements, sans compter les questions des peines de l'enfer, du déluge universel, etc.[7] A la fin de l'Avant-propos des *Nouveaux Essais,* les mots « nature », « naturel » et « naturellement », constituent un véritable refrain.

En expliquant et même en soutenant le dogme, il peut arriver qu'on l'attache à des considérations qui lui sont étrangères. Il est légitime de soutenir le dogme, mais à condition qu'en lui-même il

---

1. Cf. *ibid.*
2. Cf. LEIBNIZ, *Lettres et fragments inédits,* éd. P. Schrecker, Introduction, p. 42.
3. Sur cette question, voir J. DUPROIX, *Raison et foi d'après Leibniz,* pp. 38-43.
4. Cf. *Théod.,* § 19, G. VI, 61-62.
5. Cf. *Nouv. Ess.,* Avant-propos, BOUTR., 158.
6. Cf. au duc Johann Friedrich, Pr. Ak., II, I, 113, 14-15.
7. Voir l'exposé de ces questions dans A. PICHLER, *Die Theologie des Leibniz.*

n'en soit pas affecté. Le dogme, à supposer que son objet soit réel, se soutient véritablement d'en haut et non d'en bas, et la foi peut s'appuyer sur des raisons humaines, mais non pas se nourrir d'elles.

Il est vrai que lorsqu'il parle des motifs de crédibilité, Leibniz mentionne toujours la lumière divine, qui s'ajoute aux motifs humains et fait de la foi l'œuvre de Dieu : la foi peut résider dans une âme sans qu'elle songe aux motifs humains de crédibilité, et d'autre part, il n'est que trop vrai pour Leibniz que tous ceux qui sont fort savants ne sont pas toujours éclairés par la véritable lumière [1]. Il importe cependant de remarquer le caractère de cette raison dans laquelle Leibniz voit l'interprète naturel de Dieu et qui peut aller, selon lui, jusqu'à expliquer certains objets de foi.

Le plus célèbre exemple de l'entreprise leibnizienne de défense de la foi est la doctrine du mal [2]. Leibniz ne s'y propose point d'entrer dans le détail des raisons divines pour comprendre pourquoi tel méchant existe actuellement : c'est là en effet le secret du conseil divin, *arcana divinae gubernationis inaccessa mortalibus* [3]. Mais si les particularités de l'harmonie universelle nous échappent, il reste possible, selon lui, d'expliquer suffisamment le mystère en disant qu'il n'y a pas à chercher un principe du mal ou un mal primitif. La volonté de Dieu ne va qu'au bien. Mais la créature, dans son pouvoir limité de réceptivité, borne les dons de Dieu. De là le mal, qui résulte de la limitation propre à toute créature, du moindre bien, de la privation et du néant. Puisque le mal ainsi est lié à l'univers, il est la condition même de l'ordre universel. Rien n'empêche en effet qu'un certain mal particulier soit attaché à ce qui est le meilleur en général, et Dieu ne serait pas parfait s'il l'avait exclu. En un mot, le mal ne tient pas à la nature de Dieu ; il a sa source dans la créature en tant que limitée ou dans l'idée en Dieu de la créature limitée.

De grands sentiments de piété animent cette doctrine. Le lecteur est invité à élever sa pensée autant qu'il peut à l'idée de la cité de Dieu, c'est-à-dire du plus parfait Etat qui puisse être inventé, où le péché et le malheur ne sont presque rien en comparaison du bien;

1. Cf. *Systema theol.*, éd. Lacroix, p. 21; [ÉMERY], *Pensées de Leibniz*, t. I, p. 272.

2. Cf. CH. WERNER, *Le problème du mal*, pp. 22-36; A. PICHLER, *op. cit.*, pp. 263 sqq.

3. Cf. *Systema theol.*, éd. Lacroix, p. 42.

il est invité à se soumettre avec respect et reconnaissance au gouvernement divin [1]. Leibniz voit une impiété dans toute récrimination. Comment aimer Dieu, dit-il, si l'on n'est pas dans la disposition de vouloir ce qu'il veut ? Une des plus fortes marques d'un amour de Dieu sincère et désintéressé, c'est selon lui d'être content de ce que Dieu a fait, dans l'assurance que c'est toujours le meilleur, et de tâcher de rendre ce qui est encore à faire aussi bon et aussi conforme à sa volonté présomptive qu'il est possible [2].

Cependant, si important que soit cet aspect de la pensée leibnizienne, on peut noter que l'argumentation ici, quoiqu'elle reprenne si souvent les thèses anciennes, a un caractère assez nouveau. Chez Leibniz comme chez les théologiens chrétiens, le mal n'est pas à chercher en Dieu, mais dans l'imperfection de la créature. Chez lui comme chez eux, le mal, qui n'est pas voulu pour soi, est compris en quelque manière dans l'ordre du monde : *Et bona et mala in ordine sunt.* (*De ordine*, I, VI, 16.) Plus loin, saint Augustin écrit : ...*Quod offendit in parte, perspicuum sit homini docto, non ob aliud offendere, nisi quia non videtur totum, cui pars illa mirabiliter congruit...* (*Ibid.*, II, XIX, 51 [3].) On sait enfin que c'est aux médiévaux que Leibniz a emprunté le vocabulaire dont il use ici : les volontés antécédentes et conséquentes, les causes efficientes et déficientes, le matériel et le formel, etc. Mais on respire chez Leibniz une atmosphère un peu différente. Quoique la méditation soit invitée à s'élever très haut, on reste cependant sur le terrain de la raison naturelle. Il s'agit sans doute d'une raison pleine de noblesse et d'aménité, mais d'une raison humaine, traitant d'une « difficulté », à la recherche d'une « explication suffisante», ou plaidant dans un procès en diffamation, en vue de « justifier Dieu ». Ce n'est pas que cette raison échoue dans sa tâche. Au contraire, elle semble y réussir trop bien, et des doutes nous restent.

C'est peut-être que nous ne savons pas assez développer avec Leibniz l'idée en nous de la perfection divine : le mal et le monde nous heurtent encore parce que notre pensée n'est pas remplie de l'idée de Dieu. Or, c'est là justement que se portait l'effort des penseurs antérieurs, et c'est pour cela qu'ils posaient le problème sur le plan de la connaissance divine. Pour eux en effet la solution du problème

1. Note stoïcienne et non seulement augustinienne.

2. Cf. *Théod.*, § 123, G. VI, 177 ; *Discours*, §§ IV et XXXVI ; à Arnauld, 23 mars 1690, G. II, 136 ; *De rerum origin.*, G. VII, 307 ; à l'électrice Sophie, G. VII, 548 ; JAGODINSKY, *Leibnitiana*, p. 38.

3. Rapprocher les comparaisons du *De ordine*, II, IV, 12, de celles du *De rerum originatione*, G. VII, 306-307.

du mal avait comme condition l'élévation spirituelle et l'acquisition de la grâce, que décrivent les dernières pages du *De quantitate animae*. La transformation de l'âme, affirmait le *De ordine*, est la condition de la connaissance de la vérité, et c'est dans la connaissance effective de Dieu que nous découvrons que tout arrive selon l'ordre. Le mal, apparaissant avec l'erreur du premier homme, posait donc un problème qui dépassait la raison parce qu'il concernait la nature dernière de l'homme. Puisque la solution de ce problème ne pouvait être donnée que du point de vue de Dieu en quelque sorte, elle requérait le retour de l'homme à Dieu ou au moins l'affirmation de la possibilité de ce retour. Chez saint Bonaventure comme chez saint Augustin, le mal se situe entre notre abandon du Bien et notre retour au Bien, et le problème du mal se résout (comme la réalité du mal en tant que tel) dans la connaissance divine et surnaturelle de Dieu.

Il y a donc une différence sensible entre Leibniz et les anciens. L'intelligence, chez ceux-ci, qui explique et montre, peut dépasser la nature en s'appuyant sur la foi. Il ne s'agit point chez eux d'une apologie habile et généreuse, mais de la description des choses telles qu'elles sont, la totalité des possibilités de la pensée étant engagée dans cette démarche. Leibniz présente une différence de ton et d'intention ; en se référant aux anciens, il marque en même temps ce qui le distingue d'eux : l'intelligence animée par la foi et supérieure à la foi en un certain sens, devient la raison discourant en matière de religion, non sans mesure d'ailleurs, ni sans grandeur.

Quoique cette raison-là soit loin d'être inutile ou méprisable, on peut douter cependant qu'elle suffise à qui veut prendre conscience des vérités de la foi. Elle n'épuise pas en effet le contenu de la foi — on rencontre souvent chez Leibniz des expressions telles que celles-ci : « la lumière de la grâce mise à part », ou bien : « au moins dans l'ordre naturel » — et peut donc en expliquant la foi se substituer à elle ou la modifier profondément. « Je ne renverse point les sentiments établis, écrit Leibniz à Arnauld, mais je les explique et je les pousse plus avant. » (Septembre [9 octobre 1687], G. II, 127.)

Les explications qu'il donne peuvent donc rapprocher la lumière divine et les raisons humaines et déplacer sur celles-ci l'intérêt de la pensée. Dès les écrits de jeunesse, on observe la condamnation du *Deus ex machina* [1], que les *Nouveaux Essais* traitent de la façon sui-

1. Cf. à Oldenburg, 28 septembre 1670, Pr. Ak., II, I, 63, 27-30.

vante : « ...Cette hypothèse fainéante détruirait également notre philosophie, qui cherche des raisons, et la divine sagesse, qui les fournit. » (Avant-propos, éd. Boutroux, p. 156.) Rien ne marque mieux l'imperfection d'un système, selon Leibniz, que la nécessité où son auteur se trouve d'avouer qu'il se passe quelque chose dont il n'y a aucune raison : soit que Dieu ou que la nature opèrent, il y aura toujours des raisons [1]. Sans doute, continue Leibniz, il est possible de dire dans un très bon sens que tout est miracle perpétuel, c'est-à-dire que tout est digne d'admiration. Mais si l'on compare la théorie d'après laquelle les planètes sont retenues dans leur orbe par la matière qui les pousse sans cesse vers le soleil, avec la théorie d'après laquelle le mouvement se conserve dans l'orbe sans autre aide que celle de Dieu, on voit bien la différence qu'il y a entre les « miracles naturels raisonnables » et les « miracles proprement dits ou surnaturels » [2]. Pour Leibniz, il n'y a que la création, l'incarnation et quelques autres actions de Dieu, qui soient vraiment des miracles. Le reste n'est miracle que comparativement et par rapport à nous, comme nos ouvrages paraîtraient miraculeux auprès des animaux, s'ils étaient capables de faire des réflexions là-dessus [3]. Les miracles ordinaires sont donc fondés en raison et peuvent s'expliquer par la nature des choses. Il ne suffit pas que Dieu ordonne simplement qu'une blessure excite un sentiment agréable, il faut trouver des moyens naturels pour cela [4]. De même, toutes les grâces de Dieu ne sont pas miraculeuses. Quand il nous échauffe le cœur naturellement d'amour pour lui, c'est une grâce [5].

La « portion de raison » qui nous sert pour juger des choses est « conforme avec le tout » ; elle est la lumière naturelle qui nous est restée au milieu de la corruption. Rien ne saurait lui être contraire sans être contraire en même temps à la raison divine ; « ce qui contredit une proposition d'Euclide, est contraire aux Eléments d'Euclide » [6]. « Lumière naturelle » et « lumière divine » sont donc connaturelles, et la lumière divine se traduit distinctement dans la raison, qui devient ainsi le fondement d'une religion rationnelle,

1. Cf. *Théod.*, § 340, G. VI, 316.

2. Cf. *Théod.*, § 355, G. VI, 326 ; à Hartsoeker, 6 février 1711, G. III, 518 ; à Clarke, 3e écrit, § 17, G. VII, 366-367.

3. Cf. *Théod.*, § 249, G. VI, 265.

4. Cf. *Théod.*, § 255, G. VI, 326.

5. Cf. inédits dans BARUZI, *Leibniz*, p. 331.

6. Cf. *Théod.*, § 61, G. VI, 84.

philosophique et universelle [1]. « Pour ce qui est du déisme dont on accuse le clergé d'Angleterre..., écrit Leibniz à Burnett, plût à Dieu que tout le monde fût au moins déiste, c'est-à-dire bien persuadé que tout est gouverné par une souveraine sagesse. » (17 [27] juillet 1696, G. III, 180.) Il approuve l'ouvrage de Locke, dont Basnage disait qu'il dépouille le christianisme de tout ce qu'il a de mystérieux et d'incompréhensible, et réduit la foi à croire simplement que Jésus-Christ est le Messie, sans pénétrer plus avant [2] : « J'ai lu autrefois le Christianisme raisonnable de cet illustre auteur, dit-il, et j'applaudis fort à ceux qui réussissent à montrer la conformité de la foi avec la raison. Et, à mon avis, on doit tenir pour maxime qu'être déraisonnable, c'est la marque de la fausseté en théologie aussi bien qu'en philosophie. » (A Lady Masham, 10 juillet 1705, G. III, 367.) Les détails du dogme passent ainsi au second plan pour faire place aux grands principes de piété et de morale communs à tout le monde : Dieu nous a mis dans le monde pour agir suivant sa volonté ; celui-là est véritablement pieux qui est fort content du gouvernement de Dieu, qui a par conséquent de grands sentiments de sa sagesse, et qui a de l'ardeur pour faire le bien. Rien ne sied mieux à la solide dévotion que la connaissance que l'on acquiert des merveilles de Dieu grâce à la véritable philosophie, mais « le but de tout est la pratique des vertus morales pour le bien public ». La dévotion consiste dans la méditation de quelque vérité considérable sur les perfections et les ouvrages de Dieu et dans la volonté de produire quelque bien [3]. On reconnaît là l'évidence rationnelle de la doctrine de Dieu et l'importance des règles pratiques, qui sont les deux caractères du déisme moderne. La religion leibnizienne cependant reste chrétienne puisqu'elle accueille les grands dogmes que la tradition a transmis, comme la création et la Trinité. Elle considère Jésus-Christ comme le fondateur de la religion « la plus pure et la plus éclairée», et c'est à lui finalement qu'elle rattache le *Discours de métaphysique* [4].

---

1. Cf. F. DE C., *Œuvres de Leibniz*, Introduction, t. I, p. CXXI ; A. BOEHM, art. *Leibniz*, col. 180 sqq. ; inédits dans BARUZI, *Leibniz*, pp. 345, 348, 354, etc.
2. Cf. Basnage à Leibniz, 21 juin 1696, G. III, 126.
3. Cf. à Burnett, 24 août 1697, G. III, 218 ; H. RITTER, *Histoire de la philosophie moderne*, t. II, pp. 236-237.
4. Cf. § XXXVII.

La synthèse leibnizienne de la raison et de la foi est fondée sur l'idée de lumière naturelle. Or le sens de cette idée dans l'histoire est très variable : la lumière naturelle est chez Leibniz l'alliée de la foi; mais c'est au nom aussi de la droite raison qu'écrivent Hobbes et Locke sans s'inquiéter beaucoup de la foi; et quand Voltaire parlera du « rayon de la divinité qu'on appelle raison », la lumière naturelle sera plutôt l'ennemie de la foi.

Comme on le voit par le célèbre passage de l'Epître aux Romains 1, 20, la lumière naturelle dans son véritable sens ne désigne pas la connaissance naturelle de la nature, mais la connaissance naturelle de Dieu, laquelle peut être considérée déjà comme une grâce, puisqu'il n'y a rien en nous que Dieu ne nous ait donné. La lumière naturelle est donc un commencement de foi; elle tourne l'homme vers Dieu pour que l'homme souhaite recevoir de Dieu ce qui lui manque encore.

Au contraire, si l'homme se situe volontairement devant la nature de telle sorte qu'au lieu de conduire à Dieu sans détour, la nature se constitue en objet indépendant de pensée; si le pouvoir humain, par conséquent, au lieu de venir de Dieu directement, de sorte que l'homme et Dieu agissent de concert, se définit pour lui-même, le mot « naturel » prend un autre sens : la lumière naturelle qui précédemment conduisait à Dieu, peut fort bien maintenant en détourner. Même si l'on considère la nature comme un don de Dieu, il faut encore que ce soit véritablement Dieu que l'on cherche dans la nature. A la Renaissance en effet l'idée de nature se transforme : loin d'être complétée ou couronnée par la foi, la nature tend à s'y opposer. De là le choix des réformateurs, qui veut se porter sur la foi exclusivement.

Cette dissociation de la foi et de la raison n'est pas insensible chez Descartes : il faut éviter selon lui de « trop joindre la religion avec les sciences qui s'acquièrent par le raisonnement naturel » [1]. Les vérités de la foi étant admises et Dieu étant démontré une fois pour toutes, les sciences humaines se développent dans leur ordre propre d'intelligibilité. Leibniz, au contraire, relie ce raisonnement naturel à la lumière divine : il y a pour lui une relation continue entre les vérités humaines et la foi, puisque la foi gagne à contempler les merveilles de Dieu et les desseins divins que découvre la science, et puisque les vérités nécessaires mettent l'homme en rapport avec l'entendement même de Dieu. Sans doute, Leibniz par là n'identifie point la raison humaine et la raison divine : il fait de la première l'occa-

1. Cf. à Hogelande, août 1638, *Corr.*, t. III, p. 22 : à Mersenne, 27 août 1639, *ibid.*, p. 240.

sion de monter vers la seconde. Mais c'est en tout cas vers le Dieu du déisme qu'il monte ainsi plutôt que vers celui des mystères. L'auteur des choses, écrit Leibniz, agit en parfait géomètre; puis sont cités Galilée, Torricelli, Honoratus Fabri, Nicolas Sténon et Giovanni-Alfonso Borelli [1]. Or, avec ces auteurs se constitue un univers de pensée proprement humain, dans lequel les opérations techniques et les réussites pratiques priment l'étude de la vérité en soi. « C'est pousser nos connaissances à leur plus haut degré, écrit Wolff, que de savoir mesurer ce qui a une grandeur... » (*Logique*, p. 9.)

Ainsi se constituait peu à peu et malgré les efforts de Leibniz, l'idée d'une nature opposée à Dieu et d'une raison proprement humaine, aspirant à l'ordre et à la liberté. Il est important, dit Locke chez Leibniz, qu'on établisse nettement les bornes de la raison et de la foi, car l'incertitude sur ce point a certainement produit dans le monde de grandes disputes et peut-être causé de grands désordres [2]. Voltaire pensera de même que pour le plus grand bien de la paix, il vaut mieux que la foi ne quitte pas ses nuées.

De là ces satires, ces pamphlets, ces libelles, dont le XVIIIe siècle a été inondé, et que l'on retrouve aujourd'hui chez les bouquinistes en compagnie des livres de piété... On y voit Leibniz tantôt condamné au nom de la raison, tantôt cité comme un représentant de la raison. On lit dans un *Dialogue curieux* daté de 1762 : « Pensez-vous qu'Epicure vît toujours bien clairement sa déclinaison des atomes ? Que Descartes fût persuadé de sa matière striée ? Croyez-moi, Leibniz riait de ses monades et de son harmonie préétablie... Deux augures, comme vous savez, rient comme des fous quand ils se rencontrent. Il n'y a que le jésuite irlandais Needham qui ne rie point de ses anguilles [3]. » (P. 157.) Au contraire, chez le pseudo-Parennin, on trouve :

> « Dis-moi donc, Révérend, quand j'ai lu Cicéron,
> Epictète, Socrate, et Leibniz et Newton,
> Penses-tu, de sang-froid, que je vais pour y croire,
> De tes frères tondus consulter le grimoire;
> Interroger Thomas, quand je vois l'univers;
> Quand je suis libre enfin, me charger de ses fers ? »

(*Le code de la nature, poème de Confucius traduit et commenté par le Père Parennin*, p. 4.)

1. Cf. à Arnauld, 1er août 1687, G. II, 105; *Hypothesis*, G. IV, 216.
2. Cf. *Nouv. Ess.*, IV, XVIII, § 1, G. V, 478.
3. Diderot, de même, cite ironiquement les « lumières de Newton, de Leibniz, de Clarke et de quelques-uns de ses compatriotes, les premiers génies du monde, qui tous avaient été frappés des merveilles de la nature, et reconnaissaient un être intelligent pour son auteur » (*Œuvres*, t. I, p. 308).

On se souvient que chez Descartes, par exemple, la raison se distingue nettement de la foi ; elle déclare ne s'occuper que des choses « qui regardent les vérités spéculatives », et ne traiter nullement du « péché », mais du « discernement du vrai et du faux » [1]. La raison se définit donc comme limitée à un certain ordre de vérités. Pourtant une équivoque apparaît déjà : le discernement du vrai et du faux n'est-il pas une faculté suffisante ? Comment peut-on parler de vérités qui échappent au discernement du vrai et du faux ? La tentation est grande de rassembler la pensée sur le discernement cartésien du vrai et du faux, et l'on ne manquera pas d'y tomber. — Mais la vérité proprement dite est totale et la « spéculation » sans la foi ne peut aller au fond des choses. Comment connaîtrait-on la nature en commençant par ignorer Dieu ? Et qu'y a-t-il de plus vain qu'un discours sur Dieu dont Dieu est absent ?

Bien entendu, à propos de Descartes, ces questions n'ont pas toute l'acuité qu'elles peuvent avoir. L'auteur des *Méditations* déclare soutenir la cause de Dieu et de la religion et l'athée chez lui ne peut jouir d'une science certaine. La philosophie cartésienne n'est donc pas une « spéculation » absolument indépendante et qui veuille purement et simplement se suffire à elle-même. Il y a d'ailleurs chez Descartes bien des thèses (l'âme-substance, le réalisme de l'idée, etc.), qui choquent grandement le « spéculatif » d'aujourd'hui.

Cependant, les réserves des contemporains devant la raison cartésienne sont significatives. *Opinionum suarum veritatem, cum veritate dogmatum fidei ausus est componere*, s'écrie Huet. Il était impossible en effet de ne pas rapprocher finalement les *vérités* de la raison des *vérités* de la foi. « Il a prétendu, continue cet auteur, que ces deux vérités devaient nécessairement convenir entre elles ; que les thèses de sa philosophie étaient tellement évidentes qu'elles ne pouvaient être contraires à la théologie, à moins que la théologie ne s'opposât à la lumière de la raison...» (*Censura*, pp. 214-215 [2].) Les théologiens sont bien embarrassés devant la raison naturelle sous sa forme moderne ; étrangère à la foi, elle peut corrompre la foi, ou tout aussi bien ne pas la concerner. Les théologiens ne sauront donc s'il faut la condamner ou la laisser faire. On aperçoit ces deux aspects de la question dans les lettres de Leibniz au Landgraf Ernst von Hessen-Rheinfels. Se plaignant de n'être pas compris d'Arnauld, Leibniz écrit : «...Dès qu'on voudrait produire quelque méditation

1. Cf. *Abrégé des six Méditations*, A. T., IX, 11.

2. Cf. *Ibid.*, pp. 218-219 ; 230-231.

qui aurait le moindre rapport à la religion et qui irait un peu au delà de ce qui s'enseigne aux enfants, on serait en danger de se faire une affaire...» (12 avril 1686, G. II, 21.) Près de deux ans plus tard, après de vaines explications, il écrit au même correspondant : « Et Votre Altesse pourra demander comment cela s'accorde avec ce que M. Arnauld avait écrit autrefois, qu'on ne ferait point de peine à un homme dans l'Eglise pour ces sortes d'opinions, et si ce n'est pas rebuter les gens par une rigueur inutile et hors de saison, que de condamner si aisément toutes sortes de sentiments qui n'ont rien de commun avec la foi. » (G. II, 131.) L'opposition entre les deux passages est flagrante : il s'agit d'une part de faire progresser les vérités qui ne laissent pas de toucher à la religion, et d'autre part de faire admettre des thèses philosophiques sans conséquence. On sent d'ailleurs dans les deux passages la même impatience de la raison dans le sentiment de son indépendance.

Si l'on parle de la raison de la « philosophie nouvelle », la formule de Descartes est correcte : ...*Haec nostris ratiociniis noscenda non sunt, et nunquam tantum nobis indulgere aut permittere debemus, ut Dei naturam et operationes nostrae rationi subjiciamus.* (*Entretien avec Burman*, p. 82.) La raison se situant elle-même, consciemment ou non, à distance de la foi, il est naturel que la foi la situe elle-même loin d'elle [1].

Cependant, outre la raison qui est l'alliée de la foi et que nous avons mentionnée plus haut, il y a une autre raison qui est en accord aussi avec la foi, mais bien au-dessus de la première. Il ne suffit pas en effet, du moins absolument parlant, d'une raison non contraire à la foi, si la foi reste en dehors de l'intelligence; il faut encore, si Dieu le veut, que l'âme s'élève à l'intelligence de la foi. Cette intelligence-là n'a rien de commun avec ce qu'on entend communément par ce mot; loin d'être tournée vers les choses, loin d'intéresser seulement notre vie matérielle technique ou pratique, elle concerne la Vérité elle-même qui nous a établis dans ce monde, nous et les autres êtres qu'il contient, dont elle connaît seule la vérité. Concernant Dieu même et la connaissance qui seule mérite absolument le nom de science, elle peut être sans la foi, mais la foi ne peut être sans elle. La foi est l'intelligence implicite ou l'intelligence en puissance; l'intelligence est le but de la foi et sa cause finale. La foi ne va pas sans

1. Cf. les objections d'Arnauld aux *Méditations*, A. T., t. IX, pp. 167-168.

doute et sans combat; elle nous éclaire en consumant notre ignorance; l'intelligence n'est plus que lumière. L'intelligence s'appelle charité ou sagesse. Il n'y a pas de sagesse véritable si ce n'est la sagesse divine. *Tria sunt item velut finitima sibimet in animis hominum distinctione dignissima; intelligere, credere, opinari. Quae si per se ipsa considerentur, primum semper sine vitio est; secundum, aliquando cum vitio; tertium, nunquam sine vitio.* (Saint Augustin, *De utilitate credendi*, XI, 25, Migne, *Patr. lat.*, t. 42, col. 83 [1].)

Dans ces conditions, l'intelligence ne supprime point le mystère; elle ne le ruine point, ne le réduisant point au niveau de la raison. Elle s'élève au contraire jusqu'au mystère, jusqu'à percevoir comme naturel, dans sa surnature, le mystère lui-même. Si la foi nous apprend quelque chose sur Dieu, l'âme qui veut posséder Dieu doit passer par la foi. Et la foi reste intacte et mystérieuse, parce que l'intelligence, en la dépassant, l'enveloppe sans la détruire et fonde sa réalité.

Cette connaissance est possible de droit pour tout homme en vertu de l'image de Dieu qui est en lui. *Ad imaginem Dei factus est homo secundum animam. Sic ut enim imago rei cernitur in speculo, ita anima in sui ratione Deum cognoscere potest.* (Hugues de Saint-Victor, *Sum. sent.*, III, II, Migne *Patr. lat.*, t. 176, col. 91.) *Mens siquidem nostra ab eo ipso ejus imago est, quo ejus capax est, ejusque particeps esse potest.* (Saint Bernard, *Medit. de cognitione hum. conditionis*, I, 2, Migne, *Patr. lat.*, t. 184, col. 486.) Cette connaissance se réalise dans la mesure où l'âme s'intéresse au reflet de Dieu qui est en elle, dans la mesure où elle se déplace vers ce qui est intérieur, invisible et indestructible, en d'autres termes vers ce qui est l'image ressemblante de Dieu.

Au XVIIe siècle, cette union par en haut de la foi et de la raison n'est plus guère convenable. Il y a longtemps en effet que la raison est sollicitée d'un côté et la foi de l'autre; il y a longtemps qu'on assiste à des entreprises raisonnables autonomes et que l'unité relative de la chrétienté médiévale est compromise. « Après le divin, écrit Amiel, l'humain se fit jour... Le besoin d'activité, de passion, d'exa-

1. Cf. le précieux livre déjà cité : V. LOSSKY, *Essai sur la théologie mystique de l'Eglise d'Orient.*

men, tous les besoins humains, en un mot, se réveillèrent... Après l'époque où le christianisme est tout, l'époque où il n'est plus quelque chose... Ou, pour tout dire en un seul mot, après l'homme surnaturel, l'homme naturel.» (*Essais critiques,* p. 49.) Sans doute, le moyen âge ne fut ni le paradis terrestre ni la cité céleste à venir ; il eut ses imperfections puisqu'il se manifestait dans les hommes. Mais il est vrai qu'au XVIe siècle l'intelligence s'est assez désséchée et rationalisée pour entraîner sa condamnation par les réformateurs : « ...Ce n'est point une doctrine spéculative, s'écrie Calvin, quand il est dit que notre Seigneur Jésus a enduré les frayeurs horribles de la mort... » (*Plusieurs sermons,* p. 47.) Il est vrai aussi que saint Louis a laissé la Sainte Chapelle, et Louis XIV les dieux grecs du jardin de Versailles.

Dans ces conditions, lorsque Leibniz voit dans la connaissance de foi une connaissance imparfaite de raison, il est permis de se demander s'il s'agit du *credo ut intelligam* des augustiniens, ou au contraire du rationalisme hégélien. Certes, ce n'est ni l'un ni l'autre, mais c'est en quelque façon l'un et l'autre.

On connaît la preuve leibnizienne de l'existence de Dieu par l'idée de Dieu. La démonstration « commencée par saint Anselme et poussée par M. Descartes » doit être perfectionnée, selon Leibniz, par la preuve de la possibilité de l'Etre tout parfait. On ne peut en effet tirer argument de la définition de Dieu qu'après avoir montré que cette définition n'est pas contradictoire : ...*Nam definitionibus non possumus tuto uti ad concludendum, antequam sciamus eas reales, aut nullam involvere contradictionem.* (*Meditationes,* G. IV, 424.) Si l'on démontrait ce qu'on suppose tacitement, savoir que l'Etre parfait est possible, on pourrait dire que l'existence de Dieu serait démontrée géométriquement *a priori.* En attendant, l'argument de saint Anselme, tout imparfait qu'il est, montre cependant que la nature divine a le privilège de n'avoir besoin que de sa possibilité ou essence pour exister actuellement ; il suffit que Dieu soit possible pour qu'il soit réel et c'est là seulement que vaut la conclusion *a posse ad esse.* On pourrait donc mettre l'argument en forme (car il ne faut pas dépêcher légèrement la conclusion que Dieu existe) de la manière suivante : l'être dont l'existence suit de l'essence, s'il est possible — en d'autres termes : s'il a une essence — existe (ce qui est un axiome identique ou indémontrable). Dieu est l'être dont l'existence suit de l'essence (par définition). Donc Dieu, s'il est possible, existe. C.Q.F.D. On voit par là que pour obtenir une démonstration géométrique de l'existence de Dieu, il reste à démontrer avec la sévère rigueur du géomètre la possibilité de Dieu [1].

On peut remarquer que cette entreprise de démonstration, dans laquelle Leibniz est redevable particulièrement à Duns Scot [2], si raisonnable qu'elle soit, ne va pas sans une certaine intuition de Dieu, grâce à laquelle se constitue et s'impose l'idée de l'être nécessaire. C'est ce qui explique la condamnation kantienne de l'argument, et montre que la raison chez Leibniz reste en accord avec la foi et comme sur le chemin qui y conduit.

Cependant, notons aussi que l'imperfection de l'argument de saint Anselme est l'exemple favori dont se sert Leibniz dans sa critique de la doctrine cartésienne de l'évidence. Nous pensons souvent à des chimères impossibles, dit-il, comme le plus grand nombre, la rencontre de la conchoïde avec sa base, le dernier degré de la vitesse. Supposons, dans ce dernier cas, cette vitesse réalisée par une certaine roue ; il sera toujours possible de prolonger le rayon de cette roue et d'obtenir sur la circonférence un mouvement plus rapide encore. Il ne suffit donc pas que nous pensions à quelque chose pour affirmer que nous en avons l'idée possible ; il s'agit de savoir si cette chose est possible ou intelligible, *an tale ens possibile sit, sive intelligi possit* [3].

Certes, en soumettant toutes nos pensées, y compris l'idée de Dieu, au critère de la non-contradiction, Leibniz montre assez à quelle hauteur se situe pour lui l'idée de possibilité. Puisqu'une chose est possible lorsque nous y avons remarqué ce qui nous la fait connaître, il ne saurait y avoir ici de différence entre l'idée de Dieu et celle de tout autre être.

Cependant nous sommes avec Leibniz à la fin du XVIIe siècle et chez un auteur engagé dans l'entreprise scientifique, c'est-à-dire purement humaine, de Descartes et des modernes. Par suite, il est difficile de ne pas soupçonner dans l'exigence leibnizienne de vérification de l'idée de Dieu, la possibilité de l'introduction entre Dieu et l'hom-

1. Cf. à Fabri, G. IV, 261 ; à Spinoza, milieu novembre 1676 (démonstration de la possibilité de Dieu par la compatibilité des perfections), Pr. Ak., II, I, 271-273 ; à Eckhard, été 1677, Pr. Ak., II, I, 362 sqq. ; à Elisabeth (?), 1678, Pr. Ak., II, I, 433 sqq. ; *Medit.*, G. IV, 424 ; *Discours*, § XXIII ; *Animad.*, I, 14, G. IV, 358-359 ; G. IV, 401-406 ; à Jaquelot, 20 novembre 1702, G. III, 442-447 ; *Nouv. Ess.*, IV, X, § 7, G. V, 418-421 ; à Bierling, 10 novembre 1710, G. VII, 490 ; *Monad.*, §§ 44-45. Voir J. IWANICKI, *Leibniz et les démonstrations mathématiques de l'existence de Dieu.*

2. Quoique Leibniz, semble-t-il, n'en dise rien.

3. Cf. à Oldenburg, 28 décembre 1675, Pr. Ak., II, I, 250, 7-20.

me de l'écran pour ainsi dire de la raison humaine. Avec le *si possibilis* leibnizien, la voie est trop bien ouverte à l'idéalisme postcartésien posant au premier plan la rationalité moderne, soit qu'il interdise avec Kant le passage du possible à l'existant, soit qu'il supprime toute considération de l'en soi, comme chez Hegel. Si la possibilité, chez Leibniz, est peu ou prou de même nature que les vérités nécessaires des sciences humaines et cartésiennes, il semblerait plus naturel de voir conclure de l'existence de Dieu au caractère non contradictoire de son essence, plutôt que l'inverse; quitte à établir l'existence de Dieu *a posteriori* seulement.

Tout autre est la démarche de saint Anselme [1]. Il ne s'agit point du tout chez lui d'une raison qui suffirait sans la foi à établir l'existence de l'Etre nécessaire; il s'agit au contraire de comprendre ce que croit la foi et de s'élever à la contemplation de Dieu. Le *Proslogion* est d'abord la recherche ardente de la présence de Dieu : *Eia nunc homuncio, fuge paululum occupationes tuas.. Intra in cubiculum mentis tuae, exclude omnia praeter Deum*... (I, Migne, *Patr. lat.*, t. 158, col. 225.) La pensée s'y détache de toute multiplicité : *Nullae... partes sunt in te, Domine, nec es plura, sed sic es unum quoddam et idem ipsum, ut in nullo tibi ipsi sis dissimilis*... (XVIII.) Et dans la conscience qu'elle prend de soi, la foi élève l'âme au-dessus d'elle-même : *Ergo, Domine, non solum es quo majus cogitari nequit, sed es quiddam majus quam cogitari possit.* (XV.)

Connaître, c'est donc ici s'installer dans ce qui auparavant était l'incompréhensible; c'est être doué d'yeux nouveaux, de sens nouveaux, de sorte que la lumière apparaît là où on ne pouvait la voir. Il est d'observation courante qu'une chose qui paraissait absurde puisse passer finalement pour véritable : c'est que notre point de vue a changé. Il est vraisemblable que s'il s'agit de découvrir l'être et la raison dernière des choses, il y a lieu de s'attendre à quelque transformation de ce genre.

La foi et la raison peuvent être *unis* au-dessus d'eux-mêmes dans l'intelligence, comme en général chez les augustiniens. La raison peut être *distinguée* de la foi sans pourtant s'y opposer, comme chez

1. Par rapport aux modernes, la doctrine de saint Anselme est bien une doctrine de l'Intelligence; on pourrait noter cependant certaines nuances (comme la volonté de démonstration qui s'y manifeste), qui la distinguent de la doctrine de Clément d'Alexandrie par exemple.

les thomistes. Avec les modernes, la raison tend à se *séparer* de la foi. Il s'agit alors pour les uns de mettre la foi à l'abri de la raison, comme chez Arnauld, et pour les autres de donner du champ à la curiosité, comme chez Régius. La position de Leibniz est plus complexe que celle des jansénistes ou des cartésiens de Hollande. Très scolastique dans son vocabulaire et ses intentions, Leibniz distingue la foi et la raison sans les séparer; mais la raison chez lui n'étant pas tout à fait étrangère à la raison cartésienne, il y a en elle une certaine tendance — étant donné l'importance qui lui est accordé — à contrebalancer la foi.

L'unité de la civilisation au XVIIe siècle, et l'union de la foi et de la raison, étaient moins profondes qu'il ne pourrait sembler. La raison et la foi se toléraient l'une l'autre, au nom d'une convention polie et un peu solennelle; comme on l'a dit avec bonheur, leur accord était « imposant avec décence » [1]. Mais enfin, la religion était encore une forme de vérité. Au siècle suivant, quand on tolère la religion, c'est avec condescendance, comme on admet les faiblesses de l'humanité : « Ce qui me prouve la nécessité d'un révélation, écrit Montesquieu, c'est l'insuffisance de la religion naturelle, ou la crainte de la superstition des hommes; car, si vous aviez mis aujourd'hui les hommes dans le pur état de la religion naturelle, demain ils tomberaient dans quelque superstition grossière. (*Cahiers*, p. 176.) Quant à la rupture dont le XIXe siècle a été témoin, le passage qui suit d'Eugène Burnouf l'éclaire suffisamment : « L'Etat, en séparant, laisse à chaque communion le soin de pourvoir à sa subsistance; les communions, en se dissolvant, laissent à chacun sa croyance privée. Ainsi les temples deviendront déserts ou serviront à de nouvelles assemblées; au dehors règnera la paix dans les âmes, la lumière dans les esprits, l'activité dans les forces sociales, la science enfin, autour de laquelle les individus et les peuples se seront groupés. » (*La science des religions*, p. XIII.) Il est certain que ce dernier texte révèle une grande foi; mais c'est une foi qui manque d'intelligence et qui ne mérite pas le nom de foi.

L'histoire nous fait donc assister à l'abaissement progressif de l'objet de l'intelligence et à la dissociation grandissante de la nature et de la surnature. Or, s'il est vrai que la surnature est notre vraie nature, ce mouvement de la pensée est une singulière erreur. « La religion naturelle, écrit Vinet, est celle de l'homme normal... C'était celle d'Adam avant qu'il fût tombé. Nous appelons peut-être surna-

1. Cf. J. DUPROIX, *Raison et foi d'après Leibniz*, p. 55.

turelle l'intimité de ses communications avec Dieu; mais c'est par un abus de mots et par une erreur d'optique. La plaine paraît un sommet pour qui la voit du fond de l'abîme; la nature paraît surnaturelle pour qui est au-dessous de la nature. » (*Philosophie religieuse*, pp. 352-353.) Tout est miracle et grâce pour l'homme séparé de Dieu; tout serait « naturel » pour l'homme relevé.

CHAPITRE XI

Des degrés de la connaissance

Dans le présent chapitre et le suivant, nous abandonnons l'étude de la philosophie de Leibniz pour considérer en lui-même le point de vue intellectuel où nous avons voulu nous placer précédemment. Les remarques que nous allons faire ne sauraient à vrai dire « démontrer » la légitimité de ce point de vue, car la certitude métaphysique ne se tient pas au niveau de la démonstration ordinaire : il n'y a pas de « preuve » qui aille de l'ignorance à la science de sorte que la connaissance dépendrait de l'ignorance. On peut indiquer l'idée métaphysique, acheminer vers elle, mais non la prouver, au sens ordinaire du terme, sinon pour ceux qui la possèdent déjà. Qui prouve Dieu le possède déjà.

Dans ces conditions, puisque la preuve est toujours intérieure à la connaissance, ce qui compte dans le raisonnement, c'est l'intention qui l'anime et qui est pour ainsi dire son âme. C'est l'âme des raisonnements qui nous intéresse ici, et c'est en elle ou dans la connaissance qu'elle a d'elle-même, que nous voyons la possibilité d'une multitude de degrés (comme le croit Leibniz), suivant la hauteur de l'inspiration, tous réunis (quoique obscurément) dans toutes les âmes. Le titre que porte ce chapitre attire donc l'attention sur l'idée centrale des pages qui suivent, savoir qu'il existe une échelle des possibilités de l'âme, et ne saurait promettre davantage.

L'être vaut ce qu'il connaît. A la vie sommeillante des végétaux correspond leur faible dignité dans la hiérarchie des êtres; l'éveil de la conscience animale situe certains êtres à un niveau plus élevé; l'homme enfin domine les êtres visibles. Mais si l'homme possède en fait, avec la faculté de raisonner qui lui est propre, ce qu'il faut pour affirmer sa supériorité parmi les êtres visibles, il n'a pas encore par là et automatiquement la possession effective de la totalité de son être et le droit de gouverner l'univers à sa guise. Avant toute entreprise s'impose pour lui l'étude de sa nature véritable de sujet connaissant et agissant, l'étude de son origine et de sa fin, de peur que ne soit engagée une démarche imparfaite. Le danger est ici la hâte, c'est-à-dire le choix d'un type de connaissance et d'action résultant d'une réflexion inachevée.

Un tel choix détournerait l'homme de la réalité, l'amènerait à concevoir les choses à la mesure de certaines exigences de l'intelligence, cette intelligence constituant la réalité à son image ou choisissant dans les choses l'aspect qu'elle souhaite y trouver. L'homme par suite perdrait sa place centrale dans l'univers; loin de gouverner les choses, il serait gouverné par elles, puisqu'il ignorerait ce qu'il est et ce qu'elles sont. Or ce choix est fréquent depuis que les *recentiores* l'ont accrédité, enseignant à quitter l'étude du fond des choses parce qu'elle nous est inaccessible, et à s'adonner uniquement aux activités limitées qu'ils voulaient seules concevoir.

Sans doute, les activités de l'intelligence ne sont jamais absolument limitées. A prendre les choses rigoureusement, l'humain pur n'existe pas, car il n'y a rien, absolument parlant, qui soit sans rapport avec Dieu : Descartes fait appel à l'existence de Dieu pour garantir la connaissance humaine, et Kant admet l'en soi pour soutenir en général la réalité du phénomène. Tout acte de connaissance, en tant que tel, nous met en quelque façon en rapport avec Dieu. Nous ne penserions pas, si imparfaite que soit notre pensée, s'il n'y avait pas une pensée suprême. Le seul fait du jugement vrai en tant que vrai nous impose, selon Arnold Reymond, l'idée d'une pensée absolue en qui se trouve fondée la possibilité de toute vérité. On comprend donc que Leibniz puisse rattacher à Dieu la physique même des modernes.

Cependant, si dans l'acte de penser nous ne sommes pas séparés absolument de Dieu, nous ne connaissons pas encore Dieu par là même. Il est certain que Dieu en quelque façon contient toutes les vérités que nous pouvons formuler, mais ce n'est pas dans le développement indéfini de ces vérités que nous devons chercher Dieu. La pensée, en se détournant en fait et souvent de son aveu même de la recherche de Dieu comme tel, s'engage dans des entreprises intéressantes et non insignifiantes en elles-mêmes, d'où il est possible toujours de remonter à Dieu, mais qui ne sont pas déduites de la connaissance de Dieu, et qui par suite sont décentrées en quelque sorte ou désaxées (c'est pour cela qu'elles peuvent être aussi nuisibles qu'utiles), et dans lesquelles la pensée ne rencontrera jamais l'intelligence de son origine et de sa fin. La connaissance de Dieu, par rapport aux recherches spéciales auxquelles l'homme peut se livrer, constitue ainsi un niveau transcendant, et il est possible en un certain sens de parler avec Montaigne et Descartes de connaissance purement ou proprement humaine.

Que la connaissance «purement humaine» soit limitée et partielle, on l'accorde généralement. Il est vain de rappeler ici l'imperfection des vérités de la science moderne et leur caractère toujours provisoire. On sait que ces vérités sont relatives à des domaines restreints de réalité et à des moyens restreints de connaissance, et que le chercheur, intervenant dans le choix des idées et le choix des faits, ne peut admettre l'idée de vérités en soi ou de vérités préexistantes [1]. Certes, la science moderne « réussit ». Mais que veut dire ce mot ? Connaissons-nous le critère de la réussite ? Tout peut réussir, une mauvaise action comme une bonne; un vol peut réussir sans être pour cela l'idéal des actions humaines. Mais, dira-t-on, il s'agit ici de connaître et l'on connaît en effet. Il est vrai qu'on connaît quelque chose, mais rien ne prouve que ce soit ce qu'il importe de connaître des choses et tout ce que l'on peut connaître d'elles. L'intelligence choisit les faits qui l'intéresse ou qu'elle peut voir, et l'évidence a son histoire [2]; il y a des évidences qui naissent et d'autres qui meurent. Il faut donc avouer que le regard est plus important que l'objet, que les faits nous sont donnés avec nos prémisses intellectuelles et que nous ne sortons pas de nous-mêmes. Or c'est le propre du philosophe de s'inquiéter des prémisses.

Un type de connaissance qui ne peut donner tout ce que l'intelligence demande, n'est pas philosophique. De plus, comparé à la connaissance absolue, il est contingent. On ne peut donc le considérer comme le moyen nécessaire de connaître la nature sans dissocier la nature et l'en soi et sans rendre le phénomène nécessaire pour nous. Cette conséquence du cartésianisme, il ne semble pas que Leibniz la

1. Cf. S. GAGNEBIN, *Pour le troisième centenaire de la naissance de Leibniz*, dans *Dialectica*, vol. 1, N° 1, p. 96.

2. Cf. H. HOEFFDING, *Le concept d'analogie*, pp. 87-88.

surmonte entièrement : malgré sa volonté d'analyse complète, il ne cesse pas de considérer comme nécessaire la « philosophie intelligible » des modernes, et c'est par là, tout métaphysicien qu'il soit encore, qu'il ne laisse pas de préparer Kant.

Les types particuliers de connaissance ne sont pas illégitimes en eux-mêmes ; ils le sont dans la mesure où, se considérant comme nécessaires, ils excluent ce qui les dépasse. La philosophie — au sens fort de ce terme — ne méprise point les connaissances particulières possibles. Elle les admet toutes dans la mesure de leur participation à la connaissance totale [1]. La philosophie n'exclut rien ; tout au contraire la suppose. Elle ne paraît exclusive que pour la pensée limitée à tel ordre particulier de connaissance et qui confond la négation de cet ordre de connaissance dans ce qu'il a de limité, avec sa négation tout court.

Tout raisonnement, disions-nous, a une âme puisqu'il procède toujours d'une certaine perception des réalités intellectuelles. Loin de contester la vérité propre des raisonnements dont l'âme soit capable, la philosophie demande seulement que cette perception soit assez profonde. Dans ce développement de la conscience intérieure, aucune vérité ne sera condamnée, aucune richesse ne sera perdue. Une pensée profonde est en même temps une pensée riche, enveloppant toutes les pensées plus extérieures, comme d'un sommet la vue s'étend davantage.

Il y a donc une négation qui appauvrit et une négation enrichissante. La première seule est une négation destructrice ; la seconde est une invitation à s'élever, à ne pas considérer comme suffisant ce qui requiert autre chose, à ne pas ignorer ce dont tout dépend : *Sunt enim qui...nescientes quid sit Deus, et quanta majestas semper eodem modo manentis naturae, magnum aliquid se agere putant, si universam istam corporis molem, quam mundum nuncupamus, curiosissime intensissimeque perquirant.* (Saint Augustin, *De moribus eccl.*, I, XXI, 38, Migne, *Patr. lat.*, t. 32, col. 1327.) A l'intention de ceux qui voudraient limiter la pensée à des opérations techniques, l'esprit des hommes est trop grand, dit la Logique de Port-Royal, leur vie trop courte, leur temps trop précieux [2]. S'il existe une connaissance capable de remplir l'âme, en elle se trouvent niées dans leurs limites et affirmées dans leur vérité toutes les pensées possibles de l'âme ; aucune d'entre elles en effet n'est cette plénitude, et toutes en pro-

1. Cf. N. LOSSKY, *L'intuition, la matière et la vie*, p. 84.
2. Cf. p. 7.

cèdent et ne seraient rien sans elle. Telle est l'intelligence, qui est la possession de ce vers quoi tend obscurément toute pensée, et la connaissance à quoi tout jugement vrai rend hommage. *Nunc autem sapientes voco, non cordatos et ingeniosos homines; sed eos quibus inest, quanta inesse homini potest, ipsius hominis Deique firmissime percepta cognitio, atque huic cognitioni vita moresque congruentes...* (Saint Augustin, *De utilitate credendi,* XII, 27, Migne, *Patr. lat.,* t. 42, coll. 84-85.)

Si la science véritable et nécessaire existe, elle ne laisse rien en dehors d'elle et l'on ne peut rien dire de plus qu'elle, quoiqu'on puisse dire moins aussi longtemps qu'on voudra. Le plus n'a pas besoin du moins, c'est au contraire le moins qui a besoin de lui, et c'est ainsi que dans l'ordre se constituent les sciences particulières, qui sont à la fois un échelon dans la montée vers l'intelligence et une conséquence de l'intelligence. Platon les concevait ainsi, et d'une manière analogue le moyen âge fit de la philosophie la reine des sciences. La logique de Port-Royal dit encore avec les anciens : « On se sert de la raison comme d'un instrument pour acquérir les sciences; et on se devrait servir au contraire des sciences comme d'un instrument pour perfectionner sa raison. » (P. 6.) On trouve des formules semblables chez Leibniz [1]. Mais cette doctrine au XVIIe siècle n'est plus guère qu'un souvenir : une physique des formes est naturellement orientée vers l'Acte pur; au contraire, il n'existe plus en fait de relation directe entre les sciences cartésiennes et l'entendement divin. De là ce caractère double de la connaissance chez beaucoup de modernes : la religion d'une part les conduit à croire à l'existence de la vérité en soi, et d'autre part la science les rend attentifs au développement de certaines vérités relatives à nous-mêmes.

L'intelligence, si elle est totale, nous éclaire en même temps sur la destinée des êtres et sur la nature du monde, car l'une ne peut être séparée de l'autre. La fin de l'homme ne peut être séparée de sa nature, et la nature de l'homme ne peut être séparée de celle du monde, puisqu'en l'homme se retrouvent l'animal, le végétal et le minéral qui constituent l'univers sensible. Comment l'homme pourrait-il être isolé de l'univers ? Comment pourrait-on connaître ce qu'il y a de plus important dans l'homme, c'est-à-dire son âme et sa destinée, et ignorer l'univers, dont l'homme est le maître visible ?

1. Cf. au Landgraf Ernst von Hessen-Rheinfels, août 1683, Pr. Ak., II, I, 536; G. VII, 79; à Remond, 11 février 1715, G. III, 639.

L'âme est antérieure au monde et l'ordre du monde est son œuvre. Il suit que la connaissance métaphysique est en même temps une connaissance de la destinée de l'âme et une connaissance de l'ordre cosmique.

L'intelligence, si elle est totale, est nécessairement une. Elle est au-dessus des disputes et supérieure à la diversité des systèmes. Il est surprenant de voir avec quelle facilité les partisans des doctrines de l'époque moderne et de la fin du moyen âge s'attribuent les uns aux autres des absurdités ou de purs jeux d'esprit [1]. C'est qu'il y a dans ces doctrines une part de contingence ; inférieures à la foi, elles peuvent êtres multiples, puisqu'elles relèvent d'un choix particulier et exclusif de la raison située à tel ou tel point de vue.

L'intelligence issue de la foi est au contraire toujours identique à elle-même. La multiplicité des sytèmes ne l'étonne pas : loin d'apparaître comme des univers irréductibles (ce qu'ils sont en effet considérés en eux-mêmes), les systèmes semblent les possibilités d'une doctrine unique, correspondant à la multiplicité inévitable des points de vue, un passage étant donné par en haut ou par le centre de l'un à l'autre.

L'intelligence, si elle est totale, est immuable et n'a jamais varié, pas plus que n'a varié le fait que l'homme naît, vit et meurt. Et si l'on s'étonne d'être toujours dans l'ignorance alors que la vérité a déjà été trouvée, il ne faut s'en prendre qu'à soi-même. C'est à chaque homme individuellement qu'il incombe de découvrir à nouveau la vérité. L'intelligence ne se transmet point comme se transmet un objet. L'objet est tout fait alors que la science doit se refaire en chacun de nous. Il n'y a rien de plus difficile à communiquer que la connaissance véritable puisqu'il n'y a rien de moins extérieur et de moins sensible. Dieu seul à vrai dire la communique, puisqu'il est seul capable d'agir sans instrument et sur l'âme même.

Le point de départ de la connaissance est le doute, non pas le doute qui soumet toute vérité à l'évidence proprement humaine, mais celui qui nous détache de nous-mêmes et consiste dans un aveu d'ignorance accompagné du sentiment de la grandeur divine. La connaissance la plus claire part du fond le plus intime [2]. A moins

1. Cette diversité et cette hostilité entre eux des systèmes à la fin du moyen âge expliquent et justifient en partie l'attitude des réformés et des cartésiens à leur égard.

2. RUSBROCK, trad. Hello, p. 245.

d'anéantir l'homme extérieur, on ne peut apercevoir la grandeur divine [1].

La connaissance suppose le retour de la pensée sur elle-même ou la confiance que blâme François Bacon en parlant de l'erreur qui procède *ex nimia reverentia et quasi adoratione intellectus humani, unde homines abduxere se a contemplatione naturae atque ab experienta* [2]. Ce blâme peut être justifié dans certains cas, mais Bacon arrache ici la bonne et la mauvaise herbe.

Tout nous est donc donné dans l'idée, si vague soit-elle, de la grandeur divine. Plus nos pensées cèdent la place à cette idée, plus parfaite peut devenir la science. Non certes la science qui mesure, pèse et compte au sens moderne de ces expressions, mais celle qui envisage l'être même des choses dans son origine, sa nature et sa fin. Sans doute, cette science-ci ne nous donne pas les nombres et les mesures que nous enseigne la première. Mais sans exclure jamais sa possibilité, elle nous donne infiniment plus qu'elle, puisque la vérité des choses, que recherche toute science particulière, est atteinte ici sans restriction d'aucune sorte, puisque enfin rien ne saurait être plus utile à l'être que la connaissance de sa vraie nature. Celui qui possède la science suprême possède par là même ce que peuvent désirer toutes les sciences possibles ; il n'est pas gêné par l'ignorance où il est de ces sciences puisqu'il sait beaucoup plus qu'il ne pourrait apprendre avec elles, et puisqu'il les possède toutes virtuellement, comme des possibilités auxquelles il pourrait descendre à chaque instant, en limitant d'une façon ou d'une autre l'objet de ses pensées.

On voit mieux maintenant comment les sciences secondes — qu'elles soient proprement humaines comme chez les modernes ou rattachées à la science divine comme chez les anciens — sont contingentes et facultatives. A prendre les choses absolument, il est possible d'atteindre la connaissance immédiatement et sans elles et la connaissance véritablement possédée les rend vaines sans cependant les nier. L'erreur philosophique consiste donc à s'attacher au contingent comme s'il était nécessaire et suprême, à lier l'âme à certaines pensées limitées comme si c'était là sa destinée véritable et ses seules possibilités. Il est normal, certes, que l'âme, tant qu'elle ne possède pas effectivement la connaissance suffisante, recoure aux sciences secondes. Mais elle doit les traiter en instruments et non en fins, en instruments en vue d'une connaissance plus haute. Les sciences modernes, hélas ! sont très peu

1. Cf. DIADOQUE DE PHOTICÉ, *Cent chapitres sur la perfection spirituelle*, p. 80.

2. Cf. *De dignitate et augm. scient.*, I, 43, *Œuvres*, t. I, p. 71.

aptes à ce rôle d'intermédiaire, puisqu'elles ne constituent pas des reflets de la connaissance totale. Les sciences modernes sont en effet linéaires ; ce n'est pas vers Dieu qu'elles sont tournées, mais vers l'avenir de leur propre développement ; c'est pourquoi le savant moderne est si souvent athée. L'objet des sciences modernes ne met pas l'intelligence en rapport avec Dieu ; il enchaîne la pensée à des préoccupations purement humaines et la conduit où elle ignore [1].

Si donc on définit la science par la connaissance de soi, une hiérarchie apparaît entre les âmes suivant la distance où elles sont de la science totale, c'est-à-dire de la possession actuelle de la totalité de leurs possibilités. Les âmes, écrit Plotin, n'ont pas toutes la même relation aux choses de l'intelligence : les unes y sont unies, d'autres les désirent, d'autres en sont plus éloignées encore ; les âmes n'agissent pas en effet avec les mêmes facultés, bien que chacune possède aussi les facultés les plus hautes [2].

Ainsi le « connais-toi toi-même » delphique et socratique a un sens bien plus profond qu'on ne le croit souvent : il ne s'agit point de connaître les conditions de telle science particulière ou des sciences particulières considérées en général ; il s'agit de la connaissance de la vérité universelle, dont le seul fait que nous pensons nous donne la promesse. Comme le dit Husserl, il convient de perdre le monde pour le retrouver plus tard dans la connaissance universelle que l'on prendra de soi-même. Cependant l'ἐποχή husserlienne est encore insuffisante. Elle est un certain détachement de l'objet en vue de le mieux décrire, mais elle n'est point la transformation et la découverte intérieure de la pensée en vue d'atteindre effectivement la source métaphysique des choses, au sens fort dont il est question ici. Rien n'est plus banal chez certains successeurs de Husserl que la complaisance dans l'imperfection humaine et la réduction de la métaphysique à ce point de vue, de sorte que la solution complète des

1. Rappelons que le mérite de Leibniz à nos yeux est d'avoir tenté, à l'aide du principe de raison, une réassociation des sciences secondes avec la science suprême. Nous avons cru cependant que la physique leibnizienne ne constituait pas proprement un étage de la connaissance divine, qu'elle s'engageait bel et bien dans l'entreprise linéaire des modernes et qu'elle favorisait par là une certaine solidification devant l'intelligence du phénomène comme tel. Quoique le principe de raison, chez Leibniz, fondant les lois générales de la physique, garantisse la relation (et même la fusion partielle) du monde phénoménal avec celui des substances, cependant il suffira à Kant de porter son attention sur ce qu'il est en fait et à chaque instant dans l'élaboration de la science, pour inventer le principe subjectif de causalité régulateur de l'expérience.

2. Cf. *Enn.*, IV, 3, 6.

problèmes se trouve condamnée comme par définition et par hypothèse. En réalité, se connaître, c'est connaître que l'on connaît et appréhender par là tout le connaissable, sans restriction, puisque la restriction serait une pensée particulière asservissant la pensée considérée universellement, le moins s'imposant au plus. La connaissance de soi est donc la connaissance de l'objet suprême de la pensée.

On le voit, cette saisie universelle des possibilités de la pensée ne pouvant se faire au détriment d'aucune d'entre elles, la hiérarchie des âmes entre elles envisagée ici n'est point fondée sur une qualité ou un talent particulier : le talent de l'artisan n'a pas ici plus de prix que celui du mathématicien, et l'érudit n'est pas nécessairement plus avancé que l'illettré. La hiérarchie des âmes est fondée sur la distance des âmes à Dieu. Ce qui bien entendu est symbolique et ne concerne point l'espace : *...Tanto a te longius, quanto dissimilius, neque enim locis.* (Saint Augustin, *Conf.*, XII, VII, 7 [1].)

Cette hiérarchie d'ailleurs n'existe que du point de vue de l'homme imparfait. Dieu est également proche de tous, de même que la pensée est tout entière présente en toute âme, quoique l'âme ne le sache pas toujours. Dieu aime et connaît tous les hommes également, mais tous ne l'aiment pas et ne le connaissent pas de la même façon. Dieu répond clairement à tous les hommes, mais chacun n'entend pas sa parole avec la même clarté : *Liquide tu respondes, sed non liquide omnes audiunt.* (Saint Augustin, *Conf.*, X, XXVI, 37.) L'âme qui connaît Dieu est l'âme pensante ou, plus précisément, la partie supérieure de cette âme, son œil intérieur ou intelligible. Mieux encore, l'âme qui connaît Dieu n'est pas n'importe quelle âme (quoique n'importe laquelle le puisse en droit), mais celle qui est pure et sainte, celle dont l'œil intérieur est sans défaut, sans tache et limpide, semblable en cela aux réalités qu'il cherche à voir [2].

La lumière de Dieu se répand sur tous les êtres, mais il appartient à chacun de la refléter selon sa nature et ses possibilités de fait. Dieu nous donne tout ce que Dieu peut donner, c'est-à-dire plus que nous ne pouvons souhaiter. A nous d'aller à lui pour recevoir ses dons. *Quam ob causam, o pater, non omnibus partitus mentem est Deus ? Voluit o fili, hanc in medio, veluti praemium animis proponere* [3].

Mais que le mot récompense ici ne trompe point. Il indique une corrélation inévitable entre la connaissance effective de Dieu dans

1. Cf. *Conf.*, X, XXVI, 37.
2. Cf. saint AUGUSTIN, *De diversis quaestionibus LXXXIII*, XLVI, 2, Migne, *Patr. lat.*, t. 40, col. 30.
3. HERMÈS TRISMÉGISTE, Hambourg, 1593, pp. 177 verso-178.

une âme et la dignité actuelle de cette âme; mais il ne subordonne point du tout les dons de Dieu aux mérites des âmes. Si les âmes s'enorgueillissaient de leur succès, un tel orgueil serait absurde puisque l'âme n'a rien que Dieu ne lui ait donné; et ridicule puisqu'il détruirait à l'instant même la grâce qu'il se vanterait d'avoir méritée [1].

Toute hiérarchie est symbolisée dans l'espace par la ligne verticale. Sur celle-ci se déterminent deux directions, l'une vers le haut ou le ciel, l'autre vers le bas ou la terre. L'homme se situe ordinairement au milieu de cette ligne, entre les deux directions, naturellement supérieur à l'être imparfait des plantes et des animaux, quoique inférieur encore à l'immutabilité véritable qui est auprès de Dieu [2]. Le ciel, moteur et enveloppe permanente du monde, représente la beauté, la puissance et l'incorruptibilité de l'Etre véritable, dont l'âme s'approche en découvrant en elle l'idée d'une pensée suffisante et connue parfaitement d'elle-même. La ligne verticale est donc le support symbolique d'un mouvement invisible et le ciel visible est l'image de la réalité spirituelle. De même, ce qui est important dans un être, ce qui fonde son degré d'être ou de connaissance, ce n'est pas ce qu'on voit et ce qu'on touche, mais l'être intérieur ou spirituel qu'on ne peut ni voir ni toucher. L'être dans sa nature fondamentale n'est pas cette figure que le doigt peut désigner, mais au contraire le principe interne et directeur de ce qui apparaît à nos yeux : *...Qui videtur, non ipse verus homo est; sed verus ille est, a quo regitur, quod videtur* [3]. (Macrobe, *Comm.*, II, XII.)

La philosophie consiste donc à chercher dans l'invisible le secret de la réalité du monde visible, ou à subordonner la réalité même des choses sensibles à des êtres purement spirituels. « Celui qui a reçu la lumière de la vérité, écrit Plotin, regarde moins les objets visibles que les choses invisibles : ἐκεῖ γὰρ τὰ ἀληθῆ. » (V, 3, 8, trad. Bréhier, t. V, p. 59.) La sagesse sait en effet que l'invisible enveloppe le visible comme le ciel enveloppe et contient la terre (sans être affecté par elle), comme les causes enveloppent et contiennent les effets (sans être identiques à eux), et comme l'unité est déjà tous les nombres (sans que les nombres soient l'unité primitive). Ainsi l'Etre pur dans son invisibilité enveloppe ou cause tous les degrés possibles et par

1. Cf. RUSBROCK, trad. Hello, p. 101.

2. Cf. saint AUGUSTIN, *De spiritu et anima*, XLVII, MIGNE, *Patr. lat.*, t. 40, col. 814; cf. LEIBNIZ, *Considérations sur les principes de vie*, G. VI, 543.

3. Cf. PLATON, *Alcibiade*, 129 b sqq.

suite inférieurs de l'être et de la connaissance. Demeurant immuable dans sa perfection, il produit le visible avec les êtres imparfaits, sans d'ailleurs lier essentiellement les êtres à cette imperfection, puisque tout procède de lui et doit retourner à lui.

Des deux directions symboliques, vers le haut et vers le bas, la première conduit donc vers la connaissance parfaite et totale et vers la racine céleste des êtres [1], la seconde au contraire rétrécit de plus en plus le domaine du connu [2] : ...*Visibilia invisibilibus cognoscuntur, sed non aeque qui visibilia vident invisibilia in eis vident, quia sensus quo invisibilia percipiuntur in summis infima comprehendit, sed sensus quo visibilia continguntur in infimis summa non capit.* (Hugues de Saint-Victor, *De sacr.*, VI, V, Migne, *Patr. lat.*, t. 176, col. 266.)

Si la hiérarchie des réalités va de l'invisible au visible, de ce qui est le plus réel malgré les apparences à ce qui est le moins réel malgré les apparences, c'est que le monde est finalement ce que Dieu en connaît, la connaissance que Dieu a du monde ne venant pas du monde, mais de Dieu lui-même dans son invisibilité. Dieu ne descend pas jusqu'à nos erreurs pour connaître le monde ; il sait en lui-même et pour lui-même ce que sont toutes choses visibles et invisibles sans que son unité et son invisibilité en souffrent [3]. Ainsi se renversent les rapports ordinaires : installé dans le monde, l'homme sensible situe Dieu bien loin dans l'inconnu, c'est-à-dire en somme dans l'irréel. Pour la pensée réfléchie au contraire, Dieu est plus réel que le monde (Dieu nous est plus proche que le corps, dit Leibniz), et la cause des êtres est plus réelle que les êtres puisqu'elle a le pouvoir de les produire.

Comment, dans ces conditions, chercher à connaître le monde sans commencer par connaître Dieu ? Aussi longtemps qu'on ignorera Dieu, il sera impossible de connaître l'état et la nature des choses, et la pensée se heurtera partout à des problèmes insolubles ou à des solutions superficielles — à moins qu'elle renonce à ces problèmes ou se contente de ces solutions, renonçant ainsi à la philosophie. Comme épigraphe aux *Cogitationes rationales de Deo, anima et malo*

---

1. « Du côté du haut, où eut lieu la naissance primitive de l'âme, la divinité a suspendu la tête, qui est notre racine, et donné ainsi la position verticale au corps entier. » PLATON, *Timée*, 90 a-b. Cf. *Rép.*, 586 a-b.

2. Cf. PLATON, *Rép.*, 527 b ; *Timée*, 28 a-b ; PLOTIN, *Enn.*, I, 8, 4 ; II, 3, 15 ; III, 8, 6 ; IV, 3, 1 ; V, 5, 7 ; etc.

3. Cf. DENYS L'ARÉOPAGITE, *Noms divins*, VII, § 2, trad. de Gandillac, pp. 143-144.

de Pierre Poiret, on lit ces mots de saint Jérôme : *Non rerum causae, sed rerum creator inquirendus est, per quem ad causas rerum, si ipsum didicerimus, intrabimus : caeterum, illo omisso, causas rerum quomodo cognitas habere poterimus* [1] ?

Comme le ciel sensible enveloppe le monde sans que rien lui échappe, ainsi Dieu est l'Etre universel. Origine de toute pensée et de tout être, il est non pas ce que tous les hommes connaissent actuellement, mais ce qu'ils pourraient tous connaître. On considère ordinairement comme universel ce qui peut être reconnu immédiatement par tout le monde : ainsi tout le monde, dit-on, s'accorde sans peine sur une opération technique de mesure et chacun admet facilement qu'il a un corps. Mais il est clair que plus une chose est universelle en ce sens-là, plus elle est abstraite et vide de réalité ou plus elle est basse dans l'échelle des êtres, c'est-à-dire limitée et, par suite, spéciale et particulière. Rien n'est moins total et universel (au sens vrai) que l'abstrait ou le technique purs : ils laissent échapper en effet tout le reste, toute l'affectivité, toute la vie, toute la spiritualité. Rien n'est moins universel aussi que le corps, puisqu'il ignore d'où il vient et où il va, puisque son existence est enfermée dans un moment étroit de la durée. L'universel véritable est ainsi ce dont procède réellement tout être, ce qui est présent en tout être, quoique d'une manière cachée. L'universel, c'est la réalité universelle dont la perfection dépasse toute chose limitée. C'est ce qui lie l'âme qui le connaît à tout ce qu'elle est et à tout ce qu'est le monde.

Seul l'universel véritable est donc capable d'unir les êtres. La raison particulière et spéciale ne possède pas ce pouvoir puisqu'elle n'atteint pas la réalité profonde et universelle des êtres, puisqu'elle est liée à l'apparence et à la multiplicité. Comment la pensée qui ne se préoccupe pas du fond des choses, qui n'atteint qu'un absolu frelaté ou renonce à l'absolu [2], comment cette pensée pourrait-elle instituer quoi que ce soit de valable touchant la nature de l'homme [3] ? La raison ordinaire laisse échapper au-dessus d'elle les problèmes qui la dépassent, et au-dessous d'elle la vie sensible, qu'elle ne peut dominer, siège de toutes les passions. Rien de ce qui touche à l'homme ne peut être résolu sérieusement sans tenir compte des mystères relatifs à son origine et à sa fin. Les problèmes sont là. Les ignorer, c'est y répondre malgré soi, c'est-à-dire maladroitement et en vain.

---

1. Cf. P. POIRET, *L'économie de la création de l'homme*, t. II, pp. 675-677.

2. Cf. l'observation de Cournot citée par É. BRÉHIER, *Histoire de la philosophie*, t. II, fasc. 4, p. 911.

3. De là l'illusion des partisans d'une « sagesse tout humaine », comme P. OLTRAMARE, *La religion et la vie de l'esprit*, p. 229.

L'homme est un animal métaphysique, et s'il ne possède pas la doctrine suffisante — dont il faut bien supposer l'existence puisqu'il existe lui-même — il constitue des métaphysiques de remplacement, qui sont d'autant plus éloignées de répondre à son attente secrète que leur objet est plus facilement universel, c'est-à-dire plus abstrait ou plus corporel.

Puisqu'elle remonte à l'universel, origine de mon être comme de tout être, la connaissance de soi est le contraire même de l'égoïsme. On peut définir en effet la hiérarchie des consciences en plaçant au sommet l'absence d'égoïsme ou la connaissance de soi, et en bas l'attention à certains intérêts limités de l'âme ou l'ignorance de soi. L'élévation de la pensée vers l'Etre véritable a pour condition l'abandon des préoccupations restrictives d'un *ego* s'opposant aux autres. En atteignant la connaissance suprême, la pensée, non seulement se découvre elle-même, mais découvre encore tous les êtres. En allant vers ce qu'elle est en réalité, elle va en même temps vers les autres. Celui qui se connaît soi-même, délivré de l'*ego* restrictif, est capable de toute bonté et de tout sacrifice parce qu'il ne s'oppose plus à aucun être [1], parce que tout être perd sa force devant lui.

Il est vrai que désintéressé par rapport à lui-même, il semble aussi parfois ne pas s'intéresser aux autres. C'est qu'il ne distingue pas à leur manière ce qui est important et ce qui ne l'est pas ; c'est qu'il ne fait pas ce qu'ils feraient à sa place. Penchés sur les détails visibles et les circonstances contingentes, ils ne voient pas l'invisible dont toutes choses dépendent, et demandant qu'on les accompagne dans leurs préoccupations ordinaires, ils s'étonnent qu'on paraisse tenir compte encore d'autre chose.

Il est évident, dans ces conditions, qu'au sortir de l'adolescence l'homme ne possède pas encore avec la faculté de raisonner tout ce qu'il faut pour connaître ; il ne suffit pas que son esprit embrasse un champ toujours plus vaste pour que soit réalisé tout ce que l'intelligence humaine peut faire. Car l'enseignement ne se mesure pas en extension mais en hauteur ; il élève et transforme l'âme ; il la fait passer de la périphérie et de la dispersion au centre et à l'unité. Le jeune homme est désorienté devant le monde ; ses aspirations sont sans objet et il raisonne sans discernement. Il est sceptique et grave ; il ne croit à rien et prend tout au sérieux. Il faut orienter

1. Cf. Jean MOSCHOS, *Morceaux choisis du Pré spirituel*, p. 97.

son besoin de croire et sa volonté de raison de sorte qu'aucune des possibilités de l'âme ne soit condamnée. Qu'il ne situe pas le centre du monde dans le personnage qu'il est maintenant ; qu'il ne se prenne pas actuellement pour un centre absolu de référence.

Il importe qu'il ne se contente pas de l'exercice comme tel de la raison, de peur d'être retenu par l'éristique et la curiosité au seuil de la méditation. L'éristique relève de l'*ego* restrictif ; elle veut d'une manière systématique avoir raison. La pensée qui s'y livre va donc trop vite ; elle tend à s'éblouir elle-même en éblouissant les autres. Le curieux, d'autre part, au lieu de reviser son point de vue, rapporte immédiatement toutes choses à lui-même. Son désir intellectuel ne sera jamais satisfait parce qu'il s'aime lui-même, provoquant le renouvellement constant de son objet. En se livrant à la curiosité, la pensée s'installe en dehors de la Cause suffisante et perd pour la connaissance universelle l'attention qu'elle donne à l'*ego* restrictif. Il résulte de son savoir partiel des difficultés sans nombre et des problèmes toujours nouveaux qui n'ont de sens que du point de vue très limité de sa curiosité.

Sachant donc que la raison n'est pas totale quoiqu'elle puisse faire de tout (semble-t-il) un objet d'examen, on évitera de condamner ce qu'on ne comprend pas actuellement ou de limiter la pensée aux domaines que l'on peut concevoir. *Dicaearchus quidem et Aristoxenus,* écrit Cicéron, *quia difficilis erat animi quid aut qualis esset intelligentia, nullum omnino animum esse dixerunt.* (*Tusc.*, I, XXII, 51.) En évitant de trop tôt juger, on augmentera le pouvoir réceptif de l'âme ou son envergure intellectuelle, jusqu'au moment où il n'y aura pas de réalité que l'on ne puisse admettre — en attendant qu'il n'y en ait plus, *Deo favente,* que l'on ne puisse connaître effectivement.

L'abandon des prétentions de l'*ego* restrictif libère la pensée des objets limités et contingents. Car la terre où l'on marche n'est ferme et solide qu'en apparence : sa composition et les transformations qu'elle peut subir la rapprochent de notre corps dont le sort est lié au sien de si près maintenant et après la mort. De même la raison liée à la sensation n'est sûre et certaine qu'en apparence : si leur matière manque de vérités, de beaux raisonnements ont peu de valeur. L'homme ne possède donc la connaissance qu'au moment où il n'est dupe en aucune façon de lui-même, au moment où l'esprit, retiré en lui-même, n'est limité par aucune chose du monde. A la pensée imparfaite correspondent des objets imparfaits, c'est-à-dire exigeant autre chose. Seule la pensée parfaite, si elle existe, peut connaître l'Etre parfait.

Mais une telle connaissance (si c'est d'elle qu'il s'agit) ne peut être acquise en un moment ni même en quelques années. On voit dans la *République* les meilleurs d'entre les jeunes gens, c'est-à-dire non seulement les plus intelligents mais aussi les plus généreux, continuer leurs études de vingt à trente ans, pour que certains d'entre eux, pendant cinq nouvelles années, poursuivent leur éducation intellectuelle. « Quand ils dépasseront la trentième année, dit Socrate à Glaucon, tu les tireras à leur tour du nombre des jeunes gens déjà choisis pour les destiner à de plus grands honneurs et rechercher en les éprouvant par la dialectique ceux qui sont capables sans l'aide des yeux ou de tout autre sens, de suivre la vérité jusqu'à l'Etre même (ἐπ'αὐτὸ τὸ ὄν μετ'ἀληθείας ἰέναι) [1]. » On sait enfin que c'est à cinquante ans seulement que ces hommes connaîtront le Bien, terme de toute pensée et réalité suprême [2].

Ainsi l'enseignement métaphysique, loin de se limiter au plus petit et au plus grand, au donc et au parce que, favorise la croissance et le développement qualitatif de l'âme. Il donne le lait puis la nourriture solide, et l'être, devenant meilleur et plus grand, passe ainsi de l'enfance à l'âge adulte.

Il n'y a donc pas de conflit entre l'élévation de la pensée vers Dieu et les exigences en nous de l'humanité. Chercher Dieu, c'est obéir à notre nature profonde. Le mot « nature », on s'en souvient, est susceptible de sens opposés, puisque la nature véritable, vue d'en bas, est la surnature. Il en est de même du mot « homme ».

C'est le comble du ridicule, selon Montaigne, de penser que l'homme pourrait être autre chose que l'homme. Montaigne a raison, mais s'il définit l'homme correctement. Pour connaître l'homme, il faut savoir ce qu'il peut être. C'est seulement à l'homme véritable, parce qu'il a réalisé toutes ses possibilités, que l'homme peut être égalé. Or l'homme véritable est l'homme « céleste » qui, vu par l'homme sensible, est surnaturel. L'homme ordinaire est donc complexe : il est ce qu'il est actuellement et il est secrètement ce qu'il peut être. On peut donc sans ridicule l'inviter à se dépasser, c'est-à-dire à sortir des limites dans lesquelles il enferme présentement son humanité.

L'humanisme tronqué (c'est-à-dire athée) considère la nature comme se suffisant à elle-même. Parce qu'il regarde la terre, il nie

1. *Rép.*, 537 d.
2. Cf. *ibid.*, 540 a-b.

l'existence du ciel qu'il ne voit pas. Il reconnaît que la terre est lumineuse et colorée ; mais si le ciel s'éteignait, il n'y aurait plus rien de tout cela. Il n'y a donc pas d'athéisme absolu, car c'est une impossibilité de fait. Il est impossible de nier Dieu autrement qu'en paroles. Si un être pouvait le nier en réalité, cet être se nierait lui-même et s'anéantirait. Les intelligences peuvent se fermer à la lumière intelligible; mais « elles ont beau se dérober à cette lumière qui s'offre sans cesse à leur regard, écrit Denys l'Aréopagite, celle-ci, loin de les abandonner d'aucune façon, rayonne encore même sur des yeux myopes » [1].

L'humanisme véritable, c'est donc celui qui ne borne en aucune manière l'objet de la pensée. L'homme peut alors se découvrir et s'accomplir ; au lieu de se subir lui-même dans l'ignorance de ce qu'il est, au lieu de vivre une image imparfaite de lui-même, il marche grâce à Dieu vers l'être et la vérité de l'homme.

Pour passer à un degré supérieur de connaissance, il faut posséder le degré inférieur puisque c'est grâce à lui qu'on est prêt et comme mûr pour le degré supérieur. Le plus grand contient le moindre et réalise ses possibilités. L'homme véritable, loin de faire injure à l'homme tout court, l'honore au contraire au delà de tout ce que celui-ci peut concevoir. Il est nécessaire de posséder les sens pour posséder la raison, de posséder la raison pour posséder l'intelligence. Inversement, l'intelligence n'a rien à envier à la connaissance raisonnable et sensible, et l'homme véritable est en même temps, quoique d'une manière mystérieuse, l'homme terrestre à ses différents degrés [2]. Il faut que nous passions successivement par les degrés de notre nature, et « passer par » signifie ici « acquérir » et « ne pas s'arrêter ».

Lorsque Platon et tant d'autres recommandent de fuir d'ici, il ne s'agit point de fuir l'homme, mais l'imperfection ; il ne s'agit point d'une fuite inavouable devant le combat, les difficultés ou la mort, puisque c'est là que se sont trouvés pour Socrate le courage et la mort. Fuir, c'est ici se convertir au vrai, c'est, dans certains cas, éviter de tenter Dieu [3]. On fuit l'imperfection par crainte de Dieu, par crainte de ne pas accomplir en soi-même ce que Dieu veut qu'on accomplisse, par crainte de se limiter à une humanité tronquée.

---

1. Cf. *Hiér. eccl.*, II, § 3, trad. de Gandillac, p. 257.

2. Ce qui est dit ici de l'homme connaissant Dieu peut être dit aussi de Dieu connu de l'homme : les idées plus parfaites de Dieu dans l'homme contiennent et justifient dans la mesure de leur perfection les idées moins parfaites.

3. Cf. J. DANIÉLOU, *Platonisme et théologie mystique*, pp. 38 sqq.

« Fuir, dit Plotin, ne signifie pas quitter la terre, mais être sur la terre juste et saint [1]. »

L'homme, procédant de Dieu, ne se connaît lui-même que lorsqu'il connaît Dieu. Il réalise alors la totalité des possibilités humaines. Formé de chairs périssables, il porte cependant l'idée de la grandeur divine ; partie minuscule et méprisable dans l'univers, il touche cependant à l'origine des êtres. L'homme ainsi n'est rien et il est tout (suivant ce qu'il veut et ce que Dieu veut) : animal mieux doué que d'autres ou image ressemblante de Dieu.

1. *Enn.*, I, 8, 6.

CHAPITRE XII

Les deux idéalismes

Les deux idéalismes sont pour nous, d'une part l'idéalisme platonicien, dont le souvenir est présent à des degrés divers au cours du moyen âge, et d'autre part l'idéalisme critique issu de Kant. Les noms de Platon et de Kant servent ici d'indication et non de définition. Les deux idéalismes considérés sont en effet des possibilités doctrinales qui dépassent les réalisations individuelles qu'elles ont reçues. Platon, comme on le sait, ne cesse de rattacher le fond de sa pensée à l' « antique tradition », ὅπερ πάλαι, dit-il, ἐν τῷ λόγῳ λέγεται; et saint Augustin admet qu'il y eut des sages avant Platon, qui connurent la doctrine des Idées : *Credibile est etiam praeter Graeciam fuisse in aliis gentibus sapientes... (De diversis quaest. LXXXIII,* XLVI, 1, Migne, *Patr. lat.,* t. 40, coll. 29-30.) Quant à l'autre idéalisme, il peut se présenter aussi sous des formes variées : il est d'abord celui de l'Ecole de Marbourg et celui de Brunschvicg ; il est aussi d'une certaine manière le subjectivisme cartésien des qualités secondes et du critère de la vérité, et la négation kantienne de la possibilité pour nous d'une connaissance absolument objective [1].

1. Il touche même à l'idéalisme dialectique, dans la mesure où des préoccupations subjectives interviennent dans la définition que cette doctrine donne de l'idée. Nos remarques relatives à l'idéalisme critique sont donc valables plus ou moins pour l'idéalisme moderne en général, quoiqu'il ne soit pas question ici de le montrer en détail. Par exemple, la relation de Fichte avec Kant par la doctrine du moi pratique, celle de Schopenhauer avec Kant par la doctrine du moi

L'idéalisme de Descartes (avant la démonstration de la réalité des *res materiales*) et celui de Kant (sans l'affirmation de l'en soi) considèrent le monde tel qu'il est pour nous. Ils sont donc issus de la dissociation de l'unité ancienne de l'être et du connaître. L'idéalisme ancien est au contraire un idéalisme de l'en soi, puisqu'il voit dans l'idée un être transcendant, élément de la connaissance absolue, identique elle-même à l'Etre absolu et immuable, par qui toutes choses viennent à l'existence. L'idéalisme moderne est donc ici un idéalisme de l'homme et l'idéalisme ancien un idéalisme de Dieu. Dans le premier cas, l'idée reste mêlée aux choses extérieures, et dans le second cas, la connaissance est purement « céleste », puisqu'elle est la connaissance de l'origine même des choses [1].

L'idéalisme ancien est l'affirmation de Dieu la plus poussée. L'idéalisme critique au contraire se concentre sur la connaissance humaine. Il est donc frère du matérialisme. La pensée, abandonnant l'étude de la Réalité divine, situe d'abord la réalité dans le sensible et invente la chose étendue. Cette doctrine ne nie pas nécessairement la réalité propre de l'âme, mais le dualisme déplaît à l'intelligence et il est en outre beaucoup plus facile de s'entendre sur la chose étendue que sur l'âme invisible. Ainsi se constitue le matérialisme, qui n'est en somme qu'un hommage inconscient à la réalité divine, puisqu'il l'honore sans le savoir dans la réalité de sa création. Cet

---

critique, l'autogénération de l'esprit, chez Hegel, dont la nature est un moment, le *verum et fieri convertuntur* de Gentile, tout cela nous situe loin de l'idéalisme ancien, bien que de nombreux rapprochements, au moins verbaux, soient possibles avec Platon. Sur l'idéalisme moderne (et particulièrement sur Hamelin) voir R. LE SENNE, *Introduction à la philosophie*, pp. 7-178 ; (et sur Brunschvicg) M. GEX, *Orientations fondamentales en métaphysique* dans *Mélanges de théologie et de philosophie offerts à M. Arnold Reymond*, pp. 180 sqq. ; (sur l'Allemagne contemporaine) GURVITCH, *Les tendances actuelles de la philosophie allemande ;* E. LEVINAS, *La théorie de l'intuition dans la phénoménologie de Husserl*, pp. 127 sqq.

1. Dans *Les deux idéalismes*, Ch. Dunan distingue l'idéalisme pour lequel on pense avec images (Platon et Aristote) et l'idéalisme pour lequel on pense sans image (Descartes et Kant), et opte pour le premier, c'est-à-dire pour un idéalisme expérimental opposé à un idéalisme imposant aux choses des idées-formes. Cette distinction correspond *mutatis mutandis* à celle que nous faisons entre l'objectivisme et le subjectivisme, mais l'auteur place sur le même plan (celui des hypothèses philosophiques) les doctrines qu'il considère ; ce qui est très loin de notre manière de voir. Son livre est donc plein d'affirmations (relativement à la notion de philosophie, à celle de la science, etc.) auxquelles nous ne pouvons souscrire. Sans contester la valeur des remarques de l'auteur, nous plaçant présentement à un autre point de vue, nous attribuons à Platon la pensée sans image et à Kant la pensée avec images, l'intelligibilité moderne n'ayant pas la suffisance en soi de l'Idée platonicienne.

état cependant ne peut se maintenir. La pensée nie bientôt ce fait obscur de la réalité du monde et se contente d'un univers tout subjectif, dont la connaissance humaine fait la réalité. Tel est le sens souvent du passage du réalisme à l'idéalisme. Descartes ne se maintient pas dans l'idéalisme parce qu'il est encore trop proche de la philosophie théologique médiévale ; c'est précisément ce qu'on lui reprochera plus tard. Il y a chez Kant un réalisme (celui de l'en soi), hommage à la connaissance absolue, qui n'existe plus dans l'Ecole de Marbourg. Il y a chez Bacon et chez Comte une soumission de la pensée aux choses, qui est devenue, chez les théoriciens contemporains de la science, activité subjective et « créatrice ».

On voit donc par quel renversement on passe d'un idéalisme à l'autre. Des idées « séparées », dont Aristote semblait ne pas comprendre le sens, quoiqu'il se plaçât encore dans la perspective platonicienne, on passe par conversion *ad terram* à nos idées du monde. Dans les deux cas la pensée est indépendante des choses : dans l'idéalisme ancien, parce qu'elle est la pensée même de Dieu au delà de toutes choses ; dans l'idéalisme critique, parce que l'acte en nous de penser les choses rend vaine la réalité propre de ces choses.

Nous avons cru que ces deux orientations de la pensée étaient présentes en quelque façon chez Leibniz, la première comme un souvenir et la seconde comme un projet ; l'une et l'autre sans doute malgré Leibniz, puisqu'il rejette en fait la première et puisqu'il condamnerait la seconde ; mais l'une et l'autre si visiblement parfois qu'il était d'un grand intérêt d'en suggérer l'image.

S'il fallait reprendre brièvement l'essentiel de nos thèses, nous dirions que si la doctrine leibnizienne de la limitation de la créature, du caractère fluant des choses matérielles, de l'âme qui se meut, de la finalité, de la vie universelle, de l'indestructibilité des âmes, et des idées qui ne dépendent point des sens, rappelle le platonisme ou le néoplatonisme, il reste que dans le jugement qu'il porte sur les platoniciens, Leibniz manifeste un rationalisme qui l'éloigne grandement des doctrines anciennes et médiévales. (Ch. I.)

On observe en effet chez Leibniz le souci contemporain de démonstration et de méthode, le recours moderne à l'expérience, le thème du progrès, le goût moderne de l'érudition, et, corrélativement, l'importance des préoccupations morales. La tendance générale des modernes étant de définir la vérité par l'accord de la pensée avec elle-même et avec les choses plutôt qu'avec Dieu en lui-même. (Ch. II.)

Si donc le possible scotiste devient l'idée claire des modernes, c'est alors pour l'homme et non pour Dieu en quelque sorte que la pensée spécule sur la possibilité. Par suite, l'idée doit se détacher du réel en soi et le chemin conduit soit à l'agnosticisme kantien soit à l'idéalisme. (Ch. III.)

De même, en introduisant dans le choix de Dieu entre les possibles le déterminisme de la raison, Leibniz supprime la contingence radicale que Duns Scot voulait sauvegarder. Il favorise donc l'apparition du déterminisme kantien du phénomène, tout en s'opposant à l'idéalisme ancien qui est en toute netteté un optimisme de Dieu et non pas du monde. (Ch. IV.)

Leibniz réintroduit les êtres substantiels : les choses sensibles et composées supposent pour lui les êtres intelligibles et simples, lesquels comprennent, comme les composés, forme et matière, activité et passivité. Ces êtres sont des unités et l'ensemble des unités se retrouve en quelque façon en chacune d'elles, puisque chacune est une âme qui représente l'univers total ; ainsi l'atomisme est ruiné de fond en comble : l'atome ne contient pas en lui-même la raison de sa grandeur, de sa figure et de son mouvement ; il n'est pas une unité véritable, puisqu'il est de l'étendue, c'est-à-dire quelque chose que l'on peut diviser encore ; enfin, il est incapable de contenir en lui-même, comme l'âme, les raisons de l'univers entier, tout le passé et tout l'avenir. Pourtant Leibniz adopte le mécanisme des modernes : le physicien doit tout expliquer selon la figure et le mouvement, pourvu qu'il sache reconnaître la finalité divine dans les lois du mouvement. Il s'ensuit un affaiblissement évident du point de vue métaphysique précédent : devant l'univers issu des monades et relatif à Dieu, apparaît l'univers défini pour l'homme comme le lieu de la physique « intelligible ». Aussi, en supprimant le réalisme cartésien de l'étendue tout en adoptant le mécanisme, Leibniz prépare l'idéalisme kantien. (Ch. V.)

La physique nouvelle, corrigée par le finalisme, est le résultat selon Leibniz de l'harmonie interne des substances, et il faut la cultiver pour nous approcher, autant qu'il est en nous, de la vérité en soi du sensible. Il suit que Leibniz est platonicien contre Kant par sa thèse de la réductibilité de la sensation à l'intelligible, tandis que Kant fait figure de platonicien contre Leibniz en maintenant l'intelligibilité nouvelle au niveau du monde sensible. (Ch. VI.)

La doctrine leibnizienne de l'espace et du temps se distingue grandement de la doctrine kantienne, puisqu'elle fait de l'espace et du temps non pas des formes proprement humaines de la sensibilité, mais des relations intelligibles, idées de Dieu ou vérités éternelles. Pourtant, cet espace et ce temps sont homogènes et infinis comme ceux de la physique classique et s'opposent donc dans une certaine mesure à l'idée ancienne du cosmos. De plus, Leibniz semble lier à cet espace et à ce temps la destinée des êtres avant cette vie et après cette vie, rompant ainsi avec l'eschatologie reçue. (Ch. VII.)

Quoique le phénomène leibnizien s'appuie directement sur les substances — les êtres composés supposant les êtres simples et les êtres simples supposant le point de vue central de Dieu — il reste que la vision proprement humaine de la science nouvelle entraîne une certaine dissociation de fait entre le connaître et l'être en soi, et une certaine transformation du monde en objet exclusivement phénoménal. Leibniz se situe donc entre l'idéalisme ancien, où le monde est l'image du νοῦς divin, et l'idéalisme moderne, où le monde s'assimile à la pensée scientifique moderne. (Ch. VIII.)

De même, en concevant la monade comme unité, centre, source ou miroir, Leibniz semble reprendre les doctrines platoniciennes. Cependant la doctrine de l'âme sans fenêtre ferme l'âme sur ses perceptions ordinaires et favorise l'idéalisme moderne. En réalité, seule est sans fenêtre l'âme libérée du corps et de toute imperfection, non seulement image de Dieu, mais ressemblance. (Ch. IX.)

Enfin, étant donné la nature de l'intelligence moderne, il n'est peut-être pas sans équivoque d'affirmer que l'objet de foi, comme l'objet sensible, est réductible en droit à la raison. L'intelligence coessentielle à la foi doit être l'intelligence divine et nulle autre. Ici comme souvent ailleurs, la doctrine leibnizienne est valable en droit (si l'on songe aux autorités qu'elle peut invoquer), sans l'être absolument en fait (si l'on tient compte de l'esprit nouveau qui peut s'y manifester). (Ch. X.)

Le tour négatif de ces observations ne doit pas induire à penser que tout notre effort fut de nier la doctrine de Leibniz. Si ces remarques ont quelque généralité, c'est à Leibniz que nous le devons et nous n'y serions pas arrivé en partant de Helvétius ou de Cabanis. L'entreprise leibnizienne vise à réunir tous les aspects des choses, afin qu'aucun ne nuise à un autre, que rien ne soit détaché de l'ensemble, mais que tout s'entr'explique. Rien donc ne lui échappe : « Vous écrivez sur toute sorte de matière, écrit Basnage à Leibniz, comme si vous ne vous étiez appliqué qu'à étudier chacune d'elles en particulier. » (15 janvier 1706, G. III, 142.) D'ailleurs, Leibniz note lui-même que s'il parle avec un peu de confiance, c'est qu'il ne s'est fixé qu'après avoir regardé de tout côté : « ...Je puis peut-être dire sans vanité: *Omnia praecepi atque animo mecum peregi.* (*Réponse aux réflexions,* G. IV, 567.) « Autodidacte » perpétuel, redevable à tout le monde et indépendant à l'égard de tous, il ne trouve pas de livre assez mauvais pour ne rien contenir d'utile [1]; il a lu des actes touchant la religion, que Bossuet ignore, et des livres que Paris a oubliés [2]. Par sa merveilleuse correspondance, qui ne laisse rien échapper des événements intellectuels de tout un siècle, il exerce sur l'Europe lettrée comme une action de surveillance, poussant ses contemporains au travail [3], à la collaboration [4], à la publication [5], à l'action [6].

La puissance synthétique de la pensée leibnizienne tient à son élévation, puisque c'est au sommet que se réunissent les arêtes. Toutes les doctrines, dit Leibniz de son système, se trouvent réunies ici comme dans un centre de perspective, d'où l'objet, embrouillé de tout autre endroit, fait voir sa régularité et la convenance de ses parties [7]. Telle est d'ailleurs l'image même qui sert à définir la vision que Dieu a du monde.

C'est sans doute au pieux Burnett que Leibniz écrit que Dieu et l'âme sont « la matière la plus importante de toutes » [8], et à Malebranche qu'il déclare : « Qu'est-ce que tout le reste au prix de Dieu et de l'âme [9] ? » Mais ce n'est pas un hasard qu'il corresponde avec Burnett et Malebranche. Si donc sa pensée enveloppe l'univers entier, c'est qu'elle se rattache à Dieu même [10]. Les vérités générales de métaphysique, qui sont pour lui plus fécondes qu'aucune autre, et qu'il aime « au delà de ce qu'on saurait croire » [11], lui donnent sur le monde cette vue immense que Charles Secrétan décrit en ces termes : « Partout on sent la sécurité d'un esprit élevé au-dessus des apparences, pour lequel l'unité des phénomènes n'est plus un rêve

1. Cf. à Basnage, 3 (13) février 1697, G. III, 133; à Burnett, 1 (11) février 1697, G. III, 187; etc.

2. Cf. à Bossuet, 12 juillet 1697, F. DE C., *Œuvres de Leibniz*, t. II, p. 67; à Basnage, commencement d'octobre 1693, G. III, 100-101; au même, G. III, 104; PELLISSON, *De la tolérance*, pp. 83-84; *Nouv. Ess.*, IV, XVIII, 9, G. V, 483.

3. Cf. à Basnage, commencement d'octobre 1693, G. III, 103.

4. Cf. G. VII, 157 sqq.

5. Cf. à des Billettes, 28 juin 1713, G. VII, 458-459.

6. Cf. à Burnett, G. III, 223; GUHR., *Deutsche Schr.*, t. II, p. 277.

7. Cf. *Eclaircissement des difficultés*, G. IV, 524.

8. 1 (11) février 1697, P. S., G. III, 197.

9. 22 juin (2 juillet) 1679, Pr. Ak., II, I, 475, 17-18.

10. Cf. l'épigraphe de la *Théodicée*, G. VI, 21.

11. Cf. à Malebranche, 22 juin (2 juillet) 1679, Pr. Ak., II, I, 475, 25-26.

à poursuivre, mais qui... a saisi la clé d'or qui ouvre toutes les portes. La nature, l'esprit créé, Dieu lui-même, tout semble s'expliquer par une seule pensée... » (*La philosophie de Leibniz,* p. 10 [1].)

Mais la grandeur même de Leibniz suggère l'idée d'une grandeur plus haute. Sa volonté même de concilier la physique avec la métaphysique fait concevoir une unité plus parfaite des pouvoirs de l'âme. L'audace même de la pensée, chez lui, s'élevant jusqu'aux problèmes qui touchent à la foi, conduit à l'idée d'une intelligence épuisant plus complètement les possibilités de la foi. Chez les modernes, en effet, l'intelligence ne concerne pas la réalité telle qu'elle est en elle-même et pour elle-même. Chez eux, et par conséquent chez Leibniz dans une certaine mesure, il s'agit d'une intelligence pour nous, d'un effort que nous faisons en vue de rendre le monde compréhensible pour nous, d'une hypothèse, et si possible d'une démonstration. Le sentiment du philosophe moderne, dans la « fabrique de son monde imaginaire » [2], est apparenté au sentiment de l'ingénieur devant la machine qu'il dessine. Une machine constitue en effet une totalité intelligible définie par rapport à l'homme et en vue de l'homme. Ainsi le philosophe moderne cherche à faire de l'univers un ensemble intelligible, maniable et utilisable. Chez les anciens, il s'agit au contraire de l'intelligible en soi, et l'âme, au lieu de comprendre trop tôt, s'approche de ce qui doit la comprendre, c'est-à-dire de l'intelligence véritable. Quoique Leibniz ait dépassé plus que d'autres les limites de l'individualité moderne, quoiqu'il ait utilisé plus largement que la plupart de ses contemporains les matériaux que lui fournissait le passé, cependant la rationalité moderne, qui reste chez lui très importante, prive sa doctrine de l'unité à laquelle elle tendait, et la situe malgré tout, semble-t-il, au-dessous des grandes doctrines antiques et médiévales.

L'idéalisme ancien et l'idéalisme critique sont des doctrines de la connaissance parce qu'il n'y a rien pour eux qui ne puisse être intelligible. Ils se veulent non des doctrines du fait, qui se contenteraient de décrire les choses telles qu'elles apparaissent, mais des doctrines du droit, qui prétendent atteindre les choses dans leur nature et leur origine même. De ce point de vue, l'idéalisme ne peut ad-

1. Cf. l'*Eloge* de Leibniz par Fontenelle, *Histoire de l'Académie royale des sciences*, année 1716, pp. 94 sqq.

2. Cf. LEIBNIZ, *Discours de métaphysique,* § V.

mettre que les « choses » aient une réalité en elles-mêmes, indépendamment de la pensée. Car ce qui est en dehors de la pensée ne peut être pensé et par conséquent n'est rien; la pensée pense par idées, il n'y a donc rien d'autre que des idées. Comme saint Augustin, Descartes et Kant l'ont enseigné, la pensée est la donnée première : toute explication la suppose. L'intention profonde du philosophe est d'ailleurs de tout expliquer par elle [1].

Platon et Kant s'efforcent donc d'atteindre les principes intellectuels de toute connaissance : la révolution copernicienne de Kant consiste à régler les objets sur l'intuition et non l'inverse, et Platon avait déjà recommandé de se réfugier du côté des idées pour trouver en elles la vérité des choses [2]. Pour Platon comme pour l'idéalisme issu de Kant, le principe de toute connaissance étant identique au principe de tout être, la pensée et l'absolu s'identifient. L'idée ici n'est donc pas simplement une entité logique ou psychologique, mais la perception de la réalité et la réalité même.

Or l'idée, c'est en nous que nous la trouvons. Ce caractère intérieur de la vérité et de la réalité est propre aux deux idéalismes et en fait, en un certain sens, des doctrines du sujet : « Connais-toi toi-même », dit Platon ; formule que retrouve l'idéalisme critique par l'intermédiaire de Kant : notre siècle, dit Kant, « ne veut pas se bercer plus longtemps d'une apparence de savoir » ; il invite la raison à « entreprendre à nouveau la plus difficile de toutes les tâches, celle de la connaissance de soi-même, et d'instituer un tribunal qui la garantisse dans ses prétentions légitimes et puisse en retour condamner toutes ses usurpations sans fondements, non pas d'une manière arbitraire, mais au nom de ses lois éternelles et immuables » [3].

Ces remarques suffisent à montrer la parenté des deux idéalismes et à rendre vraisemblable l'idée que l'on a parfois de les confondre à force de les rapprocher. Cependant, rien n'est moins justifié que cette confusion : la connaissance, l'idée, l'absolu, l'intériorité, le sujet, tout cela dans les deux idéalismes possède un caractère tout à fait différent, à l'intérieur pourtant de cette ressemblance verbale, structurale et même intentionnelle, semble-t-il, que nous venons de

1. Cf. J. DE DIEU, *Les exigences idéalistes et la théorie bonaventurienne de la certitude* dans *Revue philosophique*, janvier-mars 1942-1943.

2. Cf. *Phéd.*, 99 e.

3. Cf. *Crit. de la r. pure*, Préface de la première édition, pp. 6-7.

rappeler. Il suffit d'ailleurs, pour marquer cette différence, de noter que l'idéalisme ancien n'est autre que le réalisme métaphysique, le réalisme absolu ou le réalisme prétendu exagéré, alors que l'idéalisme moderne est issu du rationalisme dogmatique du XVIIe siècle et du rationalisme formel du XVIIIe siècle.

La philosophie occidentale est tributaire de la doctrine de Platon et de celle d'Aristote. A la fin du moyen âge, l'une et l'autre doctrines s'avilissent et préparent, la première, le rationalisme et l'idéalisme modernes, la seconde, l'empirisme et le matérialisme. En effet, si l'on considère la tradition platonicienne, le passage de l'idéalisme ancien à l'idéalisme critique pourrait être décrit de la façon suivante : l'idée, qui était primitivement l'idée divine elle-même, devient l'idée de Dieu par rapport au monde que nous connaissons, puis l'idée purement humaine créée en nous par Dieu ou simplement nécessaire pour nous, enfin l'idée en nous purement et simplement. Au début de cette évolution, l'unité est parfaite entre l'Idée et l'Etre ; dans la suite, l'idée s'écarte de l'Etre proprement dit, d'abord sans dissociation, ensuite en brisant tout lien pour nous entre nos idées et celles de Dieu ou en nous limitant à nos seules idées ; enfin, le souvenir même de Dieu (du Dieu transcendant) s'efface et l'unité reparaît dans la conscience humaine et non plus dans la pensée divine.

On voit comment les deux idéalismes se ressemblent et diffèrent et à quel point ils sont proches et éloignés l'un de l'autre. L'idéalisme critique a le mérite d'exiger cette unité dans la pensée et cette explication par la pensée, qui semblent au fond de toute intention philosophique. Mais il n'est qu'une transposition inférieure du platonisme ancien, transposition erronée parce qu'il est impossible de porter une doctrine à un autre niveau de pensée sans en modifier l'énoncé et sans lui donner une structure nouvelle.

Il n'y a rien en effet qui soit hors de la pensée. Mais cela ne signifie point que l'idéal d'intelligibilité des sciences modernes suffise à définir la pensée. La pensée qui se suffit à elle-même est celle de Dieu. En négligeant donc l'impression d'existence réelle que lui donnent les êtres du monde, il se peut que la pensée humaine mutile son objet. L'idéalisme métaphysique de Platon engendre le réalisme aristotélicien : *Nos...ista quae fecisti videmus, quia sunt*, écrit saint Augustin, *tu autem quia vides ea sunt*. (*Conf.*, XIII, XXXVIII, 53.) L'idéalisme critique procède au contraire d'une négation d'Aristote et de la réduction de la réalité à certaines de ses déterminations [1]. Comme on l'a écrit avec raison, la doctrine ancienne est d'abord une doctrine de la dépendance, dépendance de l'homme vis-à-vis du réel créé et vis-à-vis de Dieu transcendant, et c'est là ce que l'idéalisme moderne cherche à éviter [2].

Il est exact qu'on ne peut sortir de la pensée pour découvrir l'adéquation de la pensée et de l'être et que la vérité est intérieure à la pensée. Mais il convient d'abord de ne pas se presser de définir la pensée. Car l'être ou le modèle qui est l'objet de la pensée se trouve bien en quelque façon dans la pensée, mais on ne l'atteint qu'à certaines conditions. L'homme, dit saint Anselme, a perdu la béatitude pour laquelle il a été fait et il a trouvé la misère pour laquelle il n'a pas été fait [3]. Son abaissement n'est donc pas définitif ni irrémédiable. Tout au contraire est à sa disposition, s'il sait s'y prendre. Ainsi Kant, en limitant la pensée à ce qu'elle est actuellement, loin de résoudre le problème de la vérité, ne donne qu'une contrefaçon de la solution véritable. Il ferme trop tôt la pensée sur elle-même et suggère l'idée d'un idéalisme mineur. Ayant interdit la considération de la cause du monde et celle du monde en soi, il invite la pensée ainsi diminuée et détachée de son objet, à chercher en elle-même la réalité du monde. Platon et Kant représentent ainsi à deux niveaux différents des images qui se correspondent ; ils représentent deux fois l'autonomie de la pensée, mais il s'agit chez le premier de la pensée de l'en soi et chez le second de la pensée du phénomène. Au lieu de remonter le courant de la décadence philosophique qui se manifestait dans le rationalisme et l'empirisme modernes (images très affaiblies du platonisme et de l'aristotélisme), Kant a condamné la philosophie en fixant la pensée sur l'aspect proprement humain de la réalité. Son action s'est donc exercée dans le sens de la plus grande pente, puisqu'il est plus facile de renoncer à la connaissance absolue que de la retrouver.

Cependant cette œuvre négative elle-même n'était pas vaine, puisqu'elle condamnait une métaphysique équivoque. Considérant dans

1. Cf. A. REYMOND, *Le problème de la finalité*, *Philosophie spiritualiste*, t. I, pp. 243-283 ; É. GILSON, *Le thomisme*, p. 330.

2. Cf. J. DE DIEU, *Les exigences idéalistes*, dans *Revue philosophique*, janvier-mars 1942-1943.

3. Cf. *Proslogion*, I.

les sciences humaines, et par suite par rapport à l'homme et pour l'homme, les idées et les vérités qu'à la fin du moyen âge on considérait par rapport à Dieu et pour Dieu, le rationalisme dogmatique devait nécessairement aboutir au criticisme. C'est la divine vérité qui, chez Leibniz, est le maître des euclidistes et des archimédistes ; chez lui, l'idée des choses n'est rien d'autre que Dieu, auteur des choses comme de la pensée. Mais l'étude galiléenne, cartésienne ou hobbésienne du monde, dans les générations suivantes, devait détacher les esprits de ces considérations métaphysiques, auxquelles elle enlevait ainsi leur sens et leur vérité possibles.

Kant trouvait donc en effet un « faux plumage » à arracher, une « présomption » à rabattre. Ces « idées de Dieu » n'étaient que des idées humaines, relatives à l'expérience humaine, et l'idéal de la connaissance ne consistait véritablement qu'en un système rationnel et relationnel limité où toutes choses devaient tenir la place que leur souhaitait la raison de l'homme. Là où Leibniz voyait encore la nécessité d'un substrat métaphysique immédiat, Kant enregistre une séparation nette : la preuve de la liberté du vouloir en face de l'universel mécanisme, dit-il, fondée sur de subtiles mais impuissantes distinctions, ne touche plus personne dans le public [1]. Ainsi s'effondrait le rationalisme dogmatique, et Kant, en refusant d'accepter une union insoutenable entre la physique et la métaphysique, l'humain et le divin, faisait œuvre légitime.

C'est la manière dont il la faisait qui était discutable. La faiblesse du rationalisme, en effet, n'était point d'avoir affirmé le caractère absolu de l'idée, mais de ne pas l'avoir toujours fait à propos. Point n'était besoin de renoncer à la vérité absolue ; il suffisait donc de la mieux saisir. En quittant le rationalisme dogmatique, Kant a renoncé avec raison au rapprochement qu'opérait cette doctrine entre la pensée humaine et la pensée divine, mais c'est au profit de la pensée humaine qu'il l'a fait, prenant acte ainsi de l'éloignement de Dieu qui s'était opéré avant lui dans l'histoire.

Ainsi tout en séparant sa doctrine de la pensée ancienne sur la question de la connaissance absolue, Kant rétablissait d'autre part avec cette pensée un certain rapport de ressemblance. Par delà le matérialisme, il faisait retour à l'idéalisme : il invitait la pensée à se tourner vers elle-même et à trouver en elle la raison et la source

1. Cf. *Cr. de la r. pure*, Préface de la seconde édition, p. 25.

de toutes choses. Cette opération de conversion correspondait trop profondément à la nature même de la démarche philosophique pour que les auteurs postérieurs à Kant n'aient pas cherché à la développer dans ses possibilités, abandonnant ainsi de diverses manières la réserve métaphysique de Kant.

Mais ce développement complet n'eût été possible que par l'élévation de la pensée au-dessus des événements intellectuels des temps modernes et de la fin du moyen âge. Or il ne semble pas que cela se soit réellement passé [1]. Pour nous en tenir à l'idéalisme critique, lorsque Brunschvicg déclare que les doctrines de Pythagore et de Platon sont le pressentiment de ce que sera la science moderne [2], cette affirmation est à nos yeux presque dépourvue de sens, la vérité mathématique «immuablement vraie» de la science moderne étant située bien au-dessous de la vérité-être ou de la vérité en soi platoniciennes. Il y a de même chez nombre d'auteurs contemporains une confusion très apparente entre l'idéal d'intelligibilité tel qu'on le conçoit aujourd'hui dans les sciences proprement humaines, avec l'idéal platonicien, qui est l'Idée en soi et pour soi, non humaine et transcendante.

Cette confusion est amorcée par le rationalisme du XVII siècle : du fait du développement des sciences nouvelles, l'essence, qui était chez Duns Scot issue de Dieu et relative à Dieu, devient relative à l'homme, comme on le voit chez Descartes. C'est pourquoi le platonisme de Descartes est un platonisme à l'envers ou un platonisme de l'humain. Son innéisme est surtout l'innéisme de l'homme [3]. L'erreur de Descartes n'est donc pas le platonisme absolument, mais le platonisme moderne. Déjà Huet semble ici s'y tromper lorsqu'il rattache la thèse cartésienne *totum hominem mente sola constare* à Pythagore, aux platoniciens, aux stoïciens et à Origène [4]. Le même rapprochement est opéré par les partisans de l'intelligibilité moderne tels que Cassirer.

Le *cogito*, chez Descartes, fondant le critère de l'évidence subjective, limite l'homme à lui-même ; Dieu sans doute existe encore, mais

---

1. Une des erreurs d'Ernest Naville dans sa discussion de l'idéalisme (*Les systèmes de philosophie ou les philosophies positives*, pp. 109-172) consiste à traiter indifféremment de Platon et de Hegel.

2. Cf. *Les étapes de la philosophie mathématique*, p. 60.

3. C'est en ce sens que le reproche d'angélisme que J. Maritain adresse à Descartes est exact. On trouve la même critique chez Huet, *Censura*, pp. 33-34 et chez Maine de Biran, *Œuvres philosophiques*, éd. V. Cousin, t. III, pp. 341 et 345.

4. Cf. *Censura*, p. 130.

en quelque sorte pour l'homme, pour fonder la connaissance humaine. Chez saint Augustin, la pensée, après le *cogito,* non seulement affirme l'existence de Dieu, mais s'élève encore jusqu'à lui pour chercher en lui l'intelligibilité véritable [1]. Telles sont les deux sources de l'idéalisme : l'une véritable et qui est Dieu même; l'autre illusoire et qui est l'homme se prenant trop tôt pour la mesure des choses.

Respectueux de la réalité propre du monde, l'idéalisme ancien recourt pour la fonder à une réalité plus complète et plus vraie, celle de l'Idée en soi, telle qu'elle est pour Dieu et en Dieu, qui n'a pas besoin du monde. L'idéalisme ancien insiste donc sur l'antériorité de l'intelligible. Ce n'est pas parce que l'intelligence pense à une chose, dit Plotin, qu'elle la fait exister; ce n'est pas lorsqu'elle pense à Dieu que Dieu existe. Avant l'acte de penser (νόησις), il faut que soit présent l'objet de la pensée (νοούμενον) ; sinon comment la pensée viendrait-elle à y penser ? Cet objet de la pensée est l'idée [2]. Mais l'idée n'est pas extérieure à l'intelligence, sinon l'intelligence connaîtrait par un intermédiaire et la vérité deviendrait l'erreur. Les objets de l'intelligence sont intérieurs à l'intelligence, de sorte que l'intelligence et l'intelligible ne font qu'un.

Le réalisme issu de l'idéalisme ancien sauvegarde l'antériorité de l'intelligible. Etre dans le faux, dit Aristote, c'est penser contrairement à la nature des objets. Ce n'est pas parce que nous pensons d'une manière vraie que tu es blanc, mais c'est parce que tu es blanc qu'en disant que tu l'es, nous disons la vérité. De même la nécessité des idées dépend des objets qui ne peuvent être autres qu'ils ne sont [3].

Il est significatif au contraire que la plupart des idéalistes modernes affirment la primauté de l'intelligence. Ils semblent par là (comparés aux anciens) se séparer de la réalité et se contenter d'eux-mêmes. Alors que les anciens recourent aux images de la vision, de l'audition et même du toucher pour souligner le caractère extérieur puis acquis de la connaissance véritable, les modernes insistent au contraire sur la liberté intérieure de l'esprit. Rien ne les choque da-

1. Cf. CH. BOYER, *L'idée de vérité dans la philosophie de saint Augustin*, pp. 45-54.

2. Cf. *Enn.*, V, 9, 7 et 8. Voir G. RODIER, *Etudes de philosophie grecque*, p. 56.

3. Cf. *Met.*, IX, 10, 1051 b.

vantage que la passivité de l'intelligence devant son objet enseignée selon eux jusqu'à Kant. Il n'y a là cependant qu'un malentendu. L'intelligence ancienne, c'est celle qui s'oriente vers Dieu même. Comment cette intelligence-là pourrait-elle éviter de considérer son objet comme « tout fait » et donné d'avance ? Si c'est Dieu lui-même qui finalement est l'objet de la pensée, la pensée ne peut rien ajouter à son objet. Mais il ne s'ensuit point que la connaissance soit passive ; au contraire, la réflexion de l'illumination divine a lieu dans les êtres dans la mesure de leur activité propre. La connaissance est activité de son degré le plus bas à son degré le plus élevé et l'intelligence suprême est l'activité véritable. Leibniz a donc raison de faire de la pensée l'expression de l'intelligible. La seule question est de savoir s'il s'agit bien chez lui de l'intelligible divin ou au moins de l'intelligible issu de Dieu et relatif à Dieu.

Le sujet, avec Descartes et Kant, s'isole et se sépare des choses ; la pensée s'arrache de l'existence extérieure par le doute. Dans l'idéalisme ancien, la pensée s'approfondit en cherchant la cause et l'origine des choses. L'opération cartésienne est une opération violente donc fausse ; et c'est elle précisément que Kant admire comme un bienfait [1]. L'opération philosophique véritable est au contraire la méditation intérieure sans rupture et l'élévation vers Dieu, dont le but est finalement et quand Dieu voudra, la connaissance des essences en elles-mêmes. Là seulement se trouve la connaissance totale et stable, indépendante de toute circonstance contingente, puisque cette connaissance est celle de l'Etre véritable et immuable, avec lequel elle ne fait qu'un. Cette connaissance se suffit comme l'Etre lui-même. Elle constitue avec lui l'unité de l'Unique, qui n'a besoin de rien, quoique tout ait besoin de lui ; qui en lui-même n'a rien à vaincre et n'a jamais rien eu à vaincre, et qui était avant l'existence du monde connaissance parfaite de soi-même.

Si un être changeant, écrit saint Augustin, peut être saisi par les sens ou par la pensée, c'est grâce à la forme et au nombre sans lesquels il tomberait dans le néant. Pour que cet être conserve la mesure de son mouvement et sa forme distincte, et trace comme un sillon dans le temps, il faut qu'il y ait quelque forme éternelle et immuable, qui, loin d'être répandue dans le temps et dans le lieu, donne aux

1. Cf. *Cr. de la r. pure.* Des raisonnements dialectiques de la raison pure, Paralogisme de l'idéalité, pp. 305-306.

êtres leur forme et leur pouvoir de remplir les nombres des temps et des lieux. Tout être changeant reçoit une forme qu'il n'a pas. Or rien ne peut se former soi-même, car rien ne peut se donner ce qu'il n'a pas. Il faut donc avoir recours à une forme immuable et éternelle, celle dont il a été dit : « Tu les changeras et ils seront changés ; mais toi tu es toujours le même et tes années ne finiront point. » Ces années sans fin, précise saint Augustin, sont mises pour l'éternité. De cette forme suprême, il est dit encore que « demeurant en elle-même, elle renouvelle toutes choses » [1]. Ainsi pour la pensée ancienne, Dieu en soi et pour soi est à l'origine et à la fin des choses. Il enveloppait avant toutes choses les raisons éternelles de ce qui pouvait naître de lui, jouissant dès l'origine d'une connaissance parfaite à quoi rien ne pouvait être ajouté : *Sunt namque ideae principales formae quaedam, vel rationes rerum stabiles atque incommutabiles, quae ipsae formatae non sunt, ac per hoc aeternae, ac semper eodem modo sese habentes, quae in divina mente continentur.* (Saint Augustin, *De div. quaest.* LXXXIII, XLVI, 2, Migne, *Patr. lat.*, t. 40, col. 30.)

Pour l'idéalisme ancien, les âmes se livrent à la connaissance sensible et discursive à la suite d'une chute. Le retour à Dieu qu'elles doivent faire, les ramenant de la multiplicité à l'unité, n'ajoute rien à l'Esprit, qui reste présent en elles sans qu'elles le sachent et qui n'est pas affecté par leur erreur. Se connaître soi-même, c'est donc retrouver *originis natalisque principia atque exordia prima* [2] ; *vellem meipsum constringere...*, écrit saint Augustin *ut nihil aliud facerem quam redderer mihi* [3] ; c'est retrouver l'Etre qui se pense éternellement lui-même. La raison discursive ne sait-elle pas, dit Plotin, qu'elle est discursive, qu'elle est faite pour comprendre les choses extérieures, qu'elle juge grâce à des règles qu'elle tient de l'intelligence, et qu'il y a ainsi quelque chose de supérieur à elle, qui ne cherche pas, mais possède pleinement ? Si donc la raison discursive dit qu'elle vient de l'intelligence, qu'elle a le deuxième rang après elle et qu'elle est une image de l'intelligence, va-t-elle s'en tenir là et se satisfaire de cette connaissance [4] ? Ou l'âme au contraire va-t-elle suivre cette trace dont elle reconnaît l'existence, écarter ce

1. Cf. *De lib. arb.*, II, XVII, 44-45, MIGNE, *Patr. lat.*, t. 32, coll. 1264-1265.

2. Cf. MACROBE, *Comm.*, I, IX.

3. Saint AUGUSTIN, *De quant. animae*, XXVIII, 55, MIGNE, *Patr. lat.*, t. 32, col. 1066.

4. Cf. *Enn.*, V, 3, 4.

qui gêne sa vue, et retrouver l'intelligible dont elle n'était pas sortie ? L'artisan de l'image divine en nous, dit Origène, est d'une telle valeur, que cette image peut bien être obscurcie par négligence, mais non pas détruite. « L'image de Dieu demeure toujours en vous, même quand vous y superposez de vous-même celle de l'homme terrestre [1]. »

Si donc l'idéalisme ancien est une doctrine de Dieu, il est aussi vain de se réclamer de lui que de le critiquer sans commencer par s'approcher de Dieu. Or au XVIIe et au XVIIIe siècles, la pensée se concentre sur ce qui peut être démontré humainement, c'est-à-dire méthodiquement et avec ordre (*quae... humanitus, id est ratione et ordine sciri possunt* [2]). Il n'y a pas d'auteur qui n'insiste sur la nécessité de meilleures définitions, de démonstrations entières, de vérités prouvées à fond, d'évidences irrésistibles; qui ne proclame l'ignorance d'Aristote et l'immensité de ce qu'il reste encore à découvrir ; qui n'invite les hommes à étudier les démonstrations acquises afin de faire eux-mêmes de nouvelles découvertes ; qui ne proclame enfin que la dignité de l'homme est dans l'entendement, et que les mathématiques sont le seul domaine jusqu'à présent « où l'on puisse apprendre à se servir heureusement des facultés de l'âme, dans la recherche de la vérité » [3].

A côté du rationalisme et de l'esprit de système [4], s'affirment l'empirisme et le moralisme. C'est à cette époque en effet que Bacon révèle le « trésor caché » de la physique expérimentale (pour user d'une expression de Voltaire) ; que Hobbes définit la philosophie en ces termes : *Philosophia est effectum sive phaenomenωn ex conceptis eorum causis seu generationibus, et rursus generationum quae esse possunt, ex cognitis effectibus per rectam ratiocinationem acquisita cognitio.* (*De corp.*, p. 2.) C'est à cette époque que Pascal déclare que l'homme n'est produit que pour l'infinité du progrès

1. Cf. *Homélies sur la Genèse*, XIII, trad. Doutreleau, p. 224.

2. Cf. LEIBNIZ, G. VII, 13.

3. Cf. PASCAL, *De l'esprit géométrique*, éd. Brunschvicg, p. 164 ; MALEBRANCHE, *De la recherche de la vérité*, III, I, ch. I, III, éd. Lewis, pp. 226-227 ; LOCKE, *Essais*, IV, XII, 14 et 15, trad. Coste, pp. 836-838 ; WOLFF, *Logique*, Préface ; etc.

4. Cf. CONDILLAC, *Traité des systèmes*, pp. 1-9. Condillac, ennemi des systèmes, les remplace en somme par un système plus médiocre.

scientifique [1]; que Bacon, Hobbes, Descartes et Pascal dissocient radicalement la théologie et la philosophie; que Descartes distingue la vérité théorique et la vérité pratique; que Locke enfin, selon le mot de d'Alembert, crée la métaphysique à peu près comme Newton avait créé la physique, en la réduisant à ce qu'elle doit être en effet : la physique expérimentale de l'âme [2].

La philosophie de Leibniz, à la fin du XVIIe siècle, paraît plus large et mieux équilibrée. Alors que chez les cartésiens le problème de l'âme est un problème anthropologique, c'est chez Leibniz un problème universel [3]; chez lui s'unissent les préoccupations théologiques et philosophiques, de même que l'intérêt pratique et l'intérêt spéculatif [4]. Cependant, comme Leibniz voit chez Képler, Galilée et Descartes des exemples d'une « philosophie meilleure », la révolution n'est pas tellement complète de lui à Kant. On sait d'ailleurs quel respect Kant gardait pour Wolff, qu'il appelle « le plus grand de tous les philosophes dogmatiques » — ce qui jette une grande lumière sur l'idée que Kant se faisait du dogmatisme — et dont il dit qu'il « montra le premier par son exemple (et il créa par là cet esprit de profondeur qui n'est pas encore éteint en Allemagne) comment on peut, par l'établissement régulier des principes, la claire détermination des concepts, la rigueur voulue des démonstrations, la façon d'empêcher les sauts téméraires dans le développement des conséquences, s'engager dans la voie sûre d'une science » [5].

En écoutant, dans ce texte de Kant, l'écho des formules analogues du XVIIe siècle, on admire l'effort continu de la pensée moderne en vue d'affirmer la primauté de la connaissance. Il suffira que la pensée tout entière se concentre sur cette « claire détermination des concepts », pour que se constitue l'idéalisme critique. On peut craindre, par suite, que certaines préoccupations rationalistes, c'est-à-dire subjectives et anthropomorphiques, n'aient sur lui quelque influence. La tendance de la pensée étant de quitter la recherche de son objet divin au profit des démonstrations « intelligibles » des modernes, on peut craindre que certaines limitations à des pouvoirs particuliers de l'âme n'interviennent dans la détermination de l'être comme connu ou dans la connaissance que l'idéalisme critique identifie à l'être.

1. Cf. *Préface pour le traité du vide*, éd. Brunschvicg, p. 79.
2. Cf. *Encyclopédie, Discours prél.*, p. XXVII.
3. Cf. K. FISCHER, *Leibniz*, pp. 374-375.
4. Sur ce dernier point, voir L. LE CHEVALLIER, *La morale de Leibniz*.
5. Cf. *Crit. de la r. pure*, Préface de la seconde édition, pp. 26-27.

L'idéalisme est légitime comme doctrine de la pensée divine ou dans la mesure où il est réellement et absolument objectiviste. Ainsi l'idéalisme ancien situe Dieu dans sa perfection transcendante, et c'est en Dieu qu'il place la pensée pure, considérant l'intelligible en lui-même et pour lui-même, sans retour à la sensation et au devenir, puisque l'intelligible ici est la raison parfaite de toute existence. Au contraire, la science moderne, dont se nourrit l'idéalisme critique, considère l'intelligible par rapport à nous et méprise la sensation; mais c'est sur elle qu'elle se guide sans cesse. La science moderne vante l'exactitude des vérités qu'elle atteint, mais elle ne cesse d'aspirer à leur perfectionnement. Entre l'être de l'intelligible moderne et l'être de Dieu se creuse donc un abîme. L'un cherche vainement à se substituer à la sensation; l'autre donne à la sensation sa portée existentielle puisqu'il est l'origine de l'existence.

L'idéalisme ancien, de même qu'il accorde au monde la part de réalité qui lui convient et qu'on ne saurait lui refuser sans s'identifier indûment avec Dieu même, indique encore la voie de la connaissance véritable. Il invite à préférer au hasard de l'avenir la méditation de l'ordre et de la loi du temps, afin d'agir selon la volonté providentielle de Dieu. Il invite à quitter la connaissance dispersée et toujours imparfaite à quoi l'âme s'adonne par ignorance de l'essentiel : *Multi multa sciunt*, écrit saint Bernard ou l'un de ses disciples, *sed se ipsos nesciunt*... [1]. Il invite à connaître Dieu, source suffisante de toute réalité et de toute pensée.

Ce faisant, il ne nie point la moralité; au contraire, il lui donne son sens. Il ne nie point le temps, puisque c'est en utilisant le temps que la pensée s'élève à l'éternité. Il ne nie point le monde, puisqu'il en donne la cause et la raison. Il ne nie point l'homme, puisqu'il répond à l'aspiration de tout son être. Etant la connaissance de Dieu, il est la connaissance de ce qu'il y a de plus caché et pourtant de ce qu'il y a de plus universel. Il est la connaissance de nous-mêmes au-dessus de ce que nous appelons nous-mêmes, la connaissance de tout être en tant qu'il est réellement. On voit d'après cela que « fuir le monde », c'est entrer dans sa réalité véritable, car le monde est d'autant plus artificiel et proche du néant qu'on l'envisage davantage pour lui-même. C'est pourquoi chez Platon la connaissance du monde pour lui-même est semblable à un rêve et c'est pourquoi saint Augus-

1. *Meditationes piissimae de cognitione humanae conditionis*, I, 1, MIGNE, *Patr. lat.*, t. 184, col. 485.

tin déclare qu'il n'y a pas de sagesse sans la connaissance des Idées divines : *...Tanta in eis vis constituitur, ut nisi his intellectis sapiens esse nemo possit* [1].

Rien n'échappe à la connaissance véritable ; elle enveloppe tous les intérêts possibles de l'âme et n'est limitée à aucun d'eux. Identique à l'être, elle est le vrai, le divin, ce qui échappe à l'opinion (τὸ ἀληθὲς καὶ τὸ θεῖον καὶ τὸ ἀδόξαστον[2]). Obtenue, si Dieu le veut, par la concentration de la pensée sur elle-même (συλλέγεσθαι καὶ ἀθροίζεσθαι[3]) et le retour à l'être véritable et « surnaturel » de l'âme, elle est notre origine et notre fin, et tout ce que nous pouvons désirer dans cette vie, après cette vie et pour toujours.

---

1. Cf. *De diversis quaest. LXXXIII*, XLVI, 1, MIGNE, *Patr. lat.*, t. 40, col. 29.
2. Cf. PLATON, *Phéd.*, 84 a.
3. Cf. *ibid.*, 83 a.

INDEX BIBLIOGRAPHIQUE [1]

I. — Editions des œuvres de Leibniz [2]

Pellisson. — *De la tolérance des religions. Lettres de M. de Leibniz et réponses de M. Pellisson.* Paris, 1692.

Kortholt (Chr.). — *Viri illustriss. Godefrid. Guil. Leibnitii epistolae ad diversos...* Lipsiae, [1734] - 1742, 4 vol.

Raspe (Rud. Eric). — *Œuvres philosophiques latines et françoises de feu M. de Leibnitz, tirées de ses manuscrits qui se conservent dans la bibliothèque royale de Hanovre...* Amsterdam, 1765.

Dutens (Ludovic). — *Gothofredi Guillelmi Leibnitii... opera omnia, nunc primum collecta, in classes distribua, praefationibus et indicibus exornata...* Genevæ, 1768, 6 vol.

[Emery (J.-A.)]. — *Pensées de Leibniz sur la religion et la morale. Seconde édition de l'ouvrage intitulé Esprit de Leibniz, considérablement augmenté.* Paris, 1803, 2 vol.

Guhrauer (G.-E.). — *Leibnitz's Deutsche Schriften...* Berlin, 1838-1840, 2 vol.

Erdmann (Johann Eduard). — *God. Guil. Leibnitii opera philosophica...* Berolini, 1840.

Lacroix (l'Abbé). — *Système religieux de Leibnitz.* Trad. Albert de Broglie. Paris, 1846.

Gerhardt (C.-I.). — *Leibnizens mathematische Schriften.* Berlin et Halle, 1849-1863, 7 vol.

---

1. Nous donnons ici la liste des livres ou des articles cités, à quoi nous ajoutons quelques ouvrages non cités que nous avons utilisés particulièrement.

2. Voir É. Ravier. *Bibliographie de la philosophie de Leibniz.* Caen, 1927; et *Bibliographie des œuvres de Leibniz.* Paris, 1937. Il existe un *Catalogue des ouvrages de Leibniz conservés au département des imprimés et dans les bibliothèques de l'Etat, à Paris.* Paris, 1928.

FOUCHER DE CAREIL (A.). — *Lettres et opuscules inédits de Leibniz.* Paris, 1854.

— *Réfutation inédite de Spinoza par Leibniz...* Paris, 1854.

— *Nouvelles lettres et opuscules inédits de Leibniz.* Paris, 1857.

— *Œuvres de Leibniz, publiées pour la première fois d'après les manuscrits originaux...* Paris, 1859-1875, 7 vol.

— *Leibniz, la philosophie juive et la Cabale... Trois lectures à l'Académie des Sciences morales et politiques, avec les manuscrits inédits de Leibniz.* Paris, 1861.

JAGODINSKY (Ivan). — *Leibnitiana. Elementa philosophiae arcanae de summa rerum.* Kazan, 1913.

JANET (Paul). — *Œuvres philosophiques de Leibniz...* Paris, 1866, 2 vol.

GERHARDT (C.-I.). — *Die philosophischen Schriften von Gottfried Wilhelm Leibniz.* Berlin, 1875-1890, 7 vol.

BOUTROUX (Emile). — *Leibnitz. La monadologie... accompagnée d'éclaircissements...* Paris, 1881.

— *Leibnitz. Nouveaux Essais sur l'entendement humain (Avant-propos et Livre premier) publiés avec introduction et notes.* Paris, 1886.

BODEMANN (Eduard). — *Die Leibniz-Handschriften der königlichen öffentlichen Bibliothek zu Hannover beschrieben von Dr. Eduard Bodemann.* Hannover und Leipzig, 1895.

JANET (Paul). — *Œuvres philosophiques de Leibniz...* 2e édition revue et augmentée. Paris, 1900, 2 vol.

COUTURAT (Louis). — *Opuscules et fragments inédits de Leibniz...* Paris, 1903.

BARUZI (Jean). — *Leibniz... Avec de nombreux textes inédits.* Paris, 1909.

RITTER (Paul). — *Gottfried Wilhelm Leibniz. Sämtliche Schriften und Briefe herausgegeben von der Preussischen Akademie der Wissenschaften.* Darmstadt, 1923-1931, 5 vol. parus.

SCHRECKER (Paul). — *G.-W. Leibniz. Lettres et fragments inédits sur les problèmes philosophiques, théologiques, politiques de la réconciliation des doctrines protestantes (1669-1704).* Paris, 1934.

GRUA (Gaston). — *G. W. Leibniz. Textes inédits d'après les manuscrits de la Bibliothèque provinciale de Hanovre.* Paris, 1948, 2 vol.

II. — Historiens et critiques leibniziens

Barié (G. E.). — *La spiritualità dell'essere e Leibniz*. Padova, 1933.

Baruzi (Jean). — *Leibniz et l'organisation religieuse de la terre...* Paris, 1907.

— *Du « Discours de Métaphysique » à la* Théodicée. Dans *Revue philosophique*, Nos 10 à 12 (Paris, octobre-décembre 1946), pp. 391-409.

Blondel (Maurice). — *Une énigme historique. Le «vinculum substantiale » d'après Leibniz et l'ébauche d'un réalisme supérieur*. Paris, 1930.

Boehm (A[lfred]). — *Leibniz*. (*Dictionnaire de théologie catholique*, t. IX, part. I, Paris, 1926, coll. 173-195.)

— *Le « vinculum substantiale » chez Leibniz. Ses origines historiques*. Paris, 1938.

Boirac (Emile). — *De spatio apud Leibnitium*. Lutetiae, 1894.

Bouillier (Francisque). — *Histoire de la philosophie cartésienne*. 3e éd., Paris, 1868, 2 vol.

Boutroux (Emile). — *La philosophie allemande au XVIIe siècle*. Paris, 1929.

Bréhier (Emile). — *Histoire de la philosophie allemande*. 2e éd. augmentée, Paris, 1933.

Brucker (Jacob). — *Historia critica philosophiae a tempore resuscitatarum in occidente literarum ad nostra tempora*. Lipsiae 1766. (4e volume de l'*Historia critica philosophiae a mundi incunabulis ad nostram usque aetatem deducta*. 2e éd., Lipsiae, 1766-1767, 6 vol.)

Brunschvicg (Léon). — *L'expérience humaine et la causalité physique*. Paris, 1922.

— *Les étapes de la philosophie mathématique*. 3e éd., Paris, 1929.

Cassirer (Ernst). — *Leibniz' System in seinen wissenschaftlichen Grundlagen*. Marburg, 1902.

Couturat (Louis). — *La logique de Leibniz*. Paris, 1901.

— *Sur la métaphysique de Leibniz...* Dans *Revue de métaphysique et de morale*, vol. X (Paris, 1902), pp. 1-25.

— *Le système de Leibniz d'après M. Cassirer*. Dans *Revue de métaphysique et de morale*, vol. XI (Paris, 1903), pp. 83-99.

Duproix (Joseph). — *Raison et foi d'après Leibnitz*. Lausanne, 1901.

Fischer (Kuno). — *Gottfried Wilhelm Leibniz. Leben, Werke und*

Lehre. Heidelberg, 1902. (*Geschichte der neuern Philosophie*, dritter Band, vierte Auflage.)

FONTENELLE. — *Eloge de M. Leibnitz*. (*Histoire de l'Académie royale des sciences. Année 1716*... Paris, 1718, pp. 94 sqq.)

FRIEDMANN (Georges). — *Leibniz et Spinoza*. Paris, 1946.

GADEMANN (Carl). — *Zur Theorie der Möglichkeit bei Gottfried Wilhelm Leibniz*. [Zürich, 1930.]

GAGNEBIN (Samuel). — *Pour le troisième centenaire de la naissance de Leibniz* (1646-1716). Dans *Dialectica*, vol. 1, N° 1 (Paris, Neuchâtel, 15 février 1947), pp. 77-97.

GERTZBERG (Bernard). — *Le problème de la limitation des créatures chez Leibniz*. Paris, 1937.

GRUA (Gaston). — *Optimisme et piété leibnizienne avant* 1686. *Avec des textes inédits*. Dans *Revue philosophique*, N°s 10 à 12 (Paris, octobre-décembre 1946), pp. 410-428.

GUÉROULT (M[artial]). — *Dynamique et métaphysique leibniziennes*... Paris, 1934.

— *L'espace, le point et le vide chez Leibniz*. Dans *Revue philosophique* N°s 10 à 12 (Paris, octobre-décembre 1946).

— *Substance and the primitive simple notion in the philosophy of Leibniz*. Dans *Philosophy and phenomenological research*, vol. VII, N° 2 (Buffalo, New-York, 1946), pp. 293-315.

— *A propos du troisième centenaire de Leibniz. La constitution de la substance chez Leibniz*. Dans *Revue de métaphysique et de morale* (Paris, janvier 1947), pp. 55-78.

HALBWACHS (Maurice). — *Leibniz*, Nouv. éd. revue et considérablement augmentée, Paris, s. d.

HANNEQUIN (Arthur). — *Etudes d'histoire des sciences et d'histoire de la philosophie*. T. II. Paris, 1908.

HARTMANN (Eduard von). — *Geschichte der Metaphysik. Erster Teil: bis Kant*. Leipzig, 1899. (*Ausgewählte Werke*, Band XI.)

HEIMSOETH (Heinz). — *Die Methode der Erkenntnis bei Descartes und Leibniz*. Giessen, 1912-1914. (*Philos. Arbeiten*, t. VI.)

HOEFFDING (Harald). — *Histoire de la philosophie moderne*. Trad. P. Bordier, 3e éd., Paris, 1924, 2 vol.

HUBER (Kurt). — *Leibniz und wir*. (Dans *Zeitschrift für philosophische Forschung*, Band I, Heft 1 (Reutlingen, 1946), pp. 5-34.

IWANICKI (Joseph). — *Leibniz et les démonstrations mathématiques de l'existence de Dieu*. Strasbourg, 1933.

JALABERT (Jacques). — *La psychologie de Leibniz. Ses caractères principaux.* Dans *Revue philosophique,* Nos 10 à 12 (Paris, octobre-décembre 1946), pp. 391-409.

— *La théorie leibnizienne de la substance.* Paris, 1947.

[JAUCOURT (Louis de)]. — *Histoire de la vie et des ouvrages de Mr. Leibnitz. Par M. L. de Neufville.* Amsterdam, 1734.

KABITZ (Willy). — *Die Philosophie des jungen Leibniz. Untersuchungen zur Entwicklungsgeschichte seines Systems.* Heidelberg, 1909.

KOCH (Hans Ludwig). — *Materie und Organismus bei Leibniz.* Halle, 1908. (*Abhandlungen zur Philos. und ihrer Gesch.*, 30.)

KOYRÉ (Alexandre). — [Compte-rendu de G. FRIEDMANN. — *Leibniz et Spinoza*] dans *Europe,* 24e année, No 10 (Paris, 1er octobre 1946), pp. 118-130.

LABERTHONNIÈRE (Lucien). — *Œuvres. Etudes de philosophie cartésienne et premiers écrits philosophiques.* Paris, 1937.

LE CHEVALLIER (L.). — *La morale de Leibniz.* Paris, 1933.

LEWIS (Geneviève). — *La critique du dualisme cartésien.* Dans *Revue philosophique,* Nos 10 à 12 (Paris, octobre-décembre 1946), pp. 473-485.

MAHNKE (Dietrich). — *Leibnizens Synthese von Universalmathematik und Individualmetaphysik. Erster Teil.* Dans *Jahrbuch für Philosophie und phänomenologische Forschung,* t. VII. A fait l'objet d'un tirage à part : Halle, 1925.

MAINE DE BIRAN. — *Exposition de la doctrine philosophique de Leibnitz.* (*Œuvres de Maine de Biran.* T. XI, Paris, 1939, pp. 435-489.)

NOLEM (Désiré). — *La critique de Kant et la métaphysique de Leibniz...* Paris, 1875.

NORTHROP (F. S. C.). — *Leibniz's Theory of Space.* Dans *Journal of the History of Ideas,* vol. VII, No 4 (Lancaster, Pa., and New-York, oct. 1946).

OLGIATI (Francesco). — *Il significato storico di Leibniz.* Milano, [1929].

PAPILLON (Fernand). — *De la rivalité de l'esprit leibnizien et de l'esprit cartésien au XVIIIe siècle...* Orléans, 1872.

— *Leibniz, naturaliste, physiologiste et médecin...* Paris, 1873.

PFLUGBEIL (Richard). — *Der Begriff der ewigen Wahrheiten bei Leibniz. Mit einer einleitenden Uebersicht der Geschichte dieses Begriffs in der christlichen Philosophie, bei Descartes und Spinoza.* Leipzig, 1902.

PIAT (Clodius). — *Leibniz*. Paris, 1915.
PICHLER (A.). — *Die Theologie des Leibniz*... München, 1869-1870, 2 vol.
POLITELLA (Joseph). — *Platonism, aristotelianism, and cabalism in the philosophy of Leibniz*. Philadelphia, 1938.
RINTELEN (Fritz). — *Leibnizens Beziehungen zur Scholastik*. Berlin, 1903.
RITTER (Henri). — *Histoire de la philosophie moderne*. Trad. P. Challemel-Lacour. Paris, 1861, 3 vol.
RODIER (Georges). — *Sur une des origines de la philosophie de Leibniz*. (*Etudes de philosophie grecque*. Paris, 1926, pp. 338-351.)
ROLLAND (E.). — *Le déterminisme monadique et le problème de Dieu dans la philosophie de Leibniz*. Paris, 1935.
ROPOHL (Heinrich). — *Das Eine und die Welt. Versurch zur Interpretation der Leibniz'schen Metaphysik. Mit einem Verzeichnis der Leibniz-Bibliographien*. Leipzig, 1936. (*Studien und Bibliographien zur Gegenwartsphilos.*, 16.)
RUSSELL (Bertrand). — *La philosophie de Leibniz*... Trad. J. Ray et R.-J. Ray. Paris, 1908.
SCHMALENBACH (Herman). — *Leibniz*, München, 1921.
SECRÉTAN (Charles). — *La philosophie de Leibnitz*... Genève..., 1840.
— *La philosophie de la liberté. L'idée*. 3e éd., Paris..., 1879, pp. 160 sqq.
SPANNENKREBS (August). — *Die metaphysischen Principien des Grundes und des Zweckes nach Leibniz*. Braunsberg, s. d.
STEIN (Ludwig). — *Leibniz und Spinoza... Mit neunzehn Ineditis*... Berlin, 1890.
VALLIER (C.-A.). — *De possibilibus apud Leibnitium*. Burdigalae, 1882.
VAN BIÉMA (Emile). — *L'espace et le temps chez Leibniz et chez Kant*. Paris, 1908.
VINET (Alexandre). — *Philosophie morale et sociale*. T. I, Lausanne. Paris [1913], pp. 123-136.
VOLP (Wilhelm). — *Die Phaenomenalität der Materie bei Leibniz*. Giessen, 1903.
ZELLER (Eduard). — *Geschichte der deutschen Philosophie seit Leibniz*. 2e éd., München, 1875.

III. — AUTRES OUVRAGES

ALBINOS. — *Epitomé*. Texte et trad. Pierre Louis. Paris, 1945.
ALEMBERT (D'). — *Discours préliminaire des éditeurs*. (*Encyclopédie*, t. I, 1751, pp. I-XLV.)

Amiel (Henri-Frédéric). — *Essais critiques...* Paris, 1932.

Anselme (saint).— *Proslogion seu alloquium de Dei existentia.* (Migne, *Patr. lat.*, t. 158, coll. 223-242.

Apulée. — *Opera omnia.* Lipsiae, 1842, 2 vol.

Aristote. — 'Αριστοτέλης. *Aristotelis opera omnia, graece et latine* Parisiis, Didot, 1848-1869, 5 vol.

— *Physique.* Texte et trad. Henri Carteron. Paris, « Les Belles Lettres », 1926-1931, 2 vol.

— *La métaphysique.* Trad. J. Tricot. 2e édit. Paris, Vrin, 1940, 2 vol.

— *De l'âme* [ΠΕΡΙ ΨΥΧΗΣ. *De anima*]. Trad. J. Tricot. Paris, Vrin, 1947.

[Arnauld (Antoine)]. — *La logique ou l'art de penser...* Paris, 1662.

Astius [Ast] (D. Fridericus). — *Lexicon Platonicum, sive vocum Platonicarum index.* Lipsiae, 1835-1838, 3 vol.

Augustin (saint). — *Opera omnia.* (Migne, *Patr. lat.*, t. 32-47.)

Bacon (Francis). — *Œuvres philosophiques de Bacon.* Publiées par M. N. Bouillet. Paris, 1714.

[Baker (Thomas)]. — *Traité de l'incertitude des sciences, traduit de l'anglois.* Paris, 1714.

Bergson (Henri). — *L'évolution créatrice.* 39e éd., Paris, 1932.

Bernard (saint). — *Meditationes piissimae de cognitione humanae conditionis.* (Migne, *Patr. lat.*, t. 184, coll. 486-508.)

Blondel (Maurice). — *L'être et les êtres.* Paris, 1935.

Boèce. — *De consolatione philosophiae.* (Migne, *Patr. lat.*, t. 63, coll. 579-870.)

Bonaventure (saint). — *Commentarius in I. librum sententiarum* (*Doctoris seraphici S. Bonaventurae...opera omnia...* T. I, Quaracchi, 1882.)

Boorsch (Jean). — *Etat présent des études sur Descartes.* Paris, 1937.

Boutroux (Emile).— *Les vérités éternelles chez Descartes.* Trad. M. Ganguilhem. Paris, 1927.

Boyer (Charles). — *L'idée de vérité dans la philosophie de saint Augustin.* 2e éd. revue, Paris, 1940.

Bréhier (Emile). — *La théorie des incorporels dans l'ancien stoïcisme.* Paris, 1908.

— *Chrysippe.* Paris, 1910.

— *La philosophie du moyen âge.* Paris, 1937.

— *La philosophie et son passé.* Paris, 1940.

Brunner (Fernand). — *Le « Pansophiae prodromus » de Comenius.* (*Hommage à Henri Miéville*, Lausanne, 1948, pp. 149-163.)

BRUNO (Giordano). — *Jordani Bruni Nolani de triplici minimo et mensura ad trium speculativarum scientiarum et multarum activarum artium principia, libri V*... Francofurti, 1591.

— *Jordani Bruni Nolani opera latine conscripta.* Neapoli, 1879-1891, 8 vol.

— *Cause, Principe, Unité.* Trad. Emile Namer. Paris, 1930.

BRUNSCHVICG (Léon). — *L'idéalisme contemporain.* 2e éd., Paris, 1921.

— *La modalité du jugement.* 2e éd., Paris, 1934.

— *La physique au vingtième siècle et la philosophie.* Paris, 1936. (*Actualités scientifiques et industrielles*, N° 445.)

— *L'actualité des problèmes platoniciens.* Paris, 1937. (*Act. sc. et ind.*, N° 575.)

BURNOUF (Emile). — *La science des religions.* 3e éd. Paris, 1876.

CALVIN (Jean). — *Plusieurs sermons de Jehan Calvin*... [Genève], 1558.

CAMPANELLA (Thomas). — *Philosophiae rationalis partes quinque.* Parisiis, 1638.

CASSIRER (Ernst). — *Individuum und Kosmos in der Philosophie der Renaissance.* Leipzig, Berlin, 1927.

— *Die Platonische Renaissance in England und die Schule von Cambridge.* Leipzig, Berlin, 1932.

CAYROU (Gaston). — *Le français classique. Lexique de la langue du dix-septième siècle*... Paris, Toulouse, 1933.

CÉSALPIN (André). — *Questions péripatéticiennes.* Trad. Maurice Dorolle. Paris, 1929.

CHATELET (La Marquise du). — *Institutions de physique.* Paris, 1740.

CICÉRON. — *De natura deorum.* (*M. Tullii Ciceronis scripta quae manserunt omnia.* Partis IV, vol. II, Lipsiae, 1878.)

— *Des termes extrêmes des biens et des maux.* Texte et trad. Jules Martha. Paris, « Les Belles Lettres », 1928-1930, 2 vol.

— *Tusculanes. Texte Georges Fohlen,* trad. Jules Humbert. Paris, « Les Belles Lettres », 1931, 2 vol.

— *Caton l'ancien* (*De la vieillesse*). Texte et trad. P. Wuilleumier. Paris, « Les Belles Lettres », 1940.

— *Traité du destin.* Texte et trad. Albert Yon. Paris, « Les Belles Lettres », 1944.

COHEN (Hermann). — *System der Philosophie*... T. I, Berlin, 1902.

COMENIUS (Jean Amos). — *Pansophiae prodromus*... Londini, 1639.

CONDILLAC. — *Traité des sistêmes, où l'on en démêle les inconvénients et les avantages. Par l'auteur de l'« Essai sur l'origine des Connaissances humaines...* » La Haye, 1749.

DANIÉLOU (Jean). — *Platonisme et théologie mystique. Essai sur la doctrine spirituelle de saint Grégoire de Nysse.* Paris, 1944.

DARBON (A.). — *Sur « Idéalisme. »* (LALANDE, André. — *Vocabulaire technique et critique de la philosophie... Nouveau supplément.* Paris, 1932, pp. 64-67; 5e éd. du *Vocabulaire*, pp. 1223-1226.)

DELBOS (Victor). — *La philosophie française.* Paris, 1929.

DESCARTES (René). — *Œuvres de Descartes.* Publiées par Charles Adam et Paul Tannery. Paris, 1897-1913, 12 vol. et un supplément.

— *Lettres sur la morale...* Texte Jaques Chevalier. Paris, Boivin, 1935.

— *Correspondance.* Publiée par Ch. Adam et G. Milhaud. Paris, Alcan et Presses universitaires, 1936-1947, 4 vol. parus.

— *Entretien avec Burman...* Texte Ch. Adam. Paris, Boivin, 1937.

DIADOQUE DE PHOTICÉ. — *Cent chapitres sur la perfection spirituelle...* Introd. et trad. Edouard des Places. Paris, 1943.

DIDEROT (Denis). — *Œuvres complètes de Diderot.* Paris, 1875-1877, 20 vol.

DIGBY (Kenelm). — *Discours fait en une célèbre assemblée, par le chevalier Digby, chancelier de la reine de la Grande-Bretagne etc. touchant la guérison des playes par la poudre de sympathie... « Foelix qui potuit rerum cognoscere causas. » Virg.* Paris, 1658.

DIEU (Jean de). — *Les exigences idéalistes et la théorie bonaventurienne de la certitude.* Dans *Revue philosophique,* Nos 1 à 3 (Paris, janvier-mars 1942-1943), pp. 49-80.

DUNAN (Charles). — *Les deux idéalismes.* Paris, 1911.

EULER (Léonard). — *Lettres de L. Euler à une princesse d'Allemagne sur divers sujets de physique et de philosophie, précédées de l'éloge d'Euler par Condorcet et annotées par M.A.A. Cournot...* Paris, 1842, 2 vol.

ECKHART (Maître). — *Œuvres de Maître Eckhart, Sermons-Traités.* Trad. Paul Petit. Gallimard, 1942.

— *Traités et sermons.* Trad. F.A. et J.M. Paris, Aubier, 1942.

FLUDD (Robert). — *Clavis philosophiae et alchymiae Fluddanae. Sive Roberti Fluddi... ad epistolicam Petri Gassendi theologi exercitationem responsum, in quo inanes Marini Mersenni monachi obiectiones...examinantur...* Francofurti, 1633.

— *Philosophia Moysaica. In qua sapientia et scientia creationis et creaturarum sacra vereque Christiana (ut pote cujus basis sive fundamentum est unicus ille lapis angularis Jesus Christus) ad amussim et enucleate explicitur.* Goudae, 1638.

FRUTIGER (Perceval). — *Les mythes de Platon.* Paris, 1930.

GARIN (Pierre). — *Thèses cartésiennes et thèses thomistes.* Paris, 1931.

GASSENDI (Pierre). — *Petri Gassendi theologi epistolica exercitatio, in qua principia philosophiae Roberti Fluddi medici reteguntur, et ad recentes illius libros adversus R.P.F. Marinum Mersennum... respondetur...* Parisiis, 1630.

GENTILE (Giovanni). — *L'esprit, acte pur.* Trad. A. Lion. Paris, 1925.

GEX (Maurice). — *Orientations fondamentales en métaphysique.* (*Mélanges de théologie et de philosophie offerts à M. Arnold Reymond.* Lausanne, 1940, pp. 174-201.)

GILSON (Etienne). — *Index scolastico-cartésien.* Paris, 1912.

— *Etudes sur le rôle de la pensée médiévale dans la formation du système cartésien.* Paris, 1930.

— *Introduction à l'étude de saint Augustin.* 2e éd., Paris, 1943.

— *La philosophie de saint Bonaventure.* 2e éd., Paris, 1943.

— *La philosophie au moyen âge. Des origines patristiques à la fin du XIVe siècle.* 2e éd. revue et augmentée, Paris, 1944.

— *Le thomisme. Introduction à la philosophie de saint Thomas d'Aquin.* 5e éd., Paris, 1944.

GLISSON (Francis). — *Tractatus de natura substantiae energetica, seu de vita naturae ejusque tribus primis facultatibus: I. perceptiva, II. appetitiva, et III. motiva, naturalibus...* Londini, 1672.

GOCLENIUS (Rodolphus). — *Lexicon philosophicum, quo tanquam clave philosophiae fores aperiuntur...* Francofurti, 1613.

GOUHIER (Henri). — *La philosophie de Malebranche et son expérience religieuse.* Paris, 1926.

— *La philosophie et son histoire.* Paris, 1944.

GUÉNON (René). — *Le symbolisme de la croix.* Paris, 1931.

— *Les états multiples de l'être.* Paris, 1932.

— *Le règne de la quantité ou les signes des temps.* Paris, 1945.

— *Les principes du calcul infinitésimal.* Gallimard, 1946.

GUÉROULT (M[artial]). — *Le jugement de Hegel sur l'antithétique de la Raison pure*. Dans *Revue de métaphysique et de morale*, (Paris, juillet-septembre 1931), pp. 413-439.

GRÉGOIRE DE NYSSE.— *La création de l'homme*. Introd. et trad. Jean Laplace, notes J. Daniélou. Paris, Lyon, 1944.

GUILLAUME DE SAINT-THIERRY.— *Meditativae orationes*. Texte et trad. M.-M. Davy. Paris, 1934.

GURVITCH (Georges). — *Tendances actuelles de la philosophie allemande*... Paris, 1930.

HAEBERLIN (Paul). — *Anthropologie philosophique*. Trad. Pierre Thévenaz. Paris, 1943.

HAZARD (Paul). — *La crise de la conscience européenne (1680-1715)*... Paris, 1935, 2 vol.

— *La crise de la conscience européenne (1680-1715). Notes et références*. Paris, 1935.

HERMÈS TRISMÉGISTE. — *Magia philosophica, hoc est Francisci Patricii summi philosophi Zoroaster et ejus* 320 *oracula Chaldaica, Asclepii Dialogus et philosophia magna Hermetis Trismegisti... jam nunc primum... e tenebris eruta et latine reddita*. Hamburgi, 1593.

— *Corpus Hermeticum*. Texte A. D. Nock et trad. A.-J. Festugière. Paris, 1945, 2 vol. parus.

HJORT (Johan). — *La crise de la vérité*. Trad. Cros. Paris, 1934.

HOBBES (Thomas). — *Elementorum philosophiae sectio prima de corpore*. Londini, 1655.

— *De la nature humaine, ou exposition des facultés, des actions et des passions de l'âme, et de leurs causes déduites d'après des principes philosophiques qui ne sont communément ni reçus ni connus*. Trad. baron d'Holbach. Londres, 1772.

HOEFFDING (Harold). — *Le concept d'analogie*. Trad. R. Perrin. Paris, 1931.

HUET (Pierre-Daniel). — *Petri Danielis Huetii, episcopi Abricensis, censura philosophiae cartesianae. Editio quarta, aucta et emendata*. Parisiis, 1694.

HUGUES DE SAINT-VICTOR. — *Summa sententiarum, septem tractatibus distincta*. (MIGNE, *Patr. lat.*, t. 176, coll. 41-174.)

HUSSERL (Edmond. — *Méditations cartésiennes. Introduction à la phénoménologie*. Trad. Gabrielle Peiffer et Emmanuel Levinas. Paris, 1931.

[HUYGHENS (Christian)]. — *Traité de la lumière, où sont expliquées les causes de ce qui lui arrive dans la réflexion et dans la réfraction, et particulièrement dans l'étrange réfraction du cristal d'Islande*. Leyde, 1690.

— *La pluralité des mondes, par feu Mr. Hughens... traduit du latin en françois...* Paris, 1702. (Trad. de l'ouvrage suivant : *Christiani Hugenii* Κοσμοθεωρός. Hagae-Comitum, 1698.)

IBN TOFAIL. — *Philosophus autodidactus...* Oxonii, 1671.

KANT (Emmanuel). — *Kant's Werke.* Ed. Preussische Akademie der Wissenschaften. Berlin 1902-1928, 22 vol.

— *Prolégomènes à toute métaphysique future qui pourra se présenter comme science.* Trad. J. Gibelin, Paris, 1941.

— *La dissertation de 1770.* Trad. P. Mouy. Paris, 1942.

— *La critique de la raison pratique.* Trad. François Picavet. Paris, 1943.

— *Critique de la raison pure.* Trad. A. Tremesaygues et B. Pacaud. Nouv. éd., Paris, 1944.

[KNORR VON ROSENROTH (Christian)]. — *Kabbala denudata seu doctrina Hebraeorum transcendentalis et metaphysica atque theologica...* Sulzbaci, 1677.

— *Kabbalae denudatae tomus secundus, id est liber Sohar restitutus...* Francofurti, 1684.

KOYRÉ (Alexandre). — *Un mystique protestant, Maître Valentin Weigel.* Paris, 1930.

— *A l'aube de la science classique.* Paris, 1939. (*Act. sc. et ind.*, No. 852.)

LAPORTE (Jean). — *Le rationalisme de Descartes.* Paris, 1945.

[LA VICOMTERIE DE SAINT-SAMSON (Louis-Thomas Hébert)]. — *Le code de la nature, poème de Confucius, traduit et commenté par le Père Parennin.* Londres, Paris, 1788.

LENOBLE (Robert). — *Mersenne ou la naissance du mécanisme.* Paris, 1943.

LE SENNE (René). — *Traité de morale générale.* Paris, 1942.

— *Introduction à la philosophie.* 2e édition revue et augmentée, Paris, 1947.

LÉVINAS (Emmanuel). — *La théorie de l'intuition dans la phénoménologie de Husserl.* Paris, 1930.

LÉVY-BRUHL (Lucien). — *L'Allemagne depuis Leibniz. Essais sur le développement de la conscience nationale en Allemagne,* 1700-1848. Paris, 1890.

LOCKE (John). — *Essai philosophique concernant l'entendement humain... traduit de l'anglois de Mr. Locke par Pierre Coste.* Amsterdam, 1700.

LOT (Ferdinand), PFISTER (Christian), GANSHOF (François L.). — *Histoire du moyen âge.* Paris, 1940.

LOSSKY (Nicolas). — *L'intuition, la matière et la vie*. Paris, 1928.

— *La raison formelle de l'univers*. (*Travaux du IXe congrès international de philosophie*. T. X, Paris, 1937, pp. 86-91.)

— *Psychologie des menschlichen Ich und Psychologie des menschlichen Körpers*. Dans *Abhandlungen der russischen Forschungsgesellschaft in Prag*. Bd X (XV), N° 75 (Praha, 1940).

— *L'intuitivisme*. Dans *Bulletin de la Société française de philosophie*. Séance du 6 avril 1946 (Paris, avril-juin 1947).

LOSSKY (Vladimir). — *Essai sur la théologie mystique de l'Eglise d'Orient*. Paris, 1944.

LOUIS (Pierre). — *Les métaphores de Platon*. Paris, 1945.

LULLE (Raymond). — *Raymundi Lullii opera ea quae ad inventam ab ipso artem universalem... pertinent*... Argentorati. 1609.

— *Le fondement de l'artifice universel de l'illuminé docteur Raymond Lulle. Sur lequel on peut appuyer le moyen de parvenir à l'Encyclopédie ou universalité des sciences... Le tout fidèlement traduit au pied de la lettre*... Paris, 1632.

— *Beati Raymundi Lulli doctoris illuminati et martyris opera..., in quibus ipsemet B. Author exponit admirandam et non humana industria sed superno Lumine acquisitam Scientiam Scientiarum et Artem Artium... in qua Deus et creatura, infinitum et finitum miro modo confluunt in unum Opus Sapientiae et Scientiae, sapientibus et prundentibus hujus saeculi absconditum, parvulis autem revelatum et manifestum*... Moguntiae, 1721-1729, 5 vol.

MACH (Ernest). — *La mécanique. Exposé historique et critique de son développement*. Trad. Emile Bertrand. Nouv. éd. Paris, 1925.

MACROBE. — *Opera quae supersunt*. Quedlimburgi et Lipsiae, 1848-1852, 2 vol.

MAIMONIDE (Moïse). — *Rabbi Mosis Majemonidis, ...doctor perplexorum : ad dubia et obscuriora Scripturae loca rectius intelligenda veluti clavem continens*. Basileae, 1629.

MAINE DE BIRAN. — *Œuvres philosophiques de Maine de Biran*. Ed. V. Cousin... Paris 1841, 3 vol.

MALEBRANCHE (Nicolas de). — *Entretiens sur la métaphysique et la religion*... Rotterdam, 1688.

— *Conversations chrétiennes*... Garnier, Paris, 1929.

— *De la recherche de la vérité*... Ed. Geneviève Lewis. Paris, 1945, 2 vol.

MARITAIN (Jacques). — *Trois réformateurs...* Paris, 1925.

MAUSS (Marcel). — *Conceptions qui ont précédé la notion de matière.* (*Qu'est-ce que la matière ?...* [*Onzième semaine internationale de synthèse*]. Presses universitaires de France, 1945, pp. 15-21.)

MEYERSON (Emile). — *Identité et réalité.* 4e éd., Paris, 1932.

MIÉVILLE (Henri-L[ouis]). — *Etudes philosophiques.* Lausanne, 1908.

— *Vers une philosophie de l'esprit ou de la totalité.* Lausanne, Paris, 1937.

MONTESQUIEU. — *Cahiers* (1716-1755). Paris, 1941.

MORNET (Daniel). — *Les sciences de la nature en France au XVIIIe siècle...* Paris, 1911.

MOSCHOS (Jean). — *Morceaux choisis du Pré spirituel...* Introd. et trad. D.-C. Hesseling. Paris, 1931.

MOUY (Paul). — *Le développement de la physique cartésienne,* 1646-1712. Paris, 1934.

NATORP (Paul). — *Platos Ideenlehre, eine Einführung in den Idealismus.* Leipzig, 1903.

— *Die logischen Grundlagen der exacten Wissenschaften.* Leipzig, 1910. (*Wissenschaft und Hypothese,* 10.)

NAVILLE (Ernest). — *Les systèmes de philosophie ou les philosophies affirmatives.* Paris, 1909.

OLTRAMARE (Paul). — *La Religion et la vie de l'Esprit.* Paris, 1925.

ORIGÈNE. — *Homélies sur la Genèse.* Trad. Louis Doutreleau, introd. Henri de Lubac. Paris, Lyon, 1944.

PASCAL (Blaise). — *Opuscules et pensées.* Ed. Léon Brunschvicg. Paris, 1897.

PINARD (H.). — *Création* (*Dictionnaire de théologie catholique,* t. III, part. II. Paris, 1923, coll. 2034-2201.)

PLATON. — *Œuvres complètes.* Texte et trad. Maurice Croiset, Alfred Croiset, Léon Robin, Louis Méridier, Emile Chambry, Auguste Diès, Albert Rivaud, Joseph Souilhé. 13 tomes. Manquent les *Lois* (tomes XI et XII) et *l'Epinomis* (dans le tome XIII). Paris, « Les Belles Lettres », 1920-1935.

PLOTIN. — *Ennéades.* Texte et trad. Emile Bréhier. Paris, « Les Belles Lettres », 1924-1938, 7 vol.

POIRET (Pierre). — *Petri Poiret cogitationum rationalium de Deo, anima, et malo libri quattuor. In quibus quid de hisce Cartesius, ejusque sequaces, boni aut secus senserint, omnisque Philosophiae certiora fundamenta atque imprimis tota metaphysica verior, continentur; nec non Benedicti de Spinoza atheismus et exitiales errores funditus extirpantur. Editio altera, priore plus duplo auctior,* Amstelodami, 1685.

— *L'économie de la création de l'homme...* Amsterdam, 1687, 7 vol.

PORPHYRE. — *Isagoge.* Trad. J. Tricot. Paris, 1947.

PRUDENCE. — *Cathemerinon liber.* Texte et trad. M. Lavarenne. Paris, 1943.

REYMOND (Arnold). — *Logique et mathématiques. Essai historique et critique sur le nombre infini.* Saint-Blaise, 1908.

— *Les principes de la logique et la critique contemporaine.* Paris, 1932.

— *Philosophie spiritualiste. Etudes et méditations. Recherches critiques.* Lausanne, Paris, 1942, 2 vol.

— *A propos du Cogito de Descartes.* Dans *Jahrbuch der Schweizerischen philosophischen Gesellschaft. Annuaire de la Société de philosophie,* vol. II (Basel, 1942), pp. 78-83.

REYMOND (Marcel). — *La « Philosophie spiritualiste » de M. Arnold Reymond.* Dans *Jahrb. der Schw. phil. Ges.,* vol. III (Basel, 1943), pp. 31-54.

RIVAUD (Albert). — *L'infini. Histoire de l'idée.* (*Le ciel dans l'histoire et dans la science* [*Huitième semaine internationale de synthèse*]. Presses universitaires de France, 1941.)

ROBIN (Léon). — *Aristote.* Paris, 1944.

RUSBROCK l'Admirable. — *Œuvres choisies.* Trad. Ernest Hello. Nouv. éd., Paris 1947.

SAISSET (Emile). — *Matière.* (FRANCK, *Dictionnaire des sciences philosophiques.* Paris, 1885, pp. 1055 B-1064 A.)

SCHAERER (René). — *La question platonicienne. Etudes sur les rapports de la pensée et de l'expression dans les « Dialogues ».* Neuchâtel, 1938.

— *Dieu, l'homme et la vie d'après Platon.* Neuchâtel, 1944.

SCHOPENHAUER (Arthur). — *Parerga et paralipomena. Philosophie et philosophes.* Trad. A. Dietrich. Paris, 1907.

— *La pensée de Schopenhauer.* Extraits choisis, groupés et traduits par Pierre Godet. Paris, 1918.

— *De la quadruple racine du principe de raison suffisante.* Trad. J. Gibelin. Paris 1941.

SHAFTESBURY (Mylord). — *A letter concerning enthusiasm.* Introd. texte et trad. André Leroy. Paris, 1930.

SINGER (Charles). — *Histoire de la biologie.* Trad. F. Gidon. Paris, 1934.

SORTAIS (Gaston). — *La philosophie moderne depuis Bacon jusqu'à Leibniz.* Paris, 1920-1922, 2 vol.

SUAREZ (François). — *R. Patris Francisci Suarez... metaphysicarum disputationum... tomi duo..., Parisiis nunc secundum excusi et emendati.* Parisiis, 1619.

THÉVENAZ (Pierre). — *L'âme du monde, le devenir et la matière chez Plutarque, avec une traduction du traité « De la genèse de l'âme dans le Timée »* (1re *partie*). Paris, 1938.

THOMAS D'AQUIN (saint). — *Doctoris angelici divi Thomae Aquinatis... opera omnia...* Paris, Vivès, 1871-1880, 34 vol.

VINET (Alexandre). — *Philosophie religieuse...* Ed. Ph. Bridel et Paul Bonnard. Lausanne, Paris.

[VOLTAIRE]. — *L'A,B,C, Dialogue curieux, traduit de l'anglais de Monsieur Huet.* Londres, 1762.

— *Œuvres complètes* de Voltaire... T. I, Paris, Garnier, 1879.

VULLIAUD (Paul). — *Traduction intégrale du Siphra di-Tzeniutha.* Paris, 1930.

WERNER (Charles). — *Le problème du mal dans la pensée humaine.* Lausanne, 1944.

WOLFF (Christian). — *Logique ou réflexions sur les forces de l'entendement humain...* Berlin, 1736.

WULF (Maurice de). — *Histoire de la philosophie médiévale.* 5e éd. revue, t. I, Louvain, 1924 ; t. II, Louvain, 1925.

INDEX DES NOMS PROPRES [1]

1. On trouvera ici les noms des auteurs et de quelques autres personnes citées, à l'exception des noms des traducteurs. On ne trouvera pas les noms des éditeurs et des correspondants de Leibniz. — Les chiffres entre parenthèses renvoient aux notes.

TABLE DE MATIÈRES

1. Les chiffres renvoient aux pages.

PAGES

CHAPITRE X

CHAPITRE XI

CHAPITRE XII

THOUARS — IMP. NOUVELLE